管理数学实验

Management Mathematics Experiment

左秀峰　编著

電子工業出版社·
Publishing House of Electronics Industry
北京·BEIJING

内 容 简 介

　　管理数学主要包括预测分析、运筹优化、概率统计、智能计算、决策及系统评价等内容。本书以管理为背景，以处理管理科学问题的建模和模型计算方法为研究对象，以系统分析方法为指导，讲述管理科学问题的建模方法及数学模型分析。全书采用 MATLAB 软件工具平台，对管理中的预测、优化、不确定因素的影响、系统评价及决策等问题进行分析、计算等实验研究，并且涵盖了解决管理问题的常用有效方法。

　　本书包含大量的实验计算范例，所有算例和实验的程序是可靠、完整的，读者可以完全准确地重现本书所提供的算例结果。通过本书的学习，读者可以提升管理逻辑建模及解决管理实际问题的能力。

　　本书可以作为经济管理类及相关理工类专业的本科生和研究生系统学习管理数学方法和实验软件平台的教材和自学用书，也可供相关工程技术人员使用，同时还可以作为对管理数学实验感兴趣的读者解决相关问题的实用指导书。

图书在版编目（CIP）数据

管理数学实验/左秀峰编著. —北京：电子工业出版社，2015.9
（华信经管创优系列）
ISBN 978-7-121-26907-3

Ⅰ. ①管…　Ⅱ. ①左…　Ⅲ. ①经济数学-高等学校-教材　Ⅳ. ①F224.0

中国版本图书馆 CIP 数据核字（2015）第 185873 号

策划编辑：王二华
责任编辑：徐　颢
印　　刷：北京季蜂印刷有限公司
装　　订：北京季蜂印刷有限公司
出版发行：电子工业出版社
　　　　　北京市海淀区万寿路 173 信箱　　邮编：100036
开　　本：787×1092　1/16　印张：23　字数：589 千字
版　　次：2015 年 9 月第 1 版
印　　次：2015 年 9 月第 1 次印刷
定　　价：45.00 元

前 言

本书背景：

"管理数学实验"是北京理工大学于 2008 年新开设的课程，主要针对管理问题中用到的分析方法和数学模型，运用合适的软件工具，进行科学计算和仿真方法的学习、实验，训练和培养学生分析问题、解决问题的能力。

经过多年的教学实践，本书作者对"管理数学实验"课程内容有了比较全面的认识，教学内容和教学方法也得到了学生们的认可，编著一本合适的"管理数学实验"教材的时机已经成熟。

一门学科发展的成熟度要看其内容的逻辑表达和数学的应用程度，一门学科发展的效果要看其在社会实践中的应用情况和发挥的作用。

管理学科是应用性非常强的一门学科，"管理数学实验"就是针对与人们的日常生活和工作密切相关的管理问题，采用系统和数学的方法进行分析，构建体现问题内在逻辑的定性定量模型；采用有效的模型分析方法和计算技术对管理问题模型进行试验分析和处理，达到认识问题、分析问题和解决管理问题的目的。

本书以管理数学的模型方法为依据构建了全书的章节体系，讲述了管理科学问题的建模方法及数学模型分析；采用 MATLAB 软件作为计算实验平台，对管理中的预测、优化、系统评价及决策等问题进行分析、计算等实验研究，涵盖了解决管理问题的常用有效方法。

主要特色：

"管理数学实验"教材依据管理问题的需求、学员能力培养及实验的实际要求，将问题、理论模型、分析方法和计算平台紧密结合，形成了以下特点：

（1）将一般数学实验的内容和管理中构建的数学模型内容相结合；

（2）运用合适的软件工具，将管理问题中用到的分析方法和数学模型描述成计算机程序，能方便地得到分析计算结果；

（3）涵盖了解决管理问题的预测、优化、智能计算、决策、系统分析评价等主要方法。由浅入深、由易到难，含有大量的实例，实用性强。

（4）书中的算例和实验计算程序与方法模型密切结合，并有详细的解释，便于读者的学习、掌握、使用和改进。

建议读者：

本书读者是经济管理类的学生、各行各业的管理人员及工程技术人员，最好有一定的逻辑分析能力和一定的数学基础，可依据使用指南选择自己需要或感兴趣的内容进行阅读。

学习管理数学实验的关键是读者有兴趣和有需求，要带着问题去寻找解决问题的方式、方法和有效的分析工具，在分析、解决问题的过程中提升自己的综合素质和实践能力，同时解决生活和工作中的问题。

使用指南：

本书共分7章内容：绪论、MATLAB基础、预测计算、MATLAB优化计算、智能优化计算、人工神经网络计算、系统分析与系统评价技术。

（1）"绪论"介绍了管理数学实验的概念和框架，使初学者对管理数学实验有一个总体的了解。

（2）"MATLAB基础"讲解了MATLAB的概念、基本运算、绘图、符号处理及数据的输入输出，使初学者能快速掌握MATLAB的基本知识，并能运用MATLAB这个软件工具对管理问题的模型进行处理和实验。

（3）"预测计算"包括时间序列分析、回归预测、马尔可夫预测及灰色预测模型。本章让读者了解和掌握常用的几种预测方法，并能根据所收集的样本数据进行预测分析。

（4）"MATLAB优化计算"讲解了线性规划、非线性规划、多目标规划、动态规划模型的优化计算，以及最短路径分析，最后介绍了GUI优化工具。本章使读者能快速掌握MATLAB提供的优化计算函数和图形界面优化工具，并能对管理问题进行分析、建模、程序设计、优化计算分析与决策。

（5）"智能优化计算"讲解了模拟退火算法、遗传算法、蚁群算法、粒子群算法、以及模糊逻辑与模糊推理。模拟退火算法、遗传算法、蚁群算法、粒子群算法是解决复杂系统模型优化的快速有效的算法，应用广泛。模糊逻辑与模糊推理则是人类智能的模拟，用于解决人类语言逻辑的结构化表达。

（6）"人工神经网络计算"介绍了人工神经网络的概念、感知器、自适应线性元件、BP网络及反馈网络等模型计算，反映了人类形象的智能处理功能。感知器模型可用于分类分析，自适应线性元件模型可用于线性逼近，BP网络模型可用于各种复杂非线性关系的拟合，反馈网络模型可用于联想记忆和优化计算。人工神经网络计算的特点是并行计算和分布式存储，所以可将复杂耗时的计算转换成瞬时完成的智能处理。

（7）"系统分析与系统评价技术"讲解了主成分分析与因子分析、聚类分析、灰色关联分析、层次分析方法、数据包络分析、模糊综合评价方法，这些是常用的系统分析与评价方法。主成分分析与因子分析用于降维处理，主成分可消除原始变量的多重共线性，因子是对原始变量的分解；分类管理是管理中最常用的方法之一，聚类分析是一种探索性分析、观察式学习；灰色关联分析、层次分析方法、数据包络分析、模糊综合评价方法是多因素影响分析、系统整体效果评价及决策支持的有效方法。

对于初学者，首先应阅读第 1 章、第 2 章；第 3 章至第 7 章具有独立性，可根据需要来阅读不同章节。各章内容的知识联系如下图所示。

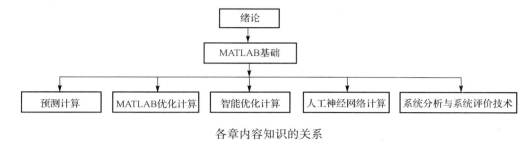

各章内容知识的关系

编排体例：

如上图所示，本书以管理数学实验的概念为先导，以 MATLAB 软件为平台，以管理数学的预测分析、运筹优化、智能计算、神经网络计算、系统分析与评价等为主体内容。

本书将理论方法、案例分析、实验计算三者并重，强调理论方法为实际问题服务、理论方法可实现编程计算，管理数学实验将理论方法、案例分析、实验计算紧密结合。所以体例编排上，首先是方法模型的介绍，然后是针对方法模型实验计算的设计，最后是结合实际问题进行案例分析。希望读者在理论水平、实际问题分析和模型计算上同步提升，提高分析问题、处理问题、解决问题的能力。

作者致谢：

本书的出版首先是学校的实践教学体系建设和多年教学实践的成果，这里作者要感谢在多年的教学实践中参与教与学互动的学生，以及学校、学院对教学和出版教材的支持。

在管理数学实验的教学中，作者参考借鉴了大量的文献资料，在此对参考文献资料的作者表示衷心的感谢。

在本书的编辑出版过程中，作者得到了电子工业出版社及工作人员的大力支持，在此也要对出版本书付出辛勤劳动的相关人员表示感谢；特别感谢王二华编辑和徐颢编辑，正是他们对本书质量认真负责的把关，才有了本书高质量的出版。

最后，还要感谢将要阅读本书的读者，并欢迎读者在阅读过程中对本书存在的缺陷提出宝贵意见和建议。读者的反馈意见是进一步完善本书内容的重要依据，希望广大读者不吝赐教。有任何问题欢迎来函至 E-mail：zxf200303@bit.edu.cn。

编著者：左秀峰
2015 年 6 月于北京

目 录

第1章

绪　　论

1.1　问题与模型

1. 问题

问题与人们的日常生活和工作有着密切的联系，人们每天都要面对各种各样需要处理和解决的问题。如：资源配置问题、救灾抢险问题、时间安排问题、生产组织问题等。

对问题的认识、分析和把握是解决问题至关重要的前提。系统科学和数学提供了认识问题、分析问题和解决问题的思维理论和有效的处理方法，模型研究是对问题研究的最重要的核心活动；计算技术则提供了有效的分析、处理工具。

2. 模型与原型

模型方法是最重要的系统方法，它将问题视为原型，将问题的本质抽象为模型，从而把对问题的研究转换成对模型的研究。

原型——就是要研究的问题对象。

模型——就是问题对象的模仿品。

模型是为了解决问题而对客观事物的一部分进行缩简、抽象、提炼出来的原型的替代物。模型集中反映了原型中人们需要认识的那一部分特征。为了便于研究，将问题对象做必要的简化，用适当的表现形式或规则把它的主要特征描绘出来。按模型的表现形式，模型分成三类：标度模型（scale model），要求具有与原型相同或相似的结构，但尺度大大缩小；地图模型（map model），要求具有与原型相同的拓扑结构；数学模型（逻辑抽象模型），不要求它直接反映系统原型的结构，但必须与原型结构有内在联系，即与问题结构同构。原型中的问题结构在模型中用数学语言描述，用数学方法分析和解决。各种各样的问题对象都可以用系统来刻画，系统模型是系统元素和元素之间结构关系的抽象描述。

按模型的表现方式，模型的分类如图 1-1 所示。

3.数学模型

数学模型是对于现实世界的一个特定对象，为了一个特定目的，根据其内在规律，做出一些必要的假设，并运用适当的数学工具，得到一个数学结构。

简单地说：数学模型就是系统的某种特征的本质的数学表达（或是用数学术语对部分现实世界的描述），即用数学式子（如函数、图形、代数方程、微分方程、积分方程、差分方程等）来描述（表述、模拟）所研究的客观对象或系统在某一方面的存在规律。

图 1-1　模型的分类

1.2　数学建模

数学的理论与应用始终是相辅相成、共同发展的。理论主要来源于人们对自然和人类思维的理解、认识和探索。数学的发展包含数学理论的发展和数学应用的发展两个方面，都是人类的思想方法的发展。必须把数学理论的思想方法和数学应用的思维方法结合起来，才能达到既提高人们的数学素质，也提高人们应用数学思想方法的能力的程度。

1.数学建模的概念

数学建模是利用数学方法解决实际问题的一种方法和实践，即通过抽象、假设、简化、引进变量等处理过程后，将实际问题用数学方式表达，建立起数学模型，然后运用先进的数学方法及计算机技术进行求解。有观点认为高科技就是一种数学技术。

数学建模其实并不是什么新东西，可以说有了数学并需要用数学去解决实际问题，就一定要用数学的语言、方法去近似地刻画该实际问题，这种刻画的数学表述指的就是一个数学模型，其过程就是数学建模的过程。数学模型一经提出，就要用一定的技术手段（计算、证明等）来求解并验证，其中大量的计算往往是必不可少的，高性能计算机的出现使数学建模这一方法如虎添翼，得到了飞速的发展。

数学建模将各种知识综合应用于解决实际问题中，是培养和提高人们应用所学知识分析问题、解决问题的能力的必备手段之一。

建立数学模型的方法和步骤并没有一定的模式，但一个理想的模型应能反映系统的全部重要特征，并兼具模型的可靠性和模型的使用性。

以微积分的产生为例，它主要来源于人们对自然和人类思维的理解、认识和探索。因此，数学的发展包含了两个方面：数学理论的发展和数学应用的发展，但归根结底，都是人类的思想方法的发展。因此数学教育，尤其是数学应用教育，必须把数学理论的思想方法和数学应用的思维方法结合起来，才能既提高学生的数学素质，又提高学生应用数学思想方法的能力。

2. 建模的一般方法

◎ **机理分析方法**

根据对现实对象特性的认识，分析其因果关系，找出反映内部机理的规律，所建立的模型常有明确的物理或现实意义。

◎ **测试分析方法**

将研究对象视为一个"黑箱"系统，内部机理无法直接寻求，而是通过测量系统的输入输出数据，并以此为基础运用统计分析方法，按照事先确定的准则在某一类模型中选出一个数据拟合得到最好的模型。测试分析方法也称为系统辨识。

人们一般将这两种方法结合起来使用，即用机理分析方法建立模型的结构，用系统辨识方法来确定模型的参数，这是较好的常用建模方法。

在实际过程中用哪一种方法建模主要是根据人们对研究对象的了解程度和建模目的来决定。机理分析方法建模的具体步骤见图1-2。

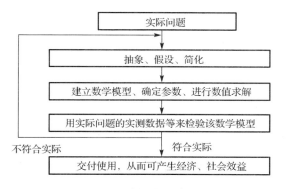

图1-2　机理分析方法建模过程

数学建模的一般步骤如图1-3所示。

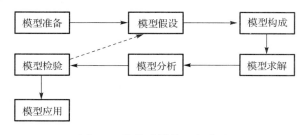

图1-3　数学建模的一般步骤

1.3　管理与数学模型

管理问题与人们的日常生活和工作有着密切的联系。对管理问题的认识、分析和把握是解决管理问题至关重要的前提。系统科学和数学提供了认识问题、分析问题和解决问题的理论和有效的处理方法，计算技术则提供了有效的分析、处理工具。

系统科学将问题视为系统，用系统的观点和方法研究问题。系统是由相互关联、相互制约、相互作用的若干部分(元素)组成的，具有特定功能的有机整体。可见，构成系统必须具备的条件为：第一，系统必须由两个或两个以上的不同元素所组成(集合性)。系统是元素多样性和差异性的统一，系统离开了元素就不称其为系统。第二，元素与元素之间存在着一定的有机联系，从而在系统的内部和外部形成一定的结构或秩序(相关性、层次性、环境适应性——结构性)。任一系统又是它所从属的一个更大系统的组成部分(元素)。系统整体与元素、元素与元素、系统整体与更大的系统(环境)之间，存在相互作用和相互联系。它们之间不同的联系构成不同的表现和功能，不相关的元素构不成系统。第三，系统是元素在一定相关作用下整合起来的。任何系统都是一个有机整体，具有整体的结构、整体的特性、整体的状态、整体的行为和整体的功能。

管理问题涉及方方面面不同层次的各种活动。工业企业生产经营活动过程示意图如图1-4所示。其中计划部门、研发部门、生产部门、采购部门、销售部门或整个企业等是要研究的对象实体，可视为一个系统。经营计划、质量控制、产品研发、产品销售等是实现对象实体功能的活动，可采用系统的、数学的方法进行研究，以便做出好的决策，找出好的活动方案。

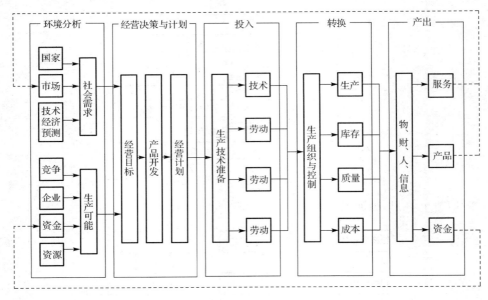

图1-4　工业企业生产经营活动过程示意图

以下给出几个有关管理问题的数学模型示例。

1. 如何预报人口

要预报未来若干年(如2020年)的人口数，最重要的影响因素是今年的人口数和今后这些年的增长率(即人口出生率减死亡率)，根据这两个数据进行人口预报是很容易的。

记今年人口为x_0，k年后人口为x_k，年增长率为r，则预报公式为：

$$x_k = x_0 (1 + r)^k \tag{1-1}$$

预报正确的条件：年增长率r保持不变。

◎ 指数增长模型（马尔萨斯人口模型）

该模型由英国人口学家马尔萨斯（Malthus，1766—1834）于1798年提出。

建模假设：人口增长率r是常数（或单位时间内人口的增长量与当时的人口成正比）。

建立模型：记时刻$t=0$时人口数为x_0，时刻t的人口为$x(t)$，由于量大，$x(t)$可视为连续、可微函数，t到$t+\Delta t$时间内人口的增量为：

$$\frac{x(t+\Delta t)-x(t)}{\Delta t}=rx(t)$$

于是$x(t)$满足微分方程：

$$\begin{cases} \dfrac{\mathrm{d}x}{\mathrm{d}t}=rx \\ x(0)=x_0 \end{cases} \tag{1-2}$$

模型求解：解微分方程（1-2）得

$$x(t)=x_0\mathrm{e}^{rt} \tag{1-3}$$

表明：$t\to\infty$时，$x(t)\to\infty$（$r>0$）。

模型的参数估计：要用模型的结果（1-3）来预报人口，必须对其中的参数r进行估计，这可以用表1-1的数据通过拟合得到。

表1-1　美国人口统计数据

年份（公元）	1790	1800	1810	1820	1830	1840	1850
人口（百万）	3.9	5.3	7.2	9.6	12.9	17.1	23.2
年份（公元）	1860	1870	1880	1890	1900	1910	1920
人口（百万）	31.4	38.6	50.2	62.9	76.0	92.0	106.5
年份（公元）	1930	1940	1950	1960	1970	1980	1990
人口（百万）	123.2	131.7	150.7	179.3	204.0	226.5	251.4

通过表1-1中1790—1920年的数据拟合得：$r=0.274$。

模型检验：将$x_0=3.9$，$r=0.274$代入公式（1-3），求出用指数增长模型预测的1810—1920的人口数，见表1-2。

表1-2　美国实际人口与按指数增长模型计算的人口比较

年份	实际人口（百万）	指数增长模型	
		预测人口（百万）	误　差
1790	3.9		
1800	5.3	5.13	−0.17
1810	7.2	6.75	−0.45
1820	9.6	8.87	−0.73
1830	12.9	11.67	−1.23
1840	17.1	15.35	−1.75
1850	23.2	20.19	−3.01
1860	31.4	26.55	−4.85
1870	38.6	34.92	−3.68

年份	实际人口（百万）	指数增长模型	
		预测人口（百万）	误　差
1880	50.2	45.92	−4.28
1890	62.9	60.40	−2.50
1900	76.0	79.44	3.44
1910	92.0	104.48	12.48
1920	106.5	137.41	30.91

从表 1-2 可看出，1810—1900 间的预测人口数与实际人口数吻合较好，但 1910 年以后的误差越来越大。

分析原因，该模型的结果说明人口将以指数规律无限增长。但事实上，随着人口的增加，自然资源、环境条件等因素对人口增长的限制作用会越来越显著。当人口较少时，人口的自然增长率可以视为常数的话，那么当人口增加到一定数量以后，这个增长率就要随着人口增加而减少。于是应该对指数增长模型关于人口净增长率是常数的假设进行修改。下面的模型是在修改的模型中著名的一个。

◎ **阻滞增长模型**（Logistic 模型）

建模假设：（a）人口增长率 r 为人口 $x(t)$ 的减函数 $r(x)$，最简单的假定是 $r(x) = r_0 - sx$，$r_0, s > 0$（线性函数），r_0 称为固有增长率。（b）自然资源和环境条件年容纳的最大人口容量为 x_m。

建立模型：当 $x = x_m$ 时，增长率应为 0，即 $r(x_m) = 0$，于是 $s = r_0/x_m$，代入 $r(x) = r_0 - sx$ 得

$$r(x) = r_0\left(1 - \frac{x}{x_m}\right) \tag{1-4}$$

将（1-4）式代入（1-2）得模型：

$$\begin{cases} \dfrac{\mathrm{d}x}{\mathrm{d}t} = r_0\left(1 - \dfrac{x}{x_m}\right)x \\ x(0) = x_0 \end{cases} \tag{1-5}$$

模型的求解：解方程组（1-5）得

$$x(t) = \frac{x_m}{1 + \left(\dfrac{x_m}{x_0} - 1\right)\mathrm{e}^{-r_0 t}} \tag{1-6}$$

根据微分方程（1-5）作出 $\dfrac{\mathrm{d}x}{\mathrm{d}t} \sim x$ 曲线图，见图 1-5，由该图可看出人口增长率随人口数的变化规律。根据结果（1-6）作出 $x \sim t$ 曲线，见图 1-6，由该图可看出人口数随时间的变化规律。

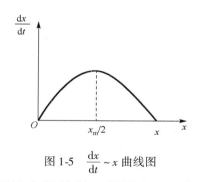

图 1-5 $\dfrac{\mathrm{d}x}{\mathrm{d}t} \sim x$ 曲线图

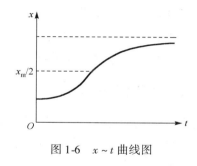

图 1-6 $x \sim t$ 曲线图

模型的参数估计：利用表 1-1 中 1790—1980 年的数据对 r_0 和 x_m 拟合得：$r_0 = 0.2072$，$x_m = 464$。

模型检验：将 $r_0 = 0.2072$，$x_m = 464$ 代入公式(1-6)，求出用指数增长模型预测的 1800—1990 年的人口数，见表 1-3 的第 3、4 列。也可将方程(1-5)离散化，得

$$x(t+1) = x(t) + \Delta x = x(t) + r_0\left(1 - \frac{x(t)}{x_m}\right)x(t) \quad t = 0,1,2,\cdots \quad (1\text{-}7)$$

用公式(1-7)预测 1800—1990 的人口数，结果见表 1-3 的第 5、6 列。

表 1-3 美国实际人口与按阻滞增长模型计算的人口比较

年　　份	实际人口（百万）	阻滞增长模型			
		公式(1-6)		公式(1-7)	
		预测人口（百万）	误差（%）	预测人口（百万）	误差（%）
1790	3.9				
1800	5.3	5.902 5	0.113 7	3.900 0	0.264 2
1810	7.2	7.261 4	0.008 5	6.507 4	0.096 2
1820	9.6	8.933 2	0.069 5	8.681 0	0.095 7
1830	12.9	10.989 9	0.148 1	11.415 3	0.115 1
1840	17.1	13.520 1	0.209 4	15.123 2	0.115 6
1850	23.2	16.632 8	0.283 1	19.819 7	0.145 7
1860	31.4	20.462 1	0.348 3	26.522 8	0.155 3
1870	38.6	25.173 1	0.347 8	35.452 8	0.081 5
1880	50.2	30.968 7	0.383 1	43.532 9	0.132 8
1890	62.9	38.098 6	0.394 3	56.188 4	0.106 7
1900	76.0	46.869 9	0.383 3	70.145 9	0.077 0
1910	92.0	57.660 7	0.373 3	84.730 5	0.079 0
1920	106.5	70.935 9	0.333 9	102.462 6	0.037 9
1930	123.2	87.267 4	0.291 7	118.950 9	0.034 5
1940	131.7	107.358 8	0.184 8	137.881 0	0.046 9
1950	150.7	132.075 9	0.123 6	148.797 8	0.012 6
1960	179.3	162.483 5	0.093 8	170.276 5	0.050 3
1970	204.0	199.891 9	0.020 1	201.177 2	0.013 8
1980	226.5	245.912 7	0.085 7	227.574 8	0.004 7
1990	251.4	302.528 8	0.203 4	250.448 8	0.003 8

模型应用：现应用该模型预测人口，用表 1-1 中 1790—1990 年的全部数据重新估计参数，可得 $r = 0.2083$，$x_m = 457.6$。用公式(1-7)做预测得：$x(2000) = 275$；$x(2010) = 297.9$。也可用公式(1-6)进行预测。

◎ **更复杂的人口模型**

更复杂的人口模型还有随机性模型、考虑人口年龄分布的模型等。可见数学模型总是在不断地修改、完善，使之能符合实际情况的变化。

2. 投入产出数学模型

投入产出数学模型反映的是国民经济各个部门之间存在着一定的关系，一个经济部门的生产依赖于其他部门的产品或者半成品，如何在确定的经济环境下确定各经济部门的投入产出水平以满足整个社会的经济需要的问题。

美国经济学家 Leontief(里昂惕夫)最早在 1936 年发表《美国经济系统中的投入和产出的数量关系》。我国于 20 世纪 70 年代开始应用该模型编制国民经济预算，进行经济结构分析等。

◎ **模型假设**

H1：国民经济划分为 n 个部门，每个部门生产一种或一类产品。

H2：每个生产部门的生产意味着将本部门和其他部门的产品经过加工变成本部门的产品。在这个过程中消耗的产品称为"投入"，生产所得的最终产品称为"产出"。对于每个部门而言，投入产出的关系是不变的，是线性关系。

◎ **数学模型**

投入产出关系可以用投入产出表描述，分实物型和价值型两类，见表1-4。

表1-4　投入产出表

投入＼流量＼产出		消耗部门				最终产品需求				总产出
		1	2	…	n	消费	储备	出口	合计	
生产部门	农业 1	x_{11}	x_{12}	…	x_{1n}				y_1	x_1
	工业 2	x_{21}	x_{22}	…	x_{2n}				y_2	x_2
	⋮	⋮	⋮		⋮				⋮	⋮
	服务业 n	x_{n1}	x_{n2}	…	x_{nn}				y_n	x_n
新创价值	劳动报酬	v_1	v_2	…	v_n					
	纯收入	m_1	m_2	…	m_n					
	合计	z_1	z_2	…	z_n					
总投入		x_1	x_2	…	x_n					

x_{ij}：第 i 个部门的产品流入(投入)到第 j 个部门的数量(实物量或价值量)。

x_i：第 i 个部门的总产出(投入)的数量(实物量或价值量)。

y_i：第 i 个部门满足最终需求的产出数量(实物量或价值量)。

z_i：第 i 个部门的新创价值量，是劳动报酬与纯收入之和。

投入产出的基本平衡关系有：①中间需求＋最终需求＝总产出(从左到右的产出平衡)；②中间消耗＋净产值＝总投入(从上到下的投入平衡)。所以基本平衡方程包括产出平衡方程和投入平衡方程。

产出平衡方程：

$$x_i = \sum_{j=1}^{n} x_{ij} + y_i \quad (i = 1, \cdots, n) \tag{1-8}$$

投入平衡方程：

$$x_j = \sum_{i=1}^{n} x_{ij} + z_j \quad (j = 1, \cdots, n) \tag{1-9}$$

由式(1-8)和式(1-9)可得：

$$\sum_{i=1}^{n} y_i = \sum_{i=1}^{n} z_i \tag{1-10}$$

式(1-10)表明：一个国家的经济系统中，用于非生产的消费、储备、出口等方面产品的总价值与国民经济的净产值的总和相等。

设 $a_{ij} = x_{ij}/x_j$ 为第 j 部门生产单位价值所消耗第 i 部门的价值，称为第 j 部门对第 i 部门的直接消耗系数。则 $x_{ij} = a_{ij}x_j$，上述平衡方程可表示为

$$\boldsymbol{x} = \boldsymbol{A}\boldsymbol{x} + \boldsymbol{y} \quad 或 \quad \boldsymbol{y} = (\boldsymbol{I} - \boldsymbol{A})\boldsymbol{x} \tag{1-11}$$

$$\boldsymbol{x} = \boldsymbol{A}^{\mathrm{T}}\boldsymbol{x} + \boldsymbol{z} \quad 或 \quad \boldsymbol{z} = (\boldsymbol{I} - \boldsymbol{A}^{\mathrm{T}})\boldsymbol{x} \tag{1-12}$$

其中：$\boldsymbol{x} = \begin{pmatrix} x_1 \\ \vdots \\ x_n \end{pmatrix}$, $\boldsymbol{y} = \begin{pmatrix} y_1 \\ \vdots \\ y_n \end{pmatrix}$, $\boldsymbol{y} = \begin{pmatrix} y_1 \\ \vdots \\ y_n \end{pmatrix}$, $\boldsymbol{A} = (a_{ij})_{n \times n}$

投入产出数学模型通过编制投入产出表，运用数学模型揭示国民经济各部门、各环节之间的内在联系，并据此进行预测、预算和经济分析。例如，已知最终需求 y 的预测值，可求出总产出 x。

3. 在供电量有限的条件下如何合理分配电量

◎ **基本情况及问题**

电是一种非常特殊的商品，其无形、不能储存的特点使之区别于其他商品。它必须有一条专门的固定的传输通道，对一特定区域这一通道必须统一管理。因为在解网或并网时相序不一致或负荷不均衡很可能造成整个电网系统瘫痪和大量的设备损坏。供电过程中要求产、供、销的同时性，必须保证发电量、供电量和用电量的一致，使得一台解网运行的发电机组很难正常运行。例如，预测一小时需要 70 000 度电，那么要在发出这些电量的同时把这些电量全部转化为其他能量耗尽，否则就要降低发主机组的发电量。所以在大多数情况下供电量和电力负荷是相互匹配的。在此情况下供电公司如果打算提高经济效益就会产生很大的问题——在供电量一定的前提下，如何分配有限的电量，既要保证其经济效益，又要考虑到社会效益，这属于多目标规划要解决的问题，解决这类问题的常用方法之一是目标规划法。

◎ **相关因素分析及数学模型的建立**

具体到要讨论的方案中，应考虑使分配方案既能提高用电效益又有实用价值。为此，必须考虑各用户之间的相互关系，促进各行各业的平衡发展。由于这种关系极其复杂，解决这个问题的基本思路是以上一年同期实际用电指标为基础研究现行分配方案，根据同期

实用指标构成比给予各用户留出一定电量作为基本部分，其余用优化方法分配，采取按构成比计算目标值及增加各种电量限制等措施。以某县级供电公司为例，该供电公司所辖用户中，政府机关、大中型企业（电缆厂、焦化厂）和小型企业（如装潢公司、KTV）三个部分参加优化分配，共有 50 个用户。

① 选择决策变量

决策变量为目标函数的自变量，它们是可控变量，其取值大小决定所能达到的目标函数值。在用电分配最优化数学模型中，选择 50 个用户的优化分配电量作为决策变量。记为 x_j，$j = 1, 2, \cdots\cdots 50$。

② 确定目标

总电量的限制

$$\sum_{j=1}^{n} x_j = Q + d_1^+ - d_1^-$$

其中 n 是用户数，Q 是优化分配的电量，d_1^+、d_1^- 是超出 Q 或不足 Q 的用电量，$d_1^+ \times d_1^- = 0$。目标是各用户分配的电量之和恰好等于可分总电量，因此需要极小化 $d_1^+ + d_1^-$。

产值目标

$$\sum_{j=1}^{n} a_j x_j = V + d_2^+ - d_2^-$$

其中 a_j 是产值系数，单位为：万元/万千瓦时。V 是希望达到的产值。由于决策者的目标是使产值尽可能提高，希望能大于目标值 V。因此应极小化 d_2^-（不足 V 的产值）。

利润目标

$$\sum_{j=1}^{n} b_j x_j = P + d_3^+ - d_3^-$$

其中 b_j 为利润系数，单位：万元/万千瓦时。P 是希望达到的利润目标值。由于决策者的目标是使利润尽可能提高，希望能大于目标值 P。因此应极小化 d_3^-（不足 P 的利润值）。

供电公司的收入目标

$$\sum_{j=1}^{n} c_j x_j = R + d_4^+ - d_4^-$$

其中 c_j 为利润系数，单位：万元/万千瓦时。R 是希望达到的收入目标值。由于决策者的目标是使收入尽可能提高，希望能大于目标值 R。因此应极小化 d_4^-（不足 R 的收入值）。

系统用户电量限制

为保持系统之间的平衡，按政府机关、大中型企业、小型企业分别为用电量的上、下限。

$$\sum_{j \in N_i} x_j = Q_{1i} + d_{4+i}^+ - d_{4+i}^-, \quad i = 1, 2, 3$$

其中 N_i 为第 i 个系统的决策变量的下标集，Q_{1i} 为第 i 个系统电量的上限。为使每个系统用电不超过上限，需极小化 d_{4+i}^+，$i = 1, 2, 3$（超出 Q_{1i} 的量）。

$$\sum_{j \in N_i} x_j = Q_{2i} + d_{7+i}^+ - d_{7+i}^-, \quad i = 1, 2, 3$$

Q_{2i} 为第 i 个系统的下限。应极小化 d_{7+i}^-，$i = 1, 2, 3$（不足 Q_{2i} 的量）。

按上一年同期实用指标的比例分配

$$x_j = q_{1j} + d_{10+j}^+ - d_{10+j}^-, \quad j = 1, 2, \cdots, n$$

其中 q_{1j} 是第 j 个用户按比例分配的目标值，决策者希望今年分配方案接近上一年同期实际用电情况，因此极小化（ $d_{10+j}^+ + d_{10+j}^-$ ）, $j = 1, 2, \cdots\cdots, n$。

各用户用电量的上限

$$x_j = q_{2j} + d_{10+n+j}^+ - d_{10+n+j}^-, \quad j = 1, 2, \cdots, n$$

其中 q_{2j} 是第 j 个用户用电量的上限目标值，极小化 d_{10+n+j}^+（超出 q_{2j} 的用户用电量）。

构造目标函数 f

建立被极小化的目标函数 f 的过程，主要是给予以上目标分配优先级和确定权重的过程。优先级排序的原则是：必须达到的目标为绝对目标，分配第一优先级，其余目标的优先级按决策者的重点排列。在此数学模型中，总电量限制和用户电量上限为第一优先级，产值和利润目标为第二优先级，三个系统电量上下限为第三级，按比例分配为第四级，供电公司收入目标为第五级。引入权重系数 λ_i 和 μ_j 得到目标函数

$$f = \left\{ \lambda_1 d_1^+ + \mu_1 d_1^- + \sum_{j=1}^{n} \lambda_{10+n+j} d_{10+n+j}^+, \ \mu_2 d_2^- + \mu_3 d_3^-, \ \sum_{i=1}^{3} (\lambda_{4+i} d_{4+i}^+ + \mu_{7+i} d_{7+i}^-), \right.$$

$$\left. \sum_{j=1}^{10} (\lambda_{10+j} d_{10+j}^+ + \mu_{10+j} d_{10+j}^-), \ \mu_4 d_4^- \right\}$$

数学模型

在目标约束及变量非负的限制下，极小化目标函数 f，合理分配电量的规划模型为：

$$\min f = \left\{ \lambda_1 d_1^+ + \mu_1 d_1^- + \sum_{j=1}^{n} \lambda_{10+n+j} d_{10+n+j}^+, \ \mu_2 d_2^- + \mu_3 d_3^-, \ \sum_{i=1}^{3} (\lambda_{4+i} d_{4+i}^+ + \mu_{7+i} d_{7+i}^-), \right.$$

$$\left. \sum_{j=1}^{10} (\lambda_{10+j} d_{10+j}^+ + \mu_{10+j} d_{10+j}^-), \ \mu_4 d_4^- \right\}$$

$$s.t. \quad \sum_{j=1}^{n} x_j - d_1^+ + d_1^- = Q$$

$$\sum_{j=1}^{n} a_j x_j - d_2^+ + d_2^- = V$$

$$\sum_{j=1}^{n} b_j x_j - d_3^+ + d_3^- = P$$

$$\sum_{j=1}^{n} c_j x_j - d_4^+ + d_4^- = R$$

$$\sum_{j \in N_i} x_j - d_{4+i}^+ + d_{4+i}^- = Q_{1i}, \quad i = 1, 2, 3$$

$$\sum_{j \in N_i} x_j - d_{7+i}^+ + d_{7+i}^- = Q_{2i}, \quad i = 1, 2, 3$$

$$x_j - d_{10+j}^+ + d_{10+j}^- = q_{1j}, \quad j = 1, 2, \cdots, n$$

$$x_j - d_{10+n+j}^+ + d_{10+n+j}^- = q_{2j}, \quad j = 1, 2, \cdots, n$$

且各变量均 $\geqslant 0$。

1.4 管理问题数学模型类型

管理问题数学模型可从不同的角度进行分类。

按研究方法和对象的数学特征分，模型类型有：初等模型、几何模型、优化模型、微分方程模型、图论模型、逻辑模型、稳定性模型、扩散模型等。

按研究对象的实际领域（或所属学科）分，模型类型有：人口模型、交通模型、环境模型、生态模型、生理模型、城镇规划模型、水资源模型、污染模型、经济模型、社会模型等。

按研究采用的数学方法分，模型类型有：初等数学方法（选举中的席位分配、商业中心的影响范围——布局问题）；微分方程与差分方程方法（人口增长模型、新产品的推销与广告、经济增长模型、传染病模型、捕食系统的 Volterra 方程、市场经济中的蛛网模型、差分格式的阻滞增长模型）；运筹学方法（投入产出规划、运输调度、统筹方法等）；经济博弈论方法（完全信息静态、动态博弈、纳什均衡的囚徒困境模型、寡头竞争模型、讨价还价模型、国际竞争与最优关税、不完全信息静态、动态博弈、贝叶斯纳什博弈的暗标拍卖、股权换投资、货币政策）；数理统计方法（抽样分析、参数估计、假设检验、回归分析）；模糊数学方法（模糊相似选择、模糊聚类、模糊综合评价）；系统分析仿真方法（业务逻辑、系统分析、仿真）。

1.5 管理问题建模的过程

分析解决管理问题的一般过程如下：

（1）提出问题：阐明问题，确定目标；

（2）寻求可行方案：建模、求解；

（3）确定评估目标及方案的标准或方法、途径；

（4）评估各个方案：解的检验、灵敏性分析等；

（5）选择最优方案：决策；

（6）方案实施：回到实践中；

（7）后评估：考察问题是否得到圆满解决。

（1）为形成问题阶段；（2）、（3）为定性与定量分析问题，构成决策阶段；（4）、（5）为分析方案优劣，选择方案进行决策阶段；（6）、（7）为实践和再认识阶段。

1.6 管理数学实验

数学问题求解有手工推导、借助计算机的编程和数值分析技术，以及应用专业软件进行计算机求解。数学问题求解结果有两种形式——解析解与数值解。

对于数学问题的解析解与数值解，数学家和其他科学技术工作者是有不同的态度。数学家追求理论严格证明和存在性，而工程技术人员和管理人员希望如何快速有效直接求出解，为解决实际问题提供支持。

由于电子计算机的出现及其飞速的发展，使得数学以空前的广度和深度向一切领域渗透，数学建模作为用数学方法解决实际问题的第一步，越来越受到人们的重视。在计算科学高速发展的今天，快速求出数值解，找出规律，对于指导解决生产实际问题具有重要的现实意义，对于科学研究也已经成为重要的方法和手段。

管理数学实验就是从管理问题出发，建立描述管理问题本质特征或描述解决管理问题方案的数学模型，借助于计算机通过动手、动眼、动脑进行视觉的、数值的、符号的分析，寻找管理问题的内在规律，最后解决问题。所以，管理数学实验的核心是对管理实际问题本身或解决管理问题途径的内在本质特征尝试数学逻辑的探索、发现和应用。

随着计算机语言和软件的发展，进行数学实验的计算机工具也在发展变化。计算机语言从汇编语言、面向过程算法的语言向面向对象算法的语言、面向问题描述的语言发展，也出现了一些专门的软件。本书主要是基于解决管理问题的建模、计算及系统仿真，介绍和讲解 MATLAB 软件、NCL 自然约束语言及仿真平台在分析处理实际问题中的应用。

第 2 章

MATLAB 基础

2.1　MATLAB 语言概述

2.1.1　MATLAB 的发展及特点

MATLAB 语言是由美国新墨西哥大学的 Cleve Moler 博士于 1980 年开发的，MAT-LAB = Matrix Laboratory。MATLAB 的发展历程如下：Cleve Moler 博士和同事 Wayne Cowell 等人在 20 世纪 70 年代早中期开发了 EISPACK 和 LINPACK 程序库，在此基础上于 20 世纪 70 年代后期开发了一套集命令解释和科学计算于一身的交互式软件系统，取名为 MATLAB。1984 年，MathWorks 公司成立，发布 MATLAB 1.0，支持 DOS 平台；1986 年，发布 MATLAB 2.0，支持 UNIX；1987 年，发布 MATLAB 3.0；1990 年，发布 MATLAB 3.5；1992 年，发布 MATLAB 4.0，告别 DOS；1993 年，发布 MATLAB 4.1，支持 Windows；1994 年，发布 MATLAB 4.X，Simulink 和 Symbolic Math Toolbox 加入 MATLAB；1996 年，发布 MATLAB 5.0(面向对象)；2000 年，发布 MATLAB 6.0(提升性能)；2002 年，发布 MATLAB 6.5（JIT 引擎）；2004 年，发布 MATLAB 7.0；2005 年，发布 MATLAB 7.1；2006 年 3 月，发布 MATLAB R2006a(V7.2)；2006 年 9 月，发布 MATLAB R2006b(V7.3)；2007 年 3 月，发布 MATLAB R2007a(V7.4)；2007 年 9 月，发布 MATLAB R2007b(V7.5)；2008 年 3 月，发布 MATLAB R2008a(V7.6)；2008 年 9 月，发布 MATLAB R2086b(V7.7)；2009 年 3 月，发布 MATLAB R2009a(V7.8)；2009 年 9 月，发布 MATLAB R2009b(V7.9)；2010 年 3 月，发布 MATLAB R2010a(V7.10)；2010 年 9 月，发布 MATLAB R2010b(V7.11)；2011 年 4 月，发布 MATLAB R2011a(V7.12)；2011 年 9 月，发布 MATLAB R2011b(V7.13)；2012 年 3 月，发布 MATLAB R2012a(V7.14)；2012 年 9 月，发布 MATLAB R2012b(V8.0)；2013 年 3 月，发布 MATLAB R2013a(V8.1)。

MATLAB 软件系统包括桌面工具和开发环境、数学函数库、MATLAB 编程语言、图形可视化、外部接口及 Simulink 等部分。

MATLAB 系统的特点是它将一个优秀软件的易用性与可靠性、通用性与专业性、一般目的的应用与高深的科学技术应用有机地结合；MATLAB 是一种直译式的高级语言，比其他程序设计语言容易掌握和使用；MATLAB 具有简洁高效性；MATLAB 具有强大的科学运算功能；MATLAB 具有丰富的绘图功能；MATLAB 具有庞大的工具箱与模块集；MATLAB 具有强大的动态系统仿真功能；MATLAB 作为线性系统的一种分析和仿真工具，是理工科学生应该掌握的技术工具，它作为一种编程语言和可视化工具，可解决工程、科学计算和数学学科中许多问题。MATLAB 已被应用在数学、数值分析和科学计算、工业研究与开发、电子学、控制理论和物理学等工程和科学、以及经济学、化学和生物学等问题的计算中，并被广泛用于各个领域中的教学与研究。

2.1.2　MATLAB 的功能

1. MATLAB 语言具有强大的矩阵运算功能

MATLAB 语言是基于矩阵运算的处理工具。MATLAB 语言中的变量都是以矩阵为基本形式，矩阵运算的表达式非常简单。例如，A、B、C 都是尺寸相同的矩阵，则矩阵的加运算表达为 $C = A + B$。对于一个简单变量（标量），如 $x = 5$，则 x 在 MATLAB 中被看做是一个 1×1 的矩阵。

2. 广泛的符号运算功能

符号运算即用字符串进行数学分析，允许变量符号不赋值而参与推导运算。该功能用于解代数方程、微积分、复合导数、积分、二重积分、有理函数、微分方程、泰勒级数展开、寻优等，可求得解析符号解。

3. 高级与低级兼备的图形功能

MATLAB 语言提供了丰富的绘图函数与计算结果的可视化功能。具有高层两维、三维绘图的功能和底层句柄绘图功能。使用 plot 函数可随时将计算结果可视化。

4. 图形化程序编制功能

MATLAB 语言提供了针对动态系统进行建模、仿真和分析的软件包，并用结构图编程，而不用程序编程，即只需拖几个方块、连几条线，即可实现编程功能。

5. 丰富的 MATLAB 工具箱

MATLAB 最显著的特点之一是它的模块化的组织架构，其使得 MATLAB 具有很强的可扩展性。MATLAB 工具箱包括 MATLAB 主工具箱、符号数学工具箱、Simulink 仿真工具箱、控制系统工具箱、信号处理工具箱、图像处理工具箱、通信工具箱、系统辨识工具箱、神经元网络工具箱、金融工具箱、优化工具箱、……

此外，MATLAB 工具箱还具有可靠的容错功能、应用灵活的兼容与接口功能、信息量丰富的联机检索功能等。

2.1.3 MATLAB 操作环境

1. MATLAB 主界面

启动 MATLAB 后，出现如图 2-1 所示的 MATLAB 软件的主界面。与 Windows 系统上的其他软件类似，MATLAB 软件的界面友好，便于理解和使用。

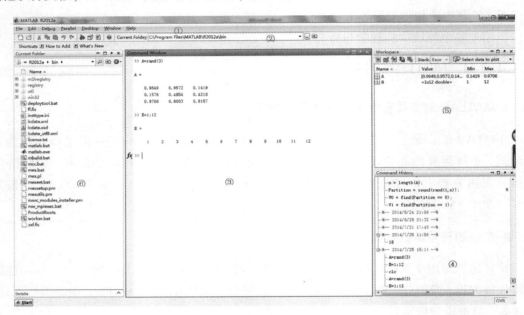

图 2-1 MATLAB 软件主界面

MATLAB 主界面包括菜单栏①（Main Menu）、工具栏②（Tool Bar）、命令窗③（Command Window）、命令历史窗④（Command History）、工作空间浏览器⑤（Workspace）、当前文件夹浏览器⑥（Current Folder）等 6 部分。命令窗③是 MATLAB 主要的操作窗口，通过该窗口进行 MATLAB 命令（或语句、表达式）的输入及除图形外的执行结果的输出。命令历史窗④记录命令窗输入的内容及输入的日期、时间，窗中的所有内容可复制。工作空间浏览器⑤可查看内存 MATLAB 工作空间中所有的变量名、大小、字节数，双击可弹出变量编辑器并提取、编辑和保存变量的内容。当前目录浏览器⑥展示着当前子目录及包含的各种文件，便于文件资源的操作。MATLAB 主界面左下角的捷径（Start）键提供显示 MATLAB 包含的各种组件、模块库、图形用户界面、帮助分类目录、演示算例等内容的捷径及操作环境。

在 MATLAB 主界面上可用鼠标进行各种操作。如在文件夹窗口管理当前目录下的所有文件和文件夹，或改变当前目录；在工作空间窗口查询和编辑已定义变量，通过右键菜单进行编辑或绘图等相关操作；在命令历史窗单击右键，对历史命令进行编辑（剪切/复制/运行/创建 m 文件/快捷方式/profile code 等）。

此外，MATLAB 还有 m 文件编辑、仿真建模、绘图、用户界面编辑及帮助等功能窗口。m 文件编辑窗能够进行语句组或函数的复杂模块功能的编制，仿真建模窗口可进行仿真模型的构建和调试，绘图窗是将计算结果以可视化图形方式输出的窗口，用户界面编辑窗口是用于设计用户个性化的交互界面，而帮助窗口能够提供 MATLAB 软件使用的百科全书。

2.m 文件编辑窗口界面

m 文件编辑器可由 Windows 程序菜单直接启动，也可以由 MATLAB 菜单【File】→【New】→【M – File】(Ctrl + N)启动，如图 2-2 所示。

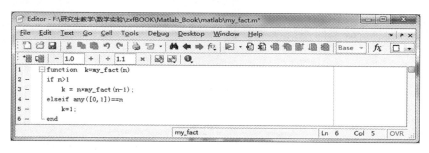

图 2-2　m 文件编辑窗口界面

MATLAB 的 m 文件具有两种功能：一是 m 文件可集成命令(或语句)组，形成 MATLAB 的批处理程序文件(也称为脚本 m 文件)，构成组合控制能力；二是 m 文件可编写用户函数，形成 MATLAB 的子程序，称为函数 m 文件，构成分层模块控制能力。

脚本 m 文件被 MATLAB 命令窗用文件名直接调用时，则命令组与 MATLAB 主界面共享工作空间，产生的数据和结果都保存在工作空间中。函数 m 文件将程序进行抽象封装，提供参数入口和返回结果。定义好的 m 文件可被合理地灵活调用。

3.帮助窗口界面

与许多优秀的软件类似，MATLAB 的帮助窗口提供了丰富的内容，是学习 MATLAB 软件和使用的百科全书，如图 2-3 所示为帮助的开始界面。

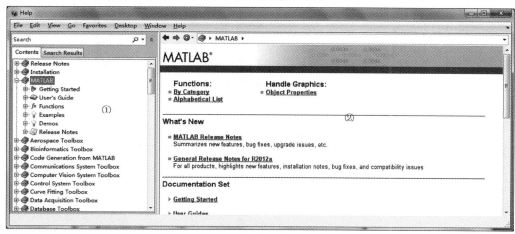

图 2-3　帮助窗口界面

帮助窗口界面由左侧的帮助导航器①Help Navigator 和右侧的帮助浏览器②Help Browser 部分组成。帮助导航器含有两个"导航窗"：内容分类目录 Contents 和查询结果 Search Results。内容分类目录 Contents 是按层次设置的目录查找相关的内容，查询结果 Search Results 是按输入的词条在帮助文件中查出相关的内容。如查询 function 的结果见图2-4。

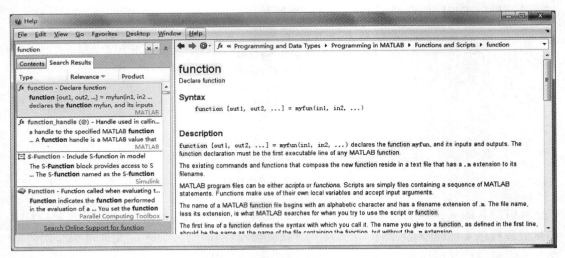

图2-4　查询 function 帮助窗口界面

在 MATLAB 命令窗口中提供了 help、helpbrowser、helpwin、doc、docsearch 和 lookfor 等函数，用来查询帮助信息或启动帮助窗口。

4. MATLAB 常用快捷键和快捷命令

操作 MATLAB 的常用快捷键如表2-1所示。

表2-1　MATLAB 常用快捷键

快　捷　键	说　　　明	用在何处
↑	调出历史命令中的前一个命令	命令窗口 （Command Window）
↓	调出历史命令中的后一个命令	
Tab	输入几个字符，按 Tab 键，则弹出包含前面字符的所有命令，方便查找	
Ctrl + C	中断程序的运行，用于耗时过长程序的紧急中断	
Tab 或 Ctrl +]	增加缩进（对多行有效）	程序 编辑窗口（Editor）
Ctrl + [	减少缩进（对多行有效）	
Ctrl + I	自动缩进（即自动排版，对多行有效）	
Ctrl + R	注释（对多行有效）	
Ctrl + T	去掉注释（对多行有效）	
F12 键	设置或清除断点	
F5 键	运行程序	

在 MATLAB 命令窗口中的常用快捷命令如表2-2所示。

表2-2 MATLAB 常用快捷命令

快捷命令	说　　明	快捷命令	说　　明
help	查找 MATLAB 函数的帮助	cd	返回或设置当前工作路径
lookfor	按关键词查找帮助	dir	列出指定路径的文件清单
doc	查看帮助页面	whos	列出工作空间窗口的变量清单
clc	清除命令窗口中的内容	class	查看变量类型
clear	清除内存变量	which	查找文件所在路径
clf	清空当前图形窗口	what	列出当前路径下的文件清单
cla	清空当前坐标系	open	打开指定文件
edit	新建一个空白的程序编辑窗口	type	显示 M 文件的内容
save	保存变量	more	使显示内容分页显示
load	载入变量	exit/quit	退出 MATLAB

2.1.4　MATLAB 工具箱

MATLAB 的强大功能表现在不断扩展的工具箱上。

MATLAB 是按功能组件开发的系列产品，表现为 MATLAB 主工具箱和其他各种工具箱，包括通用型工具箱和专用型工具箱两类。通用型工具箱提供通用型功能组件，用于扩充 MATLAB 的数值计算、符号运算功能、图形建模仿真功能、文字处理功能以及与硬件实时交互功能等，能够用于多种学科。比如数学、统计与优化方面的符号数学工具箱（Symbolic Math Toolbox）、统计学工具箱（Statistics Toolbox）、优化工具箱（Optimization Toolbox）、神经网络工具箱（Neural Network Toolbox）以及并行计算工具箱（Parallel Computing Toolbox）；专用型工具箱提供各学科领域所需的专业性很强的专门功能组件，用来扩充 MATLAB 的应用范围。比如常用的专用型工具箱有控制系统工具箱（Control System Toolbox）、信号处理工具箱（Signal Processing Toolbox）、金融工具箱（Financial Toolbox）等。

常用的 MATLAB 工具箱如表2-3 所示。

表2-3　常用的 MATLAB 工具箱及其功能

功能组件名称	功　　能
1.必须选择的功能组件	
MATLAB	MATLAB 主工具箱提供最基础、最核心的 MATLAB 环境，可以对各类数据（除符号类数据）进行操作、运算和可视化
2.最常选的通用性工具箱组件	
Symbolic Math Toolbox	符号数学工具箱：符号类数据的操作和计算
Extended Symbolic Math Toolbox	更丰富的符号计算函数
3.其他通用性工具箱组件	
Simulink	Simulink 仿真工具箱：不用编写程序，利用方块图实现建模和仿真；主要用于研究微分和差分方程描写的非线性动态系统
Optimization Toolbox	优化工具箱：包含求函数零点、极值、规划等优化程序
Statistics Toolbox	统计工具箱：进行复杂统计分析
MATLAB Compiler	编译工具箱：把 MATLAB 的 m 文件编译成独立应用程序
MATLAB builder for Excel	与 MATLAB Compiler 配合使用，生成 Excel 插件

功能组件名称	功　　能
4. 常用专业性工具箱组件	
Financial Toolbox	金融工具箱
Partial Differential Equation Toolbox	偏微分方程工具箱
Genetic Algorithm and Direct Search Toolbox	遗传算法函数
Database Toolbox	数据库连接和使用
Spline Toolbox	样条和插值函数
Neural Network Toolbox	神经网络工具箱
Signal Processing Toolbox	信号处理函数及模块
Fuzzy Logic Toolbox	模糊逻辑函数及模块
Image Processing Toolbox	图象处理函数及模块
5. 其他专业性工具箱组件(举例)	
Stateflow	与 Simulink 配合使用,主要用于较大型、复杂的(离散事件)动态系统的建模、分析、仿真
System Identification Toolbox	动态系统辨识
Control System Toolbox	控制工具:解决控制问题的函数及模块
Communication Toolbox	通信工具箱
Wavele Toolbox	小波工具箱
Parallel Computing Toolbox	并行运算
……	……

2.1.5　MATLAB 语言基础

MATLAB 语言是 MATLAB 平台人机交流的工具,只能出现在命令窗口或 m 文件编辑窗口中。MATLAB 语言在命令窗口中称为命令,在 m 文件中称为语句和程序。命令窗口中,≫ 是命令行提示符,可在其后输入命令。

MATLAB 对命令或语句中符号的解释及搜索顺序是:①检查 MATLAB 内存,判断是否为变量或常量;②检查是否为 MATLAB 的内部函数;③在当前目录中搜索是否有这样的 m 文件存在;④在 MATLAB 搜索路径的其他目录中搜索是否有这样的 m 文件存在。

MATLAB 语言与其他语言有许多类似的概念,基础内容如下。

1. MATLAB 中的变量

计算机语言中的变量对应着计算机的存储单元,用于存储数据。MATLAB 中的变量是以矩阵为基本结构形式,多维数组是矩阵的直接扩展。所以,MATLAB 变量表现为 $0 \sim n$ 维数组的结构形式,2 维及以下数组被统一视为矩阵,如 2×3 矩阵,1×3 矩阵(行向量),3×1 矩阵(列向量),1×1 矩阵(标量),0×0 矩阵(空)。

MATLAB 中的变量不需要预先说明,一般是通过赋值语句自然产生。如:v = 18 创建了一个名为 v 的 1×1 矩阵,并存储了唯一的元素值 18。

MATLAB 中变量的命名规则如下:

① 变量名必须是不含空格的字符串；

② 变量名以字母开头，之后可以是任意字母、数字或下划线，变量名中不允许使用标点符号；

③ 变量名区分大小写；

④ 变量名的有效长度可由 namelengthmax( ) 函数值确定，它与 MATLAB 版本有关。目前变量名的有效长度是 63。

需要注意的是 MATLAB 严格区分大小写字母，不要用函数名或关键字作为变量名。

2. MATLAB 的关键字和特殊函数 (或常量)

MATLAB 作为一种语言为编程保留了一些关键字：如 break、case、catch、classdef、continue、if、else、elseif、otherwise、end、for、while、function、global、parfor、persistent、return、spmd、switch、try 等。MATLAB 的一些特殊函数返回有用的常量，见表 2-4。

表 2-4　MATLAB 的保留常量及其值

特殊函数	含　义	特殊函数	含　义
ans	缺省变量时用于存储结果的默认变量	nargin	所用函数的输入变量数目
i 或 j	虚数单位，$i=j=\sqrt{-1}$	nargout	所用函数的输出变量数目
pi	圆周率 π (= 3.1415926⋯)	intmin	最小整数
NaN 或 nan	不定量，如 0/0、inf/inf 或 inf-inf 的结果	intmax	最大整数
Inf 或 inf	无穷大 (∞)，如 1/0	realmin	最小可用正实数 2^{-1022}
version	版本信息，例如 7.14.0.739 (R2012a)	realmax	最大可用正实数 $(2-\varepsilon)2^{1023}$
eps	即浮点运算的相对精度 ($\varepsilon=2^{-52}$)，当和 1 相加就产生一个比 1 大的数		

3. MATLAB 的数据类型

MATLAB 提供了 15 种基础数据类型，有逻辑型、字符型、数值型、整型、浮点型、结构数组、元胞数组以及函数句柄等，见图 2-5。其中整型又分为有符号整型和无符号整型，8 位整型、16 位整型、32 位整型和 64 位整型，浮点型又分为单精度浮点型和双精度浮点型。

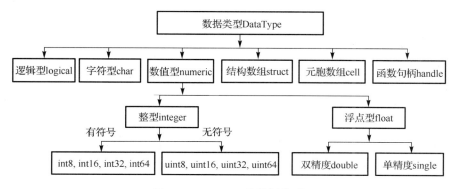

图 2-5　MATLAB 的数据类型

MATLAB 的数据类型除了元胞数组外与其他过程计算机语言类似，简述如下。

◎ 双精度与单精度数据

MATLAB 默认的数字为双精度类型。双精度数据变量遵循 IEEE 标准，8 字节 64 位存储单元，11 个指数位，52 个数值位和 1 个符号位。表达的数值范围是($-1.7 \sim 1.7$) $\times 10^{308}$。double( )函数可将其他类型数字表达式转换为双精度数字。数据的类型决定了变量的类型。单精度数据是由 single( )函数转换而来，占用 4 字节 32 位存储单元。

MATLAB 的数字可以是复数，复数的虚数部分用"i"和"j"表示，如：$a = 2 + 3\mathrm{i}$ 或 $b = 3 + 4\mathrm{j}$。需要注意的是"i"和"j"不能混用。一个复数对应 2 个存储单元，分别存储实数和虚数。

◎ 整数数据

整数数据类型有 8 种类型函数，区别是存储单元的长度和取值的范围，如 uint8 对应 8 位存储单元长度的无符号整数，所以取值的范围是 $0 \sim 255$，对应 $256(2^8)$ 个数字；而 int8 对应 8 位存储单元长度的有符号整数，所对应的 256 个数字取值范围是 $-128 \sim 127$。

无符号整数类型：uint8 为单字节 8 位存储单元，常用于图像表示和处理；uint16 为双字节 16 位存储单元；uint32 为 4 字节 32 位存储单元；uint64 为 8 字节 64 位存储单元。

有符号整数类型：int8，8 位存储单元；int16，16 位存储单元；int32，32 位存储单元；int64，64 位存储单元。

◎ 字符数据或字符串数据

字符数据或字符串数据就是用单引号括起来的字符，一个字符占用一个存储单元，对应 2 个字节长度。一个字符串对应一个行向量，多行字符串矩阵要求各行的长度相等。char 函数可生成字符串数组，可将数字转换成字符串。double 函数可将字符串转换成 unicode 数值。

字符串比较函数：strcmp 比较两个字符串是否完全相同；strncmp 比较两个字符串的前 n 个字符是否相同；strcmpi 与 strcmp 类似，但会忽略字母大小写的区别；strncmpi 与 strncmp 也类似，但 strncmpi 会忽略字母大小写的区别。

判别字符串中字符类别函数：isletter 判断字符串中的每个字符是否为英文字母；isspace 判断字符串中的字符是否属于格式字符（空格、制表符、回车和换行等）；isstrprop 逐字符检测字符串中的字符是否属于指定范围（字母、字母和数字、大写或小写、十进制数、十六进制数等）。

字符串查找函数：strfind(str, pattern)在字符串 str 中查找 pattern 子串，返回子串出现的位置；findstr(str1, str2)查找字符串 str1 和 str2，返回较短字符串在较长字符串中出现的位置。

字符串替换函数：strrep(str1, str2, str3)将字符串 str1 中所有 str2 字符串用 str3 来替换。strrep 对字母的大小写敏感，只能替换 str1 中与 str2 完全一致的子串。

◎ 逻辑数据

逻辑类型值只有真和假两个，分别用 1 和 0 表示。logical 函数可将任意类型数组转换为逻辑类型数组，其中非零元素为真，零元素为假。true 和 false 函数生产真、假数组。

可用于逻辑数据判断的函数：whos('x')显示数据 x 的数值和数据类型；islogical(x)判断 x 是否为逻辑数组；isa(x，'logical')判断 x 是否为逻辑数组；class(x)返回 x 的数据类型；cellfun('islogical'，x)检查元胞数组 x 的元素是否是逻辑数据。

◎ **结构体数据**

结构体类型与 C 语言中的结构类似，在变量的下面定义各种域，域可以是各种类型的变量，所以可定义多层结构体。结构体可以将相关的各种变量和信息集成到一起。

结构体相当于一个数据容器，把多个相关联的不同类型的数据封装在一个结构体对象中。结构体是利用域而非下标索引来对结构元素进行寻址；结构的域由"（结构名）.（域名）"标识，即用点号来访问域中的数据。创建结构体有两种方法：赋值语句或 struct 函数。

用赋值语句创建结构体：赋值表达式左边代表了结构体的字段变量名，右边是给变量所赋予的值。在对结构体的字段进行赋值时，该字段会自动创建。借助圆括号和索引，用户可轻松创建拥有相同结构的结构体数组对象。

【例 2-1】 温室数据包括温室名、容积、温度、湿度等。结构体 green_house 有三个子域：name，volume，parameter。而 parameter 又有两个子域：temperature，humidity。

可直接对域赋值产生"结构体"，在命令窗口中输入赋值命令产生"结构体"示例如下：

```
>>green_house.name      = '一号房';              % 直接给域名赋值
>>green_house.volume = '2000 立方米';
>>green_house.parameter.temperature...
                =[31.2  30.4  31.6  28.7  29.7  31.1  30.9  29.6];
>>green_house.parameter.humidity...
                =[62.1  59.5  57.7  61.5  62.0  61.9  59.2  57.5];
```

输入结构体名可显示"结构体"的结构和内容，示例如下：

```
>>green_house                    % 显示结构体第一层内容
green_house =
        name:  '一号房'
      volume:  '2000 立方米'
   parameter:  [1x1 struct]

>>green_house.name               % 显示结构体 green_house 的域 name
ans =
一号房

>>green_house.volume             % 显示结构体 green_house 的域 volume
ans =
2000 立方米

>>green_house.parameter.temperature % 显示结构体域 parameter 的域 temperature
ans =
    31.2000  30.4000  31.6000  28.7000  29.7000  31.1000  30.9000  29.6000
```

用函数 struct 创建结构体：

$$sn = struct('field1'，values1，'field2'，values2，\cdots)$$

其中：sn 为所创建的结构体对象名；filed1、field2 为结构体包含的第一个和第二个域（字段）名；value1、value2 为结构体第一个和第二个域的值。

【例 2-2】 用 struct 函数创建结构体

```
≫person = struct('name', 'Tom', 'sex', 'male', 'age',20)
≫person = name:   'Tom'
               sex:   'male'
               age:  20
```

◎ **元胞（单元）数组类型**

元胞数组也称为单元数组，是将不同类型数据集成到一个变量名下面，用 ¦ ¦ 表示。这是 MATLAB 特有的、与其他计算机过程语言不同的数据类型。

【例 2-3】 元胞数组的创建。已知有如下四种不同类型数据：

```
≫C_str = char('北京理工大学','管理与经济学院');          % 字符数组
≫R = reshape(1:9,3,3);                                  % 3 × 3 矩阵
≫cn = [1 + 2i,1 − 2i];                                   % 复数向量
≫S_sym = sym('sin( − 3 * t) * exp( − t)');               % 符号对象
```

直接创建法一："外标识元胞元素赋值法"

```
≫A(1,1) = {C_str};   A(1,2) = {R};           % 元胞元素赋值
≫A(2,1) = {cn};       A(2,2) = {S_sym};
≫A                                           % 显示元胞数组类型
A =                                          % 屏幕显示
    [2x8 char   ]    [3x3 double]
    [1x2 double]    [1x1 sym   ]
```

直接创建法二："编址元胞元素内涵的直接赋值法"

```
≫B{1,1} = C_str;   B{1,2} = R;   B{2,1} = cn;   B{2,2} = S_sym;   % 元胞元素地址赋值
≫celldisp(B)                                                      % 显示元胞数组内容
B{1,1} =                                                          % 屏幕显示
    北京理工大学
    管理与经济学院

B{2,1} =
    1.0000 + 2.0000i   1.0000 − 2.0000i

B{1,2} =
    1    4    7
    2    5    8
    3    6    9

B{2,2} =
    sin( − 3 * t) * exp( − t)
```

用函数 cell 创建元胞数组，函数的语法形式如下：

$$cn = cell(m, n)$$

该语句创建了一个包含 m 行 n 列的元胞数组,将其保存在 cn 中。利用 cell 函数创建元胞数组后,需对数组的每一个元素(元胞)进行赋值。

◎ **函数句柄类型**

函数句柄是 MATLAB 的一种数据类型,提供了一种间接调用函数的方法。函数句柄给出了一个函数执行所需的所有信息:

$$handle = @\ functionname$$

函数句柄使得函数的调用变得灵活和方便,既可以直接执行函数,也可以作为参数进行传递,方便实现函数间互相调用,拓宽子函数的使用范围,提高函数调用的可靠性,减少程序设计中的冗余和提高重复执行的效率。

创建函数句柄并保存变量后,就可以通过函数句柄变量来调用句柄所关联的函数。通过函数句柄调用函数时,也需要指定函数的输入参数;没有输入参数的函数,在使用句柄调用时,要在句柄变量后加上空的圆括号。

函数句柄处理函数:functions 返回函数句柄的描述信息;func2str 将函数句柄转换为函数名称字符串;str2func 将字符串代表的函数转换为函数句柄。

◎ **类与对象**

类与对象是除了上述 15 种基本数据类型以外的数据,具有强大的表达和扩展功能。类与对象可以定义重载函数,可以定义新的数据类型,根据需要可以处理任意数据类型。类是一种定义了自己的数据结构和作用之上的处理过程、函数的数据类型,对象是类的实例。

【例 2-4】 符号表达式是一种扩展的数据对象。变量声明:syms A B C,定义了三个符号类型对象。等同于 A = sym ('A') , B = sym ('B') , C = sym ('C')。符号类型变量常用于公式推导。在 MATLAB 主窗口 File→New 菜单中第 3、4 项也是对象类的编辑处理。

4. MATLAB 的基本语句结构

MATLAB 语句可以出现在程序文件(.m 文件)中,或出现在命令窗口中。

◎ **赋值语句**

$$V(变量) = expression(表达式)$$

表达式是一门语言中的最基本的成分,它是由变量、数值、运算符及函数组成。MATLAB 表达式与自然的数理逻辑表达式非常接近。

【例 2-5】 $g = a \times b^3 \times \sin(x)/c$,用 MATLAB 语句表示为

```
≫g = a * b^3 * sin(x)/c
```

【例 2-6】 矩阵赋值 $A = \begin{bmatrix} 1 & 7 & 3 \\ 2 & 8 & 6 \\ 5 & 9 & 4 \end{bmatrix}$,用 MATLAB 语句表示为

```
≫A = [1, 7, 3; 2, 8, 6; 5, 9, 4];                                    % 输入矩阵
```

根据运算处理的数据类型和关系，运算符包括算数运算符、关系运算符及逻辑运算符等，详见 2.2 节 MATLAB 的基本运算。单值函数可直接作为表达式的成分出现在表达式中参与计算；而多值函数则先将函数值赋给变量，再代入表达式中。

◎ **语句的控制符号**

MATLAB 语句的控制符号有逗号(,)、分号(;)、续行号(…)、百分号(%)和冒号(:)。

MATLAB 的语句分隔符用逗号和分号表示，它允许多条语句在同一行出现。逗号结束的语句执行结果将显示在命令窗口中，分号结束的语句执行结果将不显示。逗号还是矩阵元素间的分隔符，如上面的矩阵表示。

续行号(…)表示语句未完，下一行继续。当一个指令或语句太长时，可用续行号(…)续行，实现用多行表达一个语句。

百分号(%)是注释的控制符号，其后面的内容为标注和解释性的内容，而非语句。

冒号用于构建冒号表达式，冒号表达式有许多用途。冒号表达式如下：

$$Vstart : step : Vend$$

冒号表达式生成了以 Vstart 为初始值、以 step 为步长、以 Vend 为终止值的一组等差数列，step 的默认步长为 1。冒号表达式用于生成等间隔的向量，用于选出矩阵指定行、列及元素，用于循环控制语句。

MATLAB 的常用标点符号见表 2-5。

表 2-5　MATLAB 的常用标点符号

标点符号	名　称	功能说明
	空格	数组元素或输入量之间的分隔符
,	逗号	数组元素或输入量之间的分隔符
.	点	小数点；结构体数组的字段标识符；点运算标识符
;	分号	定义数组时，作为行间分隔符；用在某条命令的"结尾"，不显示计算结果
:	冒号	作为冒号运算符，用来生成一维数组；作为数组单下标引用时，表示将数组按列拉长为长向量；作为数组多下标引用时，表示该维上的所有元素
%	百分号	注释号，注释内容引导符，百分号后的内容为注释
%{%}	百分花括号	注释块，百分花括号内的内容为注释
' '	单引号对	字符串标记符
( )	圆括号	用来访问数组元素；用来标记运算作用域；定义函数时用来标记输入变量列表
[ ]	方括号	用来定义数组；定义函数时用来标记输出变量列表
{ }	花括号	用来定义或访问元胞数组；用来标记图形对象中的特殊字符
_	下连符	作为变量、函数或文件名中的连字符；图形对象中下脚标前导符
…	续行号	由三个及以上连续点构成，表示该行命令或语句未完，其下一行为该行的续行
@	"At"号	在函数前形成函数句柄；匿名函数前导符；在目录前形成"用户对象"类目录

【例 2-7】　用不同的步距生成(0,pi)间的向量

```
≫v1 = 0:0.5:pi;        % v1 = [0   0.5000   1.0000   1.5000   2.0000   2.5000   3.0000]
≫v2 = pi: - 0.5:0;     % v2 = [3.1416  2.6416  2.1416  1.6416  1.1416  0.6416  0.1416]
≫v3 = 0:pi;            % v3 = [0   1   2   3]
≫v4 = [0:0.1:pi, pi];  % v4 = [0   0.1   0.2   0.3   0.4   ……   3.1   3.1416], 33 个元素
```

◎ **输入输出语句**

由命令窗口进行输入的语句：

$$user\_entry = input('prompt') \quad 或 \quad user\_entry = input('prompt', 's')$$

'prompt'——在命令窗口显示的提示字符信息，'s'——表示输入的内容为字符串，无's'时则为有效的任意表达式。

【例2-8】 输入控制

```
≫x = input('请输入 x 的值：');
请输入 x 的值：
```

当输入任何有效的表达式后，表达式的值就会存储在变量 x 中。

由命令窗口进行输出的语句：

$$disp(expression)$$

expression——为任意有效的表达式，表达式的结果显示在命令窗口中。

【例2-9】 输出显示

```
≫x = 1:8;
≫disp(x + 1);
2    3    4    5    6    7    8    9
```

MATLAB 中数值型数据的输出控制格式可以通过 format 命令指定，见表2-6。

表2-6　MATLAB 中数值型数据的输出控制格式

格　式	说　明
format short	固定短格式，4 位小数。例如：3.1416。默认格式(default)
format long	固定长格式，14 至 15 位小数(双精度)；7 位小数(单精度)。例如：3.141592653589793
format short e	浮点短格式，4 位小数。例如：3.1416e +000
format long e	浮点长格式，14 至 15 位小数(双精度)；7 位小数(单精度)。例如：3.141592653589793e +000
format short g	最好的固定或浮点短格式，4 位小数。例如：3.1416
format long g	最好的固定或浮点长格式，14 至 15 位小数(双精度)；7 位小数(单精度)。例如：3.14159265358979
format short eng	科学计数法短格式，4 位小数，3 位指数。例如：3.1416e +000
format long eng	科学计数法长格式，16 位有效数字，3 位指数。例如：3.14159265358979e +000
format +	以"＋"号显示 format bank 固定的美元和美分格式。例如：3.14
format hex	十六进制格式。例如：400921fb54442d18
format rat	分式格式，分子分母取尽可能小的整数。例如：355/113
format compact	紧凑格式，不显示空白行，比较紧凑
format loose	宽松格式，显示空白行，比较宽松

【例 2-10】 输出格式的差异

≫ format compact	% 紧凑格式	≫ format loose	% 宽松格式
≫ format short	% 固定短格式	≫ format long	% 固定长格式
≫ pi		≫ pi	
ans =	% 紧凑	ans =	% 松散
3.1416	%4 位小数		%15 位小数
≫		3.141592653589793	
		≫	

2.2　MATLAB 的基本运算

2.2.1　创建矩阵

1. MATLAB 中矩阵的表示规则

① 矩阵元素必须用[　]括住;

② 矩阵行内元素必须用逗号或空格分隔;

③ [　]内矩阵的行与行之间必须用分号或回车键分隔。

矩阵元素:MATLAB 数字表达式可以是实数,也可以是复数,复数部分用 i 或 j 表示。

```
≫  a =[1 2 3 ; 4 5 6]
≫  x =[2 pi/2 ; sqrt(3)3 +5i]
```

逗号或空格的作用是分隔某一行的元素;分号的作用是区分不同的行;Enter 键作用之一是输入矩阵时,按 Enter 键开始一新行。输入矩阵时,需要注意的是严格要求所有行有相同的列。

【例 2-11】　输入 m 和 p

$$m = \begin{pmatrix} 1 & 2 & 3 & 4 \\ 5 & 6 & 7 & 8 \\ 9 & 10 & 11 & 12 \end{pmatrix}, p = \begin{pmatrix} 1 & 1 & 1 & 1 \\ 2 & 2 & 2 & 2 \\ 3 & 3 & 3 & 3 \end{pmatrix}$$

```
≫m =[1 2 3 4 ; 5 6 7 8; 9 10 11 12];
≫p =[1 1 1 1
     2 2 2 2
     3 3 3 3];
```

在构建矩阵时,可以引用已有矩阵作为新矩阵的一部分。如:

```
≫A =[1,7,3;2,8,6;5,9,4];
≫A =[ [A;[4,3,2] ],[8;6;5;9] ]
A =
```

```
1    7    3    8
2    8    6    6
5    9    4    5
4    3    2    9
```

子矩阵提取的基本语句格式：

$$B = A(v1, v2)$$

v1，v2 为矩阵第 1 维、第 2 维下标的向量。

示例如下：

```
≫ B1 = A( 1:2:end,:);              % 提取 A 矩阵全部奇数行、所有列
≫ B2 = A( [3, 2, 1], [2, 4, 3]);   % 提取 A 矩阵 3,2,1 行、2,5,8 列构成的子矩阵
≫ B3 = A(:, end: -1:1);            % 将 A 矩阵左右翻转
```

2. 创建简单的数组

$x = [a, b, c, d, e, f]$，创建包含指定元素的行向量；

$x = first:last$，创建从 first 开始，加 1 计数，到 last 结束的行向量；

$x = first:increment:last$，创建从 first 开始，加 increment 计数，到 last 结束的行向量；

$x = linspace(first, last, n)$，创建从 first 开始，到 last 结束，有 n 个元素的行向量；

$x = logspace(first, last, n)$，创建从 10^{first} 开始，到 10^{last} 结束，n 个元素为 10.^linspace (first, last, n) 的对数分隔行向量。

数组元素的访问有以下几种形式。

① 访问一个元素：$x(i)$ 表示访问数组 x 的第 i 个元素。

② 访问一块元素：$x(b:s:e)$ 表示访问数组 x 的从第 b 个元素开始，以步长为 s 到第 e 个元素（但不超过 e），s 可以为负数，s 缺省时为 1。

③ 直接使用元素编址序号：$x([i\ \ j\ \ k\ \ l])$ 表示提取数组 x 的第 i、j、k、l 个元素构成一个新的数组 $[x(i), x(j), x(k), x(l)]$。

3. 用 MATLAB 函数创建矩阵

$a = [\ ]$——创建空矩阵 [ ]，大小为零。MATLAB 允许输入空矩阵，并且在当一项操作无结果时，返回空矩阵。

rand——创建元素为 0~1 之间的随机数矩阵，$B = rand([m,]n)$ 创建 m×n 或 n×n 随机矩阵。

eye——创建单位矩阵，$C = eye(n)$。

zeros——创建全部元素都为 0 的矩阵，$D = zeros([m,]n)$。

ones——创建全部元素都为 1 的矩阵，$E = ones([m,]n)$。

还有伴随矩阵（companion matrix）、稀疏矩阵（sparse matrix）、魔方矩阵（magic square matrix）等矩阵的创建，这里不一一介绍。

4. 矩阵中元素的使用

① 使用矩阵 A 的第 r 行：A(r, :)；

② 使用矩阵 A 的第 j 列：A(:, j)；

③ 依次提取矩阵 A 的每一列，将 A 拉伸为一列向量：A(:)；

④ 取矩阵 A 的第 i1～i2 行、第 j1～j2 列构成新矩阵：A(i1:i2, j1:j2)；

⑤ 逆序提取矩阵 A 的第 i1～i2 行，构成新矩阵：A(i2: -1:i1, :)；

⑥ 逆序提取矩阵 A 的第 j1～j2 列，构成新矩阵：A(:, j2: -1:j1)；

⑦ 删除 A 的第 i1～i2 行，构成新矩阵：A(i1:i2, :) = [ ]；

⑧ 删除 A 的第 j1～j2 列，构成新矩阵：A(:, j1:j2) = [ ]；

⑨ 将矩阵 A 和 B 拼接成新矩阵：[A, B]；[A; B]。

2.2.2 矩阵运算

1. 矩阵加、减(+, -)运算

规则：相加、减的两矩阵必须有相同的行和列，对应元素相加减；允许参与运算的两矩阵之一是标量，标量与另一矩阵的所有元素分别进行加减操作。

2. 矩阵乘(*)运算

规则：C = A * B，A 矩阵的列数必须等于 B 矩阵的行数；标量可与任何矩阵相乘。

【例 2-12】 矩阵相乘

```
≫A = [1 2 3;4 5 6;7 8 0];      B = [1;2;3];          C = A * B
C =
     14
     32
     23
```

3. 矩阵运算的常用函数

inv——矩阵求逆，inv(A)；

det——方阵行列式的值，det(A)；

eig——矩阵的特征值，[V, D] = eig(A)，V 是特征向量矩阵，D 是特征根矩阵；

diag——对角向量或矩阵，由矩阵得到对角向量，由对角向量得到对角方阵；

.'、A'和 A.'——矩阵转置，矩阵的转置包括转置(A.')和共轭转置(A')两种。对于实矩阵，两种转置是相同的；

sqrt——矩阵开方，等同于 0.5 的数组乘方(.^0.5)。

【例 2-13】 逆矩阵、矩阵行列式、对角阵、开方函数计算

```
≫A = [1 2 3;4 5 6;7 8 0];
≫B = inv(A)                              % 计算 A 的逆矩阵
```

```
 B =
    -1.7778     0.8889    -0.1111
     1.5556    -0.7778     0.2222
    -0.1111     0.2222    -0.1111
 ≫C = det(A)                           % 计算 A 的行列式值
 C =
     27
 ≫D = diag(A)'                         % 由矩阵得到对角向量
 D =
     1     5     0
 ≫E = diag(D)                          % 由对角向量得到对角矩阵
 E =
     1     0     0
     0     5     0
     0     0     0
 ≫F = A'                               % 求转置矩阵
 F =
     1     4     7
     2     5     8
     3     6     0
 ≫G = sqrt(A)                          % 求矩阵的元素开方
 G =
     1.0000     1.4142     1.7321
     2.0000     2.2361     2.4495
     2.6458     2.8284          0
 ≫A = [1 +2i 2 +3i; 4 -5i 6 -7i]
 A =
     1.0000 +2.0000i     2.0000 +3.0000i
     4.0000 -5.0000i     6.0000 -7.0000i
 ≫A.'
 ans =
     1.0000 +2.0000i     4.0000 -5.0000i
     2.0000 +3.0000i     6.0000 -7.0000i
 ≫A'
 ans =
     1.0000 -2.0000i     4.0000 +5.0000i
     2.0000 -3.0000i     6.0000 +7.0000i
```

4. 借助 cat，repmat，reshape 等函数构建高维数组

```
 ≫cat(3,ones(2,3),ones(2,3) *2,ones(2,3) *3)      % 沿第 3 维串拼数组
    ans(:,:,1) =        ans(:,:,2) =         ans(:,:,3) =
     1     1     1       2     2     2        3     3     3
     1     1     1       2     2     2        3     3     3
 ≫reshape(1:12,2,2,3)                             % 将原数组重塑成 2 * 2 * 3 数组
    ans(:,:,1) =        ans(:,:,2) =         ans(:,:,3) =
     1     3            5     7               9     11
     2     4            6     8              10     12
```

```
>> repmat(ones(2,3)*2,[1,1,3])        % 将原数组沿第 1~3 维分别重复 1 次、1 次、3 次
                                       % 生成新数组
ans(:,:,1) =           ans(:,:,2) =              ans(:,:,3) =
    2    2    2            2    2    2               2    2    2
    2    2    2            2    2    2               2    2    2
```

5. 矩阵的一些特殊操作

矩阵的变维：

a = [1:12];   b = reshape(a,3,4);

c = zeros(3,4);   c(:) = a(:);

矩阵的变向：

rot90：矩阵旋转 90°；fliplr：左右翻转矩阵；flipud：上下翻转矩阵。

矩阵的抽取：

diag：抽取主对角线；tril：抽取主下三角；triu：抽取主上三角。

维数、大小、长度和降维：

ndims(A)返回数组 A 的维数；

size(A)返回数组 A 各维的尺寸大小；

length(A)返回数组 A 各维的最大尺寸作为其长度；

squeeze(A)返回数组 A 的压缩数组。

例如：A = [1, 7, 3, 1; 2, 8, 6, 2; 5, 9, 4, 3]；则 ndims(A)返回 2，size(A)返回 3 和 4，length(A)返回 4。如果 B = reshape(A,3,1,4)，则 ndims(B)返回 3，size(B)返回 3、1 和 4，length(B)返回 4。squeeze(B)与 A 相同，squeeze(B)则将 3 维数组压缩成 2 维数组。

6. 矩阵的数组运算

数组运算指元素对元素的算术运算，与通常意义上的线性代数矩阵运算不同。

数组加减(. + , . −)（与矩阵加减等效）：

a. + b = a + b

a. − b = a − b

数组乘除(. * , . /, . \)：

a. * b——a，b 两数组必须有相同的行和列，结果是两数组对应元素相乘。

a. /b = b. \a ⎫
          ⎬ 给出 a，b 对应元素间的商。
a. \b = b. /a ⎭

示例：

```
>> a = [1 2 3];    b = [4 5 6];    c1 = a.\b;    c2 = b./a
c2 =
    4.0000  2.5000  2.0000
```

数组乘方(.⌃)——元素对元素的幂。有 2 种情况：①A 为矩阵，x 为标量，则 A.⌃x 表示

对矩阵 A 中的每一个元素求 x 次方；②A 和 x 为同型矩阵，A.^x 表示对矩阵 A 中的每一个元素求 x 中对应元素次方。数组乘方的示例如下。

```
≫a =[1 2 3];            b =[4 5 6];
≫y = a.^2                          % 计算 a 中每个元素的 2 次方
y =
        1.00    4.00    9.00

≫z = a.^b                          % 计算 a 中每个元素的对应 b 中元素次方
z =
        1.00    32.00   729.00
```

7. 矩阵乘方——A^p

设 A 为方阵，p 为标量，则：①当 p 为正整数，A^p 表示矩阵 A 自乘 p 次；②当 p 为负整数，A^p 表示矩阵 A^{-1} 自乘 p 次；③当 p 为实数，A^p = V * D.^p/V，其中[V, D] = eig(A)，V 和 D 分别是 A 的特征向量矩阵和特征根矩阵。当方阵有复数特征值或负实特征值时，非整数幂是复数阵。④A^0 = I(单位矩阵)。

如果 A，p 都是矩阵，则 A^p 无意义。

【例 2-14】 A = [1 2 3;4 5 6;7 8 0];

```
≫[V,D] = eig(A)               % 计算矩阵 A 的特征向量和特征根
V =                           % 矩阵 A 的 3 个特征向量
   −0.2998   −0.7471   −0.2763
   −0.7075    0.6582   −0.3884
   −0.6400   −0.0931    0.8791
D =                           % 矩阵 A 的 3 个特征根
  12.1229      0        0
    0       −0.3884     0
    0          0      −5.7345
≫W = A^0.5                    % W = V * D.^0.5/V, [V,D] = eig(A)
W =
   0.5977 +0.7678i   0.7519 +0.0979i   0.5200 −0.4680i
   1.4102 +0.1013i   1.7741 +0.6326i   1.2271 −0.7467i
   1.2757 −1.0289i   1.6049 −1.0272i   1.1100 +1.6175i
≫W = A^3                      % 矩阵 A 自乘 3 次
W =
   279   360   306
   684   873   684
   738   900   441
```

8. 矩阵的比较运算

各种允许的比较关系及运算符有 > , >= , < , <= , == , ~= 。示例：

```
≫A =[2 7 6;9 0 5;3 0.5 6];
≫B =[8 7 0;3 2 5;4 −1 7];
≫A == B
```

```
ans =
    0    1    0
    0    0    1
    0    0    0
≫A ~= B
ans =
    1    0    1
    1    1    0
    1    1    1
≫'t' == 'date'
ans =
    0    0    1    0
```

MATLAB 用关系运算符" == "对两个字符串逐个字符比较时，要求待比较的两个字符串长度必须相等，或者其中有一个是单字符。

9. 矩阵的逻辑运算

逻辑变量：当前版本有逻辑变量。对 double 变量来说，非 0 表示逻辑 1。

逻辑运算（相应元素间的运算）符见表 2-7。

表 2-7　逻辑运算符

运 算 符	定　义	示　例
& 和 &&	逻辑与 & 可对标量、数组运算；先决逻辑与 && 只处理标量	A&B 或 and(A,B)
	和 ‖	逻辑或	可对标量、数组运算；先决逻辑或 ‖ 只处理标量	A|B 或 or(A,B)
~	逻辑非	~ A 或 not(A)
xor	逻辑异或	xor(A,B)
any	向量有非零元则为真	any(A)，any(any(A))
all	向量所有元素均非零则为真	all(A)，all(all(A))
find	找出非零元素的索引	i = find(A)，[i,j] = find(A)
islogical	判断是否为逻辑量	islogical(A)

【例 2-15】　找出矩阵 $A = [1, 4, 7, 10; 2, 5, 8, 11; 3, 6, 9, 12]$ 中大于 8 的元素。

```
≫A = magic(3)                        % 生成矩阵
A =
    8    1    6
    3    5    7
    4    9    2

≫L = A > 5                           % 判断 A 中大于 5 的元素
L =
    1    0    1
    0    0    1
    0    1    0

≫islogical(L)                        % 判断 L 是逻辑量
ans =
    1
```

```
≫X = A(L)'                      % 按存储顺序取出 L 为真的对应 A 的元素值
X =
    8    9    6    7
≫any(A >7)                      % 判断各列向量是否存在大于 7 的元素
ans =
    1    1    0
≫all(A >=3)                     % 判断各列向量元素是否全部大于等于 3
ans =
    1    0    0
≫find(A >6)'                    % 找出 A 中大于 6 的元素顺序索引
ans =
    1    6    8
≫[i, j] = find(A >6);           % 找出 A 中大于 6 的元素行列索引
≫[i, j]
ans =
    1    1
    3    2
    2    3
```

10. 数据类型转换函数

在 MATLAB 数据类型转换函数中，有一类可从其函数名判断出转换的类型。如，int2str 将整数转换为字符串；num2str 把数值转换为字符串；mat2str 将矩阵转换为字符串；str2mat 将字符串转换为含有空格的矩阵；str2num 将字符串转换为数值矩阵；mat2cell 将矩阵转换为元胞数组；cell2mat 将元胞数组转换为矩阵；num2cell 将数值型数组转换为元胞数组；cell2struct 将元胞数组转换为结构数组；struct2cell 将结构数组转换为元胞数组。例如：

```
≫A = eye(2,4);   A_str = int2str(A)       % 将整数转换成字符串
A_str =
    1 0 0 0
    0 1 0 0
≫B = rand(2,4);   B_str = num2str(B,3)     % 将 3 位小数精度数转换成字符串
B_str =
    0.821    0.615    0.922    0.176
    0.445    0.792    0.738    0.406
≫C_str = mat2str(B,4)                      % 将 4 位小数精度矩阵转换成字符串
C_str =
    [0.8214 0.6154 0.9218 0.1763;0.4447 0.7919 0.7382 0.4057]
≫B_cel = mat2cell(B, [2], [2 2])           % 将矩阵转换成{2×2  2×2}元胞数组
B_cel =
    [2x2 double]   [2 ×2 double]
≫B_mat = cell2mat(B_cel)                    % 将元胞{2×2  2×2}数组转换成矩阵
B_mat =
    0.8214    0.6154    0.9218    0.1763
    0.4447    0.7919    0.7382    0.4057
```

```
>> C_fld = {'Name', 'Address', 'Age'};
>> C_rec = {'Quan Fenglian', 'Guangzhou', 24;'Zhang Xiaoqi', 'Zhangjiakou', 25};
>> Stru = cell2struct(C_rec, C_fld, 2)    % 将元胞数组转换成第 2 维对应域名的结构数组
Stru =
2x1 struct array with fields:
    Name
    Address
    Age
>> struct2cell(Stru)                       % 将结构数组转换成元胞数组
ans =
    'Quan Fenglian'     'Zhang Xiaoqi'
    'Guangzhou'         'Zhangjiakou'
    [    24]            [    25]
```

函数 strcat 把多个串连接成长串，函数 strvcat 创建字符串数组。例如：

```
>> t1 = 'first';    t2 = 'string';    t3 = 'matrix';    t4 = 'second';
>> catf = strcat(t1,t2,t3)                     % 将 t1,t2,t3 拼接成长串
catf =
    firststringmatrix
>> catv = strvcat(t4,t2,t3)                    % 将 t4,t2,t3 垂直拼接成字符串数组
catv =
    second
    string
    matrix
```

函数 eval(Expression) 执行字符串 Expression 的 MATLAB 命令。例如：

```
>> Expression = ['M' num2str(5)' = magic(5)'];   % Expression = 'M5 = magic(5)'
>> eval(Expression)                              % 执行 M5 = magic(5)
M5 =
    17  24   1   8  15
    23   5   7  14  16
     4   6  13  20  22
    10  12  19  21   3
    11  18  25   2   9
```

fprintf 把格式化数据写到文件或屏幕，sprintf 按格式把数字转换为串，sscanf 在格式控制下读串。fprintf, sprintf, sscanf 的用法示例如下：

```
>> fprintf('% 2d % 2d % 2d % 2d % 2d \n',M5)        % 用格式控制 M5 按存储顺序输出
    17  23   4  10  11
    24   5   6  12  18
     1   7  13  19  25
     8  14  20  21   2
    15  16  22   3   9
```

```
≫B = sprintf('% 3d % 3d % 3d % 3d % 3d \n',M5)   % 用格式控制 M5 按存储顺序输出到 B
B =
    17  23   4  10  11
    24   5   6  12  18
     1   7  13  19  25
     8  14  20  21   2
    15  16  22   3   9
≫sprintf('Average %s score of %d individual is
                              %5.2f points.', 'english', 30, 82.5)
ans =
    Average english score of 30 individual is 82.50 points.
≫V = num2str(1:6);    C = sscanf(V, '%f', [2,3])  % 按 2 行 3 列将 V 输出到 C
C =
    1   3   5
    2   4   6
```

11. 符号计算与解析结果的化简

符号计算是以符号为处理对象进行的计算，符号计算的功能包括对常用符号对象（符号变量、符号表达式、符号常量、符号矩阵、符号函数）的基本运算，代数运算，特殊运算等。符号对象是用来存储字符符号的数据对象，主要包括符号常量、变量、表达式及符号矩阵。

【例 2-16】   syms 和 sym 用于定义符号对象。

```
≫syms  a b c d x;                    % 定义符号对象变量 a b c d x
≫A1 = [a b; c d];                    % 用符号变量定义符号矩阵 A1
≫A2 = sym('a%d%d', [2 3])            % 定义 2 行 3 列的符号矩阵 A2
A2 =
    [ a11, a12, a13]
    [ a21, a22, a23]
≫f  =  a * sin(x) + 5;               % 定义符号对象变量 f 的符号表达式
≫y = sym('2 * sin(w) * cos(w)');     % 定义符号对象变量 y 的符号表达式
≫z = (x + 3)^2 * (x^2 + 3 * x + 2) * (x^3 + 12 * x^2 + 48 * x + 64);
                                     % 定义符号对象变量 z 的符号表达式
```

定义了符号对象变量后，可以通过" + "、" − "、" * "、"/"、"^"等运算符来实现新的表达。simple 函数可将符号表达式化简，其他还有 collect、expand、factor、pretty 等。

```
≫z1 = collect(z);
% 则 z1 = x^7 + 21 * x^6 + 185 * x^5 + 883 * x^4 + 2454 * x^3 + 3944 * x^2 + 3360 * x + 1152
    ≫z2 = expand(z);
% 则 z2 = x^7 + 21 * x^6 + 185 * x^5 + 883 * x^4 + 2454 * x^3 + 3944 * x^2 + 3360 * x + 1152
    ≫z3 = factor(z);        % 则 z3 = (x + 3)^2 * (x + 2) * (x + 1) * (x + 4)^3
```

12. 运算符的优先级

运算符的优先级服从数学运算符的优先级，见表 2-8。

表 2-8　运算符的优先级

优 先 级	运 算 符	优 先 级	运 算 符
1	( )	7	< > == >= <= ~=
2	.' ' ^ ^	8	&
3	代数正　代数负　~	9	|
4	.* .\ ./ * \ /	10	&&
5	+ -	11	‖
6	:	注：级别 1 优先级最高，11 级别最低	

2.2.3　多项式运算

MATLAB 语言把多项式的系数表达成行向量，向量中的元素是按多项式降幂排列的。如

$$f(x) = a_n x_n + a_{n-1} x_{n-1} + \cdots\cdots + a_0$$

用行向量 $p = [a_n \ a_{n-1} \cdots\cdots \ a_1 \ a_0]$ 表示。

1. poly——产生矩阵特征多项式或系数向量

N 阶矩阵特征多项式的系数向量一定是 $N+1$ 维的，并且第一个元素是 1。

【例 2-17】　A = [1 2 3;4 5 6;7 8 0];

p = poly(A)　　　　　则　　p = [1.00　-6.00　-72.00　-27.00]

p1 = poly(sym(A))　　则　　p1 = x^3 - 6 * x^2 - 72 * x - 27

也可用转换函数 p2 = poly2sym(p, 'y')，得数学多项式的形式

$$p2 = y^3 - 6 * y^2 - 72 * y - 27$$

2. roots——求多项式的根

继续例 2-17：p = [1.00　-6.00　-72.00　-27.00]，则计算多项式的根

r = roots(p)

r = 12.12

　-5.73　　显然 r 是矩阵 a 的特征根

　-0.39

以特征根 r 为输入，可用 poly 返回多项式系数向量

p3 = poly(r)　　　　则　　p3 =　1.00　-6.00　-72.00　-27.00

3. conv——多项式乘运算

【例 2-18】　已知 a = x^2 + 2x + 3；b = 4x^2 + 5x + 6；计算 c = (x^2 + 2x + 3)(4x^2 + 5x + 6)，有

```
≫a = [1 2 3];  b = [4 5 6];  c = conv(a,b)          % c = conv([1 2 3],[4 5 6])
c =
   4    13    28    27    18
```

```
≫p = poly2str(c, 'x')
p =
    4 * x^4 +13 * x^3 +28 * x^2 +27 * x +18
```

4. deconv——多项式除运算

$$[d, r] = deconv(c, a)$$

其中，d 为 c 除 a 后的整数；r 为 c 除 a 的余数。所以，c = conv(a, d) + r。

【例 2-19】 a = [1 2 3]；c = [4 13 28 27 18]

d = deconv(c, a)   则   d = 4 5 6

5. 多项式微分

MATLAB 提供了多项式的微分函数 polyder，函数格式为：

k = polyder(p)：求 p 的微分；

k = polyder(a, b)：求多项式 a, b 乘积的微分；

[p, q] = polyder(a, b)：求多项式 a, b 商 a/b 的微分 k = deconv(p, q)。

【例 2-20】

a = [1 2 3 4 5]；poly2str(a, 'x')   则   ans = x^4 +2 * x^3 +3 * x^2 +4 * x +5

b = polyder(a)   则   b = 4 6 6 4

poly2str(b, 'x')   则   ans = 4 * x^3 +6 * x^2 +6 * x +4

[p, q] = polyder(a, b)；deconv(p, q)   则   ans = 0.2500

2.2.4 线性方程组

MATLAB 中有两种除运算：左除(\)和右除(/)。对于方程 A * x = b，A 为 m×n 矩阵，有三种情况：①当 m = n 时，此方程成为"恰定"方程；②当 m > n 时，此方程成为"超定"方程；③当 m < n 时，此方程成为"欠定"方程。MATLAB 定义的除运算可处理上述方程的三种情况。

1. 恰定方程组的解

方程 A * x = b，当 A 为非奇异时，有 x = A^{-1} * b。

可有两种求解语句：①采用求逆运算求解方程，x = inv(A) * b；②采用左除运算求解方程，x = A\b。

2. 超定方程组的解

当 m > n 时，方程 A * x = b 不存在唯一解。两种解法如下：

① 左除法：x = A\b，MATLAB 用最小二乘法找一个准确的基解；

② 求逆法：做变换(A' * A)x = A' * b，则 x = (A' * A)^{-1} * (A' * b)。

【例 2-21】 $A = [1\ 2; 2\ 3; 3\ 4]$; $b = [1; 2; 3]$;   求解 $A * x = b$

解 1 $x = A \backslash b$

$x =$

   1

   0

解 2 $x = inv(A' * A) * A' * b$

$x =$

   1.00

   0.00

3. 欠定方程组的解

当方程数少于未知量个数时, 有无穷多个解存在。

MATLAB 可求出两个解: 用除法求得解 x 是具有最多零元素的解; 基于矩阵伪逆 pinv 函数求得具有最小长度或范数的解。

【例 2-22】 $A = [1\ 2\ 3; 2\ 3\ 4]$; $b = [1; 2]$;

解 1 $x = A \backslash b$

$x =$

   1.00

   0

   0

解 2 $x = pinv(A) * b$

$x =$

   0.83

   0.33

   -0.17

2.2.5 MATLAB 语言流程控制结构

与其他语言类似, MATLAB 语言流程控制有顺序、循环、选择及函数等结构。顺序结构就是由语句的前后位置决定其执行的先后顺序; 循环结构是控制语句组的重复执行, 包括 for 语句和 while 语句; 选择结构是依据条件来控制将执行的语句组, 包括 if/elseif 条件转移语句, switch 开关语句, try…catch 试探语句; 函数是层次结构、分层调用的控制机制。

1. for…end 循环控制结构

for 结构的循环控制如下, 循环变量取每个值时执行一次循环体, step 缺省值为 1。

```
for i = first:step:last                    % for 语句
    循环体(受控语句组)
end                                         % end 语句, 与 for 语句对应
```

【例 2-23】 求 $1 + 1/2 + \cdots\cdots + 1/100$ 的和。

```
sum = 0;                                    % 累加变量初值
for i = 1:100                               % for 语句, 循环开始, i 为循环控制变量
    sum = sum + 1/i;                        % 受控语句组, 累加计算
end                                         % end 语句, 循环结束
```

累加结果: sum = 5.1874。

2. while…end 循环控制结构

while 结构的循环控制如下, 当条件表达式为真时执行循环体。

```
    while(条件表达式)                        % while 语句
        循环体(受控语句组)
    end                                      % end 语句，与 while 语句对应
```

【例2-24】 求 0 到 101 之间奇数的和：

```
x = 1；  sum = 0；
while x < 101                              % while 语句，x < 101 为循环控制条件
    sum = sum + x；                         % 受控语句组
x = x + 2；
    end                                    % end 语句，循环结束
```

结果：sum = 2550。

【例2-25】 用循环求解 $\sum_{i=1}^{m} i^3 > 10000$，求最小的 m 值。语句结构如下：

```
m = 0；
sum = 0；
while  (sum <= 10000)                      % while 语句，sum < 10000 为循环控制条件
    m = m + 1；                             % 循环语句组
    sum = sum + m^3；
end                                        % end 语句，循环结束
[ sum，m ]                                  % sum = 11025，m = 14
```

3. if···end 选择条件结构

选择条件结构控制结构如下所示，格式一、二是格式三的特例之一。

格式一：

```
 if(条件表达式)
    受控语句组
 end
```

格式二：

```
    if(条件表达式1)
        受控语句组
    else
        受控句组2
    end
```

格式三：

```
    if(条件表达式1)                          % if 语句
        受控语句组1
    elseif(条件表达式2)                      % elseif 语句
        受控语句组2
    .....
```

```
    elseif(条件表达式 n)
        受控语句组 n
    else                          % else 语句
        受控句组 n + 1
    end                           % end 语句, 与 if 语句对应
```

当条件表达式 i 成立, 则执行受控语句组 i, 否则执行受控语句组 n + 1。

【例2-26】 在两数中求最大的数。

```
a = 12；      b = 30；
If   a < b
    y = b；
else
    y = a；
end
```

运行结果：y = 30

4. switch…end 选择开关结构

选择开关控制结构如下：

```
switch 开关表达式                            % switch 语句
case 情形表达式 1                            % case 语句
    情形控制语句组 1
case {情形表达式 2-1, 情形表达式 2-2, 情形表达式 2-3, …}
    情形控制语句组 2
·····
case 情形表达式 n                            % case 语句
    情形控制语句组 n
otherwise                                   % otherwise 语句
    情形控制语句组 n + 1
end                                         % end 语句, 与 switch 语句对应
```

当开关表达式 == 某情形表达式或情形单元组之一表达式, 则执行相应的情形控制语句组, 否则执行 otherwise 对应的情形控制语句组。

【例2-27】 根据 method 的值显示不同的内容。

```
method = 'bilinear';
switch lower(method)
    case {'linear', 'bilinear'}
        disp('Method is linear')
    case'cubic'
        disp('Method is cubic')
    case'nearest'
        disp('Method is nearest')
    otherwise
        disp('Unknown method.')
end
```

最后结果显示：Method is linear。

MATLAB 和 C 语言的区别：当开关表达式的值等于某表达式，执行该语句组后结束该结构，不是必须用 break 语句；同时满足若干个条件之一，则用单元形式；缺省部分用 otherwise 语句，而不是 default 语句；程序的执行结果和各个 case 顺序无关，case 语句中条件不能重复，否则列在后面的条件将不能执行。

控制结构还可以将 break 和 continue 语句与 if 语句结合使用，并出现在循环体中。break 语句将结束所在本层循环体的执行；continue 语句将跳过该语句至所在循环体的 end 语句之间语句的当步执行，继续执行下一次循环。

5. try…end 试探控制结构

试探控制结构如下所示。

```
try                              % 首先执行 try 语句组
    语句组 1
catch exception
    语句组 2
end                              % end 语句，与 try 语句对应
```

try 语句首先执行语句组 1，当出现错误时，则将错误信息赋给保留的 lasterr 变量，并执行语句组 2。exception 是出错信息捕捉对象选项。示例如下：

```
A = rand(3);           B = ones(5);
try
  C = [A; B];
catch err
  % 给出更多的错误信息
  if(strcmp(err.identifier, 'MATLAB:catenate:dimensionMismatch'))
      msg = sprintf('% s', …
          'Dimension mismatch occured:First argument has', …
            num2str(size(A,2)), ' columns while second has', …
            num2str(size(B,2)), ' columns.');
      error('MATLAB:myCode:dimensions', msg);

  % Display any other errors as usual.
  else
      rethrow(err);
  end
end                                          % end try/catch
```

控制结构中的语句组可以含有内层的控制结构，表达多层的复杂控制关系。合理的结构是多层包含的结构逻辑，不可以出现交叉的矛盾结构。

2.2.6 数学函数

函数是 MATLAB 编程的主流方法。MATLAB 常用数学函数见表 2-9。

表 2-9　MATLAB 常用函数

函数	名称	函数	名称	函数	名称	函数	名称
$\sin(x)$	正弦函数	$\text{asin}(x)$	反正弦函数	$\text{sign}(x)$	符号函数	sinh	双曲正弦
$\cos(x)$	余弦函数	$\text{acos}(x)$	反余弦函数	sec	正割	asec	反正割
$\tan(x)$	正切函数	$\text{atan}(x)$	反正切函数	csc	余割	acsc	反余割
$\min(x)$	最小值	$\max(x)$	最大值	cot	余切	acot	反余切
$\text{sqrt}(x)$	开平方	$\exp(x)$	以 e 为底的指数	cosh	双曲余弦	acosh	反双曲余弦
$\log(x)$	自然对数	$\log_{10}(x)$	以 10 为底的对数	coth	双曲余切	acoth	反双曲余切
$\text{abs}(x)$	绝对值	$\text{sum}(x)$	元素的总和	csch	双曲余割	acsch	反双曲余割

基本数论函数见表 2-10。

表 2-10　MATLAB 基本数论函数

函　　数	功　　能	函　　数	功　　能
$\text{floor}(x)$	取小于等于 x 的最大整数	$\text{ceil}(x)$	取大于等于 x 的最小整数
$\text{round}(x)$	四舍五入取整	$\text{fix}(x)$	删除小数取整
$[n,d] = \text{rat}(x)$	取 x 的近似有理分式	$\text{rem}(x, y)$	计算 x./y 的余数
$\text{gcd}(m, n)$	计算 m,n 的最大公约数	$\text{lcm}(m, n)$	计算 m,n 的最小公倍数
$\text{factor}(n)$	将 n 化为素数之积	$\text{isprime}(v)$	判断是否为素数

MATLAB 还提供了集合运算函数，见表 2-11。集合的元素可以是数字或字符串等。

表 2-11　MATLAB 集合运算函数

运算名称	数学表达	MATLAB 函数语句	运算名称	数学表达	MATLAB 函数语句
集合并运算	$C = A \cup B$	$C = \text{union}(A, B)$	异或运算	$C = (A \cup B) \backslash (A \cap B)$	$C = \text{setxor}(A, B)$
集合交运算	$C = A \cap B$	$C = \text{intersect}(A, B)$	属于判断	$key = a \in B$	$key = \text{ismember}(B)$
集合差运算	$C = A \backslash B$	$C = \text{setdiff}(A, B)$			
元素升序排列		$C = \text{sort}(A)$	唯一运算		$C = \text{unique}(B)$

函数是 MATLAB 功能不断扩展的基本形式，并形成各种工具箱。除了 MATLAB 系统提供的各种函数外，用户还可以采用 m 文件定义自己所需要的函数。

2.2.7　MATLAB 的 m 文件及编程

MATLAB 的 m 文件具有两种功能：一是 m 文件可集成命令（或语句）组，形成 MATLAB 的脚本文件，构成主程序的组合控制能力；二是 m 文件可编写用户函数，形成 MATLAB 的子程序，构成分层模块控制能力，被称为函数文件。

1. 主程序的组合控制脚本文件

MATLAB 语言流程控制结构语句组在命令窗口中必须一次性输入执行，将语句组保存在 m 文件中是非常方便和易于调试控制的，脚本文件是程序开始执行的主程序。示例，在命令窗口输入完成对一系列命令，可以一次性输入到 m 文件中，一次性批量执行：

```
clc,    clear                                    % 清除命令窗口,清除工作空间
A = [1 4 7; 2 5 8; 3 6 9; 3 2 1; 6 5 4; 9 8 7];
disp('矩阵A为: ')
disp(A)

X  =  input('请输入向量X = : ');
Total = sum(X);
disp('The total sum of the vector is: ')
disp(Total)

Year = 2006:2010; Quantity = [3200 3250 3215 3223 3246];
TableYear_Number(:,1) = Year'; TableYear_Number(:,2) = Quantity';
fprintf('第%i年到第%i年招收人数的情况如下: \n',Year(1),Year(end))
disp('')                                          % 显示一空行
disp('年份 招收人数(人)')
disp(TableYear_Number)
```

2. MATLAB 的用户函数定义与使用

MATLAB 的内部函数是有限的,有时为了研究某一个领域的专业问题,需要定义新的函数,为此必须编写函数文件。函数文件是文件名后缀为 m 的文件,这类文件的第一行语句必须是以特殊字符 function 开始的函数定义语句,格式为:

function   [输出变量名列表] = 函数名(输入变量名列表)

函数值的获得必须通过具体的运算实现,并赋给输出变量。

m 文件建立方法: ① 在 MATLAB 中,单击菜单【File】→【New】→【M-file】; ② 在编辑窗口中输入程序内容; ③ 点击【File】→【Save】存盘,m 文件名必须与函数名一致,以便于函数的调用。

MATLAB 的 m 文件可以编辑从简单到复杂的各种应用程序。

【例 2-28】 定义函数 $f(x1,x2) = 100(x_2 - x_1^2)^2 + (1 - x_1)^2$

① 建立 m 文件 fun1. m 定义函数

```
function  f = fun1(x)
f = 100 * (x(2) - x(1)^2)^2 + (1 - x(1))^2;
```

② 对单值函数,可以在需要的地方直接使用

例如:计算 $f(1,2)$,只需在 MATLAB 命令窗口表达式中键入函数。

```
≫x = [1 2];          2 * fun1(x)
ans =
    200
```

3. MATLAB 语言自定义函数的基本结构

MATLAB 语言函数的基本结构如下:

```
function[输出变量列表] = 函数名(输入变量列表)
    [有%引导的注释说明段,在函数中给出合适的帮助信息]
    输入、输出变量格式的检测,检测输入和输出变量的个数
    函数体语句组
```

MATLAB 语言函数默认变量的作用如下：

① nargin——函数输入变量的个数；

② nargout——函数输出变量的个数；

③ varargin——函数输入变量的元胞数组；

④ varargout——函数输出变量的元胞数组。

【例 2-29】 求解 $\text{sum} = \sum_{i=1}^{m} i^3 > k$ 的 sum 值及满足 sum $> k$ 的最小 m 值。

首先，编制函数 findsum：

```
function  [m, sum] = findsum(k)
m = 0;          sum = 0;
while  sum <= k,
    m = m + 1;
    sum = sum + m.^3;
end
```

之后，可灵活调用编制好的函数。如

[m1, sum1] = findsum(12345) 则, m1 = 15, sum1 = 14400。

【例 2-30】 函数的递归调用：计算阶乘 n!。

首先，编制函数 my_fact：

```
function  k = my_fact(n)
if n > 1
    k = n * my_fact(n - 1);
elseif any([0,1]) == n
    k = 1;
end
```

之后，调用编制好的函数。如

n1 = my_fact(11) 则, n1 = 39916800。

【例 2-31】 可变输入输出个数的函数。用 conv( ) 函数可以计算两个多项式的积，用 varargin 实现任意多个多项式的积。

首先，编制函数 my_convs：

```
function  [p, n] = my_convs(varargin)
p = 1;       n = length(varargin);
for i = 1:n
        p = conv(p, varargin{i});
end
```

之后，调用编制好的函数。如

```
p1 = [1 2 4 0 5];      p2 = [1 2];      p3 = [1 2 3];
[p, n] = my_convs(p1, p2, p3)
```

则 $p = \begin{bmatrix} 1 & 6 & 19 & 36 & 45 & 44 & 35 & 30 \end{bmatrix}$，$n = 3$。

4. inline 函数和匿名函数

当函数是一个表达式时，就可用 inline 函数进行定义，函数定义格式如下。

$$fun\ =\ inline('函数表达式'，自变量列表)$$

inline 函数定义了一个函数对象，fun 是函数名，如果省略自变量列表，则根据表达式自动识别自变量。inline 函数可以免去 m 文件，非常方便、灵活。

【例2-32】 fun = inline('sin(x.^3 + y.^3)')等同于 fun = inline('sin(x.^3 + y.^3)', 'x', 'y')。
MATLAB7.0 之后的版本包含一个类似 inline 函数的匿名函数，函数定义格式如下。

$$fun\ =\ @（自变量列表）函数表达式$$

示例：fun = @(x,y)sin(x.^3 + y.^3)与上述 inline 函数定义的函数相同。

5. 函数的嵌套结构

一个函数的函数体内部可以包含一个或多个子函数而构成嵌套函数。嵌套函数可以是一层嵌套，也可以是多层嵌套。

6. MATLAB 程序的调试

程序的调试需要不断的实践和积累，以下是 MATLAB 程序调试的几点做法。

① 利用 clear 或 clear all 命令清除以前的运算结果，以免程序运行受以前结果的影响。

② 如果是一个函数文件，可以将 function 所在的行注释掉，使其变为脚本文件，以便在命令窗口查看运行结果。

③ 将可能出错的语句后面的分号";"去掉，让其显示结果。

④ 在程序的适当位置添加 pause 函数，暂停程序的运行，以便查看运行的结果。按任意键可返回运行状态。

⑤ 在程序的适当位置添加 keyboard 函数，增加程序的交互性。程序运行到 keyboard 函数时会出现暂停，命令窗口的命令提示符"≫"前会多出一个字母 K，此时用户可以很方便的查看和修改中间变量的取值。在"K ≫"的后面输入 return，按回车键即可结束查看，继续向下执行原程序。或在"K ≫"的后面输入 dbquit，按回车键即可退出 K 状态。

⑥ MATLAB 提供了设置断点、单步执行等调试功能，还提供了 profile 及 analyzer 等调试工具。

2.3 MATLAB 的绘图

MATLAB 语言丰富的图形表现方法，使得数学计算结果可以方便地、多样性地实现可视化，这是其他语言所不能比拟的。MATLAB 的绘图功能通过函数表现出来。

MATLAB 语言的绘图功能不仅能绘制几乎所有的标准图形，而且其表现形式也是丰富多样的。MATLAB 语言不仅具有高层绘图能力，而且还具有底层绘图能力——句柄绘图方法。在面向对象的图形设计基础上，使得用户可以用来开发各专业的专用图形。

2.3.1　MATLAB 二维绘图

1. plot——最基本的二维图形函数

plot 命令自动打开一个图形窗口 Figure，用直线连接相邻两数据点来绘制图形，根据图形坐标大小自动缩放坐标轴，将数据标尺及单位标注自动加到两个坐标轴上，可自定坐标轴，可把 x，y 轴用对数坐标表示。

如果已经存在一个图形窗口，plot 命令则清除当前图形，绘制新图形。可单窗口单曲线绘图；可单窗口多曲线绘图；可单窗口多曲线分图绘图；可多窗口绘图。

可任意设定曲线颜色、线型和标记点类型，可给图形加坐标网线和图形加注功能。

plot 的调用格式如下。

① plot(y)——缺省自变量绘图格式，y 为向量，以 y 元素值为纵坐标，以相应元素下标为横坐标绘图；

② plot(x,y)——基本绘图格式，以 y(x) 的函数关系作出直角坐标图，如果 y 为 $n \times m$ 的矩阵，则以 x 为自变量，绘出 m 条曲线；

③ plot(x1,y1,x2,y2,…,xm,ym)——显示多条曲线绘图格式；

④ plot(x,y,'s') 或 plot(x1,y1,'s1',x2,y2,'s2',…,xm,ym,'sm')——开关格式，开关量字符串 s1、s2、…sm 设定曲线线型、标记点类型和颜色等绘图方式，使用颜色字符串的前 1 ~ 3 个字母，如 yellow—yel 表示等。LineSpec 的标准设定值见表 2-12。

表 2-12　LineSpec 的标准设定值

线型 (LineStyle)		标记点类型 (Marker)				颜色类型 (Color)	
符号	类型	符号	类型	符号	类型	符号	类型
-	实线 (默认值)	+	加号	v	向下三角	y	黄色
--	虚线	○	圆圈	^	向上三角	m	粉红
:	点线	*	星号	>	向右三角	c	亮蓝
-.	点划线	·	点	<	向左三角	r	大红
		×	叉号			g	绿色
		square	方形	pentagram	五角星	b	蓝色
		diamond	菱形	hexagram	六角星	w	白色
						k	黑色

◎ 单窗口单曲线绘图

```
y =[0,0.48,0.84,1,0.91,0.6,0.14];
plot(y,'-vb')
```

用以上示例语句绘出的图形如图 2-6 所示。

◎ **单窗口多曲线绘图**

```
x = 0:pi/100:2 * pi;
y = sin(x);
y1 = sin(x + 0.25);
y2 = sin(x + 0.5);
plot(x,[y',y1',y2'])
```

用以上示例语句绘出图 2-7(为区分曲线的不同颜色,这里用不同线型表示颜色的区别)。如果将三条曲线分别画出,则需用 hold on 保留已有的图形。用以下语句

```
plot(x,y);      hold on;      plot(x,y1);      plot(x,y2);
```

绘出的图形同图 2-7 所示,但 3 条曲线默认的颜色相同。

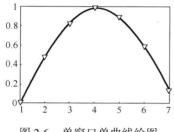

图 2-6   单窗口单曲线绘图

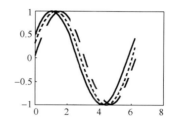

图 2-7   单窗口多曲线绘图

◎ **单窗口多曲线分图绘图**

在一个窗口中绘制多曲线分图,需用子图分割函数 subplot,常用格式为:

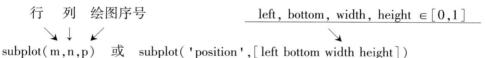

第一种格式是将绘图窗口划分成 m 行 n 列个绘图分区,绘图分区是按从左至右、从上至下进行排列的顺序编号,绘图序号 p 指定了将要绘图的区域;第二种格式是按位置指定了将要绘图的区域。绘图示例如下:

```
subplot(3,1,1);          plot(x,y)
subplot(3,1,2);          plot(x,y1)
subplot(3,1,3);          plot(x,y2)
```

绘出的图形如图 2-8 所示。

```
subplot(1,3,1);          plot(x,y)
subplot(1,3,2);          plot(x,y1)
subplot(1,3,3);          plot(x,y2)
```

绘出的图形如图 2-9 所示。

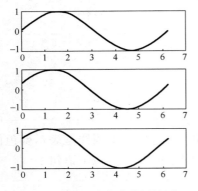

図2-8 单窗口多曲线分图绘图1

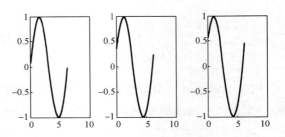

图2-9 单窗口多曲线分图绘图2

```
x = (pi * (0:1000)/1000)';
y1 = sin(x);                    y2 = sin(10 * x);          y12 = sin(x) .* sin(10 * x);
subplot(2,2,1),                plot(x,y1);                axis([0,pi, -1,1])
subplot(2,2,2),                plot(x,y2);                axis([0,pi, -1,1])
subplot('position',[0.2,0.05,0.6,0.45])
plot(x,y12, 'b - ',x,[y1, -y1], 'r:');                    axis([0,pi, -1,1])
```

绘出的图形如图2-10所示。

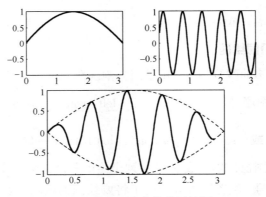

图2-10 单窗口多曲线分图绘图3

◎ **多窗口绘图**

使用绘图函数绘图时，将在当前指向的绘图窗口中输出图形，当前没有打开的绘图窗口时，将自动打开第一个绘图窗口(Figure No. 1)。想同时在多个窗口绘图，需用figure(n)函数打开窗口n。对于打开的多个窗口，figure(n)指向绘图窗口n，为图形输出做好准备。

```
x = 0:pi/100:2 * pi;
y = sin(x);     y1 = sin(x + 0.25);     y2 = sin(x + 0.5);
plot(x,y)                        % 自动出现第一个窗口
figure(2)                        % 打开第二个绘图窗口
plot(x,y1)                       % 在第二窗口绘图
figure(3)                        % 打开第三个绘图窗口
plot(x,y2)                       % 在第三窗口绘图
```

◎ **可任意设置颜色与线型**

对于输出的内容，可用线型控制符得到想要的视觉效果。例如，

```
x = 0:pi/100:2 * pi;
y = sin(x);      y1 = sin(x + 0.25);      y2 = sin(x + 0.5);
plot(x, y, 'r - ', x, y1, 'k:', x, y2, 'b * ')
```

得到如图 2-11 所示的输出线型结果。

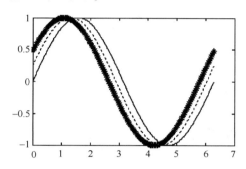

图 2-11   可任意设置颜色与线型输出绘图

◎ **图形加注功能**

将标题、坐标轴标记、网格线及文字注释加注到图形上的函数如下：

title('string' , 'PropertyName' , PropertyValue, …)——给图形加标题；

xlable('string' , 'PropertyName' , PropertyValue, …)——给 x 轴加标注；

ylable('string' , 'PropertyName' , PropertyValue, …)——给 y 轴加标注；

text(x, y, string, …)——在图形指定位置加标注；

gtext('string')——将标注加到鼠标指定的图形任意位置；

grid on(off)——打开(关闭)坐标网格线；

axis([xmin xmax ymin ymax])——控制坐标轴的刻度；

legend('string1' , 'string2' , …)——添加图例。

【例 2-33】

```
t = 0:0.1:10
y1 = sin(t);y2 = cos(t);plot(t,y1, 'r',t,y2, 'b - - ');
xp = [1.7 * pi;1.6 * pi];
yp = [ - 0.3;0.8];
str = ['sin(t)';'cos(t)'];
text(xp,yp,str);
title('正弦和余弦曲线');
legend('正弦', '余弦')
xlabel('时间 t'),      ylabel('正弦、余弦')
grid on
axis square
```

输出结果如图 2-12 所示。

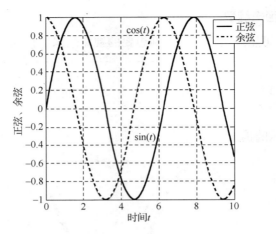

图 2-12　图形加注

◎ **fplot——绘制函数图函数**

fplot 函数的调用格式：

fplot('function',limits)——绘制函数 function 在 x 区间 limits = [min max] 的函数图。

fplot('fun',limits,'LineSpec')——指定线形 LineSpec 绘图。

[x,y] = fplot('fun',limits)——只返回绘图点的值,而不绘图。再用 plot(x,y) 来绘图。

【例 2-34】

```
fplot('[sin(x),tan(x),cos(x)]',2*pi*[-1 1 -1 1])
```

输出结果见图 2-13。

◎ **ezplot——符号函数的简易绘图函数**

ezplot 的调用格式：

ezplot(f)——这里 f 为包含单个符号变量 x 的符号
表达式,在 x 轴的默认范围 [-2*pi, 2*pi] 内绘制
f(x) 的函数图。

ezplot(f,[xmin,xmax])——在给定区间绘图。

ezplot(f,[xmin,xmax],figure(n))——在指定绘图
窗口的给定区间绘图。

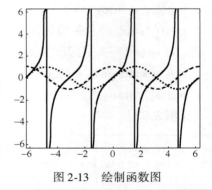

图 2-13　绘制函数图

```
ezplot('sin(x)')
ezplot('sin(t)','cos(t)',[-4*pi  4*pi],figure(2))
```

输出结果见图 2-14。

◎ **隐函数绘制及应用**

隐函数：f(x, y) = 0 隐含 x - y 的函数关系。

隐函数绘制函数：ezplot(f,[min,max])

【例2-35】 $\sin^2(x) + \text{con}^2(y) = 1$，绘制隐函数图形：

```
ezplot('sin(x)^2 + cos(y)^2 -1')
```

输出结果见图2-15。

绘图：$f(x, y) = x^2\sin(x + y^2) + 5\text{con}(x^2 + y) = 0$

```
ezplot('x^2 * sin(x + y^2) + 5 * cos(x^2 + y)',[ -8,8])
```

输出结果见图2-16。

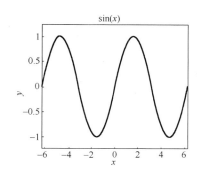
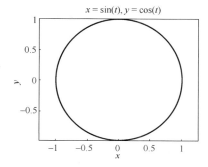

图2-14　符号函数图

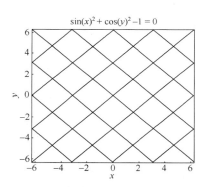
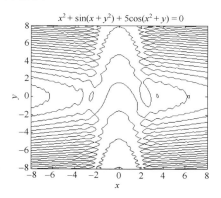

图2-15　隐函数绘制图1　　　　　　　图2-16　隐函数绘制图2

2. 其他二维特殊图形绘制函数

◎ fill——**绘制二维多边形并填充颜色**

【例2-36】 $x = [1\ 2\ 3\ 4\ 5];y = [4\ 1\ 5\ 1\ 2];$
fill(x,y, 'r')绘出的图形见图2-17。

◎ polar——**绘制极坐标图**

【例2-37】 绘制极坐标绘图（见图2-18）。

```
t =0:2 * pi∕90:2 * pi;y =cos(4 * t);polar(t,y)
```

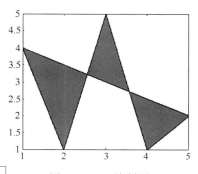

图2-17　fill绘制图

◎ bar——绘制直方图

【例2-38】 t = 0 :0.5 :2 * pi；y = cos(t)；bar(y)见图2-19。

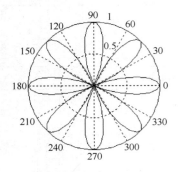

图2-18 polar 绘制图

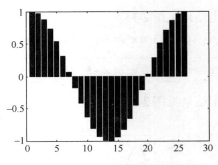

图2-19 bar 绘制图

◎ pie——饼图(见图2-20)

```
x =[1,2,3,4,5,6,7]；  y =[0,0,0,1,0,0,0]；
pie(x,y)
```

◎ scatter——离散点图(见图2-21)

```
a = rand(200,1)；b = rand(200,1)；c = rand(200,1)；scatter(a,b,100,c, 'p')
```

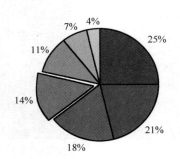

图2-20 饼图

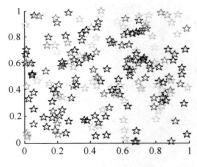

图2-21 离散点图

◎ plotyy——双纵坐标绘图(见图2-22)

```
x =0:0.01:20；
y1 =500 * exp( -0.1 * x ). * cos(x)；
y2 =exp( -0.3 * x ). * cos(6 * x)；
[ax,h1,h2] =plotyy(x,y1,x,y2, 'plot')；
xlabel('X')；
set(h1, 'LineStyle', ' - - ')；
set(h2, 'LineStyle', ':')；
h1 = get(ax(1), 'Ylabel')；
h2 = get(ax(2), 'Ylabel')；
```

```
set(h1, 'string', 'Left - -y1');
set(h2, 'string', 'Right..y2');
title('        ');
```

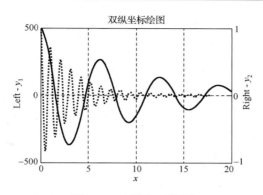

图 2-22   双纵坐标绘图

MATLAB 二维绘图函数非常容易掌握和使用，根据每个人的需要可通过 MATLAB 系统帮助及其他参考资料进一步学习。应用的关键是依据处理的问题和需要，选择合适的函数。

常用二维图形函数见表 2-13。

表 2-13   常用二维图形函数

函 数 名	图 形	函 数 名	图 形
compass	复数向量图 (罗盘图)	feather	复数向量投影图 (羽毛图)
barh	水平直方图	stairs	绘制阶梯图
scatter	离散点图	plotmatrix	散点图阵列
hist	绘制统计直方图	histc	直方图统计
semilogx	x 轴半对数刻度曲线	semilogy	y 轴半对数刻度曲线
loglog	绘制对数坐标图	comet	绘制彗星曲线
errorbar	绘制误差棒图	stem	绘制火柴杆图
rose	绘制统计扇形图 (玫瑰)	pie	饼图
quiver	向量场图	convhull	凸壳图
plotyy	双纵坐标图	ezpolar	画符号函数极坐标曲线
area	区域图	pareto	Pareto 图
contour	二维 (矩阵) 等高线图	contourf	填充二维等高线图

2.3.2　MATLAB 三维绘图

三维绘图的主要类型有：三维线图、三维特殊图形、三维多边形、三维网线图、等高线图、伪彩色图、三维曲面图、柱面图、球面图和三维多面体并填充颜色。二维图形的所有基本特性对三维图形全都适用。三维图形函数基本上可由二维图形函数的扩展得到。

常用三维绘图函数见表 2-14。

表 2-14　常用三维图形函数

函　数　名	图　　形	函　数　名	图　　形
plot3	三维线图	pie3	三维饼图
fill3	三维填充图	hist3	三维直方图
bar3	竖直三维柱状图	bar3h	水平三维柱状图
stem3	三维火柴杆图	contour3	三维等高线图
quiver3	三维向量场图(箭头)	waterfall	瀑布图
mesh	三维网格图	ezmesh	易用的三维网格绘图
meshc	带等高线的网格图	trimesh	三角网格图
surf	三维表面图	ezsurf	易用的三维彩色面绘图
surfc	带等高线的面图	trisurf	三角表面图
surfl	具有亮度的三维表面图	cylinder	圆柱面
sphere	单位球面	ellipsoid	椭球面
pcolor	伪色彩图	slice	立体切片图
hidden	设置网格图的透明度	alpha	设置图形对象的透明度

1. plot3——基本的三维线图函数

① 调用格式:

plot3(x,y,z)——x,y,z 是长度相同的向量;

plot3(X,Y,Z)——X,Y,Z 是维数相同的矩阵;

plot3(x,y,z,s)——带开关量 s;

plot3(x1,y1,z1, 's1', x2,y2,z2, 's2', …)。

② 定义三维坐标轴大小:axis([xmin　xmax　ymin　ymax　zmin　zmax])。

③ grid on(off)绘制坐标网格。

④ text(x,y,z,'string')三维图形标注。

⑤ 子图和多窗口也可以用到三维图形中。

【例2-39】　用以下语句绘出三维线图2-23。

```
t =0:pi/50:10 * pi;
plot3(t,sin(t),cos(t), 'r:')
```

2. 特殊三维图形(以饼图为例)

以 pie3([4 3 6 8 9])函数绘出图2-24。

3. fill3——三维多边形函数

调用格式:fill3(x,y,z,'s')——多边形图的绘制和填色与二维多边形完全相同。

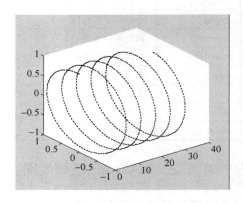

图 2-23　三维线图

【例2-40】 用随机顶点坐标画出5个粉色的三角形,并用蓝色的〇表示顶点,用以下语句绘出图2-25。

```
y1 = rand(3,5);y2 = rand(3,5);y3 = rand(3,5);
fill3(y1,y2,y3,'m');hold on;plot3(y1,y2,y3,'bo')
```

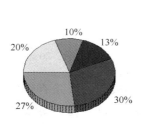

图2-24 三维饼图

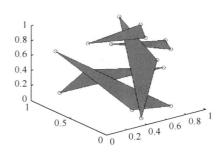

图2-25 三维多边形

4. 三维网线图(网格图)

三维网线绘图函数 mesh 调用格式:

① mesh(Z)——Z 为 n×m 的矩阵,元素的下标对应(x,y)坐标;

② mesh(x,y,Z)或 mesh(X,Y,Z)——x 为 n 维向量,y 为 m 维向量,X、Y、Z 分别为 m×n 的矩阵,对应三维空间的坐标位置,X 是 m 行 x 向量组成的矩阵,Y 是 n 列 y 向量组成的矩阵。

三维网线图作图要领:

① 生成坐标矩阵:[X,Y] = meshgrid(x,y),meshgrid 是网线坐标值计算函数;

② 表达式点计算:z = f(x,y),根据(x,y)坐标计算出高度 z,例如 Z = X.^2 + Y.^2。

三维网线图的默认视角为:方位角 37.5°,俯角 30°。

【例2-41】 绘制 $z = x^2 + y^2$ 的三维网线图形

$$x = -5:5; \quad y = x;$$

$$[X,Y] = meshgrid(x,y)$$

坐标矩阵　　　　　　　坐标向量

$$Z = \underline{X.^2 + Y.^2}$$

Z 坐标矩阵　　绘图函数

$$X = \begin{Bmatrix} -5 & -4 & -3 & -2 & -1 & 0 & 1 & 2 & 3 & 4 & 5 \\ \cdots & \cdots & & & & & & & & & \\ -5 & -4 & -3 & -2 & -1 & 0 & 1 & 2 & 3 & 4 & 5 \end{Bmatrix}$$

$$Y = \begin{Bmatrix} -5 & -5 & \cdots & -5 \\ -4 & -4 & \cdots & -4 \\ \cdots & \cdots & \cdots & \cdots \\ 5 & 5 & \cdots & 5 \end{Bmatrix} \quad Z = \begin{Bmatrix} 50 & 41 & \cdots & 50 \\ 41 & 32 & \cdots & 41 \\ \cdots & \cdots & \cdots & \cdots \\ 50 & 41 & \cdots & 50 \end{Bmatrix}$$

最后用 mesh(X,Y,Z) 函数绘图，绘制 $z = x^2 + y^2$ 的三维网线图形程序如下：

```
x = -5:5; y = x;
[X,Y] = meshgrid(x,y);
Z = X.^2 + Y.^2;
mesh(X,Y,Z)
```

输出结果见图 2-26。

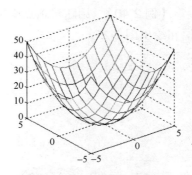

图 2-26　三维网线图

5. surf——三维曲面图

三维曲面图与网线图看起来一样，两者的区别是：网线图的线条有颜色，网线格中的空挡无颜色；曲面图的网线是黑色的，网线格中的空挡有颜色。网线图的线条颜色或曲面图的格中空挡颜色是随着 z 值不同依据 colormap（见本节（6）部分）整体变化。surf 函数的调用格式与 mesh 函数相同，例如图 2-26 改用 surf(X,Y,Z) 的结果如图 2-27 所示。为展示图形，先介绍一个常用于三维图形测试的二元函数 peaks。

```
function  [xz,y,z] = peaks(arg1,arg2);
if nargin == 0
    dx = 1/8;
    [x,y] = meshgrid( -3:dx:3);
elseif nargin == 1
    if length(arg1) == 1
        [x,y] = meshgrid( -3:6/(arg1 -1):3);
    else
        [x,y] = meshgrid(arg1,arg1);
    end
else
    x = arg1; y = arg2;
end
z = 3 * (1 -x).^2. * exp( -x.^2 -(y +1).^2) -10 * (x/5 -x.^3 -y.^5). * exp( -x.^2 -y.^2)
    -1/3 * exp( -(x +1).^2 -y.^2)

if nargout == 1
    xz = z;
elseif nargout >1
    xz = x;
else
    disp('')% Self demonstration
disp('z = 3 * (1 -x).^2. * exp( -(x.^2) -(y +1).^2)')
    disp(' -10 * (x/5 -x.^3 -y.^5). * exp( -x.^2 -y.^2)')
    disp(' -1/3 * exp( -(x +1).^2 -y.^2)')
    disp('')
    surf(x,y,z)
    axis([min(min(x))max(max(x))min(min(y))···
        max(max(y))min(min(z))max(max(z))])
xlabel('x'), ylabel('y'), title('Peaks')
end
```

① 绘制三维曲面图：$[X,Y,Z] = peaks(30)$；$surf(X,Y,Z)$绘制的图形如图 2-28 所示。

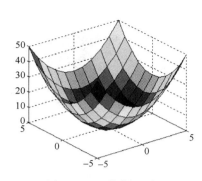

图 2-27　三维曲面图 1

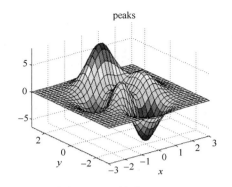

图 2-28　三维曲面图 2

② 绘制带等高线的曲面图：$surfc(X,Y,Z)$——三维曲面及其等高线。

示例：$[X,Y,Z] = peaks(30)$；$surfc(X,Y,Z)$的输出如图 2-29 所示。

③ 绘制被光照射带阴影的曲面图：$surfl(X,Y,Z)$。

示例：$[X,Y,Z] = peaks(30)$；$surfl(X,Y,Z)$的输出如图 2-30 所示。

④ 绘制三维柱面图：$cylinder(r,n)$是单位高度三维柱面坐标函数，计算半径为 r、圆周等分 n 份、高度为 1 的三维柱面坐标。变化半径 r，可得到三维锥面坐标值。用 $[X,Y,Z] = cylinder(r,n)$；$surf(X,Y,Z)$绘制三维柱面图。

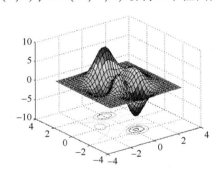

图 2-29　带等高线的曲面图

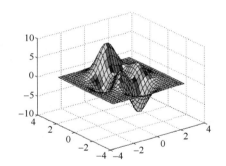

图 2-30　带阴影的曲面图

【例 2-42】　绘制三维陀螺锥面。

```
t1 = 0:0.1:0.9;
t2 = 1:0.1:2;
r = [t1 - t2 + 2];
[x,y,z] = cylinder(r,30);
surf(x,y,z);
grid on
```

结果如图 2-31 所示。

⑤ 绘制三维球面图：$sphere(n)$是三维球面坐标函数，计算半径为 1、经纬等分数为 n（缺省时默认为 20）份的球面坐标。用 $[X,Y,Z] = sphere(n)$；$surf(X,Y,Z)$绘制三维球面图。

【例2-43】 $[x,y,z] = sphere(30)$；$surf(x,y,z)$ 的结果如图2-32所示。

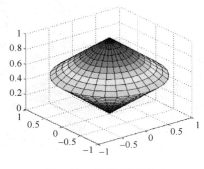 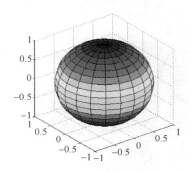

图 2-31　三维陀螺锥面　　　　　　　　图 2-32　三维球面图

6. 三维曲面图修饰方法

◎ **图形颜色**

MATLAB 有极好的三维图形颜色表现功能，其颜色数据又构成了一维新的数据集合，可称为四维图形。

图形颜色通过色图函数 colormap(MAP) 进行设定，MAP 为 m×3 维红、绿、蓝三颜色矩阵 MAP = [R,G,B]，每行三维向量元素 r、g、b 在 [0,1] 区间连续取值，理论上图形颜色 MAP 的种类可达无穷多种。

图形颜色 MAP 可根据需要任意生成，也可用 MATLAB 配备的色图函数，见表2-15。

表 2-15　色图(color maps)函数

色 图 名	含 义	色 图 名	含 义
hsv	饱和色彩图	jet	变异 HSV 色图
colorcube	三浓淡多彩交错色	bone	蓝色调灰度图
copper	线性变化纯铜色调图	flag	红-白-兰-黑交错色图
hot	黑-红-黄-白交错色图	cool	青和品红浓淡色图
spring	青、黄浓淡色	summer	绿、黄浓淡色
autumn	红、橙、黄浓淡色	winter	蓝、绿浓淡色
gray	线性灰度	prism	光谱色图
pink	淡粉红色图	lines	采用 plot 绘线色
vga	16 色	white	全白色

colormap(MAP) 设置 MAP 为当前颜色映像矩阵；colormap('default') 恢复当前颜色映像矩阵为默认值；cmap = colormap 获取当前颜色映像矩阵。

◎ **图形渲染模式**

三维曲面图的图形渲染有三种模式：shading faceted；shading flat 和 shading interp。shading faceted 模式是将三维曲面的每个网格区域显示为单色，将网格区域边界显示为黑色线条，这是图形渲染的默认模式；shading flat 模式与 shading faceted 模式的区别是去掉网格区域边界的黑色线条，将图形网格区域显示为单色；shading interp 模式是将图形显示为颜色整体改变的过渡模式，根据网格区域周边的色值差补过度的值确定颜色。

【例2-44】 $[X,Y,Z]=peaks(30)$；$surf(X,Y,Z)$；shading flat 的输出见图2-33。
$[X,Y,Z]=peaks(30)$；$surf(X,Y,Z)$；shading interp 的输出见图2-34。

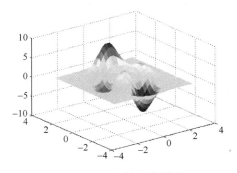 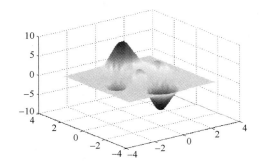

图2-33　无边线网格模式　　　　　　　　图2-34　颜色整体过渡模式

◎ **图形裁剪修饰**

【例2-45】 $p=peaks$；$p(30:40,20:30)=nan$ $*p(30:40,20:30)$；$surf(p)$的输出见图2-35。

◎ **图形视角修饰**

　　图形视角是指观察物体时的方位角和仰角。方位角为视线在(x,y)平面的投影与y轴的负半轴的夹角；仰角为视线在(x,y)平面的投影与视线的夹角。

　　图形视角可用函数 view 来调整。view 函数的常用语法形式为：

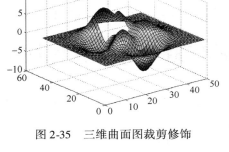

图2-35　三维曲面图裁剪修饰

$$view(az, el)$$

其中，az 为当前视角的方位角；el 为当前视角的仰角。$[az, el]=view$ 返回当期视角的方位角和仰角，默认值为：$az=-37.5$；$el=30$。

【例2-46】 观察不同视角的波峰图形。

```
z = peaks(36);
subplot(2,2,1);mesh(z);
subplot(2,2,2);mesh(z);view(-15,60);
subplot(2,2,3);mesh(z);view(-90,0);
subplot(2,2,4);mesh(z);view(-7,-10);
```

输出结果见图2-36。

◎ **透明度调整**

　　MATLAB 图形可利用 alpha 函数调整透明度。函数调用格式如下：

$$alpha(alpha\_data)$$

alpha_data 是介于 0 和 1 之间的数，alpha_data $=0$ 表示完全透明，alpha_data $=1$ 表示完全不透明，alpha_data 的值越接近于 0，透明度越高。

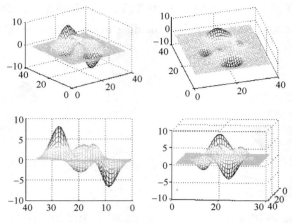

图2-36   三维曲面图裁剪修饰

图形透明度也可以通过图形对象的"FaceAlpha"属性调整透明度。调用格式为：

$$set(\,h,\ 'FaceAlpha\,',value\,)$$

h 为图形对象句柄，value 是"FaceAlpha"属性的属性值，由用户随意指定 value $\in [\,0,1\,]$。

2.4   MATLAB 的符号处理

2.4.1   符号对象和表达式操作

符号对象定义和表达式操作的基本函数见表2-16。

表2-16   符号处理的基本函数

函 数 名	函数功能	函 数 名	函数功能
sym	定义基本符号对象，定义符号表达式	collect	合并同类项
syms	定义基本符号对象，定义符号变量	expand	对指定项展开
pretty	习惯方式显示	factor	进行因式或因子分解
latex	符号表达式的 LaTex 表示	horner	转换成嵌套形式
findsym	确认表达式中符号"变量"	numden	提取公因式
subexpr	运用符号变量置换子表达式	simple	运用上述各种化简符号表达式
subs	通用置换指令	simplify	恒等式简化

1. 符号对象的生成和使用

符号对象由 sym 函数生成。例如：

```
a = sym([2/6,pi/7,sqrt(4),pi + sqrt(4)]);
            % 则 a = [  1/3,  pi/7,  2,5788918689699468 * 2^( -50)]
b = sym('[2/6,pi/7,sqrt(4),pi + sqrt(4)]');
            % 则 b = [  2/6,  pi/7, sqrt(4), pi + sqrt(4)]
y = sym('a * sin(x) * cos(x)');
            % 则 y = a * sin(x) * cos(x)
```

2. 符号表达式中变量的确定

符号表达式中往往会有多个符号变量，在求解微积分、解方程等数学问题中要有明确的自变量。自变量通常为小写字母，一般为 x、y、z、t 等。MATLAB 优先选择 x 为自变量，如果不存在 x，则按字母与 x 接近的顺序确定自变量，小写字母 i 和 j 不作为自变量。

【例 2-47】 找出符号变量。

```
syms a x y z t
findsym(a*x*t+i*y-j*z,5);                    % 则 ans = x, y, z, t, a
```

3. 符号表达式的操作

用 syms 定义符号，用 simple 计算验证：$\sin\varphi_1\cos\varphi_2 - \cos\varphi_1\sin\varphi_2 = \sin(\varphi_1 - \varphi_2)$。

```
syms fai1 fai2
c=simple(sin(fai1)*cos(fai2)-cos(fai1)*sin(fai2));
                                             % 则 c = sin(fai1 - fai2)
```

【例 2-48】 简化 $f = \sqrt[3]{\dfrac{1}{x^3} + \dfrac{6}{x^2} + \dfrac{12}{x} + 8}$

```
syms x
f=(1/x^3+6/x^2+12/x+8)^(1/3);
g1=simple(f)                                 % 则 g1 = (2*x+1)/x
g2=simple(g1)                                % 则 g2 = 1/x+2
```

4. 符号表达式中子表达式置换函数

将复杂表达式中所含的多个相同子表达式用一个符号代替，使表达简洁。

对符号矩阵 $A = \begin{bmatrix} a & b \\ c & d \end{bmatrix}$ 进行特征向量分解：

```
syms a b c d W
[V,D]=eig([a b;c d]);
[RVD,W]=subexpr([V;D],W)
```

得到：

```
RVD = [ -(1/2*d-1/2*a-1/2*W)/c , -(1/2*d-1/2*a+1/2*W)/c ]
      [           1            ,            1            ]
      [   1/2*d+1/2*a+1/2*W    ,            0            ]
      [           0            ,    1/2*d+1/2*a-1/2*W    ]
W = (d^2-2*a*d+a^2+4*b*c)^(1/2)
```

5. 通用置换函数

变量替换函数：subs(s,old,new)。示例如下：

```
syms a x;
f = a * sin(x) + 5;
f1 = subs(f, 'sin(x)',sym('y'))          % 则% f1 = a * y + 5
f2 = subs(f,{a,x},{2,sym(pi/3)})          % 则% f2 = 3^(1/2) + 5
f3 = subs(f,{a,x},{2,pi/3})                % 则% f3 = 6.7321
f4 = subs(subs(f,a,2),x,0:pi/6:pi)
        % 则% f4 = 5.0000  6.0000  6.7321  7.0000  6.7321  6.0000  5.0000
f5 = subs(f,{a,x},{0:6,0:pi/6:pi})
        % 则% f5 = 5.0000  5.5000  6.7321  8.0000  8.4641  7.5000  5.0000
```

2.4.2　符号微积分

符号微积分的基本函数见表2-17。

表2-17　符号微积分函数

函　数　名	函数功能
$\mathrm{limit}(f,x,x_0)$	求 $x \to x_0$ 时 f 的极限
$\mathrm{diff}(f,x)$ 或 $\mathrm{diff}(f,x,n)$	求 f 对 x 的导数或求 f 对 x 的 n 阶导数
$\mathrm{int}(f,x)$ 或 $\mathrm{int}(f,x,a,b)$	计算 f 对 x 的积分或在 $[a,b]$ 上的定积分，x 可省略
jacobian	Jacobian 矩阵
$\mathrm{symsum}(s,v)$ 或 $\mathrm{symsum}(s,v,a,b)$	符号序列求和 $v = a:b$，缺省时 $v = 0:(k-1)$
taylor	Taylor 级数

1. 符号的极限求解

【例2-49】　求解两种极限 $\lim\limits_{t \to 0} \dfrac{\sin kt}{kt}$ 和 $\lim\limits_{x \to \infty} \left(1 - \dfrac{1}{x}\right)^{kx}$。

```
syms t x k
s = sin(k*t)/(k*t);
f = (1-1/x)^(k*x);
Lsk = limit(s,0)                    % 则 Lsk = 1
Ls1 = subs(Lsk,k,1)                 % 则 Ls1 = 1
Lf = limit(f,x,inf)                 % 则 Lf = exp(-k)
Lf1 = vpa(subs(Lf,k,sym('-1')),30)  % 则 Lf1 = 2.71828182845904523536028747135
```

【例2-50】　求解极限 $\lim\limits_{x \to \infty} \left(x \left(1 + \dfrac{a}{x}\right)^x \sin \dfrac{b}{x}\right)$。

```
syms x a b;
f = x*(1+a/x)^x*sin(b/x);
L = limit(f, x, inf)                % 则得到 L = exp(a)*b
```

【例2-51】　求解单边极限 $\lim\limits_{x \to 0^+} \left(\dfrac{e^{x^3} - 1}{1 - \cos\sqrt{x - \sin x}}\right)$。

```
syms x;
f = (exp(x^3)-1)/(1-cos(sqrt(x-sin(x))));
L = limit(f, x, 0, 'right')         % 则得到 L = 12
```

【例2-52】 求解二元函数极限 $\lim\limits_{\substack{x\to 1/\sqrt{y} \\ y\to\infty}}\left(\mathrm{e}^{-1/(x^2+y^2)}\dfrac{\sin^2 x}{x^2}\left(1+\dfrac{1}{y^2}\right)^{x+a^2y^2}\right)$。

```
syms x  y  a;
f = exp( -1/(x^2 +y^2)) * sin(x)^2 /x^2 * (1 +1/y^2)^(x +a^2 * y^2);
L = limit(limit(f, x, 1/sqrt(y)), y, inf)% 则得到    L = exp(a^2)
```

2. 符号微分和 Jacobian 矩阵

【例2-53】 求 $\dfrac{\mathrm{d}}{\mathrm{d}x}[t\cos x,\ln x]$、$\dfrac{\mathrm{d}^2}{\mathrm{d}t^2}[t\cos x,\ t^3]$ 和 $\dfrac{\mathrm{d}^2}{\mathrm{d}x\mathrm{d}t}[t\cos x,\ln x]$。

```
syms a t x;
f =[t * cos(x), log(x)];  g =[t * cos(x), t^3];
df = diff(f)             % 则  df      =[ -t * sin(x),  1/x]
dgdt2 = diff(g,t,2)       % 则  dgdt2   =[            0, 6 * t]
dfdxdt = diff(diff(f,x),t) % 则  dfdxdt  =[   -sin(x),      0]
```

【例2-54】 求 $f = \begin{bmatrix} f_1 \\ f_2 \\ f_3 \end{bmatrix} = \begin{bmatrix} x_1 e^{x_2} \\ x_1 x_2 \\ \cos(x_1)\sin(x_2) \end{bmatrix}$ 的 Jacobian 矩阵：$J = \begin{bmatrix} \dfrac{\partial f_1}{\partial x_1} & \dfrac{\partial f_1}{\partial x_2} \\ \dfrac{\partial f_2}{\partial x_1} & \dfrac{\partial f_2}{\partial x_2} \\ \dfrac{\partial f_3}{\partial x_1} & \dfrac{\partial f_3}{\partial x_2} \end{bmatrix}$。

```
syms x1 x2;
f =[x1 * exp(x2); x1 * x2;cos(x1) * sin(x2)];
v =[x1 x2];
fjac = jacobian(f,v)
```

则得到：fjac =

$$
\begin{array}{cc}
[\quad\quad\quad exp(x2), & x1 * exp(x2)\ ] \\
[\quad\quad\quad\quad x2, & x1\ ] \\
[\ -sin(x1) * sin(x2), & cos(x1) * cos(x2)\ ]
\end{array}
$$

3. 符号积分

【例2-55】 求 $\displaystyle\int \begin{bmatrix} ae^x & bx^2 \\ 1/x & \cos x \end{bmatrix} dx$。

```
syms a b x;
f =[a * exp(x), b * x^2;1/x, cos(x)];
intf = int(f)
```

则得到：intf =

$$
\begin{array}{cc}
[a * exp(x), & 1/3 * b * x\hat{\ }3\ ] \\
[\quad log(x), & sin(x)\ ]
\end{array}
$$

【例2-56】 求定积分 $\int_0^x \dfrac{1}{1+t}dt$。

```
F1 = int('1/(1 + t)', 't',0, 'x')          % 则    F1 = log(1 + x)
```

4. 符号序列求和

求 $\displaystyle\sum_{t=0}^{t-1} [t^8 \quad k], \quad \sum_{k=1}^{\infty} \left[\dfrac{1}{(2k-1)(3k-1)} \quad \dfrac{(-1)^k}{k} \right]$

```
syms k t;
f1 = [t^8, k];
f2 = [1/(2 * k -1)/(3 * k -1),( -1)^k/k];
s1 = simple(symsum(f1))
% 则 s1 = [1/9 * t^9 -1/2 * t^8 +2/3 * t^7 -7/15 * t^5 +2/9 * t^3 -1/30 * t,  k * t]
s2 = simple(symsum(f2,1,inf))
% 则 s2 = [                    1/6 * pi * 3^(1/2) -1/2 * log(27/16), -log(2)]
```

2.5　MATLAB 数据的输入输出

在处理实际问题中，数据的输入输出对程序设计和效率具有重要的作用和影响。MATLAB 数据的输入输出有多种途径和方法，包括简单的数据文件和数据库文件。

2.5.1　数据文件的输入输出

这里数据文件分三种：文本文件、MATLAB 的二进制格式 mat 文件、Excel 文件。数据文件的输入输出函数分高级和低级两类。高级函数一次性地完成文件的输入输出操作，低级函数则每次完成一部分文件的输入输出操作。表 2-18 列出了数据文件常用输入输出函数，主要有 load、importdata、dlmread、textread、xlsread 和 save、dlmwrite、xlswrite 等。

表 2-18　读取和写入数据文件的常用函数

输入函数		输出函数	
函数名	函数功能	函数名	函数功能
load	将文件数据载入到内存工作空间	save	将工作空间中的变量写入文件
importdata	从文件读取数据	dlmwrite	按指定格式将数据写入文件
dlmread	从文本文件读取数据	xlswrite	将内存中的变量写入 Excel 文件
textread	从文本文件或字符串中读取数据		
xlsread	从 Excel 文件中读取数据		

1. 读取和写入文本文件

以下介绍 3 个读取或写入纯文本文件函数。

◎ dlmread 函数格式

M = dlmread(filename)——将文本文件 filename 中的数据读取到内存变量 M 中。

M = dlmread(filename，delimiter)——以 delimiter 为分隔符，将文本文件 filename 中的数据读取到变量 M 中。

M = dlmread(filename，delimiter，R，C)——以 delimiter 为分隔符，将文件 filename 中以 [R，C]为左上角范围中的数据读取到变量 M 中。注意第 1 行、第 1 列对应的[R，C] = [0，0]。

M = dlmread(filename，delimiter，range)——以 delimiter 为分隔符，将文本文件 filename 中 range 范围内的数据读取到变量 M 中。

◎ dlmwrite 函数格式

dlmwrite(filename，M)——以默认分隔符将变量 M 中的数据写入文本文件 filename 中。

dlmwrite(filename，M，'D')——以 D 为分隔符，将 M 中的数据写入文本文件 filename 中。

dlmwrite(filename，M，'D'，R，C)——以 D 为分隔符，将 M 中的数据写入文件 filename 中以[R，C]为左上角的范围。

dlmwrite(filename，M，'attrib1'，value1，'attrib2'，value2，…)——在特定的属性参数控制下，将变量 M 中的数据写入文本文件 filename 中。dlmwrite 函数使用的参数见表 2-19。

表 2-19　dlmwrite 函数的参数名与参数值列表

参　数　名	参　数　值	说　　明
delimiter	单个字符，如'，'，''，'\t'等	设定数据间分隔符
newline	'pc'	设定换行符为'\r\n'
	'unix'	设定换行符为'\n'
roffset	通常为非负整数	M 矩阵的左上角在目标文件中所处的行
coffset	通常为非负整数	M 矩阵的左上角在目标文件中所处的列
precision	以%号引导的精度控制符，如'%10.5f'	和 C 语言类似的精度控制符，用来指定有效位数

dlmwrite(filename，M，'-append')——将 M 中的数据追加写入文本文件 filename 中。

dlmwrite(filename，M，'-append'，attribute-value list)——在特定的属性参数控制下，将变量 M 中的数据追加写入文本文件 filename 中。

◎ textread 函数格式

M = textread(filename)——将文本文件 filename 中的数据读取到内存变量 M 中。

[A，B，C，…] = textread(filename，format)——按照 format 格式，将文本文件 filename 中的数据读取到内存变量 A，B，C，…中。format 格式的组成要素见表 2-20。

表 2-20　textread 函数控制格式 format 的字符串要素说明

格式字符串	说　　明	输　　出
普通字符串	忽略与该字符串相同的内容。例如 xie%f 表示忽略字符串 xie，读取其后的数	无
%d	读取 1 个无符号整数。例如%5d 指定读取的无符号整数的宽度为 5	双精度数组
%u	读取 1 个整数。例如%5u 指定读取的整数的宽度为 5	双精度数组
%f	读取 1 个实数。例如%5.2f 指定实数宽度为 5(包括小数点)、2 位小数	双精度数组
%s	读取 1 个可含分隔符的字符串。例如%8s 表示读取长度为 8 的字符串	字符串元胞数组
%q	读取一个双引号里的字符串，不包括引号	字符串元胞数组

格式字符串	说　　明	输　　出
%c	读取多个字符，包括空格符。例如%6c 表示读取 6 个字符	字符数组
%［…］	读取包含方括号中字符的最长字符串	字符串元胞数组
%［^…］	读取不包含方括号中字符的非空最长字符串	字符串元胞数组
%＊…	忽略与＊号后字符相匹配的内容。例如%＊f 表示忽略实数	无
%w…	指定读取内容的宽度。例如%w.pf 指定实数宽度为 w，精度为 p	

$［A,B,C,\cdots］=textread(filename,format,N)$——按照 format 格式，将文件 filename 中的数据读取到变量 $A,B,C,\cdots$中；N 为使用 format 格式的次数，当 N<0 或缺省时将输入全部数据。

$［\cdots］=textread(\cdots,param,value,\cdots)$——在特定的参数 param 及其值 value 的控制下，进行文本文件数据的输入。可使用的参数及其值见表 2-21。

表 2-21　textread 函数控制参数 param 及其 value 值的说明

参　数　名	参　数　值		说　　明
bufsize	正整数		设定最大字符串长度，默认值为 4095，单位是 byte.
commentstyle	MATLAB		忽略%后的内容
	Shell		忽略#后的内容
	c		忽略/＊和＊/之间的内容
	c＋＋		忽略//后的内容
delimiter	一个或多个字符		元素之间的分隔符。默认没有分隔符
emptyvalue	一个双精度数		设定在读取有分隔符的文件时在空白单元填入的值。默认值为 0
endofline	单个字符或'\r\n'		设定行尾字符。默认从文件中自动识别
expchars	指数标记字符		设定科学计数法中标记指数部分的字符。默认值为 eEdD
headerlines	正整数		设定从文件开头算起需要忽略的行数
whitespace	''	空格	把字符向量作为空格。默认值为'\b\t'
	\b	后退	
	\n	换行	
	\r	回车	
	\t	水平 tab 键	

2. 读取和写入 mat 文件

读取或写入 mat 文件的 MATLAB 函数也可以处理文本文件。

读写 mat 格式文件的输入输出比较简单灵活，写入到文本文件也比较容易，需要注意的是从文本文件读取数据到内存变量的对应关系和控制。

◎ **importdata 函数格式**

importdata(filename)——将文件 filename 中的数据作为整体输入到工作空间中。

A=importdata(filename)——将文件 filename 中的数据读取到内存变量 A 中。

A=importdata(filename,delimiter)——以 delimiter 为文本分隔符，将文件 filename 中的数据读取到变量 A 中。

A = importdata(filename, delimiter, nheaderline)——以 delimiter 为文本分隔符, 将文件 filename 中从 nheaderline + 1 行开始的数据读取到变量 A 中。

［A delimiter］= importdata(…)——将文件 filename 中的数据读取到变量 A 中, 同时得到文本分隔符 delimiter。

［A delimiter nheaderline］= importdata(…)——将文件 filename 中的数据读取到变量 A 中, 同时得到文本分隔符 delimiter 和表头的行数 nheaderline。

◎ load 函数格式

S = load(filename)——将文件 filename 中的数据读取到内存结构变量 S 中。

S = load(filename, vars)——将 mat 文件 filename 中 vars 变量值读取到结构变量 S 中。

S = load(filename, '-mat', vars)——将 mat 文件 filename 中 vars 变量值读取到结构变量 S。

M = load(filename, '-ascii')——将文本文件 filename 中的数据读取到变量 M 中。要求文件 filename 中各行数据具有相同的列数。

load(filename, …)——将文件 filename 中的数据读取到工作空间中。

load filename …——以命令格式将文件 filename 中的数据读取到工作空间中。

◎ save 函数格式

save(filename)——将工作空间中的全部变量存入 mat 文件 filename 中。

save(filename, variables)——将部分变量 variables 存入 mat 文件 filename 中。

save(filename, '-struct', structName, fields)——将结构变量 structName 的域 fields 存入 mat 文件 filename 中, 如果省略 fields 则存储全部域名和域值。

save(filename, …, '-append')——将内存变量追加存入 mat 文件 filename 中。

save(filename, …, format)——将内存变量以格式 format ∈ { '-mat', '-ascii' …} 存入 mat 文件 filename 中。

save filename——以命令格式将工作空间中的全部变量存入 mat 文件 filename 中。

3. 读取和写入 Excel 文件

读取 Excel 文件的函数是 xlsread, 写入 Excel 文件的函数是 xlswrite。

◎ xlsread 函数调用格式

$$［num, txt, raw］= xlsread(filename, sheet, range)$$

其中, num 是读取的数值型数据; txt 是读取的文本数据; raw 是未经处理的元胞数组; filename 是要读取的目标文件名; sheet 是工作表序号或名称; range 是读取的单元格区域。

◎ xlsread 函数格式

$$［status, message］= xlswrite(filename, M, sheet, range)$$

式中, status 是写操作成功与否的状态变量; message 是写操作产生的警告或错误信息; filename 是写入的目标文件名; M 是将被写入文件的数据矩阵; sheet 是写入的工作表序号或名称; range 是写入的单元格区域。

数据文件的输入输出比较简单, 在后面的示例中将会出现, 在此不讨论具体的内容。

2.5.2　MATLAB 与数据库的输入输出

在处理实际问题中，数据库具有重要的作用。与零散的文本文件、mat 文件及 Excel 文件不同，数据库是经过周密设计的便于管理的相关信息的统一整体。采用数据库可以构建处理问题需要的相关数据的一体化解决方案。

1. MATLAB 与数据源的连接

在 Windows 下，MATLAB 与数据库的连接是通过 ODBC 实现的。通过"控制面板"→"管理工具"→"数据源（ODBC）"→"添加"→"创建数据源名称和选择数据库文件"。

MATLAB 在使用数据库方面有以下特点。

① 数据类型自保持。在所有的数据导入和导出的过程中，保持数据类型。数据被保存在 MATLAB 的元胞数组或结构数组中，MATLAB 的元胞数组或结构数组支持混合数据类型。

② 可动态输入数据。

③ 统一的运行环境，均在 MATLAB 命令窗执行查询语句等。

④ 对单个数据库可以使用多个指针。在单个任务中可以同时存取多个数据库。

⑤ 可以用单个或多个读取数据指令检索数据。

⑥ 支持 ODBC/JDBC 连接的数据库接口。MATLAB 与数据库的连接，必须使用 JDBC/ODBC Bridge，它是作为 MATLAB 的一部分被自动安装和提供的。

【例 2-57】　用 MATLAB 的 m 文件建立例程，实现 MATLAB 与 IBM DB2、Informix、MS Access、MS SQL Server、Oracle、Sybase SQL Server 等常用 DBMS 的连接。所建立的 m 文件如下。

```
connection = database('datasourcename', 'username', 'password')
                                        % 建立数据库连接
ping(connection);                       % 获取 ODBC 信息
cursorl = exec(connection, 'select c from db');
                                        % 取得 ODBC 指针，db 为表名，c 为字段
cursorl = fetch(cursorl);               % 从指针中取得数据
A = cursorl.data;                       % 将数据赋给 A
rowl = rows(cursorl);                   % 获取行数
mean = sum([A{ : }])/rowl;              % 运算均值
cc = cell(1,1);                         % 定义元胞数组
cc = {mean};
insert(connection, 'db', 'c', cc);      % 将结果插入数据库
close(cursorl);                         % 关闭指针
close(connection);                      % 关闭数据库
```

2. 基于结构数组的 MATLAB 数据库开发设计

结构数组（struct）是一种可将不同类型数据组合在一起的 MATLAB 数据类型。与元胞数组（cell）的不同之处在于结构数组以指针方式传递数据，其作用相当于数据库中的记录。

结构数组可以动态扩充数据和字段，数据类型非常灵活，可以是单个数据元素，也可以是向量、数组、矩阵甚至还可以嵌套其他结构数组，而且不同字段之间的数据类型不需要相同，这些都为用结构数组创建数据库提供了可能。结构数组以指针操作符"."来连接变量和字段名(也称域名)，在结构数组中可以直接添加或删除记录和字段，其方法分别为：

Database. colname = colvalue;

Database = rmfield(Database, 'colname');

其中，colname 为列(字段)名，colvalue 为该列(字段)下的一个记录值。

下面是一个创建结构数组数据库的实例：

```
DB1.sale.code  =[1:8];
DB1.sale.price =[10.5,2.3,19.5,25.5,40.8,128.0,1.2,6.6];
DB1.sale.in    =[100,240,760,58,121,93,12,698];
DB1.sale.out   =[30,50,580,28,46,35,2,186];
DB1.inf.code   =DB1.sale.code;
DB1.inf.city   ={'武汉','长沙','郑州','湛江','西安','成都','上海','北京'}
```

该数据库为一个名为 DB1 的商品销售数据库，其中包含 sale 和 inf 两个数据表，分别存储商品信息和销售情况数据。sale 表中含 code、price、in 和 out 四个字段，inf 表中含 code、city 两个字段。DB1 共有 8 个记录。

3. 关于 MATLAB 数据库的函数

在 MATLAB 中，建立和处理数据库要使用许多函数，下面简要介绍主要的函数。

◎ database——**数据库连接**

在程序中，用 database 函数将数据库连接到 MATLAB。Database 函数的语法格式如下。

conn = database('datasourcename', 'username', 'password')

其中，conn 为数据库的连接对象；datasourcename 为数据源名；username 和 password 是被连接数据库的用户名和密码，默认时为空。一个程序可以连接多个数据库。

◎ exec——**建立并打开游标**

exec 用于执行一个有效的 SQL 查询并打开一个游标，语法格式如下。

curs = exec(conn, 'sqlquery')

其中，sqlquery 是 SQL 语句；conn 为已建立的数据库连接对象；curs 是执行语句后得到的数据库游标，此时游标对象 curs 还没有引入数据。一个程序可以同时建立多个数据库游标。

◎ fetch——**读取数据库到** MATLAB

fetch 用于将数据库的数据读取到 MATLAB 中，函数的格式如下。

curs = fetch(curs, RowLimit)　或　curs = fetch(curs)

其中，Rowlimit 为每次读取数据的最大行数，默认为全部读取。执行该函数后，数据被读取到 curs. Data 中。要将读入的数据赋给其他变量 D，则执行赋值语句：D = curs. Data。

从数据库中读取数据到 MATLAB 有四种数据类型，分别为元胞类型（cellarray），数据集型（dataset），数字型（numeric），结构型（structure），默认为元胞类型。在连接数据库之前，可以用 setdbprefs 函数设置。如果能用数值型数据时最好采用 numeric 型的数据，可以大幅提高读取速度。用 setdbprefs 函数设置数据库返回值为数值型如下：

setdbprefs('datareturnformat', 'numric');

◎ logintimeout——**连接允许的时间**

logintimeout 用于设置或获取建立数据库连接所允许的时间，函数的格式如下。

$timeout = logintimeout('driver', time)$ 　或　 $timeout = logintimeout(time)$

$timeout = logintimeout('driver')$ 　　　　或　 $timeout = logintimeout$

◎ attr——**获取数据集的列属性**

attr 函数用于获得被引入的数据集的列属性，语法格式如下。

$attributes = attr(curs, colnum)$ 　　　或　 $attributes = attr(curs)$

前者得到指定列的属性信息，后者得到全部列的属性信息。

◎ get——**获取数据库对象的属性**

get 函数可获得数据连接或游标对象的属性值，函数语法格式如下。

$v = get(object)$ 　　　　　　　　　　或　 $v = get(object, 'property')$

前者得到对象的全部属性值，后者得到指出的属性值。

◎ insert——**插入数据库新记录**

insert 函数将变量的值输出到外部数据库，形成新的记录。函数格式如下。

$insert(conn, tabname, colnames, exdata)$ 　或　 $fastinsert(conn, tabname, colnames, exdata)$

其中，conn 为数据库连接对象；tabname 为数据库表名；colnames 为列（字段）名；exdata 为变量，可以是矩阵，可以是结构数组，也可以是元胞数组。

◎ update——**更新数据库记录**

update 函数用数组的值更新数据库中已存在的记录中的数据，函数格式如下。

$update(conn, tabname, colname, exdata, 'whereclause')$

其中，'whereclause' 为记录更新的条件。

◎ set——**设置数据库对象的属性**

set 函数可设置数据连接或游标对象的属性值，函数语法格式如下。

$set(object, 'property', value)$

◎ close——**关闭数据库**

当使用完数据库时，要及时用 close 函数关闭数据库相关对象，函数格式如下。

$close(object)$

其中，object 是数据库连接对象，或游标对象，或数据库结果集合对象。

4. 数据库实例

以下数据库实例是针对一个名为 example 的 ACCESS 数据库中的表进行操作。数据库含有表 Sale_t 和 User_t。其中，Sale_t 的表结构为，Month（主键）——字符型字段；sale——数字型字段。User_t 的表结构为，user_id（主键）——数字型字段；user_name——字符型字段；age——数字型字段。

将一个 id = 1005，name = 'Hooker'，age = 25 的用户输入到数据库中，程序如下。

```
timeouA = logintimeout(5)                          % 设置数据库连接时间
connection = database('example', '', '')           % 建立连接
ping(connection);                                  % 显示 ODBC 信息
sqlquery = 'SELECT ALL user_id,user_name,age FROM User_t'
                                                   % SQL 查询语句，User_t 为表名
cursorl = exec(connection,sqlquery);               % 取得 ODBC 指针
cursorl = fetch(cursorl);                           % 从指针中取得数据
dataA = cursorl.data                               % 将数据给 dataA，可观察数据内容
cc = cell(1,3);                                     % 定义元胞数组用于存储一条记录
cc(1,1) = {1005},  cc(1,2) = {'looker'},  cc(1,3) = {25};
                                                   % 构建元胞数组记录内容
fields = {'user_id', 'user_name', 'age'};          % 设置要输入数据的纪录的域
insert(connection, 'user_t', fields, cc);          % 将结果插入数据库
close(cursorl);                                     % 关闭指针
close(connection);                                 % 关闭数据库
```

将前面设计的数据库结构数组输入到数据库中。在数据库 example 中创建 sale 和 inf 两个数据表，并分别存入 8 个商品信息和销售情况记录，程序如下。

```
% 创建两个表的 8 个记录
DB1.sale.code    = [1:8];
DB1.sale.price   = [10.5,2.3,19.5,25.5,40.8,128.0,1.2,6.6];
DB1.sale.in      = [100,240,760,58,121,93,12,698];
DB1.sale.out     = [30,50,580,28,46,35,2,186];
DB1.inf.code     = DB1.sale.code;
DB1.inf.city     = {'武汉', '长沙', '郑州', '湛江', '西安', '成都', '上海', '北京'};

% 连接数据库
timeouA = logintimeout(5)                          % 设置数据库连接时间
connection = database('example', '', '')           % 建立连接
ping(connection);                                  % 显示 ODBC 信息
% 创建数据库表
sqlquery = 'CREAT TABLE   sale(code int, price float, in int, out int)'

% SQL 创建 sale 表语句
cursorl = exec(connection, sqlquery);

% 创建 sale 表, 获取 ODBC 指针
```

```
insert(connection, 'sale', {'code', 'price', 'in', 'out'}, DB1.sale);
% 将 sale 表值插入数据库
close(cursor1);
% 关闭指针 cursor1
sqlquery = 'CREAT TABLE inf(code int, city string)'        % SQL 创建 inf 表语句
cursor2 = exec(connection, sqlquery);                       % 创建 inf 表, 获取 ODBC 指针
insert(connection, 'inf', {'code', 'city'}, DB1.inf);
                                                            % 将 inf 表值插入数据库
close(cursor2);                                             % 关闭指针 cursor2
close(connection);                                          % 关闭数据库
```

第 3 章

预 测 计 算

当应用运筹学的思想方法解决实际问题，制定发展战略和政策、进行重大问题的决策时，都必须对未来进行科学的预测。预测是根据客观事物的过去和现在的发展规律，借助于科学的方法对其未来的发展趋势和状况进行描述和分析，并形成科学的假设和判断。

预测方法包括定性与定量预测方法。定量预测方法主要包括时间序列平滑预测法、回归分析预测方法、非线性预测模型、趋势外推预测方法、马尔可夫预测法、序列算子与灰色序列生成、灰色系统模型和灰色系统预测方法等。

3.1 时间序列分析

时间序列是指在一些连续的时间点或时间区间上测量的一系列数据，是同一种现象在不同时间上的相继观察值排列而成的一组数字序列；而时间序列预测法就是只利用这些历史数据来预测未来的数据值。时间序列预测方法的基本思想是：预测一个现象的未来变化时，用该现象的过去行为来预测未来。即通过时间序列的历史数据揭示现象随时间变化的规律，将这种规律延伸到未来，从而对该现象的未来做出预测。

时间序列分析是采用参数模型对观测得到的有序随机数据进行分析的一种处理方法，通过时间序列可以对系统的动态特性进行分析、对系统的状态进行预测，从而为系统的状态监控和故障诊断提供依据。MATLAB 工具箱中包含了许多函数，借助这些函数可以方便地实现系统的时间序列分析。

3.1.1 时间序列分析的相关理论

1. 时间序列的概念

时间序列通常是指按时间序列排列的一系列被观测数据信息，其观测值按固定的时间间隔采样，即时间序列指被观察到的依时间为序排列的数据序列。

时间序列的特点：①是现实的、真实的观察数据，而不是实验得到的数据。它是反映某一现象的真实统计指标，因此，时间序列背后是某一现象的变化规律。②是动态数据。

时间序列分析是一种根据动态数据揭示系统动态结构和规律的统计方法。其基本思想是根据系统的有限长度的运行记录(观察数据),建立能够比较精确地反映序列中所包含的动态依存关系的数学模型,并借以对系统的未来进行预报。

时间序列根据所研究的依据不同,可有不同的分类:①按所研究的对象的多少分,有一元时间序列和多元时间序列。②按时间的连续性可将时间序列分为离散时间序列和连续时间序列两种。③按序列的统计特性分,有平稳时间序列和非平稳时间序列。

2.时间序列组成成分

时间序列是将某种统计指标的数值,按时间先后顺序排列所形成的数列。一般认为时间序列数据值由趋势、周期循环、季节性和不规则等四个因素所决定。

长期趋势:受某种基本因素的影响,数据依时间变化时表现为一种确定倾向,它按某种规则稳步地增长或下降或停留在某一水平上的倾向,它反映了客观事物的主要变化趋势。使用的分析方法有移动平均法、指数平滑法、模型拟合法等;

季节变动:受季节更替等因素影响,序列依一固定周期呈规则性地变化,又称为季节性商业循环。采用季节指数的方法;

循环变动:通常是指周期为一年以上,由非季节因素引起的、周期不固定的、涨落起伏波形相似的波动变化。

不规则变动:通常它分为突然变动和随机变动。

针对由不确定因素引起的序列变化,所使用的分析方法就是时间序列分析。确定性变化分析包括趋势变化分析、周期变化分析、循环变化分析,随机性变化分析有 AR、MA、ARMA 模型。

3.时间序列预测法的步骤

时间序列预测法就是通过编制和分析时间序列,根据时间序列所反映出来的发展过程、方向和趋势,进行类推或延伸,借以预测下一段时间或以后若干年内可能达到的水平。其内容包括:收集与整理某种社会现象的历史资料;对这些资料进行检查鉴别,排成数列;分析时间数列,从中寻找该社会现象随时间变化而变化的规律,得出一定的模式;以此模式去预测该社会现象将来的情况。

第一步:收集历史资料,整理成时间序列,根据时间序列绘成统计图。时间序列分析是把可能发生作用的因素进行分类,传统的分类方法是按各种因素的特点或影响效果分为四大类:①长期趋势;②季节变动;③循环变动;④不规则变动。

第二步:分析时间序列。时间序列中的每一时期的数值都是由许许多多不同的因素同时发生作用后的综合结果。

第三步:求时间序列的长期趋势(T)、季节变动(S)和不规则变动(I)的值,并选定近似的数学模式来代表它们。对于数学模式中的诸未知参数,使用合适的技术方法求出其值。

第四步:利用时间序列资料求出长期趋势、季节变动和不规则变动的数学模型后,就可以利用它来预测未来的长期趋势值 T 和季节变动值 S，在可能的情况下预测不规则变动值 I。然后用以下模式计算出未来的时间序列的预测值 Y：

$$加法模式\ T + S + I = Y$$
$$乘法模式\ T \times S \times I = Y$$
$$混合模式\ T \times S + I = Y$$

如果不规则变动的预测值难以求得，就只求长期趋势和季节变动的预测值，以两者相乘之积或相加之和为时间序列的预测值。如果经济现象本身没有季节变动或不需预测分季分月的资料，则长期趋势的预测值就是时间序列的预测值，即 $T = Y$。但要注意这个预测值只反映现象未来的发展趋势，即使很准确的趋势线在按时间顺序的观察方面所起的作用，本质上也只是一个平均数的作用，实际值将围绕着它上下波动。

4. 时间序列(随机序列)的特征描述

随机过程被定义为一组随机变量，即 $\{z_t, t \in T\}$，其中，T 表示时间 t 的变动范围，对每个固定的时刻 t 而言，z_t 是一随机变量，这些随机变量的全体就构成一个随机过程。当时刻 t 只取整数时，随机过程称为随机序列，也称为时间序列。

对于时间序列的一个样本：

$$\{z_t, t \in T = [1,n]\}$$

① 样本均值：

$$\bar{z} = \frac{1}{n}\sum_{t=1}^{n} z_t = c \tag{3-1}$$

平稳时间序列任意时刻所对应的随机变量的均值相等。

② 样本自协方差函数

$$r_k = \frac{1}{n}\sum_{t=1}^{n-k}(z_t - \bar{z})(z_{t+k} - \bar{z}) \quad 或$$

$$r_k = \frac{1}{n-k}\sum_{t=1}^{n-k}(z_t - \bar{z})(z_{t+k} - \bar{z}) \tag{3-2}$$

$$r_0 = \frac{1}{n}\sum_{t=1}^{n}(z_t - \bar{z})^2$$

$$r_k = E[(z_t - Ez_t)(z_{t+k} - Ez_{t+k})] \tag{3-3}$$

$$r_k = \iint [(z_t - Ez_t)(z_{t+k} - Ez_{t+k})]p(z_t, z_{t+k})\mathrm{d}z_t\mathrm{d}z_{t+k} \tag{3-4}$$

平稳时间序列的自协方差函数只与时间间隔有关，而与时间起点无关。

③ 样本自相关函数

$$\rho_k = \frac{r_k}{r_0} = \frac{\sum(z_t - \bar{z})(z_{t+k} - \bar{z})}{\sum(z_t - \bar{z})^2} \tag{3-5}$$

④ 样本偏自相关函数

$$\varphi_{11} = \rho_1 \tag{3-6}$$

$$\varphi_{k+1,k+1} = \left(\rho_{k+1} - \sum_{j=1}^{k} \rho_{k+1-j}\varphi_{kj} \right)\left(1 - \sum_{j=1}^{k} \rho_j\varphi_{kj} \right) - 1 \qquad (3\text{-}7)$$

$$\varphi_{k+1,j} = \varphi_{kj} - \varphi_{k+1,k+1}\varphi_{k,k+1-j}, j = 1,2,\cdots,k \qquad (3\text{-}8)$$

【例3-1】 有一时间序列动态数据$[16,12,15,10,9,17,11,16,10,14]$，求样本均值、样本自相关函数和偏自相关函数。

```
clc; clear;
z = [16,12,15,10,9,17,11,16,10,14];          % 时间序列数据
n = length(z);                               % 时间序列长度
zbar = mean(z);                              % 计算均值
zp = cell(n,1);      zb = zp;
for k = 1:n
    zp{k} = z(1:n - k + 1);      zb{k} = z(k:n);
    r(k) = sum((zp{k} - zbar).*(zb{k} - zbar))/n;  % 自协方差计算
end
for k = 1:n - 1
    ro(k) = r(k + 1)/r(1);                    % 自相关计算
end

fai = zeros(n - 1);
fai(1,1) = ro(1);
for k = 1:n - 2
    fai(k + 1,k + 1) = (ro(k + 1) - sum(ro(k: -1:1).*fai(k,1:k)))...
                      /(1 - sum(ro(1:k).*fai(k,1:k)));
    for j = 1:k
        fai(k + 1,j) = fai(k,j) - fai(k + 1,k + 1).*fai(k,k + 1 - j);
                                              % 偏自相关计算
    end
end

zbar, ro, fai                                % 显示 zbar, ro, fai 计算结果
```

得到计算结果：

```
zbar = 13
ro = -0.5256    0.2308   -0.2179
fai = -0.5256
    -0.5587   -0.0629
    -0.5694   -0.1575   -0.1694
```

3.1.2 时间序列移动平均法

移动平均法是根据时间序列资料逐渐推移，依次计算包含一定项数的时序平均数，以反映长期趋势的方法。当时间序列的数值受周期变动和不规则变动的影响，起伏较大，不易显示出发展趋势时，可用移动平均法，消除这些因素的影响，分析、预测序列的长期趋势。

1. 简单移动平均法

设观测序列为$y_1,\cdots,y_T$，取移动平均的项数$N < T$。一次简单移动平均值计算公式为：

$$M_t^{(1)} = \frac{1}{N}(y_t + y_{t-1} + \cdots y_{t-N+1}) = M_{t-1}^{(1)} + \frac{1}{N}(y_t - y_{t-N}) \tag{3-9}$$

当预测目标的基本趋势是在某一水平上下波动时，可用一次简单移动平均方法建立预测模型：

$$\hat{y}_{t+1} = M_t^{(1)} = \frac{1}{N}(y_t + \cdots + y_{t-N+1}), \quad t = N, N+1, \cdots, T$$

其预测标准误差为：

$$S = \sqrt{\frac{\sum_{t=N+1}^{T}(\hat{y}_t - y_f)^2}{T - N}} \tag{3-10}$$

最近 N 期序列值的平均值作为未来各期的预测结果。一般 N 的取值范围为：$5 \leqslant N \leqslant 200$。当历史序列的基本趋势变化不大且序列中随机变动成分较多时，N 的取值应较大一些，否则 N 的取值应小一些。在有确定的季节变动周期的资料中，移动平均的项数应取周期长度。选择最佳 N 值的一个有效方法是，比较若干模型的预测误差。预测标准误差最小者为好。

【例3-2】 某企业 1 月 ~11 月份的销售收入时间序列如表 3-1 所示。用一次简单滑动平均法预测第 12 月份的销售收入。

表 3-1　企业销售收入

月份 t	1	2	3	4	5	6
销售收入 y	533.8	574.6	606.9	649.8	705.1	772.0
月份 t	7	8	9	10	11	
销售收入 y	816.4	892.7	963.9	1015.1	1102.7	

计算的 MATLAB 程序如下：

```
y = [533.8  574.6  606.9  649.8  705.1  772.0  816.4  892.7  963.9  1015.1  1102.7];
m = length(y);
n  = [4,5];                    % n 为移动平均的项数
for i = 1:length(n)            % 由于 n 的取值不同, yhat 的长度不一致, 下面使用了元胞数组
  for j = 1:m - n(i) + 1
    yhat{i}(j) = sum(y(j:j + n(i) - 1))/n(i);       % 移动平均值
  end
  y12(i) = yhat{i}(end);                             % 最后移动平均值
  s(i) = sqrt(mean((y(n(i) + 1:m) - yhat{i}(1:end - 1)).^2));  % 均方差
end
y12, s                                              % 显示 y12, s
```

得到计算结果：

```
    y12 = 993.6       958.2
    s   = 150.5       182.4
```

当 $N = 4$ 时，预测值为 993.6，预测的标准误差为 150.5。

当 $N = 5$ 时，预测值为 958.2，预测的标准误差为 182.4。

计算结果表明，$N=4$ 时，预测的标准误差较小，销售收入为 993.6。

简单移动平均法只适合做近期预测，而且是预测目标的发展趋势变化不大的情况。如果目标的发展趋势存在其他的变化，采用简单移动平均法就会产生较大的预测偏差和滞后。

2. 加权移动平均法

在简单移动平均公式中，每期数据在求平均时的作用是等同的。但是，每期数据所包含的信息量不一样，近期数据包含着更多关于未来情况的信息。因此，把各期数据等同看待是不尽合理的，应考虑各期数据的重要性，对近期数据给予较大的权重，这就是加权移动平均法的基本思想。

加权移动平均公式为：

$$M_{tw} = \frac{w_1 y_t + w_2 y_2 + \cdots + w_N y_{t-N+1}}{w_1 + w_2 + \cdots + w_N}, \quad t \geq N \tag{3-11}$$

式中，M_{tw} 为 t 期加权移动平均数；w_i 为 y_{t-i+1} 的权数，它体现了相应的 y_t 在加权平均数中的重要性。利用加权移动平均数来做预测，其预测模型为：$\hat{y}_{t+1} = M_{tw}$。即以第 t 期加权移动平均数作为第 $t+1$ 期的预测值。

【例 3-3】 我国 1979—1988 年原煤产量如表 3-2 所示，试用加权移动平均法预测 1989 年的产量。

表 3-2 我国 1979—1988 年原煤产量及预测 单位：亿吨

年 份	1979	1980	1981	1982	1983	1984	1985	1986	1987	1988	1989
原煤产量	6.35	6.20	6.22	6.66	7.15	7.89	8.72	8.94	9.28	9.8	
预测值				6.23	6.44	6.83	7.44	8.18	8.69	9.07	9.48

取 $w_1 = 3$，$w_2 = 2$，$w_3 = 1$，MATLAB 计算程序如下：

```
y  =[6.35  6.20  6.22  6.66  7.15  7.89  8.72  8.94  9.28  9.8];
w =[1/6;2/6;3/6];
m =length(y);
n =3;
for i =1:m-n+1
    yhat(i) =y(i:i+n-1)*w;
end
yhat
err =abs(y(n+1:m)-yhat(1:end-1))./y(n+1:m)
T_err =1-sum(yhat(1:end-1))/sum(y(n+1:m))
```

计算结果为：

```
yhat =6.2350  6.4367  6.8317  7.4383  8.1817  8.6917  9.0733  9.4833
err =0.0638 0.0998  0.1341  0.1470  0.0848  0.0634  0.0741
T_err =0.0950
```

计算三年加权移动平均预测值结果列于表 3-2 中，1989 年的预测值为 9.48(亿吨)。

在加权移动平均法中，w_t 的选择同样具有一定的经验性。一般的原则是：近期数据的权数大，远期数据的权数小，需要按照预测者对序列的了解和分析来确定。

3. 指数平滑法

指数平滑法是根据历史资料的上期实际数和预测值，用指数加权的办法进行预测。此法实质是由加权移动平均法演变而来的一种方法，优点是只要有上期实际数和上期预测值，就可以计算下期的预测值，以节省很多数据和处理数据的时间，减少数据的存储量，方法简便。指数平滑法是国外广泛使用的一种短期预测方法。

用时间序列的实际值 $\{y_t | t = 1, 2, \cdots, n\}$ 和指数平滑预测值 $\{F_t | t = 1, 2, \cdots, n\}$ 加权平均来进行预测。基本模型如下：

$$F_{t+1} = \alpha \cdot y_t + (1 - \alpha) \cdot F_t = F_t + \alpha \cdot (y_t - F_t) \tag{3-12}$$

其中，α 为平滑系数 $(0 \leqslant \alpha \leqslant 1)$，$F_1 = y_1$。

【例3-4】 某粮油食品公司最近 10 周的大米销售数量为 $y = [62, 51, 72, 64, 50, 48, 67, 54, 63, 73]$，预测第 11 周的大米销售数量。计算程序如下，结果见表3-3。

```
y   =[62,51,72,64,50,48,67,54,63,73];
F =y;
n =length(y);
alfa =0.3;
for t =2:n
    F(t) =y(t-1).*alfa+(1-alfa).*F(t-1);
    errs(t,1) =F(t)-y(t);
    errs(t,2) =errs(t,1).^2;
end
F,  errs,  T_err =sum(errs(:,2))
```

表 3-3　指数平滑预测（$\alpha = 0.3$ 时）

周　　数	时间序列值	指数平滑法预测值	预测偏差	偏差平方值
1	62			
2	51	62	11.0	121.0
3	72	58.7	−13.3	176.89
4	64	62.69	−1.31	1.72
5	50	63.08	13.08	171.16
6	48	59.16	11.16	124.5
7	67	55.81	−11.19	125.2
8	54	59.17	5.17	26.7
9	63	57.62	−5.38	28.97
10	73	59.23	−13.77	189.56
			合计	965.71

对时间序列的实际值 $\{y_t | t = 1, 2, \cdots, n\}$ 可以进行一次指数平滑预测、二次指数平滑预测。模型如下：

$$F_{t+1}^{(1)} = \alpha \cdot y_t + (1 - \alpha) \cdot F_t^{(1)} \tag{3-13}$$

$$F_{t+1}^{(2)} = \alpha \cdot F_{t+1}^{(1)} + (1 - \alpha) \cdot F_t^{(2)} \tag{3-14}$$

平滑系数 α 可根据误差平方和最小来确定。对于超前 m 期进行预测，采用以下公式：

$$F_{t+m} = T_t + b_t \cdot m \qquad (3\text{-}15)$$

式中，$T_t = 2F_t^{(1)} - F_t^{(2)}$，$b_t = \dfrac{\alpha}{(1-\alpha)} \cdot (F_t^{(1)} - F_t^{(2)})$。

上述例子的计算程序如下：

```
y   =[62,51,72,64,50,48,67,54,63,73];
F =[y',y'];
n =length(y);
alfa =0.3;
for t =2:n
    F(t,1) =y(t-1).*alfa+(1-alfa).*F(t-1,1);      % 一次指数平滑
    F(t,2) =F(t,1).*alfa+(1-alfa).*F(t-1,2);      % 二次指数平滑
    errs(t,1,1) =F(t,1)-y(t);                      % 一次指数平滑误差
    errs(t,2,1) =errs(t,1,1).^2;                   % 一次指数平滑误差平方
    errs(t,1,2) =F(t,2)-y(t);                      % 二次指数平滑误差
    errs(t,2,2) =errs(t,1,2).^2;                   % 二次指数平滑误差平方
end
m =2;
F12 =2*F(n,1)-F(n,2)+alfa./(1-alfa).*(F(n,1)-F(n,2))*m
                             % 计算超前2期的预测值，并显示
```

得到预测结果：

```
F12 =59.68
```

3.1.3　时间序列趋势和季节因素的预测

考虑时间序列趋势和季节因素的预测模型为：

$$Y_t = T_t \times S_t \times I_t \qquad (3\text{-}16)$$

Y_t 为时间序列第 t 时期冰箱的数据，T_t 为第 t 时期的趋势因素，S_t 为第 t 时期的季节因素，I_t 为第 t 时期的不规则因素。

体现时间序列的趋势和季节因素的预测方法思路为：①求出这个具有趋势的时间序列的趋势预测；②把具有趋势和季节因素的时间序列中的季节的成分从序列中分离出来；③用季节指数修正趋势预测，使预测体现出趋势因素和季节因素。

【例3-5】　某运动鞋厂，其近四年销售的运动鞋数量按季节统计的数据如表3-4所示。

1. 用移动平均法来消除季节因素和不规则因素的影响

① 取 $n=4$。
② 把四个季度的平均值作为消除季节和不规则因素影响后受趋势因素影响的数值。
③ 计算"中间季度"的趋势值；中间季度的含义是：一个季度的下半部分和次季度的上半部分合成一个新的"季度"。如第一个中心移动平均值为 $(16.1+17.05)/2 = 16.575$，表3-5显示了计算结果。

表3-4　某厂运动鞋最近四年按季节统计的销售数量　　　　　　　　　　　　　单位：万双

年·季度	销 量	年·季度	销 量	年·季度	销 量	年·季度	销 量
1·1	12.2	2·1	16.0	3·1	16.8	4·1	18.0
1·2	18.1	2·2	21.4	3·2	23.8	4·2	24.1
1·3	20.3	2·3	23.1	3·3	24.2	4·3	26.0
1·4	13.8	2·4	17.7	3·4	18.3	4·4	19.2

表3-5　某厂运动鞋销售数量移动平均计算　　　　　　　　　　　　　　　　单位：万双

年	季度	销 量	四个季度移动平均值	中心移动平均值	季节与不规则因素的指标值
1	1	12.2			
	2	18.1	16.100		
	3	20.3	17.050	16.575	1.225
	4	13.8	17.875	17.463	0.790
2	1	16.0	18.575	18.225	0.878
	2	21.4	19.550	19.063	1.123
	3	23.1	19.750	19.650	1.176
	4	17.7	20.350	20.050	0.883
3	1	16.8	20.625	20.488	0.820
	2	23.8	20.775	20.700	1.150
	3	24.2	21.075	20.925	1.157
	4	18.3	21.150	21.113	0.867
4	1	18.0	21.60	21.375	0.842
	2	24.1	21.825	21.713	1.110
	3	26.0			
	4	19.2			

④ 计算季节与不规则因素的指标：见表3-5。

　　　　　季节与不规则因素的指标 = 季度销量/中心移动平均值

⑤ 计算季节指数。

　　　季节指数 = 该季节所有季节与不规则因素的指标/该季节的参与计算的数量

如第三季度的基金额指数 = (1.225 + 1.176 + 1.157)/3 = 1.19。表3-6 显示了计算结果。

表3-6　某厂运动鞋销售量季节指数计算

季　　节	季节与不规则因素指标值	季节指数	调整后的季节指数
1	0.878；0.820；0.842	0.85	0.85
2	1.123；1.150；1.110	1.13	1.12
3	1.225；1.176；1.157	1.19	1.18
4	0.790；0.883；0.867	0.85	0.85

⑥ 调整季节指数：保证四个季节指数的和等于4，表3-6 显示了调整结果。

2. 消除时间序列中的季节因素

把原来式(3-13)的时间序列的每一个数据值除以相应的季节指数，变成

$$Y_t/S_t = T_t \times I_t \tag{3-17}$$

消除了季节因素后的时间序列如表3-7所示。

表3-7　销售数量消除季节因素的销量计算

年	季　　度	销量 Y(万双)	季节指数 S	消除季节因素后的销量 Y/S
1	1	12.2	0.85	14.35
	2	18.1	1.12	16.16
	3	20.3	1.18	17.20
	4	13.8	0.85	16.24
2	1	16.0	0.85	18.82
	2	21.4	1.12	19.11
	3	23.1	1.18	19.58
	4	17.7	0.85	20.82
3	1	16.8	0.85	19.76
	2	23.8	1.12	21.25
	3	24.2	1.18	20.51
	4	18.3	0.85	21.53
4	1	18.0	0.85	21.18
	2	24.1	1.12	21.52
	3	26.0	1.18	21.03
	4	19.2	0.85	22.59

3. 确定消除季节因素后的时间序列的趋势

求解消除季节因素后的时间序列的趋势回归直线方程。设直线方程为

$$T_t I_t = b_0 + b_1 \cdot t \tag{3-18}$$

$T_t I_t$ 为在第 t 时期的趋势销售量，b_0 为趋势直线在纵轴上的截距，b_1 为趋势直线的斜率。

计算的 MATLAB 程序如下：

```
y =[14.35,16.16,17.2,16.24,18.82,19.11,19.58,20.82,19.76,21.25,20.51,21.53,
   21.18,21.52,21.03,22.59];
n =length(y);
t =1:n;
b1 =(sum(t.*y) -sum(t).*sum(y)/n)/(sum(t.^2) -sum(t).^2/n),
b0 =mean(y) -b1.*mean(t),
TI =b0 +b1 *t,
T₁₇ =b0 +b1 *17
plot(t,y,'-^',t,TI)
```

计算得到：$b_0 = 15.618$，$b_1 = 0.454$，$T_{11} = 20.6$，$T_{17} = 23.338$，见图3-1。

4. 进行季节调整

以第17个季度(第五年的第一个季度)为例，有第一季度的季节指数为0.85，得到第17个季度的销量预测值为 $23.336 \times 0.85 = 19.838$(万双)。表3-8表示了调整后的销量预测值。

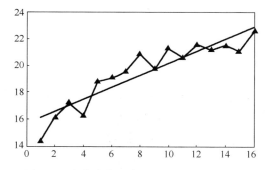

表 3-8　销售数量消除季节因素的销量计算

年	季度	趋势预测值	季节指数	季度预测值
5	1	23.338	0.85	19.838
	2	23.792	1.12	26.648
	3	24.247	1.18	28.611
	4	24.701	0.85	20.996

图 3-1　消除季节因素后的销量及趋势回归

　　如果销量的数据按月提供，则先取 $m=12$，计算这 12 个月的季节指数，其余的步骤与前面介绍的相同。

3.2　回归预测模型

　　时间序列分析是对预测对象自身的历史数据进行分析和预测的方法。回归分析则是考察与预测对象相关因素的联系，依据相关因素的变化预测研究对象的变化。

　　回归分析是一种重要的市场预测方法。回归分析预测法是分析市场现象自变量和因变量之间的相关关系，建立变量之间的回归方程，根据自变量在预测期的数量变化来预测因变量。因此，当我们在对市场现象未来发展状况和水平进行预测时，如果能将影响市场预测对象的主要因素找到，并且能够取得其数量资料，就可以采用回归分析预测法进行预测。

　　回归分析模型包括线性模型和非线性模型、单元模型和多元模型。

3.2.1　线性回归

1. 线性回归模型的概念

　　对于预测对象与其他因素的关系，可以通过相关知识和观察建立函数关系。除了已知的符合科学规律的关系外，社会经济中存在比较复杂的各种关系。为了得到研究对象的与主要影响因素之间的关系，需要进行调查观测，获取一组相关样本数据：$(x_i, y_i), i = 1, 2, \cdots, n$；然后，画出样本散点图，观察变量间的关系是线性关系，还是非线性关系等；假设对应的模型，用样本估计模型参数，进行模型检验，最后是模型应用。

　　对样本数据：$(x_i, y_i), i = 1, 2, \cdots, n$，假设因变量 y 与自变量 x 存在线性关系，则一元线性回归模型如下：

$$y = \beta_0 + \beta_1 x + \varepsilon$$
$$E(\varepsilon) = 0, \quad D(\varepsilon) = \sigma^2$$

(3-19)

式中，β_0、β_1 称为回归系数，ε 是均值为 0、方差为 σ^2 的随机干扰项或误差项，称 $\hat{y} = \beta_0 + \beta_1 x$ 为 y 对 x 的回归直线方程，$\hat{y}$ 是 y 的均值估计。

　　一般，考虑研究对象多个影响因素的线性关系时，就是多元线性回归。对样本数据：

$(x_i , y_i) , x_i = (x_{i1} , x_{i2} , \cdots , x_{im}) , i = 1 , 2 , \cdots , n$，设因变量 y 与一组自变量 $x = (x_1 , x_2 , \cdots , x_m)^{\mathrm{T}}$ 存在线性关系，则多元线性回归模型如下：

$$y = \beta_0 + \beta \cdot x + \varepsilon$$
$$E(\varepsilon) = 0 , D(\varepsilon) = \sigma^2 \tag{3-20}$$

式中，$(\beta_0 , \beta) = (\beta_0 , \beta_1 , \cdots , \beta_m)$ 称为回归系数向量，ε 是均值为 0、方差为 σ^2 的随机干扰项或误差项，称 $\hat{y} = \beta_0 + \beta \cdot x$ 为 y 对 x 的回归平面方程，$\hat{y}$ 是 y 的均值估计。

线性回归的任务就是：①依据样本数据，对 $\beta_0 , \beta_1 , \cdots , \beta_m$ 和 σ^2 进行点估计；②对回归系数 $\beta_0 , \beta_1 , \cdots , \beta_m$ 进行假设检验；③在 $x = x_0$ 处预测 y，对 y 进行区间估计。

2. 模型参数估计

设 $y_i = \beta_0 + \beta \cdot x_i + \varepsilon_i = \hat{y} + \varepsilon_i , i = 1 , 2 , \cdots , n$，则希望 y 的估计值 $\hat{y}$ 与样本的误差平方和 Q 最小，即

$$\sum_{i=1}^{n} (y_i - \hat{y}_i)^2 = \sum_{i=1}^{n} \varepsilon_i^2 = \sum_{i=1}^{n} (y_i - \beta_0 - \beta \cdot x_i)^2 = Q \to \min$$

以估计误差平方和最小的系数 $\beta_0 , \beta_1 , \cdots , \beta_m$ 作为模型参数的估计。

设样本数据 X , Y 存在线性关系 $Y = X\hat{\beta}$，则可得到线性回归系数的解：

$$\hat{\beta} = (\hat{\beta}_0 , \hat{\beta}_1 , \cdots , \hat{\beta}_m)^{\mathrm{T}} = (X^{\mathrm{T}} X)^{-1} (X^{\mathrm{T}} Y) \tag{3-21}$$

式中，X , Y 为样本数据矩阵：

$$Y = \begin{pmatrix} y_1 \\ y_2 \\ \vdots \\ y_n \end{pmatrix} , \quad X = \begin{pmatrix} 1 & x_{11} & x_{12} & \cdots & x_{1m} \\ 1 & x_{21} & x_{22} & \cdots & x_{2m} \\ \cdots & \cdots & \cdots & \cdots & \cdots \\ 1 & x_{n1} & x_{n2} & \cdots & x_{nm} \end{pmatrix}$$

当 $m \geq 2$ 时，得多元线性回归方程为：

$$\hat{y} = (1 , x_1 , \cdots , x_m) \hat{\beta} = \hat{\beta}_0 + \hat{\beta}_1 x_1 + \cdots + \hat{\beta}_m x_m \tag{3-22}$$

当 $m = 1$ 时，得到一元线性回归系数：

$$\hat{\beta}_0 = \bar{y} - \hat{\beta} \bar{x} , \quad \hat{\beta}_1 = \frac{\sum\limits_{i=1}^{n} (x_i - \bar{x}) (y_i - \bar{y})}{\sum\limits_{1}^{n} (x_i - \bar{x})^2}$$

式中，$\bar{x} = \sum\limits_{i=1}^{n} x_i / n , \bar{y} = \sum\limits_{i=1}^{n} y_i / n$。

得一元线性回归直线方程为：

$$\hat{y} = \hat{\beta}_0 + \hat{\beta}_1 x = \bar{y} + \hat{\beta}_1 (x - \bar{x}) \tag{3-23}$$

3. 回归方程的效果检验

线性回归误差 σ^2 的无偏估计为：

$$\sigma_e^2 = Q(\hat{\beta}_0 , \hat{\beta}) / (n - m - 1) = \sum_{i=1}^{n} (y_i - \hat{y}_i)^2 / (n - m - 1) \tag{3-24}$$

称 $\hat{\sigma}$ 为剩余方差，$\hat{\sigma}_e$ 为剩余标准差。$\hat{\sigma}_e$ 越小的回归效果越好，一般要求 $\frac{\hat{\sigma}_e}{\bar{y}} < 0.1 \sim 0.15$。

当 $m = 1$ 时，得到一元线性回归 σ^2 的无偏估计为：

$$\hat{\sigma}_e^2 = Q(\hat{\beta}_0, \hat{\beta}_1)/(n-2) = \sum_{i=1}^{n}(y_i - \hat{y}_i)^2/(n-2) \tag{3-25}$$

回归方程 $\hat{y} = \beta_0 + \beta \cdot x$ 的统计量有总离差平方和：$S = \sum_{i=1}^{n}(y_i - \bar{y})^2$；回归平方和：$U = \sum_{i=1}^{n}(\hat{y}_i - \bar{y})^2$；回归均方：$\bar{U}/m = \sum_{i=1}^{N}(\hat{y} - \bar{y})^2/m$；剩余平方和：$Q = S - U$；剩余均方：$\bar{Q} = Q/(n-m-1)$；剩余标准差：$\hat{\sigma}_e = \sqrt{\bar{Q}}$。

对回归方程 $\hat{y} = \beta_0 + \beta \cdot x$ 的显著性检验，归结为假设 $H_0: \beta = 0$，$H_1: \beta \neq 0$。

假设 $H_0: \beta = 0$ 被拒绝，则回归显著，认为 y 与 x 存在线性关系，所求的线性回归方程有意义；否则回归不显著，y 与 x 的关系不能用线性回归模型来描述，所得的回归方程也无意义。

◎ F 检验

当 $H_0: \beta = 0$ 成立时，$F = \bar{U}/\hat{\sigma}_e^2 \sim F(m, n-m-1)$ 分布。故当 $F > F_{1-\alpha}(m, n-m-1)$ 时，拒绝 H_0；否则就接受 H_0。

◎ r 检验

y 与 x 的相关系数 r：

$$r = \frac{\sum_{i=1}^{n}(x_i - \bar{x})(y_i - \bar{y})}{\sqrt{\sum_{i=1}^{n}(x_i - \bar{x})^2 \sum_{i=1}^{n}(y_i - \bar{y})^2}} = \sqrt{\frac{U}{S}} = \sqrt{\frac{U}{Q+U}}$$

当 $r > r_{1-\alpha}$ 时，拒绝 H_0；否则就接受 H_0。r 检验与 F 检验是等效的。因为

$$F = \frac{r^2/m}{(1-r^2)/(n-m-1)}, \quad r = \sqrt{\frac{1}{1 + (n-m-1)/(m \cdot F(m, n-m-1))}}$$

◎ t 检验

F 检验或 r 检验是为了判断自变量的整体作用与因变量之间是否存在显著的线性相关关系，要检验每个自变量与因变量之间是否存在显著的线性相关关系，需要进行 t 检验。

当 $H_0: \beta_j = 0$，$j = 1, 2, 3 \cdots, m$ 成立时，$t_j = \frac{\beta_j}{\sqrt{c_{jj}}\hat{\sigma}_e} \sim t(n-m-1)$ 分布，c_{jj} 是 $(X^\mathrm{T}X)^{-1}$ 矩阵中的主对角线元素。故当 $|t| > t_{1-\alpha/2}(n-m-1)$ 时，拒绝 H_0；否则就接受 H_0。

4. 回归系数的置信区间

β_0 和 β_1 置信水平为 $(1-\alpha)$ 的置信区间分别为

$$\left[\hat{\beta}_0 - t_{1-\frac{\alpha}{2}}(n-2)\hat{\sigma}_e\sqrt{\frac{1}{n} + \frac{\bar{x}^2}{\sum\limits_{i=1}^{n}(x_i - \bar{x})^2}}, \ \hat{\beta}_0 + t_{1-\frac{\alpha}{2}}(n-2)\hat{\sigma}_e\sqrt{\frac{1}{n} + \frac{\bar{x}^2}{\sum\limits_{i=1}^{n}(x_i - \bar{x})^2}}\right]$$

和 $\left[\hat{\beta}_1 - t_{1-\frac{\alpha}{2}}(n-2)\hat{\sigma}_e\sqrt{\sum\limits_{i=1}^{n}(x_i - \bar{x})^2}, \ \hat{\beta}_1 + t_{1-\frac{\alpha}{2}}(n-2)\hat{\sigma}_e\sqrt{\sum\limits_{i=1}^{n}(x_i - \bar{x})^2}\right]$

σ^2 的置信水平为 $(1-\alpha)$ 的置信区间为 $\left[\dfrac{Q_e}{\chi^2_{1-\alpha/2}(n-2)}, \dfrac{Q_e}{\chi^2_{\alpha/2}(n-2)}\right]$。

5. 模型应用——预测与控制

用回归值 $\hat{y}_0 = \beta_0 + \beta \cdot x_0$ 作为 y_0 的预测值。置信水平为 $1-\alpha$ 的对 y_0 预测区间为：$[\hat{y}_0 - \delta(x_0), \hat{y}_0 + \delta(x_0)]$，其中 $\delta(x_0) = t_{1-\frac{\alpha}{2}}(n-k-1)\hat{\sigma}_e\sqrt{1 + \dfrac{1}{n} + (x_0 - \bar{x})\Big/\sum\limits_{i=1}^{n}(x_i - \bar{x})^2}$。

反之，如果希望 $y = \beta_0 + \beta_1 x + \varepsilon$ 的值以 $1-\alpha$ 的概率落在区间 $[y_1, y_2]$ 中，则只要控制 x 满足：$\hat{y} - \delta(x) \geqslant y_1$，$\hat{y} + \delta(x) \leqslant y_2$。所以，只要存在 $\hat{y} - \delta(x) = y_1$，$\hat{y} + \delta(x) = y_2$ 的解 x_1，x_2，区间 $[x_1, x_2]$ 就是对 x 的控制区间。

6. 线性回归的计算

① 确定回归系数的点估计值：$b = \text{regress}(Y, X)$

MATLAB 提供回归系数点估计函数为 regress；输出回归系数向量，$b = (\hat{\beta}_0, \hat{\beta}_1, \cdots, \hat{\beta}_m)^{\text{T}}$；输入样本数据矩阵 Y，X：$Y = (y_1 \quad y_2 \quad \cdots \quad y_n)^{\text{T}}$，$X = \begin{pmatrix} 1 & x_{11} & x_{12} & \cdots & x_{1m} \\ 1 & x_{21} & x_{22} & \cdots & x_{2m} \\ \cdots & \cdots & \cdots & \cdots & \cdots \\ 1 & x_{n1} & x_{n2} & \cdots & x_{nm} \end{pmatrix}$。

② 求回归系数的点估计和区间估计、并检验回归模型：

$$[b, \text{bint}, \text{res}, \text{rint}, \text{stats}] = \text{regress}(Y, X, \text{alpha})$$

其中，b：回归系数，$b = (\hat{\beta}_0, \hat{\beta}_1, \cdots, \hat{\beta}_m)^{\text{T}}$；bint：回归系数的置信区间；res：残差 $(y_i - \hat{y}_i)$；rint：残差置信区间；stats：用于检验回归模型的统计量，有三个数值：相关系数 r^2、F 值、与 F 对应的概率 p；alpha：显著性水平 α（默认值为 0.05）。

相关系数 r^2 越接近 1，说明回归方程越显著；$F > F_{1-\alpha}(m, n-m-1)$ 时拒绝 H_0，F 越大，说明回归方程越显著；与 F 对应的概率 $p < \alpha$ 时拒绝 H_0，回归模型成立。

③ 画出残差及其置信区间

$$\text{rcoplot}(\text{res}, \text{rint})$$

7. 线性回归的算例

一家百货公司在 10 个地区设有经销分公司。公司认为商品销售额与该地区的人口数和年人均收入有关，并希望建立它们之间的数量关系式，以预测销售额。有关数据如表3-9所示。试确定销售额对人口数和年人均收入的线性回归方程，并分析回归方程的拟合程度，对线性关系和回归系数进行显著性检验（$\alpha = 0.05$）。

表3-9　地区销售额、人口数及人均收入统计样本

地区编号	销售额 y（万元）	人口 x_1（万人）	人均年收入 x_2（元）
1	33.3	32.4	1250
2	35.5	29.1	1650
3	27.6	26.3	1450
4	30.4	31.2	1310
5	31.9	29.2	1310
6	53.1	40.7	1580
7	35.6	29.8	1490
8	29.0	23.0	1520
9	35.1	28.2	1620
10	34.5	26.9	1570

拟构建线性函数：$y = \beta_0 + \beta_1 \times x_1 + \beta_2 \times x_2$

◎ **计算程序**

```
y =[33.3,35.5,27.6,30.4,31.9,53.1,35.6,29.0,35.1,34.5];        % 样本 y
x1 =[32.4,29.1,26.3,31.2,29.2,40.7,29.8,23.0,28.2,26.9];       % 样本 x1
x2 =[1250,1650,1450,1310,1310,1580,1490,1520,1620,1570];       % 样本 x2
X =[ones(10,1)x1' x2'];
y =y';
[b,bint,res,rint,stats] = regress(y,X);                       % 调用回归函数
rcoplot(res,rint);                                            % 画出残差及其置信区间
b, stats
z =[1,25,1300]';
yhat =b'*z
```

◎ **计算结果**

```
b =( -38.8252,1.3407,0.0228)'
stats =(0.9373  52.3498  0.0001  4.0403)
```

即：

```
y = -38.8252 +1.3407x1 +0.0228x2;
R2 =0.9373;    F =52.3498;    P =0.0001;
```

残差及其置信区间见图3-2。预测

$$yhat = 24.3352$$

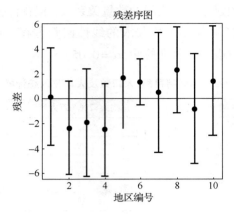

图 3-2　残差及其置信区间

3.2.2　可线性化的曲线回归

线性相关比较简单，非线性关系比较复杂，而实际生产、营销的经济系统中存在的大量关系是非线性的。

1.曲线回归的方法

曲线回归的一般方法是：先对两个变量 x 和 y 作 n 次试验观察得 (x_i, y_i)，$i = 1, 2, \cdots, n$，画出散点图，根据散点图确定需配曲线的类型。然后由 n 对试验数据确定每一类曲线的未知参数 a 和 b。采用的方法是通过变量代换把非线性回归化成线性回归，即采用非线性回归线性化的方法。通常选择的九类曲线及变换方式见表 3-10。

表 3-10　常用非线性回归选择的曲线函数

函 数 名	函数表达式	变换方式
双曲线	$\dfrac{1}{y} = a + \dfrac{b}{x}$	$y' = a + b \cdot x'$，$y' = \dfrac{1}{y}$，$x' = \dfrac{1}{x}$
幂函数曲线	$y = a \cdot x^b$，$x > 0$，$a > 0$	$y' = a' + b \cdot x'$，$y' = \lg(y)$，$a' = \lg(a)$，$x' = \lg(x)$
指数曲线 1	$y = a \cdot e^{bx}$，$a > 0$	$y' = a' + b \cdot x'$，$y' = \lg(y)$，$a' = \lg(a)$
指数曲线 2	$y = a \cdot b^x$，$a > 0$	$y' = a' + b' \cdot x'$，$y' = \lg(y)$，$a' = \lg(a)$，$b' = \lg b$
倒指数曲线	$y = a \cdot e^{b/x}$，$a > 0$	$y' = a' + b \cdot x'$，$y' = \lg(y)$，$a' = \lg(a)$，$x' = 1/x$
对数曲线	$y = a + b \cdot \log(x)$，$a > 0$	$y = a + b \cdot x'$，$x' = \log(x)$
S 型曲线	$y = \dfrac{1}{a + b \cdot e^{-x}}$	$y' = a + b \cdot x$，$y' = \dfrac{1}{y}$，$x' = e^{-x}$
抛物线函数	$y = a \cdot x + b \cdot x^2$，$a > 0$	$y' = a + b \cdot x$，$y' = y/x$
多项式函数	$y = b_0 + b_1 x + \cdots + b_m x^m$	$y = b_0 + b_1 x_1 + \cdots + b_m x_m$，$x_i = x^i$，$i = 1, 2, \cdots m$

由表 3-10 可见，经过变量或参数的变换将曲线变成了直线，就可以用线性回归的方法得到回归参数。除多项式转变为多元线性回归，其他八类均转变为一元线性回归。

2. 一元多项式回归的计算

MATLAB 计算一元多项式系数、预测误差的计算函数调用格式如下：

$$[p, S] = \text{polyfit}(x, y, m)$$

其中，输入样本数据 $x = (x_1, x_2, \cdots, x_n)$，$y = (y_1, y_2, \cdots, y_n)$；输出 $p = (a_1, a_2, \cdots, a_{m+1})$ 是多项式 $y = a_1 x^m + a_2 x^{m-1} + \cdots + a_m x + a_{m+1}$ 的系数；S 是一个矩阵，用来估计预测误差。

预测和预测误差的计算函数调用格式如下：

$$[y, \text{delta}] = \text{polyconf}(p, x, S, \text{alpha})$$

函数 polyconf 求 polyfit 所得的回归多项式在 x 处的预测值 y 及预测值的显著性为 $(1 - \text{alpha})$ 的置信区间 $[y - \text{delta}, y + \text{delta}]$；alpha 是显著性水平，默认值为 0.05。

3. 多元二项式回归的计算

MATLAB 关于多元二项式回归计算交互函数调用格式如下：

$$\text{rstool}(x, y, '\text{model}', \text{alpha})$$

其中，输入样本数据 x 是 $n \times m$ 矩阵，y 是 $n \times 1$ 矩阵，表示 m 个自变量、n 组数据的样本；'model' 为二项式模式，'linear'—线性模式仅包含常数项和一次项，'purequadratic'—纯二次模式包括常数项、一次项和平方项，'interaction'-二次交叉模式包括常数项、一次项和交叉乘积项，'quadratic'–包括常数项、一次项和各种二次项；alpha 是显著性水平，默认值为 0.05。

4. 非线性曲线回归的计算

MATLAB 计算非线性回归系数、残差及 Jacobian 矩阵的计算函数调用格式如下：

$$[\text{beta}, r, J] = \text{nlinfit}(x, y, '\text{model}', \text{beta0})$$

其中，输入数据 x，y 分别为 $n \times m$ 矩阵和 n 维列向量，对一元非线性回归，x 为 n 维列向量。model 是事先用 .m 文件定义的非线性函数名，beta0 是回归系数的初值；输出量 beta 是算出的回归系数，r 是残差，J 是 Jacobian 矩阵，它们是估计预测误差需要的数据。

预测和预测误差的计算函数调用格式如下：

$$[\text{ypred}, \text{delta}] = \text{nlpredci}('\text{model}', x, \text{beta}, r, J)$$

输出预测值均值 ypred 和误差值 delta，预测区间为 $[\text{ypred} - \text{delta}, \text{ypred} + \text{delta}]$。

【例 3-6】 已知某公司某商品 21 期的销售资料 $y = [50.87, 52.03, 53.33, 53.35,$ 55.09, 56.76, 58.42, 59.61, 60.58, 61.15, 61.57, 62.17, 62.55, 62.85, 63.10, 63.52, 64.25, 65.32, 66.26, 66.87, 67.16]，试预测该公司第 22 期的销售量。

① 首先编写 my_sales. m

```
function y = my_sales(beta, t)
y = beta(1)./(1 + beta(2).* exp( - beta(3).* t));
```

② 编写主程序脚本文件 main_for_nlpredci. m

```
    y = [50.87,52.03,53.33,53.35,55.09,56.76,58.42,59.61,…
60.58,61.15,61.57,62.17,62.55,62.85,63.10,63.52,64.25, …
65.32,66.26,66.87,67.16]';
    t = [1:21]';
    beta0 = [70,1, -1];
% 回归计算
    [beta, r, J] = nlinfit(t, y, @ my_sales, beta0);
% 预测计算
    [ypred,delta] = nlpredci('my_sales', t, beta, r, J);
    beta
    plot(t,y, 'O')
    hold on
    plot(t,ypred, ' * ')
```

得到回归参数及曲线点图,见图 3-3:

$$\text{beta} = \begin{bmatrix} 78.8572 & 0.8735 & -0.9940 \end{bmatrix}$$

回归曲线为:

$$\hat{y}_t = \frac{78.8572}{1 + 0.8735e^{-0.994t}}$$

图 3-3 中,o 为样本点,* 为回归拟合点。

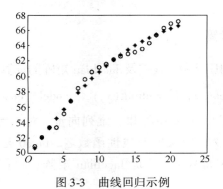

图 3-3 曲线回归示例

3.2.3 回归案例

---

1. 提出问题

某火力发电厂负责一城市生产与生活用电的供应。发电机以柴油为能源,根据用电需求决定发电量。正常供应情况下,柴油可以在市场上随时买到并运到电厂,但柴油价格随市场是经常波动的。要求：发电厂必须有满足正常用电需求的燃油至少 15 天的储备量，以应付用电需求的波动性和不能按时购油等偶然因素影响。

截止到上年底，该电厂前 48 个月的每月耗油量（吨）是：oil = [1120，1180，1320，1290，1210，1350，1480，1480，1360，1190，1040，1180，1150，1260，1410，1350，1250，1490，1700，1700，1580，1330，1140，1400，1450，1500，1780，1630，1720，1780，1990，1990，1840，1620，1460，1660，1710，1800，1930，1810，1830，2180，2300，2420，2090，1910，1720，1940]。

需要解决的问题：依据前年各月油耗情况，预测第 5 年各个月的耗油量。

2. 绘制散点图

首先绘制 48 个月的耗油量散点连线图如图 3-4 所示，观察发现月耗油量总体趋势增长，四年的月耗油量波动相似。故重新绘制四年 12 个月的耗油量散点连线图如图 3-5 所示。

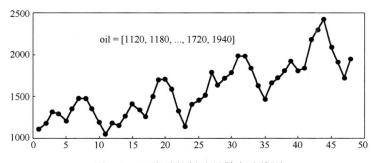

图 3-4　48 个月的耗油量散点连线图

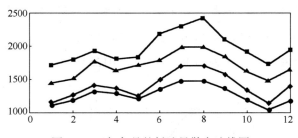

图 3-5　四年各月的耗油量散点连线图

```
t = 1:12；   hold on；
plot(t,oil(t),'-o')；
plot(t,oil(t+12),'-*')；
plot(t,oil(t+24),'-p')；
plot(t,oil(t+36),'-d')
```

由图 3-5 能够更清晰地看出每年 12 个月的耗油量变化规律，进行非线性曲线回归分析。

3. 建立模型

采用多项式回归方程：

$$y_i = a_{i0} + a_{i1}x + a_{i2}x^2 + \cdots + a_{in}x^n \quad i = 1,2,3,4 \tag{3-26}$$

编写 MATLAB 程序如下：

```
oil = [1120, 1180, 1320, 1290, 1210, 1350, 1480, 1480, 1360, 1190, 1040, 1180,
1150, 1260, 1410, 1350, 1250, 1490, 1700, 1700, 1580, 1330, 1140, 1400, 1450,
1500, 1780, 1630, 1720, 1780, 1990, 1990, 1840, 1620, 1460, 1660, 1710, 1800,
1930, 1810, 1830, 2180, 2300, 2420, 2090, 1910, 1720, 1940];
t = 1:12;
tt = 1:0.1:12;

[p1,S] = polyfit(t,oil(t),8);          % 8 次多项式回归参数计算(第一年)
[ypred, delta] = polyconf(p1, t, S);    % 多项式回归预测
p1t = poly2sym(p1, 't');                % 多项式回归表达式
y1t = subs(p1t, 't',tt);                % 多项式回归计算
plot(t,oil(t), 'o',tt,y1t)              % 多项式回归及样板点绘图
grid on

[p2,S] = polyfit(t,oil(t +12),8);       % 8 次多项式回归参数计算(第二年)
p2t = poly2sym(p2, 't');
y2t = subs(p2t, 't',tt);
plot(t,oil(t +12), '*',tt,y2t)

[p3,S] = polyfit(t,oil(t +24),8);       % 8 次多项式回归参数计算(第三年)
p3t = poly2sym(p3, 't');
y3t = subs(p3t, 't',tt);
plot(t,oil(t +24), 'p',tt,y3t)

[p4,S] = polyfit(t,oil(t +36),8);       % 8 次多项式回归参数计算(第四年)
p4t = poly2sym(p4, 't');
y4t = subs(p4t, 't',tt);
plot(t,oil(t +36), 'd',tt,y4t)
```

经计算,一元八次多项式回归的误差最小,因此得到第 1 年各月耗油量的回归方程:

$$y_1 = 4360 - 7479.18x + 6348.65x^2 - 2646.12x^3 + 614.292x^4$$
$$- 83.3484x^5 + 6.58062x^6 - 0.280708x^7 + 0.00501253x^8$$

(3-27)

回归拟合效果如图 3-6 所示。

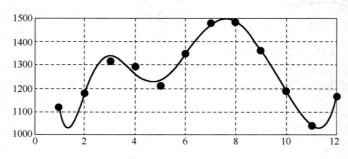

图 3-6   第 1 年各月耗油量拟合曲线

同样可得到第 2~4 年的各月耗油量回归方程:

$$y_2 = 5323.18 - 9801.57x + 8493.57x^2 - 3607.14x^3 + 850.715x^4 -$$

$$116.965x^5 + 9.34229x^6 - 0.402755x^7 + 0.00726425x^8 \tag{3-28}$$

$$y_3 = 6074.09 - 106161.6x + 8959.47x^2 - 3722.56x^3 + 865.48x^4 -$$
$$117.834x^5 + 9.34865x^6 - 0.400964x^7 + 0.00719899x^8 \tag{3-29}$$

$$y_4 = 6264.77 - 10827.7x + 9558.62x^2 - 4161.44x^3 + 1006.13x^4 -$$
$$141.386x^5 + 11.4943x^6 - 0.502094x^7 + 0.00913416x^8 \tag{3-30}$$

拟合效果如图 3-7 所示。

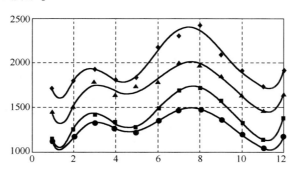

图 3-7   4 年各月的耗油量散点回归曲线

观察图 3-7 不难发现，4 年中各个月份的耗油量的变化规律曲线非常相似，符合实际一年中各季节因素影响的用电情况。再观察 4 年中耗油量的回归曲线 x，x^2，$\cdots$，x^8 各项的系数，发现其系数的绝对值都是在呈增加趋势，由于系数变化不是太大，可以使用线性回归拟合对第 5 年多项式回归各系数进行估计。编程解算如下：

```
P = [p1; p2; p3; p4];                    % 第 1～4 年各月耗油量的多项式回归系数矩阵
X = [ones(4,1),[1:4]'];                  % 自变量为 1～4，对应 1～4 年
p5 = zeros(1,9);                         % 第 5 年各月耗油量的多项式回归系数向量
for j = 1:9
    bj = regress(P(:,j), X);             % 解算第 5 年各月耗油量多项式系数的回归计算
    p5(j) = bj(1) + bj(2) * 5;           % 第 5 年各月耗油量的多项式回归系数向量
end
for i = 1:9 fprintf('% f \t',p5(i)); end;
                                         % 输出第 5 年各月耗油量的多项式回归系数
fprintf('\n')
p5t = poly2sym(p5, 't');                 % 第 5 年各月耗油量的回归多项式
y5t = subs(p5t, 't',tt);
plot(tt,y5t)
grid on
y5t = subs(p5t, 't',t)                   % 第 5 年各月耗油量的预测计算
```

计算得到第 5 年每个月耗油量的回归方程和预测变化曲线及预测值，见图 3-8、表 3-11。

$$y_t = 7121.8 - 12396x + 10\ 864x^2 - 4700.7x^3 + 1131.7x^4 -$$
$$158.6x^5 + 12.878x^6 - 0.562x^7 + 0.010227x^8 \tag{3-31}$$

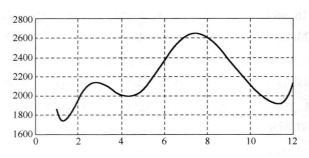

图 3-8　第 5 年的每月耗油量曲线

表 3-11　第 5 年每月的耗油量（吨）

月　份	1	2	3	4	5	6	7	8	9	10	11	12
耗油量	1874	1966	2140	2013	2067	2414	2667	2638	2393	2141	1975	2195

3.3　马尔可夫预测模型

马尔可夫预测是研究随机过程发展变化规律的一种预测技术。它是利用某一变量的现在状态和动向去预测该变量未来的状态和动向的一种分析手段。其显著特点是无后效性，即事物的变化过程仅与近期状态有关，而与事物过去的状态无关。因此，马尔可夫预测模型可以避免由于数据的非实时性而对预测准确程度产生的影响。

3.3.1　理论基础

1. 基本概念

① 状态：用于描述研究对象的某种属性和活动的瞬时表现称为对象的状态。

② 状态转移：随着时间的推移，所研究对象的状态会发生变化，称为状态转移。

③ 状态转移概率：受到各种随机因素影响，所研究对象的状态转移具有随机性，从一种状态变为另一种状态的概率称为状态转移概率。

④ 马尔可夫过程：随机过程中，有一类具有"无后效性"，即当随机过程在某一时刻 t 所处的状态已知，过程在时刻 $t + \Delta t$ 时所处的状态只与 t 时的状态有关，而与以前的状态无关，这种随机过程称为马尔可夫过程。

⑤ 马尔可夫链：时间和状态都是离散的马尔可夫过程称为马尔可夫链。

马尔可夫链是一类时间参数离散、状态空间离散的特殊随机过程，即时间参数为 $T = \{0,1,2,\cdots\} = N^+$，状态空间为可列集合 $S = \{s_1, s_2, \cdots\}$ 或有限集合 $S = \{s_1, s_2, \cdots, s_n\}$ 的随机过程。马尔可夫链在自然科学、工程技术、生命科学及管理科学等诸多领域中都有广泛的应用。

2. 有限状态马尔可夫链的数学描述

马尔可夫过程 $\{s_t, t \in T\}$ 所描述对象的某种属性或活动的瞬时表现取值称为状态，其取值的全体构成马尔可夫过程的状态空间 S。状态空间 S 可以是连续的，也可以是离散的。马尔可夫过程的时间参数可以是连续的，也可以是离散的。将状态和时间都是离散的马尔可夫过程称为马尔可夫链，而时间参数连续的则称为马尔可夫过程。

设 $\{s_t, t \in N^+\}$ 为一个随机序列，时间参数集 $N^+ = \{0, 1, 2, \cdots\}$，其状态空间 $S = I = \{a_1, a_2, \cdots, a_N\}$，若对所有的 $t \in N^+$，有状态转移概率

$$P\left(s_{t+1} = a_{i_{t+1}} \mid s_t = a_{i_t}, s_{t-1} = a_{i_{t-1}}, \cdots, s_1 = a_{i_1}\right) = P\left(s_{t+1} = a_{i_{t+1}} \mid s_t = a_{i_t}\right) \quad (3\text{-}32)$$

则称 $\{s_t, t \in N^+\}$ 为马尔可夫链。

上式的直观意义是：假设系统在现在时刻 t 处于状态 a_{i_t}，那么将来时刻 $t+1$ 系统所处的状态 $a_{i_{t+1}}$ 与过去的时刻 $t-1, t-2, \cdots, 1$ 的状态 $a_{i_{t-1}}, a_{i_{t-2}}, \cdots, a_{i_1}$ 无关，仅与现在时刻 t 的状态 a_{i_t} 有关。简言之就是已知系统现在的状态，那么系统的将来与过去无关。这种特性称为马尔可夫性，也叫无后效性，这种性质有着很广泛的应用。

3. 马尔可夫链状态转移概率矩阵

条件概率 $P\{s_{t+1} = j \mid s_t = i\}$ 的直观含义为系统在时刻 t 处于状态 i 的条件下，在时刻 $t+1$ 系统处于状态 j 的概率。它相当于随机游动的质点在时刻 t 处于状态 i 的条件下，下一步转移到状态 j 的概率。记此条件概率为 $p_{ij}(t)$，其严格的定义如下。

设 $\{s_t, t \in T\}$ 是马尔可夫链，记

$$p_{ij}(t) = P\{s_{t+1} = j \mid s_t = i\}, \qquad \text{其中 } i, j \in I$$

称 $p_{ij}(t)$ 为马尔可夫链 $\{s_t, t \in T\}$ 在时刻 t 时的一步转移概率，简称转移概率。

一般情况下转移概率 $p_{ij}(t)$ 不仅与状态 i, j 有关，而且与时刻 t 有关。当 $p_{ij}(t)$ 不依赖时刻 t 时，表示马尔可夫链具有平稳转移概率。若对任意的 $i, j \in I$，马尔可夫链 $\{s_t, t \in T\}$ 的转移概率 $p_{ij}(t)$ 与 t 无关，称马尔可夫链是齐次的，并记 $p_{ij}(t)$ 为 p_{ij}。下面只讨论齐次的马尔可夫链，通常将"齐次"两字省略。

设 P 表示一步转移概率 p_{ij} 所组成的矩阵，且状态空间 $I = \{1, 2, \cdots, n\}$，则

$$\boldsymbol{P} = \begin{pmatrix} p_{11} & p_{12} & \cdots & p_{1n} \\ p_{21} & p_{22} & \cdots & p_{2n} \\ \vdots & \vdots & \ddots & \vdots \\ p_{n1} & p_{n2} & \cdots & p_{nn} \end{pmatrix} \quad (3\text{-}33)$$

称为系统状态的一步状态转移概率矩阵，它具有性质

① $p_{ij} \geqslant 0, i, j \in I$

② $\sum\limits_{j \in I} p_{ij} = 1, i \in I$

性质②说明一步转移概率矩阵中任一行元素之和为 1。

4. 齐次马尔可夫链有限状态的概率预测

下面通过对顾客市场占有率的分析，来说明应用马尔可夫链的具体过程。顾客市场分析和预测不仅对企业投资具有直接的参考价值，并且对企业经营发展战略也具有重要的意义。

现在假设有甲和乙两家超市，注意某一顾客的采购次序，并假设该顾客每星期只到甲或者乙超市采购一次，不会同时光顾两个超市。每次顾客都有两种购物选择，由于它满足马尔可夫链的性质，即无后效性和平稳性，所以可以建立马尔可夫链预测模型来对此问题进行预测。

◎ **构造系统状态，确定转移概率**

依据本问题的以上假设，可以认为该系统中有两种状态：x_1 和 x_2。状态 x_1 是顾客在甲超市购物；状态 x_2 是顾客在乙超市购物。表示为：$x_1 =$ 顾客在甲超市购物；$x_2 =$ 顾客在乙超市购物。状态空间为 $I = \{x_1, x_2\}$。状态概率是在顾客购物过程中每次每个状态出现的可能性大小，用状态向量 $\pi(t) = (p_1, p_2, \cdots, p_n)$ 表示在时刻（阶段）t 每个状态出现的概率，p_j 为状态 x_j 发生的概率，$j = 1, 2, \cdots, n$。令 $\pi_j(t)$ 表示系统在阶段 t 处于状态 j 的概率，则 $\pi_1(0)$ 和 $\pi_2(0)$ 表示在初始阶段处于状态 1 和状态 2 的概率，第 0 周表示距离开始马尔可夫分析的最近的阶段。假设：顾客第 0 周在甲超市购物为初始状态。

◎ **建立转移概率矩阵**

经过数据分析发现，在甲超市购物的顾客中，有 90% 的顾客在下周仍然在甲超市中购物，其他的人则去乙超市购物，在乙超市购物的顾客有 80% 下周仍在乙超市购物，其余的 20% 去甲超市购物。于是，得到一步转移概率矩阵：

$$P_1 = \begin{pmatrix} p_{11} & p_{12} \\ p_{21} & p_{22} \end{pmatrix} = \begin{pmatrix} 0.9 & 0.1 \\ 0.2 & 0.8 \end{pmatrix}$$

通过转移概率矩阵，就可以决定某顾客在未来的某阶段内光顾超市甲或者乙的概率。

◎ **根据状态转移概率矩阵计算每个状态矩阵的概率**

用 $\omega(t) = (\pi_1(t), \pi_2(t))$ 表示系统在阶段 t 的状态概率向量。只要用转移概率矩阵乘以已知阶段 t 的状态概率，就可以得到阶段 $t+1$ 的状态概率：$\omega(t+1) = \omega(t) \cdot P$。

阶段 1 的状态概率为：

$$(\pi_1(1), \pi_2(1)) = (\pi_1(0), \pi_2(0)) \cdot \begin{pmatrix} p_{11} & p_{12} \\ p_{21} & p_{22} \end{pmatrix} = (1, 0) \begin{pmatrix} 0.9 & 0.1 \\ 0.2 & 0.8 \end{pmatrix} = (0.9, 0.1)$$

阶段 2 的状态概率为：

$$(\pi_1(2), \pi_2(2)) = (\pi_1(1), \pi_2(1)) \cdot \begin{pmatrix} p_{11} & p_{12} \\ p_{21} & p_{22} \end{pmatrix} = (0.9, 0.1) \begin{pmatrix} 0.9 & 0.1 \\ 0.2 & 0.8 \end{pmatrix} = (0.83, 0.17)$$

按此方式得到后续多个阶段的结果，可以看出，随着 t 的增大，第 t 阶段的状态概率和第 $t+1$ 阶段的状态概率的差距越来越小，这一结论，可以不用进行大量的计算，而用一种简单的方法就可以计算出稳定的概率。

◎ **在稳定的情况下，根据未来阶段的状态概率进行分析和预测**

按照马尔可夫链的系统稳定条件：$\begin{cases} \pi p = \pi \\ \sum\limits_{j=1}^{n} p_j = 1, \pi = (p_1, p_2, \cdots, p_n) \end{cases}$

在稳定的状态下，

$$\pi_1(t+1) = \pi_1(t) = \pi_1, \pi_2(t+1) = \pi_2(t) = \pi_2$$

$$(\pi_1, \pi_2) = (\pi_1, \pi_2) \cdot \begin{pmatrix} p_{11} & p_{12} \\ p_{21} & p_{22} \end{pmatrix} = (\pi_1, \pi_2) \begin{pmatrix} 0.9 & 0.1 \\ 0.2 & 0.8 \end{pmatrix}$$

可得：

$$\begin{cases} \pi_1 = 0.9\pi_1 + 0.2\pi_2 \\ \pi_2 = 0.1\pi_1 + 0.8\pi_2 \end{cases}$$

直接解出稳定状态概率：

$$\pi_1 = \frac{2}{3}, \pi_2 = \frac{1}{3}$$

稳定状态概率可以理解为两家超市的顾客市场占有率。顾客市场占有率信息对于决策的制定非常有价值，例如，假设乙超市正在筹备一场促销活动，以便将更多的甲超市的顾客吸引过来，进一步假设，乙超市相信这一促销可以是甲超市转向乙超市的概率从 0.1 增加到 0.15，根据上述的方法，可得稳定概率：$\pi_1 = \frac{4}{7}, \pi_2 = \frac{3}{7}$，可见，促销战略可以使乙超市的顾客市场占有率从 0.33 增加到 0.43，假如整个顾客市场每周有 6000 名顾客，那么乙超市的顾客人数从 2000 名增加到 2580 名。如果超市每周从每名顾客那里平均得到 20 元钱，那么这一计划的促销战略与其每周可以为乙超市增加 10 600 元的利润。如果促销费用每周都少于 10 600 元，那么乙超市就可以考虑实施这一战略。

由于马尔可夫链具有无后效性，所以在顾客市场机制起一定支配作用的条件下，进行顾客市场占有率的预测相当有效，通过这个例子，可以看出只需知道转移概率矩阵，就可以预测和描述系统的未来稳定行为。在每一个影响过渡概率的阶段都可以做决策，并且由此左右系统未来的行为。但是，转移概率矩阵的稳定性是建立在外部环境不变的条件下，一旦外部条件发生了变化，转移概率矩阵也会发生相应的转变，经营者应该对顾客市场的变化具有高度的敏感性，随时根据情况调整转移概率矩阵，才能做到预测的可信度和合理性。

3.3.2 马尔可夫预测的应用

1. 马尔可夫链在预测应用的步骤

应用马尔可夫链模型进行预测的一般步骤如图 3-9 所示。

下面通过对顾客市场占有率的分析，来说明应用马尔可夫链的具体操作过程。顾客市场分析和预测不仅对企业投资具有直接的参考价值，并且对企业经营发展战略也具有重要的意义。现在假设有甲和乙两家超市，注意某一顾客的采购次序，并假设该顾客每星期只到甲或者乙超市采购一次，不会同时光顾两个超市。每次顾客都有两种购物选择，由于它满足马尔可夫链的性质，即无后效性和平稳性，所以可以建立马尔可夫链预测模型来对此问题进行预测。

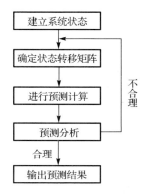

图 3-9 马尔可夫预测
模型应用步骤

2. 农业收成变化预测

考虑某地区农业收成变化的三个状态，即"丰收"、"平收"和"欠收"。记 E_1 为"丰收"状态，E_2 为"平收"状态，E_3 为"欠收"状态。表 3-12 给出了该地区 1965—2004 年期间农业收成的状态变化情况。试计算该地区农业收成变化的状态转移概率矩阵，并进行预测。

表 3-12　某地区农业收成变化的状态转移情况

年　份	1965	1966	1967	1968	1969	1970	1971	1972	1973	1974
序号	1	2	3	4	5	6	7	8	9	10
状态	E_1	E_1	E_2	E_3	E_2	E_1	E_3	E_2	E_1	E_2
年　份	1975	1976	1977	1978	1979	1980	1981	1982	1983	1984
序号	11	12	13	14	15	16	17	18	19	20
状态	E_3	E_1	E_2	E_3	E_1	E_2	E_1	E_3	E_3	E_1
年　份	1985	1986	1987	1988	1989	1990	1991	1992	1993	1994
序号	21	22	23	24	25	26	27	28	29	30
状态	E_3	E_3	E_2	E_1	E_1	E_3	E_2	E_2	E_1	E_2
年　份	1995	1996	1997	1998	1999	2000	2001	2002	2003	2004
序号	31	32	33	34	35	36	37	38	39	40
状态	E_1	E_3	E_2	E_1	E_1	E_2	E_2	E_3	E_1	E_2

从表中可以知道，在 15 个从 E_1 出发(转移出去)的状态中，有 3 个是从 E_1 转移到 E_1 的(即 1→2，24→25，34→35)，有 7 个是从 E_1 转移到 E_2 的(即 2→3，9→10，12→13，15→16，29→30，35→36，39→40)，有 5 个是从 E_1 转移到 E_3 的(即 6→7，17→18，20→21，25→26，31→32)。

$$P_{11} = P(E_1 \rightarrow E_1) = P(E_1 \mid E_1) = \frac{3}{15} = 0.2000$$

$$P_{12} = P(E_1 \rightarrow E_2) = P(E_2 \mid E_1) = \frac{7}{15} = 0.4667$$

$$P_{13} = P(E_1 \rightarrow E_3) = P(E_3 \mid E_1) = \frac{5}{15} = 0.3333$$

同样，可得到从 E_2、E_3 转移到 E_1、E_2、E_3 的概率，从而得到状态转移概率矩阵 P。

$$P = \begin{pmatrix} 0.2000 & 0.4667 & 0.3333 \\ 0.5385 & 0.1538 & 0.3077 \\ 0.3636 & 0.4545 & 0.1818 \end{pmatrix}$$

使用 MATLAB 实现预测计算如下：

```
P = [0.2000 0.4667 0.3333;0.5385 0.1538 0.3077;0.3636 0.4545 0.1818];
                            % 状态转移概率矩阵
x = [0,1,0];                % 初始状态概率向量(2004 年的农业收成状态)
for  i = 1:11               % 预测今后 11 年(2005 - 2015)的农业收成状态
    y = x * P^i;
end
```

运行结果如下：

```
y = 0.5385        0.1538        0.3077                  % 预测 2005 年的农业收成状态
y = 0.3024        0.4148        0.2827                  % 预测 2006 年的农业收成状态
y = 0.3867        0.3334        0.2798
y = 0.3586        0.3589        0.2823                  %    ……
y = 0.3677        0.3509        0.2813
y = 0.3648        0.3534        0.2817
y = 0.3657        0.3526        0.2815
y = 0.3654        0.3529        0.2816
y = 0.3655        0.3528        0.2815
y = 0.3654        0.3528        0.2815
y = 0.3654        0.3528        0.2815                  % 预测 2015 年的农业收成状态
```

3. 市场占有率预测

某厂对某产品的市场占有率和销售情况进行了调查:一月份共销售了 50 万件,其中普通、一级、特级品分别为 35、10、5 万件。二月份中,一月份买普通品的顾客 25% 的顾客转买一级品,8% 的顾客转买特级品;一月份买一级品的顾客 10% 转买特级品,3% 转买普通品;一月份买特级品的顾客 2% 买普通品,15% 转买一级品。请预测以后月份各个等级产品的市场占有率。

由资料可知:

$$\pi_0 = \left[\frac{35}{50}, \frac{10}{50}, \frac{5}{50}\right] = [0.7, 0.2, 0.1]$$

$$P = \begin{bmatrix} 0.67 & 0.25 & 0.08 \\ 0.03 & 0.87 & 0.10 \\ 0.02 & 0.15 & 0.83 \end{bmatrix}$$

使用 MATLAB 实现预测计算如下:

```
P = [0.67 0.25 0.08;0.03 0.87 0.1;0.02 0.15 0.83];      % 状态转移矩阵
x = [0.7 0.2 0.1];                                      % 初始状态概率向量(一月份各等级产品的市场占有率)
for  i = 1:11                                            % 预测今年剩余 11 个月各产品等级的市场占有率
    y = x * P^i
end
```

运行结果如下:

```
y = 0.4770        0.3640        0.1590
y = 0.3337        0.4598        0.2065
y = 0.2415        0.5144        0.2441
y = 0.1821        0.5445        0.2734
y = 0.1438        0.5603        0.2959
y = 0.1191        0.5678        0.3131
y = 0.1031        0.5707        0.3262
y = 0.0927        0.5712        0.3361
y = 0.0860        0.5705        0.3435
y = 0.0816        0.5694        0.3490
y = 0.0787        0.5681        0.3532
```

结论：顾客对普通品的需求有减少的趋势，对一级品和特级品的需求有增加的趋势，因此，可以调整相应等级产品的产量。

经过很长时间后，产品将进入成熟期，市场占有率趋于稳定，即市场占有率的变动趋于动态平衡状态，那么稳定状态下的概率矩阵是多少呢？

$$\begin{cases} (x_1, x_2, x_3) \begin{bmatrix} 0.67 & 0.25 & 0.08 \\ 0.03 & 0.87 & 0.10 \\ 0.02 & 0.15 & 0.83 \end{bmatrix} = (x_1, x_2, x_3) \\ (x_1 + x_2 + x_3) = 1 \end{cases}$$

用 MATLAB 实现：

```
% function markvo
P = [0.67 0.25 0.08;0.03 0.87 0.10;0.02 0.15 0.83];
P = P' - eye(3);                        % 由 x * P = x,得(P' - I)x' = 0
x = null(P);                            % 求 P 的齐次解
x = x /(sum(x(:)));                     % 对 x 单位化
x
```

结果如下：

```
x =
    0.0732
    0.5619
    0.3649
```

3.3.3　案例分析

以江西省域生态环境质量动态评价与预测进行案例分析。

江西省地处中亚热带，地貌兼山地、丘陵、岗地、阶地、平原和湖泊水系等，全省土地总面积为 16.69 万平方千米。该省生态系统较齐全，生物资源较丰富，全省分布 5000 余种高等植物，有脊椎动物 845 种，昆虫 4500 余种，林地面积 8.898 万平方千米，森林覆盖率 53.7%。江西省总体自然环境状况较好，但仍存在如下生态环境问题：一是生态环境退化，自然灾害加剧；二是生态环境恶化；三是工业"三废"对环境污染较大；四是生活污水对环境污染较大。

1.建立物元模型动态评价生态环境综合等级

◎ **生态环境质量指标**

将所评价的省域生态环境质量记作 M，M 的特征记作 C，M 关于 C 的量值记作 V，则称有序三元组 $R = (M, C, V)$ 为生态环境质量物元。若 M 有多个特征，并以 n 个特征 c_1，c_2，…，c_n 和相应的量值 R 称为 n 维生态环境质量物元：

$$R = \begin{bmatrix} M & c_1 & \cdots & v_1 \\ & c_2 & \cdots & v_2 \\ \cdots & \cdots & \cdots & \cdots \\ & c_n & \cdots & v_n \end{bmatrix} = \begin{bmatrix} M(x) & c_1 & < a_1(x) & b_1(x) > \\ & c_2 & < a_2(x) & b_2(x) > \\ \cdots & \cdots & \cdots & \cdots \\ & c_n & < a_n(x) & b_n(x) > \end{bmatrix} \tag{3-34}$$

式中，关于特征 c_i 量值的范围为 $v_i = < a_i(x), b_i(x) >$，x 为 c_i 特征指标。为简便地描述生态环境质量物元，这里依据生态环境概念和内涵，根据系统分解协调原理，从水、土、大气、生物、资源与能源等 5 方面对生态环境质量特征 c_i 进行刻画与细化，同时考虑到生态环境众特征对整个系统的正负功效的差异，借鉴中国科学院可持续发展研究组的研究成果，将生态环境综合质量划分为状态、压力和保护 3 个子集。为简单起见，分别选取：第一生态环境状态，由资源条件（包括人均水资源拥有量 Y_1、人均耕地面积 Y_2、单位面积粮食产量 Y_3）和生态条件（包括人均公共绿地面积 Y_4、建成区绿化覆盖率 Y_5）构成；第二生态环境压力，由排放强度来表示（包括单位面积工业废水排放量 Y_6、单位面积工业废气排放量 Y_7、单位面积工业固体废物产生量 Y_8）；第三生态环境保护，由环境治理（包括工业废水排放达标率 Y_9、工业固体废物综合利用率 Y_{10}）、环保投入（含万元工业产值能耗量 Y_{11}、万元工业废水排放量 Y_{12}、万元工业废气排放量 Y_{13}、万元工业固体废物产生量 Y_{14}）构成。通过合成，生态环境质量物元就可以由 14 个特征指标集来衡量。

◎ **确定生态环境质量经典域与节域**

由生态环境质量的特征及其标准量值范围组成的物元矩阵称为生态环境质量经典域，记为 R_0。由经典物元加上可以转化为经典物元的生态环境质量特征和此特征相应拓广了的量值范围组成的物元矩阵，称为生态环境质量节域 R_c。运用可拓集合概念，将生态环境质量物元{良好→较好→一般→差}中的渐变分类关系由定性描述扩展为定量描述，从而辨识该经典域的层次关系。首先，将问题概述为：设特征状态 $N = \{$良好→较好→一般→差$\}$，$N_{01} = \{$良好$\}$，$N_{02} = \{$较好$\}$，$N_{03} = \{$一般$\}$，$N_{04} = \{$差$\}$，则 N_{01}、N_{02}、N_{03}、$N_{04} \in R_P$，对任何 $R_i < R_c$，判断 R_i 属于 N_{01} 或 N_{02}、N_{03}、N_{04}，并计算隶属程度。对生态环境质量等级标准的确定，应根据国家、行业及国际相关标准、省域生态环境背景值、类比标准及生态效应程度等；社会经济方面的等级标准参照全国平均水平、全省平均水平、发达地区水平、国际通行标准等。据此建立生态环境质量评价的经典域物元的评价标准（见表 3-13）。

表 3-13　生态环境质量经典物元分级标准

项目 Item	Y_1	Y_2	Y_3	Y_4	Y_5	Y_6	Y_7	Y_8	Y_9	Y_{10}	Y_{11}	Y_{12}	Y_{13}	Y_{14}
良好 N_{01}	10 000	1.20	10 000	10	60	1000	10	20	90	90	0.5	10	1	1
较好 N_{02}	5000	0.08	8000	6	45	2500	100	100	80	80	1.0	30	2	2
一般 N_{03}	3500	0.05	4500	4	30	5000	500	500	60	60	3.0	50	3	5
差 N_{04}	1000	0.03	3000	2	15	15 000	1000	1000	50	50	8.0	100	5	20

◎ **计算矩与关联函数**

若矩 $\rho(x_j, X_{ij})$ 和 $\rho(x_j, X_{pj})$ 分别指实数轴上点 x_j 与区间 $X_{ij} = [a_{ij}, b_{ij}]$ 和 $X_{pj} = [a_{pj}, b_{pj}]$ 之间的距离，则其计算公式可表达为：

$$\begin{cases} \rho(x_j, X_{ij}) = \left| x_j - \dfrac{1}{2}(a_{ij} + b_{ij}) \right| - \dfrac{1}{2}(b_{ij} - a_{ij}) \\ \rho(x_j, X_{pj}) = \left| x_j - \dfrac{1}{2}(a_{pj} + b_{pj}) \right| - \dfrac{1}{2}(b_{pj} - a_{pj}) \end{cases} \tag{3-35}$$

式中，$\rho(x_j, X_{ij})$ 和 $\rho(x_j, X_{pj})$ 分别为距离；a_{ij} 和 b_{ij} 为区间 X_{ij} 的上下限数值；a_{pj} 和 b_{pj} 为区间 X_{pj} 的上下限数值。

关联函数 $k(x)$ 表示被评价单元与某标准的隶属程度的函数，关联函数的数值代表关联度。关联函数的选取应当根据生态环境的特征，由可拓集合的方法确定，关联度可用关联函数 $k_i(x_j)$ 表示：

$$k_1(x_j) = \begin{cases} \dfrac{-\rho(x_j, X_{ij})}{|X_{ij}|} & (x_j \in X_{ij}) \\ \dfrac{\rho(x_j, X_{ij})}{\rho(x_j, X_{pi}) - \rho(x_j, X_{ij})} & (x_j \notin X_{ij}) \end{cases} \tag{3-36}$$

◎ **计算权系数**

在生态环境质量物元评价中，考虑到各特征指标对整体物元的贡献程度不同，应根据其作用大小分别赋予不同的权值。权值的计算方法可根据实际情况选取，不同的评价目的及评价因子按不同的公式进行计算。为计算简便，这里采用门限法进行计算。如果对于评价等级 $N_j(j = 1, 2, \cdots, m)$ 的门限值为 $X_{ij}(i = 1, 2, \cdots, n)$，则权系数 w_{ij} 可采用下式计算：

$$w_{ij} = x_{ij} \Big/ \sum_{i=1}^{n} x_{ij} \quad (i = 1, 2, \cdots, n; j = 1, 2, \cdots, m) \tag{3-37}$$

由于各评价指标的量化值所在的区间不完全相同，有的评价指标是以数值越小级别越高，而有的则相反，故对各评价指标和评价标准分别按照下式进行归一化处理：

$$\begin{cases} d_i = x_i / \max(x_i) & \text{对于越大越优型} \\ d_i = \min(x_i) / x_i & \text{对于越小越优型} \end{cases} \tag{3-38}$$

式中，d_i、x_i、$\max(x_i)$、$\min(x_i)$ 分别为归一化后的标准值、未归一化的标准值、各分级的最大门限值和最小门限值。根据上式得到江西省生态环境质量特征指标的各个权系数矩阵（见表3-14）。

表3-14　生态环境质量物元特征指标的权重

项目 Item	Y_1	Y_2	Y_3	Y_4	Y_5	Y_6	Y_7	Y_8	Y_9	Y_{10}	Y_{11}	Y_{12}	Y_{13}	Y_{14}
良好 N_{01}	0.0714	0.0714	0.0714	0.0714	0.0714	0.0714	0.0714	0.0714	0.0714	0.0714	0.0714	0.0714	0.0714	0.0714
较好 N_{02}	0.0711	0.0095	0.1138	0.0854	0.1067	0.0569	0.0142	0.0285	0.1265	0.1265	0.0711	0.0474	0.0711	0.0711
一般 N_{03}	0.0826	0.0098	0.1063	0.0945	0.1181	0.0472	0.0047	0.0094	0.1574	0.1574	0.0394	0.0472	0.0787	0.0472
差 N_{04}	0.0401	0.0100	0.1202	0.0802	0.1002	0.0267	0.0040	0.0080	0.2226	0.2226	0.0250	0.0401	0.0802	0.0200

◎ **计算综合关联度及质量评价等级评定**

综合关联度 $K_j(p)$ 是关联度与权系数的乘积，即：

$$K_j(p) = \sum_{i=1}^{n} w_i k_i(x_j) \tag{3-39}$$

式中，$K_j(p)$ 为待评价单元 p 关于 j 等级的综合关联度。综合关联度以等级来充分考虑隶属关系以及某因子对整个生态环境质量物元评价时的影响程度，因此其评价更客观、准确。若 $k_j = \max[k_j(p)]$，则待评价单元 p 属于等级 j，即可确定被评价对象的生态环境质量物元的最终等级。

收集 2000—2005 年间江西省 11 个地区的上述 14 个特征指标数据，利用建立的生态环境质量物元评价模型，分别计算近 6 年来各地区的生态环境质量物元的综合关联度得分并进行等级划分（见表 3-15）。由表 3-15 可知，各地区生态环境综合质量演化状况存在持续好转、保持不变和呈波动态势 3 种情况：生态环境趋向更好的地区有南昌、景德镇和抚州，这 3 个地区临近鄱阳湖，其生态环境本底条件较好，再加上环境投入力度较大，其生态环境质量由"较好"变为"良好"；基本保持不变的地区有萍乡、九江、赣州、宜春和上饶，尽管这些地区生态环境本底条件不够理想，但在经济发展中注意了环境保护与技术进步，故生态环境状况无太大改变；生态环境综合质量呈现波动的地区有新余和吉安，新余由于钢铁工业的迅速发展，其生态环境质量呈现出由"一般"→"较好"→"一般"的变化态势，而吉安由于资源型产业和医药工业快速发展，其生态环境质量在"较好"和"良好"之间波动；生态环境综合质量持续改善的是鹰潭市，该市在推行生态建市的战略作用下，其生态环境综合质量得分持续上升，等级也不断跃进。

表 3-15　2000—2005 年江西省生态环境质量动态变化

地区	2000		2001		2002		2003		2004		2005	
	关联度 $K_j(p)$	等级 Grade	关联度 $K_j(p)$	等级 Grade	关联度 $K_j(p)$	等级 Grade	关联度 $K_j(p)$	等级 Grade	关联度 $K_j(p)$	等级 Grade	关联度 $K_j(p)$	等级 Grade
南昌市	-0.0017	较好 N_{02}	-0.1186	较好 N_{02}	-0.0911	较好 N_{02}	-0.1983	良好 N_{01}	-0.1878	良好 N_{01}	$-.1904$	良好 N_{01}
景德镇市	-0.0299	较好 N_{02}	-0.1238	良好 N_{01}	-0.0468	较好 N_{02}	-0.3833	良好 N_{01}	-0.3924	良好 N_{01}	$-.3833$	良好 N_{01}
萍乡市	-0.1005	较好 N_{02}	-0.1535	较好 N_{02}	-0.0192	较好 N_{02}	-0.1014	良好 N_{01}	-0.0842	良好 N_{01}	$-.3331$	良好 N_{01}
九江市	-0.0614	较好 N_{02}	-0.0435	较好 N_{02}	-0.0410	较好 N_{02}	-0.0530	良好 N_{01}	-0.1727	良好 N_{01}	$-.2780$	较好 N_{02}
新余	-0.2477	一般 N_{03}	-0.1352	较好 N_{02}	-0.1262	一般 N_{03}	-0.1663	较好 N_{02}	-0.3660	较好 N_{02}	$-.3142$	一般 N_{03}
鹰潭市	-0.2452	差 N_{04}	-0.2396	差 N_{04}	-0.2386	差 N_{02}	-0.1819	一般 N_{03}	-0.1257	一般 N_{03}	$-.3110$	较好 N_{02}
赣州市	-0.1015	良好 N_{01}	-0.1664	良好 N_{01}	-0.1651	较好 N_{02}	-0.1656	较好 N_{02}	-0.0767	较好 N_{02}	-0.0943	较好 N_{02}
吉安市	-0.1538	良好 N_{01}	-0.0985	较好 N_{02}	-0.2288	良好 N_{01}	-0.0895	较好 N_{02}	-0.0866	较好 N_{02}	-0.0819	较好 N_{02}
宜春市	-0.0669	较好 N_{02}	-0.0723	较好 N_{02}	-0.0203	较好 N_{02}	-0.2077	较好 N_{02}	-0.2156	较好 N_{02}	-0.2148	较好 N_{02}
抚州市	-0.0406	较好 N_{02}	-0.1524	良好 N_{01}	-0.1450	良好 N_{01}	-0.1855	良好 N_{01}	-0.1522	良好 N_{01}	-0.1314	良好 N_{01}
上饶市	-0.2056	较好 N_{02}	-0.2759	较好 N_{02}	-0.1714	较好 N_{02}	-0.2527	较好 N_{02}	-0.3390	较好 N_{02}	-0.3837	良好 N_{01}

2. 建立马尔可夫链预测生态环境质量演化趋势

◎ 状态划分

在马尔可夫预测中，"状态"是指某一事件在某个时刻（或时期）出现的某种结果。一般而言，随着研究事件及其预测目标的不同，状态有不同的划分方式。本案例直接利用可拓物元法对生态环境质量分级的结果，将生态环境质量状态划分为"良好"、"较好"、"一般"和"差" 4 种类型，记为 $N = [N_{01}, N_{02}, N_{03}, N_{04}]$，并对江西省各个地区的生态环境质量状态的数据进行统计（见表 3-16）。从表 3-16 可以看出，2000—2005 年间江西省生态环境质量整体上转好，具体体现在"良好"地区的土地面积比重总体上有所增加，由 2000 年的 39%

增长到 2005 年的 58%；"较好"和"一般"地区的土地面积比重总体呈下降态势；而"差"地区的土地面积比重则呈稳定态势。

◎ **建立状态转移概率矩阵**

在马尔可夫链中，设生态环境质量物元由状态 N_i 经过一个时期以后，转移到状态 N_j 的概率为 $P_{ij}(0 \leqslant P_{ij} \leqslant 1, \sum_{j=1}^{n} P_{ij} = 1)$，则其全部一步转移概率的集合可组成一个矩阵，该矩阵称为一步转移概率矩阵 P。

表 3-16 2000—2005 年江西省各地区生态环境质量类型面积统计

项目	2000		2001		2002		2003		2004		2005	
	面积 (hm²)	比重 (%)	面积 (hm²)	比重 (%)	面积 (hm²)	比重 (%)	面积 (hm²)	比重 (%)	面积 (hm²)	比重 (%)	面积 (hm²)	比重 (%)
良好 N_{01}	64 650.71	0.39	58 196.56	0.35	44 087.99	0.26	52 029.90	0.31	70 846.82	0.42	97 464.79	0.58
较好 N_{02}	95 577.92	0.57	105 195.74	0.63	119 304.37	0.71	111 362.40	0.67	92 545.48	0.42	66 318.09	0.40
一般 N_{03}	3163.67	0.02	0.00	0.00	0.00	0.00	0.00	0.00	0.00	0.00	0.00	0.00
差 N_{04}	3554.25	0.02	3554.25	0.02	3554.25	0.02	3554.25	0.02	3554.25	0.02	3613.67	0.02

根据生态环境质量状态变化情况，分别得到 2000—2001 年、2001—2002 年、2002—2003 年、2003—2004 年、2004—2005 年的状态转移数，进而求得 5 个年段的状态转移概率矩阵。经过观察，这 5 个年段的状态转移概率矩阵近似相等，因此，可将江西省各个地区生态环境质量状态变化看成一个平稳的马尔可夫过程。同时，为减少随机误差，增加一步转移矩阵计算的可信度和准确性，将这 5 个年段的状态转移概率矩阵求平均，得到状态转移概率矩阵：

$$P = \begin{pmatrix} 0.6 & 0.4 & 0 & 0 \\ 0.224 & 0.743 & 0.033 & 0 \\ 0 & 0.4 & 0.6 & 0 \\ 0 & 0 & 0.2 & 0.8 \end{pmatrix} \tag{3-40}$$

◎ **进行马尔可夫预测**

利用初始状态概率矩阵和初始稳定时期的各种生态环境质量类型所占面积比重 $\lambda_0 = (\lambda_{0_1}, \lambda_{0_2}, \lambda_{0_3}, \lambda_{0_4}) = (0.387, 0.568, 0.003, 0.021)$（2000—2005 年 6 年平均的各种生态环境质量类型所占面积比重），可预测第 k 年各种生态环境质量类型所占面积比重的状态为 $\lambda_k = (\lambda_{k_1}, \lambda_{k_2}, \lambda_{k_3}, \lambda_{k_4}) = \lambda_0 P^k$。

在 MATLAB 软件支持下，模拟 5 年和 10 年后江西省各种生态环境质量类型所占面积比重分别是 $\lambda_5 = (0.3322, 0.59, 0.05, 0.0069)$ 和 $\lambda_{10} = (0.332, 0.5941, 0.0507, 0.0023)$。可见，按目前变化，江西省 5 年后各种生态质量类型所占面积比重的状态为 0.3322 : 0.59 : 0.05 : 0.0069，而 10 年后为 0.332 : 0.5941 : 0.0507 : 0.0023。可以推测，江西省经过 5 ~ 10 年的发展，其大多数地区的生态环境质量将从"良好"、"差"两个等级向"较好"、"一般"转移，特别是生态环境质量"较好"的地区所占面积的增长比重较大。

可见，按现有的治理模式，江西省生态环境综合质量整体上还是向"较好"方向演进。

3. 结论与讨论

马尔可夫预测表明，江西省经过 5 ~ 10 年的发展，其大多数地区的生态环境质量将从"良好"、"差"两个等级向"较好"和"一般"两个等级转移，特别是生态环境质量"较好"的地区所占面积比重的增长较快。可见，江西省生态环境质量在整体上还是向"较好"方向演进。

马尔可夫预测方法可一定程度上对省域生态环境质量进行动态评价和趋势预测。但由于模型本身的限制，还存在以下两方面问题，需要进一步研究改进：一是对生态环境域的确定缺乏统一标准，这影响到该方法的普遍推广应用；二是利用马尔可夫链预测省域生态环境质量演变趋势时，其转移概率计算是马尔可夫过程的"无后效性"和"平稳性"的假设，这是模型应用的基础。由于生态环境系统本身的复杂性和动态性，实际的省域生态环境质量的演变会受到多因素的作用，"无后效性"和"平稳性"的假设只是相对而言的，具体应用还有待识别。

3.4 灰色预测模型

灰色系统(Grey System)理论是我国著名学者邓聚龙教授20世纪80年代初创立的一种兼备软硬科学特性的新理论。该理论将信息完全明确的系统定义为白色系统，将信息完全不明确的系统定义为黑色系统，将信息部分明确、部分不明确的系统定义为灰色系统。由于客观世界中，诸如工程技术、社会、经济、农业、环境、军事等许多领域，大量存在着信息不完全的情况。要么系统因素或参数不完全明确，因素关系不完全清楚；要么系统结构不完全知道，系统的作用原理不完全明了等，从而使得客观实际问题需要用灰色系统理论来解决。

灰色系统的定义：灰色系统是黑箱概念的一种推广。我们把既含有已知信息又含有未知信息的系统称为灰色系统。作为两个极端，我们将称信息完全未确定的系统为黑色系统；称信息完全确定的系统为白色系统。区别白色系统与黑色系统的重要标志是系统各因素之间是否具有确定的关系。

灰色系统的特点：①用灰色数学理论处理不确定量，使之量化；②充分利用已知信息寻求系统的运动规律；③灰色系统理论能处理贫信息系统。

常用的灰色预测有四种类型：①数列预测，即用观察到的反映预测对象特征的时间序列来构造灰色预测模型，预测未来某时刻的特征量，或达到某一特征量的时间。②灾变与异常值预测，即通过灰色模型预测异常值出现的时刻，预测异常值什么时候出现在特定时区内。③拓扑预测，将原始数据作成曲线，在曲线上按定值寻找该定值发生的所有时点，并以该定值为框架构成时点数列，然后建立模型预测该定值所发生的时点。④系统预测，对系统行为特征指标建立一组相互关联的灰色预测模型，预测系统中众多变量间的相互协调关系的变化。

3.4.1 传统灰色预测模型

灰色预测模型是通过少量的、不完全的信息，建立数学模型并做出预测的一种预测方法。灰色系统理论是研究解决灰色系统分析、建模、预测、决策和控制的理论。灰色预测是对灰色系统所做的预测。目前常用的一些预测方法（如回归分析等），需要较大的样本。若样本较小，常造成较大误差，使预测目标失效。灰色预测模型所需建模信息少，运算方便，建模精度高，在各种预测领域都有着广泛的应用，是处理小样本预测问题的有效工具。

灰色预测是应用灰色模型 GM(1,1) 对灰色系统进行分析、建模、求解、预测的过程。由于灰色建模理论应用数据生成手段，弱化了系统的随机性，使紊乱的原始序列呈现某种规律，规律不明显的变得较为明显，建模后还能进行残差辨识，即使较少的历史数据，任意随机分布，也能得到较高的预测精度。因此，灰色预测在社会经济、管理决策、农业规划、气象生态等各个部门和行业都得到了广泛的应用。

1. GM(1,1) 模型建立

◎ 数据的处理

设有原始非负样本序列：

$$x^{(0)} = \{x^{(0)}(1), \quad x^{(0)}(2), \cdots, x^{(0)}(N)\}$$

为揭示系统的客观规律，灰色系统理论采用了独特的数据预处理方式，对序列 $\{x^0(n)\}$ 进行一次累加生成。

$$x^{(1)}(i) = \sum_{j=1}^{i} x^{(0)}(j), i = 1, 2\cdots, N \tag{3-41}$$

由此得生成数列：$x^{(1)} = \{x^{(1)}(i) \mid i = 1,2,\cdots,N\}$

显然有 $x^{(1)}(1) = x^{(0)}(1)$，一次累减生成 $\Delta x^{(1)}(i) = x^{(1)}(i) - x^{(1)}(i-1) = x^{(0)}(i)$，$i = 1,2,\cdots,N, x^{(1)}(0) = 0$。

◎ 建模原理

给定观测数据列：$x^{(0)} = \{x^{(0)}(1), x^{(0)}(2), \cdots, x^{(0)}(N)\}$，

经一次累加得数列：$x^{(1)} = \{x^{(1)}(i) = \sum_{j=1}^{i} x^{(0)}(j) \mid i = 1,2,\cdots,N\}$，

设 $x^{(1)}$ 满足一阶常微分方程：

$$\frac{\mathrm{d}x^{(1)}}{\mathrm{d}t} + ax^{(1)} = u \tag{3-42}$$

其中 a 是常数，称为发展灰数；称 u 为内生控制灰数，是对系统的常定输入。此方程满足初始条件，当 $t = t_0$ 时，$x^{(1)} = x^{(1)}(t_0)$，得

$$x^{(1)}(t) = \left[x^{(1)}(t_0) - \frac{u}{a}\right]\mathrm{e}^{-a(t-t_0)} + \frac{u}{a} \tag{3-43}$$

对等间隔取样的离散值（注意到 $t_0 = 1$）则为：

$$x^{(1)}(k+1) = \left[x^{(1)}(1) - \frac{u}{a}\right]\mathrm{e}^{-ak} + \frac{u}{a} \tag{3-44}$$

灰色建模的途径是一次累加序列 $x^{(1)}$ 通过最小二乘法来估计常数 a 与 u。

因 $x^{(1)}(1)$ 留作初值用,故将 $x^{(1)}(2),x^{(1)}(3),\cdots,x^{(1)}(N)$ 代入方程。用差分代替微分,又因等间隔取样,$\Delta t = (t+1) - t = 1$,故得 $\dfrac{\Delta x^{(1)}(2)}{\Delta t} = \Delta x^{(1)}(2) = x^{(1)}(2) - x^{(1)}(1)$ $= x^{(0)}(2)$,类似地有 $\dfrac{\Delta x^{(1)}(3)}{\Delta t} = \Delta x^{(1)}(3) = x^{(1)}(3) - x^{(1)}(2) = x^{(0)}(3),\cdots,\dfrac{\Delta x^{(1)}(N)}{\Delta t} = x^{(0)}(N)$。于是有

$$
\begin{aligned}
x^{(0)}(2) + ax^{(1)}(2) &= u \\
x^{(0)}(3) + ax^{(1)}(3) &= u \\
&\cdots\cdots \\
x^{(0)}(N) + ax^{(1)}(N) &= u
\end{aligned}
\qquad\Rightarrow\qquad
\begin{aligned}
x^{(0)}(2) &= -ax^{(1)}(2) + u \\
x^{(0)}(3) &= -ax^{(1)}(3) + u \\
&\cdots\cdots \\
x^{(0)}(N) &= -ax^{(1)}(N) + u
\end{aligned}
$$

由于 $\Delta x^{(1)}$ 涉及数据累加列 $x^{(1)}$ 的两个时刻,因此,$x^{(1)}(i)$ 取前后两个时刻的平均代替更为合理,即将 $x^{(1)}(i)$ 替换为

$$
\frac{1}{2}\left[x^{(1)}(i) + x^{(1)}(i-1)\right],\quad (i = 2,3,\cdots,N)
$$

得到矩阵表达式

$$
\begin{bmatrix}
-(x^{(1)}(2) + x^{(1)}(1))/2 & 1 \\
-(x^{(1)}(3) + x^{(1)}(2))/2 & 1 \\
\vdots & \vdots \\
-(x^{(1)}(N) + x^{(1)}(N-1))/2 & 1
\end{bmatrix}
\begin{bmatrix} a \\ u \end{bmatrix}
=
\begin{bmatrix}
x^{(0)}(2) \\
x^{(0)}(3) \\
\vdots \\
x^{(0)}(N)
\end{bmatrix}
$$

令

$$
\boldsymbol{B} =
\begin{bmatrix}
-(x^{(1)}(2) + x^{(1)}(1))/2 & 1 \\
-(x^{(1)}(3) + x^{(1)}(2))/2 & 1 \\
\vdots & \vdots \\
-(x^{(1)}(N) + x^{(1)}(N-1))/2 & 1
\end{bmatrix},\
\boldsymbol{U} = \begin{bmatrix} a \\ u \end{bmatrix},\
\boldsymbol{y} =
\begin{bmatrix}
x^{(0)}(2) \\
x^{(0)}(3) \\
\vdots \\
x^{(0)}(N)
\end{bmatrix}
$$

则

$$
BU = y \tag{3-45}
$$

U 的最小二乘估计为

$$
\hat{U} = \begin{bmatrix} \hat{a} \\ \hat{u} \end{bmatrix} = (B^{\mathrm{T}}B)^{-1}B^{\mathrm{T}}y \tag{3-46}
$$

代入上面离散差分方程的解,得到时间响应方程:

$$
\hat{x}^{(1)}(k+1) = \left[x^{(1)}(1) - \frac{\hat{u}}{\hat{a}}\right]\mathrm{e}^{-\hat{a}k} + \frac{\hat{u}}{\hat{a}} \tag{3-47}
$$

当 $k = 1,2,\cdots,(N-1)$ 时,得到的 $\hat{x}^{(1)}(k+1)$ 是相对于一次累加序列 $x^{(1)}$ 的拟合值;当 $k \geqslant N$ 时,得到的 $\hat{x}^{(1)}(k+1)$ 是预测值。用减运算还原,当 $k = 1,2,\cdots,(N-1)$ 时,可得到原始序列 $x^{(0)}$ 的拟合值 $\hat{x}^{(0)}(k+1)$;当 $k \geqslant N$ 时,得到原始序列 $x^{(0)}$ 的预测值。也可由下式直接计算 $x^{(0)}$ 的拟合值 $\hat{x}^{(0)}(k+1)$:

$$\hat{x}^{(0)}(k+1) = \left[x^{(0)}(1) - \frac{\hat{u}}{\hat{a}} \right] e^{-\hat{a}k} (1 - e^{\hat{a}}) \qquad (3\text{-}48)$$

由于模型是基于一阶常微分方程(3-42)建立的，故称为一阶一元灰色模型，记为 GM(1,1)。需要指出的是，建模时先要作一次累加，因此要求原始数据均为非负数。否则，累加时会正负抵消，达不到使数据序列随时间递增的目的。如果实际问题的原始数据列出现负数，可对原始数据列进行"数据整体提升"处理。

2. 有关建模的数据问题

① 原始序列中的数据不一定要全部用来建模，对原始数据的取舍不同，可得模型不同，即 a 和 b 不同；

② 建模的数据取舍应保证建模序列等时距、相连，不得有跳跃出现；

③ 一般建模数据序列应当由最新的数据及其相邻数据构成，当再出现新数据时，可采用两种方法处理：一是将新信息加入原始序列中，重估参数；二是去掉原始序列中最老的一个数据，再加上最新的数据，所形成的序列和原序列维数相等，再重估参数；

④ 数据的检验。为保证 GM(1,1)建模的可行，需要对已知数据进行必要的检验和处理。

对于原始数据列：$x^{(0)} = \{ x^{(0)}(1), x^{(0)}(2), \cdots, x^{(0)}(N) \}$，称

$$\sigma(k) = \frac{x^{(0)}(k)}{x^{(0)}(k+1)}, \quad k = 1, 2, \cdots, n-1 \qquad (3\text{-}49)$$

为 $x^{(0)}(k)$ 的级比。当 $\sigma(k) \in \left(e^{-\frac{2}{n+1}}, e^{\frac{2}{n+1}} \right), k = 1, 2, \cdots, n-1$ 时，序列 $x^{(0)}(k)$ 可做 GM(1,1) 建模。

3. 模型精度检验

为确保所建立的 GM(1,1)模型有较高的预测精度，还需要进行以下检验。

◎ **残差检验**

残差检验分别计算残差和相对残差。

残差：$q(k) = x^{(0)}(k) - \hat{x}^{(0)}(k), k = 2, 3, \cdots, N$；

相对残差：$e(k) = [x^{(0)}(k) - \hat{x}^{(0)}(k)] / x^{(0)}(k), k = 2, 3, \cdots, N$。

◎ **后残差检验**

后残差检验分别计算以下内容。

$x^{(0)}$ 的均值：$\bar{x} = \frac{1}{N} \sum_{k=1}^{N} x^{(0)}(k)$；

$x^{(0)}$ 的方差：$s_1 = \sqrt{\frac{1}{N} \sum_{k=1}^{N} [x^{(0)}(k) - \bar{x}]^2}$；

残差的均值：$\bar{q} = \frac{1}{N-1} \sum_{k=2}^{N} q(k)$；

残差的方差：$s_2 = \sqrt{\dfrac{1}{N-1}\sum\limits_{k=2}^{N}\big[q(k)-\bar{q}\big]^2}$ ；

后验差比值：$C = s_2/s_1$，小误差概率：$P = P\{\,|\,q(k)-\bar{q}\,| < 0.6745s_1\}$。

◎ **预测精度等级**

预测精度等级见如下等级对照表(见表 3-17)。

表 3-17　等级对照表

预测精度等级	P	C	预测精度等级	P	C
好	>0.95	<0.35	勉强	>0.70	<0.50
合格	>0.80	<0.45	不合格	≤0.70	≥0.65

若相对残差、关联度、后验差检验在允许的范围内，则可以用所建的模型进行预测，否则应进行残差模型修正。

3.4.2　MATLAB 灰色预测模型分析程序

建立灰色预测模型的一般步骤为：

(1)级比检验，进行建模可行性分析；

(2)数据变换处理；

(3)做 GM(1,1)建模；

(4)模型检验。

实现上述灰色预测模型分析的 MATLAB 程序(GreenForecast. m 文件)。

```
clear
x0 = input('请输入序列矩阵');        % 输入数据,形式为矩阵:[48.7 57.2 68.8 92.2]
n = length(x0);
for i = 1:n - 1                      % (1)开始进行建模可行性分析
    Sigma(i) = x0(i)/x0(i + 1);      % 计算数列的级比
end
max_Sigma = max(Sigma);
min_Sigma = min(Sigma);
if max_Sigma > exp(2/(n + 1))        % 判断可否进行灰色预测
  disp(['序列无法进行灰色预测_Sigma 太大']);
  return
elseif min_Sigma < exp( - 2/(n + 1))
  disp(['序列无法进行灰色预测_Sigma 太小']);
  return
else
  disp(['序列可以进行灰色预测']);
end

clear Sigma max_Sigma min_Sigma      % 检验结束

x1 = cumsum(x0);                     % (2)累加生成算子向量 x⁽¹⁾
B = ones(n - 1,2);                   % B(i,2) = 1;
for  i = 1:(n - 1)
```

```
    B(i,1) = -(x1(i) + x1(i+1))/2;              % 均值生成算子
  end
  BT = B';                                       % 均值生成算子矩阵 B 的转置 BT
  for  j = 1:n-1
    y(j) = x0(j+1);
  end
  yt = y';                                       % (3)建模，最小二乘估计计算参数 a、u
  U = inv(BT*B)*BT*yt;
  a = U(1);                                      % U 参数 a
  u = U(2);                                      % 系统给定参数 u
  c1 = u/a;
  n_test = input('请输入需要预测个数：');
  i = 1:n_test+n;
  x1s(i+1) = (x0(1)-c1).*exp(-a.*i)+c1;         % 计算时间响应序列，得出估计累加向量 x1s
  a1 = (x0(1)-c1).*(1-exp(-a));
  x0p(i+1) = a1.*exp(-a.*i);                     % 计算时间响应序列，得出 x0 向量 x0s
  x1s(1) = x0(1);
  x0p(1) = x0(1);
  x0s(1) = x0(1);
  for j = n+n_test:-1:2
    x0s(j) = x1s(j)-x1s(j-1);     % 计算 x1s 的逆累加向量 x0s，还原 x0 得到估计值
  end
  for i = 1:n                                    % (4)模型检验
    q(i) = x0s(i)-x0(i);                         % 求残差
    e(i) = abs(q(i))/x0(i);                      % 求相对误差
  end
  AVG = sum(e)/(n-1);                            % 求平均相对误差
  av = input('请输入允许的平均相对误差：');       % 输入如 0.1，或 0.05 等小数形式
  if AVG >= av;                                  % 如果 AVG≥av，则进入残差 GM 模型
    clear cn Q1 CB1 CB1T Cy Cyt CU ca cu ct Q1S
    cn = length(q);
    Q1 = cumsum(q);                              % 累加生成算子向量 Q1
    CB1 = ones(cn-1,2);
    for i = 1:(n-1)
      CB1(i,1) = -(Q1(i)+Q1(i+1))/2;            % 均值生成算子 CB1，CB1(i,2) =1;
    end
    CB1T = CB1';                                 % 均值生成算子矩阵 CB1 的转置 CB1T
    for j = 1:cn-1
      Cy(j) = q(j+1);
    end
    Cyt = Cy';
    CU = inv(CB1T*CB1)*CB1T*Cyt;                 % 最小二乘估计计算参数 ca、cu
    ca = CU(1);                                  % CB1 参数 a
    cu = CU(2);                                  % 系统给定参数 cu
    ct = cu/ca;
```

```
        i = 1:n_test + cn;
        Q1S(i+1) = (q(1) - ct).* exp( - ca.* i) + ct;
                                                % 计算时间响应序列, 得出估计累加向量 Q1S
        x1s = x1s + Q1S;                        % 将残差拟合值加入, 提高精度
        for j = n + n_test: -1:2
            x0s(j) = x1s(j) - x1s(j - 1);       % 计算 X1S 的逆累加向量 X0S
        end
        clear av
        for i = 1:cn
            q(i) = x0s(i) - x0(i);              % 求残差
            e(i) = abs(q(i))/x0(i);             % 求相对误差
        end
        AVG = sum(e)/(n - 1);                   % 求平均相对误差
    end
    t = 1:n;
    ts = 2:n + n_test;
    yn = x0s(2:n + n_test);
    plot(t,x0, '^r',ts,yn, '* - b');           % 绘图
    disp(['百分平均相对误差为: ',num2str(AVG * 100), '% ']);
    disp(['拟合值为: ',num2str(x0s(1:n + n_test))]);
    disp(U);
```

简单代码

```
function U = GM(x0)                             % 定义 GM(x0)函数
global x1 y Col1 Col2 B xtr Error m;           % 定义全局变量
format long e;                                 % 设置数值型数据的格式
if length(x0(:,1)) == 1                        % 判断输入数据如果是行向量, 则转置
    x0 = x0';
end
n = length(x0);
x1(1) = x0(1);
for i = 2:n;
    x1(i) = x1(i - 1) + x0(i);                 % 累加生成数列 x^(1)
end
for i = 1:n - 1
    Col1(i,:) = - 0.5 * (x1(i) + x1(i + 1));   % 均值生成算子 B(i,1) = Col1;
y(i,:) = x0(i + 1);
end
Col2 = ones(size(Col1));                       % 均值生成算子 Col2 = B(i,2) = 1;
B = [Col1, Col2];                              % 均值生成算子 B = [Col1, Col2];
U = inv(B.' * B) * B.' * y;
c1 = U(2)/U(1);
for i = 1:n + 1
    xtr(i) = (x0(1) - c1) * exp( - U(1) * (i - 1)) + c1;
                                                % 时间响应序列
end
ans(1) = xtr(1);
```

```
for i =1:n
    ans( i +1) = xtr( i +1) − xtr( i );    % 还原值
end
for i =1:n
    Error( i ) = ans( i ) − x0( i );         % 残差
    m( i ) = Error( i )./x0( i );            % 相对误差
end
c = std( Error )/std( x0 );
disp(['拟合值为：', num2str( ans( 1:n ))]);
```

3.4.3 灰色预测模型应用案例

1.城市供电量的灰色预测实例

选用两组数据，一组为低增长率的上海市实际年供电量，平均的增长率为6.7%；另一组为高增长率的福州市年平均负荷，平均增长率是11.2%。上海市和福州市的负荷数据和建模结果分别见表3-18和表3-19。

表3-18　上海市的实际供电量

年　份	1992	1993	1994	1995	1996	1997	1998
原始数据	31.74	34.43	37.73	40.33	43.04	45.42	48.29

表3-19　福州市的实际供电量

年　份	1992	1993	1994	1995	1996	1997	1998	1999
原始数据	24.8	27.3	30.2	32.1	35.4	38.6	42.3	46.1

调用灰色预测模型程序的过程如下：

```
≫GreenForecast
请输入序列矩阵　[31.74 34.43 37.73 40.33 43.04 45.42 48.29]
序列可以进行灰色预测
请输入需要预测个数：1
请输入允许的平均相对误差：0.01
百分平均相对误差为：0.88107%
拟合值为：31.74    35.0751    37.4334    39.9503    42.6364    45.5031    48.5626
          51.8278
U' = −0.0651    31.8809

≫GreenForecast
请输入序列矩阵 [24.8 27.3 30.2 32.1 35.4 38.6 42.3 46.1]
序列可以进行灰色预测
请输入需要预测个数：1
请输入允许的平均相对误差：0.01
百分平均相对误差为：0.08239%
拟合值为：24.8    27.2654    29.7441    32.4482    35.398    38.6161    42.1266    45.9564
          50.1343    54.692
U' = −0.0870123    23.9385
```

输出结果如表 3-20 和表 3-21 所示。

表 3-20　上海市实际供电量的拟合值

年　份	1992	1993	1994	1995	1996	1997	1998	1999
GM(1,1)预测	31.74	35.0751	37.4334	39.9503	42.6364	45.5031	48.5626	51.8278

表 3-21　福州市实际供电量的拟合值

年　份	1992	1993	1994	1995	1996	1997	1998	1999	2000
GM(1,1)预测	24.8	27.2834	29.7654	32.4731	35.4272	38.65	42.166	46.0019	46.0019

2.传染病问题

据统计,高校传染病发病率情况如表 3-22 所示,试建立 GM(1,1)预测模型。

表 3-22　高校传染病发病率情况表

年　度	1994	1995	1996	1997	1998	1999	2000	2001	2002
发病率	100.23	85.62	64.53	86.63	105.89	83.55	316.47	135.93	56.56
痢疾率	19.46	44.19	30.98	45.86	55.47	60.34	271.9	94.93	38.28

进行 G(1,1)模型计算,但计算判定为无法进行灰色预测,计算过程如下所示。

```
≫GreenForecast
请输入序列矩阵  [100.23,85.62,64.53,86.63,105.89,83.55,316.47,135.93,56.56]
序列无法进行灰色预测_Sigma 太大

≫GreenForecast
请输入序列矩阵  [19.46  44.19  30.98  45.86  55.47  60.34  271.9  94.93  38.28]
序列无法进行灰色预测_Sigma 太大
```

3.4.4　无偏灰色预测模型及应用

灰色预测模型有时可得到好的预测结果,有时误差较大,甚至无法使用。经研究已知,应用灰色预测模型进行预测的前提是原始数据序列必须满足指数规律,且数据序列变化速度不能很快。研究表明,灰色预测模型是一种有偏差的指数模型,在此模型基础上,可导出无偏灰色预测模型。

1.无偏 GM(1,1)灰色预测模型

无偏 GM(1,1)灰色预测模型的建立如下。

假设有 n 个原始非负样本序列 $x^{(0)} = \{x^0(1), x^0(2), \cdots, x^0(n)\}$,设原始样本序列为严格的指数序列,即 $x^{(0)} = \{x^0(k) = Ae^{a(k-1)} | k = 1, 2, \cdots, n\}$,进行一阶累加生成,即 AGO 生成

$$x^{(1)}(k) = \sum_{i=1}^{k} x^0(i) = \frac{A(1 - e^{ak})}{1 - e^a}, \quad k = 1, 2, \cdots, n \tag{3-50}$$

与公式(3-45)、(3-46)比较可得

$$B = \begin{bmatrix} A(e^{a} + e^{2a} - 2)/(2(1 - e^{a}) & 1 \\ A(e^{2a} + e^{3a} - 2)/(2(1 - e^{a}) & 1 \\ \vdots & \vdots \\ A(e^{(N-1)a} + e^{Na} - 2)/(2(1 - e^{a}) & 1 \end{bmatrix}, \quad U = \begin{bmatrix} a \\ u \end{bmatrix}, \quad y = \begin{bmatrix} Ae^{a} \\ Ae^{2a} \\ \vdots \\ Ae^{(N-1)a} \end{bmatrix}$$

$$\hat{U} = \begin{bmatrix} \hat{a} \\ \hat{u} \end{bmatrix} = (B^{\mathrm{T}}B)^{-1}B^{\mathrm{T}}y = \begin{bmatrix} \dfrac{2(1 - e^{a})}{(1 + e^{a})} \\ \dfrac{2A}{(1 + e^{a})} \end{bmatrix} \tag{3-51}$$

无偏 GM(1,1)模型的参数估计:

$$\begin{bmatrix} a \\ A \end{bmatrix} = \begin{bmatrix} \ln\left(\dfrac{2 - \hat{a}}{2 + \hat{a}}\right) \\ \dfrac{2\hat{u}}{2 + \hat{a}} \end{bmatrix} \tag{3-52}$$

则建立无偏 GM(1,1)模型的原始数据序列模型

$$\hat{x}^{(0)}(1) = x^{0}(1)$$

$$\hat{x}^{(0)}(k) = A * e^{a(k-1)} \quad k = 2,3,\cdots \tag{3-53}$$

与传统的灰色预测模型相比,无偏 GM(1,1)模型本身不存在固有偏差,因而也就消除了传统 GM(1,1)模型对原始数据序列增长速度不能过快,预测长度不能过长的限制,其应用范围较传统 GM(1,1)模型有了很大扩展。

2. 无偏 GM(1,1)灰色预测模型计算程序

无偏 GM(1,1)灰色预测模型计算的 MATLAB 程序如下。

```
ts = 2:n + n_test;
aa = ln((2 - a)/(2 + a));          % 无偏灰色预测模型参数 a 值
AA = (2 * u)/(2 + a);              % 无偏灰色预测模型参数 A 值
AU = [aa; uu];
x0AU = AA. * exp( - aa. * ts);     % 计算无偏灰色预测序列值
```

3. 无偏 GM(1,1)灰色预测模型预测供电量

对于前述城市供电量的预测,重新用无偏 GM(1,1)灰色预测模型进行预测。用表 3-17 和表 3-18 的数据进行无偏 GM(1,1)灰色预测的过程如下:

```
请输入序列矩阵  [31.74  34.43  37.73  40.33  43.04  45.42  48.29]
序列可以进行灰色预测
请输入需要预测个数:1
拟合值为:35.1695  37.535  40.0596  42.7541  45.6298  48.6989  51.9744
AU' = 0.0650954    32.953

请输入序列矩阵  [24.8  27.3  30.2  32.1  35.4  38.6  42.3  46.1]
```

```
序列可以进行灰色预测
请输入需要预测个数：1
拟合值为：27.3236  29.8109  32.5246  35.4853  38.7155  42.2398  46.0849  50.28
AU'=0.0871223  25.0439
```

输出结果如表 3-23 和表 3-24 所示。

表 3-23　上海市实际供电量的无偏拟合值

年　　份	1992	1993	1994	1995	1996	1997	1998	1999
无偏 GM(1,1)预测		35.1695	37.535	40.0596	42.7541	45.6298	48.6989	51.9744

表 3-24　福州市实际供电量的无偏拟合值

年　　份	1992	1993	1994	1995	1996	1997	1998	1999	2000
无偏 GM(1,1)		27.3236	29.8109	32.5246	35.4853	38.7155	42.2398	46.0849	50.28

第 4 章

MATLAB 优化计算

4.1　MATLAB 优化工具箱简介

最 优化工具箱是用于解决最优化问题的函数集合，对于各种实际的最优化问题，可以选择对应的优化函数。最优化工具箱的查阅方式有两种：①在命令窗口中输入 help optima；②选择 help 菜单 MATLAB help 项，打开 MATLAB 帮助，找到 Optimization Toolbox(最优化工具箱)。最优化工具箱的使用方式也有两种：①直接在命令窗口或程序文件中调用函数；②使用 GUI 优化工具。

1. MATLAB 求解优化问题的主要函数

MATLAB 求解优化问题的主要函数见表 4-1。

表 4-1　MATLAB 求解优化问题的主要函数

类　　型	模　　型	基本函数名
一元函数极小	$\text{Min } F(x) \quad \text{s.t. } x_{min} < x < x_{max}$	$x = \text{fminbnd}('F', x_{min}, x_{max})$
无约束极小	$\text{Min } F(x)$	$x = \text{fminunc}('F', x_0) \quad x = \text{fminsearch}('F', x_0)$
线性规划	$\text{Min } c^T x \quad \text{s.t. } Ax <= b$	$x = \text{linprog}(c, A, b)$
二次规划	$\text{Min } x^T Hx/2 + c^T x \quad \text{s.t. } Ax <= b$	$x = \text{quadprog}(H, c, A, b)$
约束极小 (非线性规划)	$\text{Min } F(x) \quad \text{s.t. } C(x) <= 0$	$x = \text{fmincon}('FG', x_0)$
目标达到问题	$\text{Min } r \quad \text{s.t. } F(x) - wr <= \text{goal}$	$x = \text{fgoalattain}('F', x, \text{goal}, w)$
极小极大问题	$\text{Min}_{X} \max_{\{F_i(x)\}} \{F_i(x)\} \quad \text{s.t. } C(x) <= 0$	$x = \text{fminimax}('FG', x_0)$

2. 优化函数的输入变量

使用优化函数或优化工具箱中其他优化函数时，输入变量见表 4-2。

表 4-2　优化函数输入变量说明

变　量	描　述	调用函数
f	线性规划和整数规划的目标函数 f * x 或二次规划的目标函数 x' * H * x + f * x 中线性项的系数向量	linprog, bintprog, quadprog
fun	非线性优化的目标函数. fun 必须为行命令对象或 m 文件、嵌入函数、或 MEX 文件的名称	fminbnd, fminsearch, fminunc, fmincon, lsqcurvefit, lsqnonlin, fgoalattain, fminimax
H	二次规划目标函数 x' * H * x + A * x 中二次项的系数矩阵	quadprog
A,b	A 矩阵和 b 向量分别为线性不等式约束：$Ax \leq b$ 中的系数矩阵和右端向量	linprog, quadprog, fgoalattain, fmincon, fminimax
A^e,b^e	A^e 矩阵和 b^e 向量分别为线性等式约束：$A^e \cdot x = b^e$ 中的系数矩阵和右端向量	linprog, quadprog, fgoalattain, fmincon, fminimax
vlb,vub	x 的下限和上限向量：$vlb \leq x \leq vub$	linprog, quadprog, fgoalattain, fmincon, fminimax, lsqcurvefit, lsqnonlin
x_0	迭代初始点坐标	除 fminbnd 外的所有优化函数
x_1,x_2	函数最小化的区间	fminbnd
options	优化选项参数结构，定义用于优化函数的参数	所有优化函数

3. 优化函数的输出变量

优化函数的输出变量见表 4-3。

表 4-3　优化函数输出变量说明

变　量	描　述	调用函数
x	由优化函数求得的值。若 exitflag > 0，则 x 为解；否则，x 不是最终解，它只是迭代中止时优化过程的值	所有优化函数
fval	解 x 处的目标函数值	linprog, quadprog, fgoalattain, fmincon, fminimax, lsqcurvefit, lsqnonlin, fminbnd
exitflag	描述计算结束的状态： ● exitflag > 0，表示函数收敛于解 x 处； ● exitflag = 0，已达到函数评价或迭代的最大次数； ● exitflag < 0，表示函数不收敛。	
output	描述优化输出结果的结构信息： ● Iterations：迭代次数； ● Algorithm：所采用的算法； ● FuncCount：函数评价次数。	所有优化函数

4. 控制参数 options 的设置

Options 中常用的几个参数的名称、含义、取值如下。

① Display：显示水平。取值为'off'时，不显示输出；取值为'iter'时，显示每次迭代的信息；取值为'final'时，显示最终结果。默认值为'final'。

② MaxFunEvals：允许进行函数评价的最大次数，取值为正整数。

③ MaxIter：允许进行迭代的最大次数，取值为正整数。

控制参数 options 可以通过函数 optimset 创建或修改。命令的格式如下。

① options = optimset('optimfun')

创建一个含有所有参数名，并与优化函数 optimfun 相关的默认值的选项结构 options。

② options = optimset('param1', value1, 'param2', value2, ⋯)

创建一个名称为 options 的优化选项参数，其中指定的参数具有指定值，所有未指定的参数取默认值。

③ options = optimset(oldops, 'param1', value1, 'param2', value2, ⋯)

创建名称为 oldops 的参数的拷贝，用指定的参数值修改 oldops 中相应的参数。

示例：opts = optimset('Display', 'iter', 'TolFun', 1e-8)创建一个称为 opts 的优化选项结构，其中显示参数设为'iter'，TolFun 参数设为 1e-8。

4.2 线性规划

4.2.1 MATLAB 优化工具箱的线性规划函数

MATLAB 优化工具箱求解线性规划或整数线性规划的函数如下。

（1）模型 1

$$\min z = cx$$

$$s.t. \quad \boldsymbol{A}x \leqslant b$$

式中，$\boldsymbol{c} = (c_1, c_2, \cdots, c_n)$，$\boldsymbol{x} = (x_1, x_2, \cdots, x_n)^{\mathrm{T}}$，

$$\boldsymbol{A} = \begin{pmatrix} a_{11} & a_{12} & \cdots & a_{1n} \\ a_{21} & a_{22} & \cdots & a_{2n} \\ \vdots & \vdots & \cdots & \vdots \\ a_{m1} & a_{m2} & \cdots & a_{mn} \end{pmatrix}, \quad \boldsymbol{b} = (b_1, b_2, \cdots, b_m)^{\mathrm{T}}$$

求解线性规划的指令或函数调用形式如下：

$$x = \text{linprog}(c, A, b)$$

（2）模型 2

$$\min z = cx$$

$$s.t. \quad Ax \leqslant b$$

$$A^e = b^e$$

求解线性规划的指令或函数调用形式如下：

$$x = \text{linprog}(c, A, b, A^e, b^e)$$

若不存在不等式：Ax≤b，则令 A = [ ]，b = [ ]。

（3）模型 3

$$\min z = cx$$

$$s.t. \quad Ax \leqslant b$$

$$A^e = b^e$$

$$vlb \leqslant x \leqslant vub$$

求解线性规划模型 3 的指令或函数调用形式如下：

$$x = \mathrm{linprog}(c, A, b, A^e, b^e, vlb, vub)$$

$$x = \mathrm{linprog}(c, A, b, A^e, b^e, vlb, vub, x0)$$

$$x = \mathrm{linprog}(c, A, b, A^e, b^e, vlb, vub, x0, options)$$

其中 x0 表示初始点，options 为参数选项。调用函数时须注意，输入变量的类型是按位置确定的，模型中缺失的内容可用空矩阵表示。如没有等式约束 $A^e = b^e$ 时，令 $A^e = [\ ]$，$b^e = [\ ]$。

（4）输出的扩展　$\min z = cx$

$$s.t.\quad Ax \leqslant b \qquad\qquad s.t.\quad Ax \leqslant b \qquad\qquad s.t.\quad Ax \leqslant b$$

$$\text{或}\qquad A^e = b^e \qquad \text{或} \qquad A^e = b^e$$

$$vlb \leqslant x \leqslant vub$$

求解线性规划模型的输出扩展函数调用形式如下：

$$[x, fval] = \mathrm{linprog}(\cdots)$$

$$[x, fval, exitflag] = \mathrm{linprog}(\cdots)$$

$$[x, fval, exitflag, output] = \mathrm{linprog}(\cdots)$$

$$[x, fval, exitflag, output, lambda] = \mathrm{linprog}(\cdots)$$

返回最优解 x 及 x 处的目标函数值 fval。输出项 $[x, fval, exitflag, output]$ 的含义见表 4-3。

（5）0-1 整数规划　$\min z = cx$

$$s.t.\quad x_i \in \{0,1\}, i = 1 \sim n \qquad s.t.\quad Ax \leqslant b \qquad\qquad s.t.\quad Ax \leqslant b$$

$$\text{或}\quad x_i \in \{0,1\}, i = 1 \sim n \quad \text{或} \quad A^e = b^e$$

$$x_i \in \{0,1\}, i = 1 \sim n$$

求解 0-1 整数规划模型的函数调用形式如下：

$$x = \mathrm{bintprog}(c)$$

$$x = \mathrm{bintprog}(c, A, b)$$

$$x = \mathrm{bintprog}(c, A, b, Aeq, beq)$$

$$x = \mathrm{bintprog}(c, A, b, Aeq, beq, x0)$$

$$x = \mathrm{bintprog}(c, A, b, Aeq, beq, x0, options)$$

$$[x, fval] = \mathrm{bintprog}(\cdots)$$

$$[x, fval, exitflag] = \mathrm{bintprog}(\cdots)$$

$$[x, fval, exitflag, output] = \mathrm{bintprog}(\cdots)$$

除变量 x 元素取值为 0 或 1 外，函数使用中的各种符号含义同一般的线性规划。

4.2.2　线性规划应用案例

【例 4-1】　某木材公司经营的木材贮存在仓库中，最大贮存量为 30 万立方米。由于木材价格随季节变化，该公司于每季初购进木材，一部分当季出售，一部分贮存以后出售。贮存费为：$a + bu$，其中 $a = 90$ 元/立方米，$b = 100$ 元/立方米/季，u 为贮存的季度数。由于木材久贮易损，因此当年所有库存木材应于秋末售完。各季木材单价及销量如表 4-4 所示。为获全年最大利润，该公司各季应分别购销多少木材？

表 4-4　各季木材单价及销量

季　节	购进价(元/立方米)	售出价(元/立方米)	最大销售量(万立方米)
冬	6200	6420	15
春	6500	6660	21
夏	6960	7040	30
秋	6800	6880	24

假设：第 i 季度购买第 j 季度销售的木材量为 x_{ij}(万立方米)，则第 i 季度购买第 j 季度销售的木材量为 x_{ij}(万立方米)的利润(元/立方米)见表 4-5。

表 4-5　各季木材的利润

季　节	冬	春	夏	秋	max 储存量
冬	220	460 − 190 = 270	840 − 290 = 550	680 − 390 = 290	30
春	–	160	540 − 190 = 350	380 − 290 = 90	30
夏	–	–	80	− 80 − 190 = − 270	30
秋	–	–	–	80	30
max 销量	15	21	30	24	

则问题求解的数学模型如下：

$$\max \quad z = 220x_{11} + 270x_{12} + 550x_{13} + 290x_{14}$$
$$+ 160x_{22} + 350x_{23} + 90x_{24}$$
$$+ 80x_{33} - 270x_{34}$$
$$+ 80x_{44}$$

$$s.t. \begin{cases} x_{12} + x_{13} + x_{14} & \leq 30 \\ x_{13} + x_{14} + x_{23} + x_{24} & \leq 30 \\ x_{14} + x_{24} + x_{34} & \leq 30 \\ x_{11} & = 15 \\ x_{12} + x_{22} = 21 \\ x_{13} + x_{23} + x_{33} = 30 \\ x_{14} + x_{24} + x_{34} + x_{44} = 24 \\ x_{ij} \geq 0, i = 1 \sim 4, j = 1 \sim 4 \end{cases}$$

编写求解的 m 文件 LinProg1.m 如下

```
c = -[220 270 550 290 160 350 90 80 -270 80];
A = [0 1 1 1 0 0 0 0 0 0; 0 0 1 1 0 1 1 0 0 0; 0 0 0 1 0 0 1 0 1 0];
b = [30; 30; 30];
```

```
Aeq = [1 0 0 0 0 0 0 0 0 0;0 1 0 0 1 0 0 0 0 0;0 0 1 0 0 1 0 1 0 0;0 0 0 1 0 0 1 0 1 1];
beq = [15;21;30;24];
vlb = [0;0;0;0;0;0;0;0;0;0];         vub = [];
[x,fval] = linprog( -c,A,b,Aeq,beq,vlb,vub)
```

优化结果如下：

```
x = [15,  0,30,  0,  21,  0,  0,  0,  0,  24]'
fval = 25080
```

4.3 MATLAB 的非线性最优化问题

4.3.1 用 MATLAB 求解无约束优化问题

1. 一元函数无约束优化问题： $\min f(x)$，$x_{\min} \leqslant x \leqslant x_{\max}$

求解一元函数无约束优化函数如下：

① x = fminbnd(fun,xmin,xmax)；

② x = fminbnd(fun,xmin, xmax, options)；

③ [x, fval] = fminbnd(…)；

④ [x, fval, exitflag] = fminbnd(…)；

⑤ [x, fval, exitflag, output] = fminbnd(…)。

其中③、④、⑤的等式右边可选用①或②的等式右边。

函数 fminbnd 的算法基于黄金分割法和二次插值法，它要求目标函数必须是连续函数，并可能只给出局部最优解。

【例 4-2】 求 $f = 2e^{-x}\sin(x)$ 在 $0 < x < 8$ 中的最小值与最大值。

求解程序如下：

```
fun = inline('2 * exp( -x).* sin(x)');
fplot(fun,[0,8]);
[xmin,ymin] = fminbnd(fun, 0,8);
fun1 = inline('-2 * exp( -x).* sin(x)');
[xmax,ymax] = fminbnd(fun1, 0,8);
ymax = -ymax;
fprintf('o:[ xmin = % f,  ymin = % f]',[xmin,ymin]),
fprintf('*:[ xmax = % f,  ymax = % f]',[ xmax,ymax]),
plot(xmin,ymin,'o', xmax,ymax,'p');
```

计算结果如下（见图 4-1）：

```
o:[ xmin = 3.926974,  ymin = -0.027864]
*:[ xmax = 0.785408,  ymax = 0.644794]
```

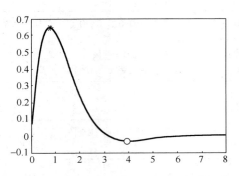

图 4-1　$2e^{-x}\sin(x)$ 在 $0 < x < 8$ 区间的极值

2. 多元函数无约束优化问题：min $f(X)$

求解多元函数无约束优化函数如下：

① x = fminunc(f, x0) ;　　　　　　　或 x = fminsearch(f, x0)

② x = fminunc(f, x0, options) ;　　　或 x = fminsearch(f, x0, options)

③ [x, fval] = fminunc(⋯) ;　　　　或 [x, fval] = fminsearch(⋯)

④ [x, fval, exitflag] = fminunc(⋯) ;　或 [x, fval, exitflag] = fminsearch

⑤ [x, fval, exitflag, output]　　　　或 [x, fval, exitflag, output]

　　= fminunc(⋯) ;　　　　　　　　　= fminsearch(⋯)

函数 fminsearch 是用单纯形法寻优，fminunc 的算法设置说明如下：首先，fminunc 为无约束优化提供了大型优化和中型优化算法，由 options 中的参数 LargeScale 控制：LargeScale = 'on'（默认）使用大型算法，LargeScale = 'off' 使用中型算法；其次，fminunc 为中型优化算法的搜索提供了 4 种算法，由 options 中的参数 HessUpdate 控制：HessUpdate = 'bfgs'（默认）为拟牛顿法的 BFGS 公式，HessUpdate = 'dfp' 为拟牛顿法的 DFP 公式，HessUpdate = 'steepdesc' 为最速下降法；最后，fminunc 为中型优化算法的步长一维搜索提供了两种算法，由 options 中参数 LineSearchType 控制：LineSearchType = 'quadcubic'（缺省）为混合的二次和三次多项式插值，LineSearchType = 'cubicpoly' 为三次多项式插值。使用 fminunc 和 fminsearch 可能会得到局部最优解。输出项 [x, fval, exitflag, output] 的含义见表 4-3。

【例 4-3】　min $f(x) = (3x_1^2 + 2x_1x_2 + x_2^2) * \exp(x_1)$

编写函数计算的 m 文件 myfun. m：

```
function f = myfun(x)
f = (3 * x(1)^2 + 2 * x(1) * x(2) + x(2)^2) * exp(x1);        % Cost function
```

准备初值，调用函数计算：

```
x0 = [1,1];
[x,fval] = fminunc(@ myfun,x0)
```

得到的结果：

```
x = 1.0e - 003 * [0.1093    - 0.4278]
fval = 1.2534e - 007
```

【例 4-4】 用 fminsearch 函数求解 $\min f = 100 * (x_2 - x_1^2)^2 + (1 - x_1)^2$

输入命令：

```
f  = '100 * (x(2) - x(1)^2)^2 + (1 - x(1))^2';
[x,fval,exitflag,output] = fminsearch(f, [ -1.2 2])
```

运行结果：

```
x = 1.0000    1.0000
fval = 1.9151e-010
exitflag = 1
output =
            iterations:  108
            funcCount:  202
            algorithm:  'Nelder -Mead simplex direct search'
```

4.3.2　非线性无约束优化案例分析

产销量的最佳安排：某厂生产一种产品有甲、乙两个牌号，讨论在产销平衡的情况下如何确定各自的产量，使总利润最大。所谓产销平衡指工厂的产量等于市场上的销量。

1. 符号说明

$z(x_1, x_2)$ 表示总利润；p_1, q_1, x_1 分别表示甲的价格、成本、销量；p_2, q_2, x_2 分别表示乙的价格、成本、销量；a_{ij}, b_i, λ_i, $c_i(i, j = 1, 2)$ 是待定系数。

2. 基本假设

◎ **价格与销量成线性关系**

利润既取决于销量和价格，也依赖于产量和成本。按照市场规律，甲的价格 p_1 会随其销量 x_1 的增长而降低，同时乙的销量 x_2 的增长也会使甲的价格有稍微的下降，可以简单地假设价格与销量成线性关系：

即：$p_1 = b_1 - a_{11}x_1 - a_{12}x_2$，$b_1$, a_{11}, $a_{12} > 0$，且 $a_{11} > a_{12}$；

同理，$p_2 = b_2 - a_{21}x_1 - a_{22}x_2$，$b_2$, a_{21}, $a_{22} > 0$，且 $a_{22} > a_{21}$。

◎ **成本与产量成负指数关系**

甲的成本随其产量的增长而降低，且有一个渐近值，可以假设为负指数关系，即：

$$q_1 = r_1 \mathrm{e}^{-\lambda_1 x_1} + c_1, \quad r_1, \lambda_1, c_1 > 0$$

$$q_2 = r_2 \mathrm{e}^{-\lambda_2 x_2} + c_2, \quad r_2, \lambda_2, c_2 > 0$$

3. 建立模型

总利润：$z(x_1, x_2) = (p_1 - q_1)x_1 + (p_2 - q_2)x_2$。

根据大量的统计数据，求出系数 $b_1 = 100$，$a_{11} = 1$，$a_{12} = 0.1$，$b_2 = 280$，$a_{21} = 0.2$，$a_{22} = 2$，$r_1 = 30$，$\lambda_1 = 0.015$，$c_1 = 20$，$r_2 = 100$，$\lambda_2 = 0.02$，$c_2 = 30$，则问题转化为无约束优化问题。求甲、乙两个牌号的产量 x_1、x_2，使总利润 z 最大。

为找到问题的一个初始值，先忽略成本，并令 $a_{12} = 0, a_{21} = 0$，则：

$$z_1 = (b_1 - a_{11} \cdot x_1)x_1 + (b_2 - a_{22} \cdot x_2)x_2$$

将其解 $x_1 = b_1/(2a_{11}) = 50$，$x_2 = b_2/(2a_{22}) = 70$，作为原问题的初始值 $x_0 = [50, 70]$。

4. 模型求解

① 建立函数的 m 文件 my_fun2. m

```
function f = my_fun2(x)
b1 = 100;  a11 = 1;    a12 = 0.1;  r1 = 30;    Lamda1 = 0.015;
b2 = 280;  a21 = 0.2;  a22 = 2;    r2 = 100;   Lamda2 = 0.02;
p1 = b1 - a11 * x(1) - a12 * x(2);
p2 = b2 - a21 * x(1) - a22 * x(2);
q1 = r1 * exp( - Lamda1 * x(1)) + c1;
q2 = r2 * exp( - Lamda2 * x(2)) + c2;
y1 = (p1 - q1) * x(1);          % y1 = ((100 - x(1) - 0.1 * x(2)) - (30 * exp( -
                                  0.015 * x(1)) + 20)) * x(1);
y2 = (p2 - q2) * x(2);          % y2 = ((280 - 0.2 * x(1) - 2 * x(2)) - (100 *
                                  exp( - 0.02 * x(2)) + 30)) * x(2);
f = - y1 - y2;
```

② 准备初值，调用函数计算

初始值 $x_0 = [50, 70]$，调用函数 fminunc，计算如下。

```
x0 = [50, 70];
x = fminunc('my_fun2', x0),
z = my_fun2(x)
```

③ 计算结果

```
x = [23.9025, 62.4977],   z = 6.4135e + 003
```

即甲的产量为 23.9025，乙的产量为 62.4977，最大利润为 6413.5。

4.3.3 用 MATLAB 求解非线性规划问题

1. 二次规划问题

二次规划的标准型为：

$$\min \quad z = \frac{1}{2}x^{\mathrm{T}}Hx + c^{\mathrm{T}}x$$

$$s.t. \begin{cases} Ax \leqslant b, \\ A^{(e)} \cdot x = b^{(e)} \\ vlb \leqslant x \leqslant vub \end{cases}$$

式中，$\boldsymbol{c} = (c_1, c_2, \cdots, c_n)$，$\boldsymbol{x} = (x_1, x_2, \cdots, x_n)^{\mathrm{T}}$，$\boldsymbol{vlb} = (vlb_1, vlb_2, \cdots, vlb_n)^{\mathrm{T}}$，

$$\boldsymbol{H} = \begin{pmatrix} h_{11} & h_{12} & \cdots & h_{1n} \\ h_{21} & h_{22} & \cdots & h_{2n} \\ \vdots & \vdots & \cdots & \vdots \\ h_{n1} & h_{n2} & \cdots & h_{nn} \end{pmatrix}, \boldsymbol{A} = \begin{pmatrix} a_{11} & a_{12} & \cdots & a_{1n} \\ a_{21} & a_{22} & \cdots & a_{2n} \\ \vdots & \vdots & \cdots & \vdots \\ a_{m1} & a_{m2} & \cdots & a_{mn} \end{pmatrix}, \boldsymbol{A}^{(e)} = \begin{pmatrix} a_{11}^{(e)} & a_{12}^{(e)} & \cdots & a_{1n}^{(e)} \\ a_{21}^{(e)} & a_{22}^{(e)} & \cdots & a_{2n}^{(e)} \\ \vdots & \vdots & \cdots & \vdots \\ a_{k1}^{(e)} & a_{k2}^{(e)} & \cdots & a_{kn}^{(e)} \end{pmatrix},$$

$\boldsymbol{b} = (b_1, b_2, \cdots, b_m)^{\mathrm{T}}$，$\boldsymbol{b}^{(e)} = (b_1^{(e)}, b_2^{(e)}, \cdots, b_k^{(e)})^{\mathrm{T}}$，$\boldsymbol{vub} = (vub_1, vub_2, \cdots, vub_n)^{\mathrm{T}}$

用 MATLAB 求解二次规划问题的函数格式如下：

① x = quadprog(H, c, A, b)；

② x = quadprog(H, c, A, b, A^e, b^e)；

③ x = quadprog(H, c, A, b, A^e, b^e, vlb, vub)；

④ x = quadprog(H, c, A, b, A^e, b^e, vlb, vub, x0)；

⑤ x = quadprog(H, c, A, b, A^e, b^e, vlb, vub, x0, options)；

⑥ [x, fval] = quaprog($\cdots$)；

⑦ [x, fval, exitflag] = quaprog($\cdots$)；

⑧ [x, fval, exitflag, output] = quaprog($\cdots$)。

【例4-5】 求解二次规划

$$\min f(x_1, x_2) = -2x_1 - 6x_2 + x_1^2 - 2x_1 x_2 + 2x_2^2$$
$$s.t. \quad x_1 + x_2 \leqslant 2$$
$$-x_1 + 2x_2 \leqslant 2$$
$$x_1 \geqslant 0, \ x_2 \geqslant 0$$

写成矩阵形式：

$$\min z = (x_1, x_2) \begin{pmatrix} 1 & -1 \\ -1 & 2 \end{pmatrix} \begin{pmatrix} x_1 \\ x_2 \end{pmatrix} + \begin{pmatrix} -2 \\ -6 \end{pmatrix}^{\mathrm{T}} \begin{pmatrix} x_1 \\ x_2 \end{pmatrix}$$

$$s.t \quad \begin{cases} \begin{pmatrix} 1 & 1 \\ -1 & 2 \end{pmatrix} \begin{pmatrix} x_1 \\ x_2 \end{pmatrix} \leqslant \begin{pmatrix} 2 \\ 2 \end{pmatrix} \\ \begin{pmatrix} x_1 \\ x_2 \end{pmatrix} \geqslant \begin{pmatrix} 0 \\ 0 \end{pmatrix} \end{cases}$$

输入命令或编写描述文件：

```
H =[1 -1; -1 2];
c =[-2; -6];          A =[1 1; -1 2];          b =[2;2];
Aeq =[];              beq =[];                 vlb =[0;0];          vub =[];
[x,z] = quadprog(H,c,A,b,Aeq,beq,vlb,vub)
```

得到结果为：

```
x =[0.6667  1.3333],     z = -8.2222
```

2. 一般非线性规划

MATLAB 中提供了求解有约束的多维非线性规划问题的求解函数 fmincon，它的标准最优化问题模型为：

$$\min \quad f(x)$$
$$s. t. \quad Ax \leq b$$
$$A^{(e)}x = b^{(e)}$$
$$C(x) \leq 0$$
$$C^{(e)}(x) = 0$$
$$vlb \leq x \leq vub$$

其中，x, vlb, vub 为 n 维列向量，b 为 m 维列向量，b^e 为 k 维列向量，A 为 $m \times n$ 维矩阵，A^e 为 $k \times n$ 维矩阵，说明该最优化问题的维数为 n 维，含有 m 个线性不等式和 k 个线性等式约束。$C(x)$ 和 $C^{(e)}(x)$ 分别为返回向量 x 的非线性不等式和等式约束函数。

用 MATLAB 求解上述问题，基本步骤分以下三步。

① 首先建立目标函数 $f(x)$ 的 m 文件 objFun. m：

```
function fun = objFun(x);
fun = f(x);
```

② 若约束条件中有非线性约束：$C(x) \leq 0$ 或 $C^e(x) = 0$，则建立 m 文件 nonlcon. m，定义非线性不等式和等式约束函数 $C(x)$ 与 $C^{(e)}(x)$：

```
function [fC,fCeq] = nonlcon(x)
fC     = C(x);
fCeq   = Ceq(x);
```

③ 建立主程序脚本文件。非线性规划求解函数是 fmincon，函数的几种调用格式如下：

（a）x = fmincon('objFun',x0,A,b)

（b）x = fmincon('objFun',x0,A,b,Aeq,beq)

（c）x = fmincon('objFun',x0,A,b, Aeq,beq,vlb,vub)

（d）x = fmincon('objFun',x0,A,b,Aeq,beq,vlb,vub, 'nonlcon')

（e）x = fmincon('objFun',x0,A,b,Aeq,beq,vlb,vub, 'nonlcon',options)

（f）[x,fval] = fmincon(…)

（g）[x,fval,exitflag] = fmincon(…)

（h）[x,fval,exitflag,output] = fmincon(…)

（i）[x,fval,exitflag,output,lamda,grad,hessian] = fmincon(…)

其中，'objFun' 为目标函数的 .m 文件名；x0 为迭代解的初值；A 为线性约束的系数矩阵；b 为线性约束向量；Aeq, beq 为线性等式约束的系数矩阵和向量；vlb, vub 为变量的上下界；'nonlcon' 为非线性约束函数的 .m 文件名；options 为参数选项。输出项 [x,…,output] 的含义见表 4-3。

对于目标函数 objFun，当目标函数 $f(x)$ 一阶可微，则该函数具有梯度向量，如果此时 options 参数的 GradObj 设置为 'on'，objFun 必须有第二个输出变量返回函数的梯度向量 g。如果目标函数 $f(x)$ 二阶可微，即 f 具有 Hessian 矩阵，如果此时 options 参数的 Hessian 设置为 'user-supplied'，则 objFun 必须有第三个输出变量返回函数的 Hessian 矩阵。

非线性约束函数 nonlcon 包括不等式约束 $C(x) \leq 0$ 和等式约束 $C^e(x) = 0$。如果约束函数存在梯度向量，而此时 options 参数的 GradConstr 设置为 'on'，则 nonlcon 必须有第三、第四个输出变量返回不等式约束函数 $C(x)$ 和等式约束函数 $C^e(x)$ 的梯度 GC 和 GC^e。

fmincon 函数提供了大型规模优化算法和中型规模优化算法。fmincon 函数选择大型算法时（options 参数 LargeScale 设置为 'on'），须将 options 参数 GradObj 设置为 'on'。fmincon 函数的大型算法采用了 subspace trust region 优化算法。这种算法是把目标函数在点 x 的邻域泰勒展开，其展开的邻域就是 trust region。fmincon 函数的中型算法使用的是序列二次规划法。在每一步迭代中求解二次规划子问题，并用 BFGS 法更新拉格朗日 Hessian 矩阵。fmincon 函数可能会给出局部最优解，这与初值 x0 的选取有关。

fmincon 中提供的优化算法有：有效集算法、内点算法和基于牛顿映射的置信域算法，默认的算法为基于牛顿映射的置信域算法。如果我们希望函数采用有效集算法进行搜索迭代，可以通过 optimset 命令设置如下：options = optimset('Algorithm', 'active-set')。

如果采用默认的置信域算法，则优化问题需要满足下列条件：

① 在目标函数中必须给出其梯度向量的解析形式；

② 控制参数 'GradObj' 的值必须为 on；

③ 边界约束或者线性等式约束必具其一，但非两者均具备。

如果上述三个条件不能同时满足，则 fmincon 函数的默认算法为有效集算法，有效集算法不是大型规模的优化算法。

函数 fmincon 中有较多的参数需要设置，其中有些针对的是可能用到的所有算法，有些是针对某些特定算法的参数，参见 MATLAB 的 Help。

示例：求解非线性规划

$$\min \quad f(x) = e^{x_1}(4x_1^2 + 2x_2^2 + 4x_1x_2 + 2x_2 + 1)$$
$$s.t. \quad g_1(X) = 25 - x_1^2 - x_2^2 \geq 0$$
$$g_2(X) = 7 - x_1^2 + x_2^2 \geq 0$$
$$0 \leq x_1 \leq 5, \ 0 \leq x_2 \leq 10$$

先建立目标函数的 m 文件 my_objFun.m：

```
function  f = my_objFun(x);
f = exp(x(1)) * (4 * x(1)^2 + 2 * x(2)^2 + 4 * x(1) * x(2) + 2 * x(2) + 1);
```

再建立 m 文件 my_con.m 定义非线性约束：

```
function [C, Ceq] = my_con(x)
C = [x(1)^2 + x(2)^2 - 25;  x(1)^2 - x(2)^2 - 7];
Ceq = [ ];
```

建立主程序脚本文件 main_fmincon.m：

```
x0=[3;2.5];
vlb=[0 0];     vub=[5 10];
[x,fval,exitflag,output]=fmincon('my_objFun',x0,[],[],[],[],vlb,vub,
'my_con')
```

得到结果：

```
x=[0,0]
fval=1
exitflag=1
output=
        iterations:2
         funcCount:11
          stepsize:1
         algorithm:'medium-scale:SQP,Quasi-Newton,line-search'
     firstorderopt:0
      cgiterations:[]
```

4.3.4 非线性规划案例分析

1. 商品最优存储问题

表4-6 各种符号所表示的意义

符号	意义
x_i	第 i 种商品的存储量
a_i	第 i 种商品的价格，$a_1=9$，$a_2=4$
b_i	第 i 种商品的供给率，$b_1=3$，$b_2=5$
h_i	第 i 种商品的每单位的存储费用，$h_1=0.5$，$h_2=0.2$
t_i	第 i 种商品的每单位的存储空间，$t_1=2$，$t_2=4$
T	最大存储空间 $T=24$

有一公司，为节约成本、减少开支，希望尽量减少商品库存空间，同时强调库存的商品能够满足客户的需求。假设公司销售甲乙两种商品，各种信息符号如表4-6所示。

根据历史数据得到商品 i 的成本可以表示为：

$$c_i = \left(\frac{a_i b_i}{x_i} + \frac{h_i x_i}{2}\right)$$

问题的目标函数为两种商品的总成本：

$$f(x_1, x_2) = c_1 + c_2 = \left(\frac{a_1 b_1}{x_1} + \frac{h_1 x_1}{2}\right) + \left(\frac{a_2 b_2}{x_2} + \frac{h_2 x_2}{2}\right)$$

第 i 种商品的存储空间为：

$$T_i = t_i x_i$$

两种商品所占有的总的存储空间最大值为 T，表达成约束的形式为：

$$t_1 x_1 + t_2 x_2 \leqslant T$$

建立非线性规划模型为：

$$\min \quad f(x_1, x_2) = \left(\frac{a_1 b_1}{x_1} + \frac{h_1 x_1}{2}\right) + \left(\frac{a_2 b_2}{x_2} + \frac{h_2 x_2}{2}\right)$$

$$s.t. \quad t_1 x_1 + t_2 x_2 \leqslant T$$
$$x_1, x_2 \geqslant 0$$

代入参数后，模型为：

$$\min \quad f(x_1, x_2) = \left(\frac{27}{x_1} + \frac{0.5 x_1}{2}\right) + \left(\frac{20}{x_2} + \frac{0.2 x_2}{2}\right)$$

$$s.t. \quad 2x_1 + 4x_2 \leqslant 24$$
$$x_1, x_2 \geqslant 0$$

用 MATLAB 求解，先定义最优化问题的目标函数 con1_objFun.m 如下：

```
function f = con1_objFun(x)
f = 27/x(1) + 0.25 * x(1) + 20/x(2) + 0.10 * x(2);
```

定义约束函数 con1_confun.m 如下：

```
function[C,Ceq] = con1_confun(x)
C = [2 * x(1) + 4 * x(2) - 24];
Ceq = [];
```

建立求解该最优化问题的主程序脚本文件 main_con1：

```
x0 = [3;3];
vlb = [0;0];
vub = [];
options = optimset('algorithm', 'interior - point');
[x,fval,exitflag,output] = fmincon('con1_objFun',x0,[],[],[],[],vlb,vub,
'...','con1_confun',options)
```

运行结果为：

```
x = [5.0968, 3.4516]
fval = 12.7112
exitflag = 1

output =
            iterations: 7
            funcCount: 24
       constrviolation: 0
             stepsize: 5.8305e-06
            algorithm: 'interior-point'
         firstorderopt: 5.6765e-07
          cgiterations: 0
              message: [1x777 char]
```

上面的方法采用的是有限差分的形式来近似梯度信息，如果希望直接提供目标函数和约束函数的梯度，则可在 con1_objFungrad.m 和 con1_confungrad.m 中增加函数的梯度计算：

```
function [f,G] = con1_objFungrad(x)
f = 27 /x(1) + 0.25 * x(1) + 20 /x(2) + 0.10 * x(2);        % 目标函数
if nargout > 1
    G = [ -27 /x(1)^2 + 0.25; -20 /x(2)^2 + 0.1 ];          % 目标函数的梯度
End
function [C,Ceq,GC,GCeq] = con1_confungrad(x)
C = [2 * x(1) + 4 * x(2) - 24];
Ceq = [];
if nargout > 2
    GC = [2;4];                                             % 不等式约束函数的梯度
    GCeq = [];
End
```

由于在目标函数和约束函数中均已定义了其梯度的解析形式，故在求解最优化问题的文件中需要将 GradObj 和 GradConstr 设置为 'on'，求解代码如下：

```
x0 = [0;0];
vlb = [0;0];
vub = [];
options = optimset('algorithm', 'interior-point', 'GradObj', 'on',...,
        'GradConstr', 'on');
[x,fval,exitflag,output] = fmincon('con1_objfungrad',x0,[],[],[],[],...,
vlb,vub, 'con1_confungrad',options)
```

运行结果为：

```
x = [ 5.0968, 3.4516 ]
fval = 12.7112

output =
            iterations: 9
             funcCount: 10
        constrviolation: 0
              stepsize: 2.5582e-06
             algorithm: 'interior-point'
         firstorderopt: 4.1256e-08
          cgiterations: 0
               message: [1x777 char]
```

用户提供了目标函数和约束函数的梯度信息，使函数评价的次数明显降低。

2. 供应与选址

某建筑公司有 6 个工地将要开工，每个工地的位置及水泥日用量由表 4-7 给出。为物料供应，需建两个日储量各为 20 吨的料场，问应建在何处，能使物料运输工作量(t·km)最少？

表 4-7 工地位置(a_1，a_2)及水泥日用量 d

	1	2	3	4	5	6
a_1(km)	1.25	8.75	0.5	5.75	3	7.25
a_2(km)	1.25	0.75	4.75	5	6.5	7.25
d(t)	3	5	4	7	6	11

◎ **建立模型**

为便于分析，假设从料场到工地之间均有直线道路相连。记工地的位置为(a_i，b_i)，水泥日用量为 d_i，$i=1,\cdots,6$；料场位置设为(y_{j_1}，y_{j_2})，日储量为 $e_j=20$，$j=1,2$；从料场 j 向工地 i 的运送量为 x_{ij}。则建立非线性规划数学模型如下：

$$\min \quad f = \sum_{j=1}^{2} \sum_{i=1}^{6} x_{ij} \sqrt{(y_{j1} - a_{i1})^2 + (y_{j2} - a_{i2})^2}$$

$$s.t. \quad \sum_{i=1}^{6} x_{ij} \leq e_j, \qquad j = 1,2$$

$$\sum_{j=1}^{2} x_{ij} = d_i, \qquad i = 1 \sim 6$$

$$x_{ij} \geq 0, \qquad i = 1 \sim 6, j = 1,2$$

编写目标函数 M 文件 con2_objFun.m

```
function f = con2_objFun(x)
a = [1.25  8.75  0.5  5.75  3  7.25
     1.25  0.75  4.75  5  6.5  7.25];

f1 = 0;
for  i = 1:6
    s(i) = sqrt((x(13) - a(1,i))^2 + (x(14) - a(2,i))^2);
    f1 = s(i) * x(i) + f1;
end

for  i = 7:12
    s(i) = sqrt((x(15) - a(1,i-6))^2 + (x(16) - a(2,i-6))^2);
    f1 = s(i) * x(i) + f1;
end

f = f1;
```

建立主程序脚本文件 main_con2.m：

```
x0 = [3 5 4 7 1 0 0 0 0 0 5 11 5.6348 4.8687 7.2479 7.7499];
A = [1 1 1 1 1 1 0 0 0 0 0 0 0 0 0 0
     0 0 0 0 0 0 1 1 1 1 1 1 0 0 0 0];
e = [20;20];
Aeq = [1 0 0 0 0 0 1 0 0 0 0 0 0 0 0 0
       0 1 0 0 0 0 0 1 0 0 0 0 0 0 0 0
       0 0 1 0 0 0 0 0 1 0 0 0 0 0 0 0
       0 0 0 1 0 0 0 0 0 1 0 0 0 0 0 0
       0 0 0 0 1 0 0 0 0 0 1 0 0 0 0 0
       0 0 0 0 0 1 0 0 0 0 0 1 0 0 0 0];
```

```
d = [3 5 4 7 6 11];
vlb = [zeros(12,1); - inf; - inf; - inf; - inf];
vub = [ ];
[x,fval,exitflag] = fmincon('con2_objFun',x0,A,e,Aeq,d,vlb,vub)
```

得到结果：

```
x = [3  5  4  7  1  0 0 0   0 0 5  11  5.6946  4.9267  7.25  7.25]
fval = 89.3118
```

两个料场的位置坐标及其供应 6 个工地的物料量优化结果见表 4-8，最小工作量为 89.3。

表 4-8　两个料场供应工地的用量及位置坐标

工　　地	1	2	3	4	5	6	坐　　标
料场 A	3	5	4	7	1	0	(5.6946, 4.9267)
料场 B	0	0	0	0	5	11	(7.25, 7.25)

4.4　多目标规划的若干解法

多目标规划是多目标最优化理论的重要组成部分，由于多个目标之间的矛盾性和不可公度性，要求使所有目标均达到最优解是不可能的，因此多目标规划问题往往只是求其有效解。目前求解多目标规划问题有效解的方法，有理想点法、线性加权和法、最大最小法、目标规划法，以及模糊数学解法。

4.4.1　多目标规划模型

多目标规划有着两个和两个以上的目标函数，且目标函数和约束条件全是线性函数，其数学模型表示为：

$$\max(\min)\quad Z = [z_1, z_2, \cdots, z_r]^\mathrm{T} = [f_1(x), f_2(x), \cdots, f_r(x)]^\mathrm{T}$$
$$s.t.\quad g_i(x) \leqslant (=, \geqslant)0, i = 1, 2, \cdots, m$$

其中，$X = \{x \mid x \in \mathbf{R}^n, g_i(x) \leqslant 0, i = 1, 2, \cdots, m\}$ 称为多目标规划的可行集，$z_j = f_j(x)$（$j = 1, 2, \cdots, r$）称为目标函数。当 r 个目标函数和 m 个约束条件全是线性函数，其数学模型为多目标线性规划；当目标函数个数为 1，其数学模型为单目标规划。

若 $x' \in X$，不存在另一个可行点 $x \in X$，使 $f_j(x) \geqslant f_j(x')$，$j = 1, 2, \cdots, r$ 成立，且其中至少有一个严格不等式成立，则称 x' 是多目标规划的一个非劣解。所有非劣解构成的集叫非劣集。非劣解又称为有效解、非优超解或 Pareto 最优解。

4.4.2　理想点法

理想点法首先求解出 r 个单目标问题：$\max(\min)\limits_{x \in X} z_j, j = 1, 2, \cdots, r$，设其最优值为 z_j^*，称 $Z^* = (z_1^*, z_2^*, \cdots, z_r^*)^\mathrm{T}$ 为值域中的一个理想点。于是，在期望的某种度量之下，寻求距离 Z^* 最近的 Z 作为最优值。构造评价函数

$$\varphi(z) = \sqrt{\sum_{j=1}^{r} (z_j - z_j^*)^2},$$

然后极小化 $\varphi(Z(x))$，即求解

$$\min_{x \in X} \varphi(Z(x)) = \sqrt{\sum_{j=1}^{r} (z_j - z_j^*)^2},$$

并将它的最优解 x^* 作为多目标规划的"最优解"。

【例 4-6】 利用理想点法求解

$$\max f_1(x) = -3x_1 + 2x_2$$
$$\max f_2(x) = 4x_1 + 3x_2$$
$$s.t \quad 2x_1 + 3x_2 \leqslant 18$$
$$2x_1 + x_2 \leqslant 10$$
$$x_1, x_2 \geqslant 0$$

解： ①先分别对单目标求解：

求解 $f_1(x)$ 最优解的 MATLAB 程序为

```
f=[3;-2]; A=[2,3;2,1]; b=[18;10]; lb=[0;0];
[x,fval]=linprog(f,A,b,[],[],lb)
```

结果输出为：x = 0.0000   6.0000

fval = -12.0000

即最优解为 $(0,6)$，最优值为 12。

求解 $f_2(x)$ 最优解的 MATLAB 程序为

```
f=[-4;-3]; A=[2,3;2,1]; b=[18;10]; lb=[0;0];
[x,fval]=linprog(f,A,b,[],[],lb)
```

结果输出为：

```
x   =3.0000  4.0000
fval  =-24.0000
```

即最优解为 $(3,4)$，最优值为 24。

于是得到理想点：$(12,24)$。

② 然后求如下模型的最优解

$$\min_{x \in D} \varphi[f(x)] = \sqrt{[f_1(x) - 12]^2 + [f_2(x) - 24]^2}$$
$$s.t \quad 2x_1 + 3x_2 \leqslant 18$$
$$2x_1 + x_2 \leqslant 10$$
$$x_1, x_2 \geqslant 0$$

求解的 MATLAB 程序如下：

```
A=[2,3;2,1]; b=[18;10]; x0=[1;1]; lb=[0;0];
x=fmincon('((-3*x(1)+2*x(2)-12)^2+(4*x(1)+3*x(2)-24)^2)^(1/2)',...,x0,
A,b,[],[],lb,[])
```

结果输出为：x = 0.5268　5.6488；

则对应的目标值分别为：$f_1(x) = 9.7172$，$f_2(x) = 19.0536$。

4.4.3　线性加权和法

在具有多个指标的问题中，人们总希望对那些相对重要的指标给予较大的权系数，可将多目标向量问题转化为所有目标的加权求和的标量问题，构造如下评价函数，即

$$\min_{x \in X} \varphi(Z(x)) = \sum_{j=1}^{r} w_j z_j(x)$$

$w_j (j = 1, 2, \cdots, r)$ 为加权因子，其选取的方法很多，有专家打分法、容限法和加权因子分解法等。

将它的最优解 x^* 作为多目标规划在线性加权和意义下的"最优解"。

【例 4-7】　对例 4-6 进行线性加权和法求解，权系数分别取 $w_1 = 0.5, w_1 = 0.5$。

解：构造如下评价函数，即求如下模型的最优解。

$$\min \{0.5 \times (3x_1 - 2x_2) + 0.5 \times (-4x_1 - 3x_2)\}$$
$$s.t \quad 2x_1 + 3x_2 \leqslant 18$$
$$2x_1 + x_2 \leqslant 10$$
$$x_1, x_2 \geqslant 0$$

求解的 MATLAB 程序如下：

```
f = [-0.5;-2.5];   A = [2,3;2,1];    b = [18;10];    lb = [0;0];
x = linprog(f,A,b,[],[],lb)
```

结果输出为：$x = 0.0$　6.0；

则对应的目标值分别为 $f_1(x) = 12$，$f_2(x) = 18$。

4.4.4　最大最小法

在决策的时候，采取保守策略是稳妥的，即在最坏的情况下，寻求最好的结果，按照此想法，可以构造如下评价函数：

$$\varphi(Z(x)) = \max_{1 \leqslant j \leqslant r} z_j(x)$$

然后求解：

$$\min_{x \in X} \varphi(Z(x)) = \min_{x \in X} \max_{1 \leqslant j \leqslant r} z_j(x)$$

并将它的最优解 x^* 作为多目标规划在最大最小意义下的"最优解"。

【例 4-8】　对例 4-6 进行最大最小法求解。

解：MATLAB 程序如下，首先编写目标函数的 M 文件：

```
function f = myfun12(x)
f(1) = 3*x(1)-2*x(2);
f(2) = -4*x(1)-3*x(2);
```

求解的 MATLAB 程序如下：

```
x0 = [1;1];    A = [2,3;2,1];    b = [18;10];    lb = zeros(2,1);
[x,fval] = fminimax('myfun12',x0,A,b,[],[],lb,[])
```

结果输出为：x = 0.0000   6.0000

fval = −12   −18

则对应的目标值分别为 $f_1(x) = 12, f_2(x) = 18$。

4.4.5 目标规划法

目标规划法就是先确定出多目标的期望达到值 $\underset{x \in X}{\text{appr}} Z(x) \to Z^0$，依据与目标值的差或距离构造目标规划模型。

1. 目标规划的一般数学模型

目标规划的一般数学模型就是根据目标的重要性级别及重要性程度，采用以下规划模型

$$\min \quad z = \sum_{l=1}^{L} p_l \Big[\sum_{j=1}^{r} (\omega_{lj}^- d_j^- + \omega_{lj}^+ d_j^+) \Big]$$
$$s.t. \quad f_j(x) + d_j^- - d_j^+ = z_j^0, \quad j = 1,2,\cdots,r$$
$$g_i(x) \leqslant 0, \qquad\qquad i = 1,2,\cdots,m$$
$$x, d^-, d^+ \geqslant 0$$

模型中第二行是 r 个目标约束，第三行是 m 个绝对约束，z_j^0 是目标参数。绝对约束是指必须严格满足的等式或不等式约束，它们是硬约束；目标约束是目标规划特有的，约束右端项是努力追求的目标值，但允许发生正、负偏差，用在约束中加入正、负偏差变量来表示，称它们是软约束。对于正偏差变量 d^+ 和负偏差变量 d^-，有 $d^+ \times d^- = 0$。目标规划的目标函数是通过目标约束的正、负偏差变量和赋予相应的优先等级因子 $p_l, l = 1,2,\cdots,L$，和权系数 $\omega_{lj}^-, \omega_{lj}^+, j = 1,2,\cdots,r$，来构造的。优先因子 $p_l \gg p_{l+1}, l = 1,2,\cdots,L-1$。

线性目标规划的一般数学模型如下

$$\min \quad z = \sum_{l=1}^{L} p_l \Big[\sum_{j=1}^{r} (\omega_{lj}^- d_j^- + \omega_{lj}^+ d_j^+) \Big]$$
$$s.t. \quad \sum_{k=1}^{n} c_{jk} x_k + d_j^- - d_j^+ = z_j^0, \quad j = 1,2,\cdots,r$$
$$\sum_{k=1}^{n} a_{ik} x_k = (\leqslant, \geqslant) b_i, \quad i = 1,2,\cdots,m$$
$$x, d^-, d^+ \geqslant 0$$

模型中 c_{jk} 和 z_j^0 是目标参数。决策者的要求是尽可能从某个方向缩小偏离目标的数值。

以上目标规划的数学模型与线性规划模型没有本质的区别，只是它的目标不止是一个，需按照优先因子进行一系列的单目标处理。低级别的目标优化是在高级别目标优化的基础上进行。

2. 目标规划的目标点数学模型

在目标空间 E^r 中引进点 $Z(x)$ 与 Z^0 之间的"距离":

$$D[Z(x), Z^0] = \sqrt{\sum_{j=1}^{r} \lambda_j (z_j(x) - z_j^0)^2}$$

类似理想点法,这时可以用单目标 $\min_{x \in X} D[Z(x), Z^0]$ 来进行优化了。

3. MATLAB 提供的多目标规划模型函数

MATLAB 提供了以下多目标规划模型的计算函数。

$$\min z$$
$$s.t. \quad F(x) - W \cdot z \leq Z^0,$$
$$A \cdot x \leq b,$$
$$A^{(e)} \cdot x \leq b^{(e)},$$
$$C(x) \leq 0,$$
$$C^{(e)}(x) = 0,$$
$$vlb \leq x \leq vub.$$

多目标规划模型函数的调用格式如下:

(a) x = fgoalattain('MobjFun', x0, goal, weight);

(b) x = fgoalattain('MobjFun', x0, goal, weight, A, b);

(c) x = fgoalattain('MobjFun', x0, goal, weight, A, b, Aeq, beq);

(d) x = fgoalattain('MobjFun', x0, goal, weight, A, b, Aeq, beq, vlb, vub);

(e) x = fgoalattain('MobjFun', x0, goal, weight, A, b, Aeq, beq, vlb, vub, 'nonlcon');

(f) x = fgoalattain('MobjFun', x0, goal, weight, A, b, Aeq, beq, vlb, vub, 'nonlcon', options);

(g) x = fgoalattain(problem);

(h) [x, fval] = fgoalattain(⋯);

(i) [x, fval, attainfactor] = fgoalattain(⋯);

(j) [x, fval, attainfactor, exitflag] = fgoalattain(⋯);

(k) [x, fval, attainfactor, exitflag, output] = fgoalattain(⋯);

(l) [x, fval, attainfactor, exitflag, output, lamda] = fgoalattain(⋯)。

其中,'MobjFun' 为多目标函数的 .m 文件名;x0 为初值;goal 为目标函数希望达到的目标向量值;wight 为各目标函数间的权重;A, b 为不等式约束的系数;Aeq, beq 为等式约束系数;vlb, vub 为 x 的下限和上限;fval 求解的 x 所对应的值;problem 是对问题参数的描述。算法原理为目标达到法。

【例 4-9】 对例 4-6 进行目标规划法求解。

解:MATLAB 程序如下,首先编写目标函数的 M 文件:

```
function f = myfun3(x)
f(1) = 3 * x(1) - 2 * x(2);
f(2) = -4 * x(1) - 3 * x(2);
```

求解主程序：

```
goal =[18,10];
weight =[18,10];
x0 =[1,1];
A =[2,3;2,1];
b =[18,10];
lb =zeros(2,1);
[x,fval] = fgoalattain('myfun3',x0,goal,weight,A,b,[],[],lb,[])
```

结果输出为：

```
x =   0.0000    6.0000
fval = -12        -18
```

则对应的目标值分别为 $f_1(x) = 12$，$f_2(x) = 18$。

4.5 动态规划问题

动态规划(dynamic programming)是运筹学的一个分支，是求解多阶段决策问题的最优化方法，主要用于求解以时间、空间为依据划分阶段的动态过程优化问题。动态规划可以将复杂问题按某种规则分解成一系列子问题，子问题相对简单，易于求解。动态规划可以将线性规划、非线性规划转化为动态规划进行求解。

动态规划已在经济管理、生产调度、工程技术和最优控制等方面得到了广泛的应用。例如最短路线、库存管理、资源分配、设备更新、排序、装载等问题，用动态规划方法比用其他方法求解更为方便。

4.5.1 动态规划数学模型构建

1. 动态规划的基本概念

◎ **阶段和阶段变量**

根据决策问题性质，可将决策过程(按空间位置、时间进程、工序等)恰当划分为若干相联系的阶段，总决策是各阶段的序列决策之和。一个阶段就是需要作出一个决策的子问题。用以描述阶段的变量叫做阶段变量，一般用 k 表示阶段变量。

◎ **状态、状态变量和可能状态集**

表示系统某阶段开始时所处的自然状况或客观条件称为状态，是决策的依据或出发点。反映状态变化的量叫状态变量，用于表示决策过程当前的特征量。阶段 k 的初始状态记作 s_k，终止状态或下一阶段的初始状态记作 s_{k+1}。可能状态集用大写字母 S_k 表示，$s_k \in S_k$。

◎ **决策、决策变量和允许决策集合**

在某状态下做出的下一步行动方案选择或决定称为决策，表示决策变化的量称为决策变量，记为 x_k。决策变量的取值范围与决策依据的状态有关，决策变量 x_k 的允许决策集用 $U_k(s_k)$ 表示，$x_k \in U_k(s_k)$。因此，决策变量可以描述为状态变量的函数，$x_k = x_k(s_k)$。

◎ **状态转移方程**

系统在阶段 k 的开始状态 s_k，经过决策 $x_k(s_k)$ 的行动方案使系统状态转移到 s_{k+1}，并成为下一阶段进行决策的依据。这种系统由阶段 k 的状态 s_k 经决策 x_k 的驱动转移到了 $(k+1)$ 阶段的状态 s_{k+1} 的规律可被描述成状态转移方程：

$$s_{k+1} = T_k(s_k, x_k(s_k))$$

◎ **多阶段决策过程**

动态规划的决策过程如图 4-2 所示，从第 k 阶段到最后第 n 阶段的决策过程称为后部 $k-n$ 子过程，当 $k=1$ 时称为全过程。

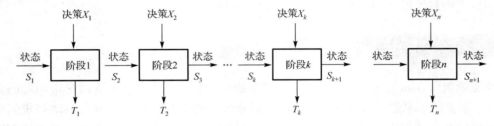

图 4-2　动态规划的决策过程示意图

◎ **策略和允许策略集合**

从第 k 阶段开始到最后第 n 阶段的决策序列，称为 k 部子策略 $P_{k,n}(s_k) = P_k(s_k)$，$P_1(s_1)$ 称为全过程策略。在允许策略集中，找出具有最优效果的策略称为最优策略。

◎ **指标函数**

用来衡量决策或策略效果的某种数量指标关系，就称为指标函数。分为阶段指标函数和过程指标函数。从状态 s_k 出发，由决策 x_k 所产生的第 k 阶段效益称为第 k 阶段指标，这种关系称为阶段指标函数，记为 $r_k(s_k, x_k)$。从状态 s_k 出发，选择决策 $x_k, x_{k+1}, \cdots, x_n$ 所产生的过程（效益）指标的关系，称为 k 子过程的过程指标函数，记为 $R_{k,n}(s_k, x_k, x_{k+1}, \cdots, x_n) = R_{k,n}(s_k, P_{k,n}) = R_k(s_k)$。

动态规划要求过程指标函数具有可分离性。即

$$R_{k,n}(s_k, x_k, x_{k+1}, \cdots, x_n) = r_k(s_k, x_k) + R_{k+1}(s_{k+1}, x_{k+1}, \cdots, x_n),$$

称指标具有可加性，或

$$R_{k,n}(s_k, x_k, x_{k+1}, \cdots, x_n) = r_k(s_k, x_k) \times R_{k+1}(s_{k+1}, x_{k+1}, \cdots, x_n),$$

称指标具有可乘性。

◎ **求解的基本方程**

动态规划的多阶段决策问题的数学模型呈以下形式：

$$f = \operatorname*{opt}_{x_1 \sim x_n} R(s_1, x_1, s_2, x_2, \cdots, s_n, x_n) = \operatorname*{opt}_{P_{1,n}} R(s_1, P_{1,n})$$

$$s.t. \begin{cases} s_{k+1} = T_k(s_k, x_k) \\ s_k \in S_k \\ x_k \in U_k \\ k = 1, 2, \cdots, n \end{cases}$$

式中"opt"表示最优化，视具体情况取 max 或 min。

作为整个过程的最优策略具有如下性质：不管在此最优策略上的某个状态以前的状态和决策如何，对该状态来说，以后的所有决策必定构成最优子策略，即最优策略的任意子策略都是最优的。据此，动态规划的求解过程是按阶段结构逆序求解一系列 $k-n$ 子过程问题，当 $k=1$ 时得到全过程问题的解。

设：用 $f_k(s_k)$ 表示 $k-n$ 子过程指标函数 $R_{k,n}(s_k, P_{k,n})$ 在 s_k 状态下的最优值，即：

$$f_k(s_k) = \operatorname*{opt}_{p_k \in P_k(s_k)} \{ R_k(s_k, p_k(s_k)) \} \quad (k = 1, 2, \cdots, n)$$

称 $f_k(s_k)$ 为第 $k-n$ 子过程上的最优指标函数，与它相应的子策略 $P_{k,n}$ 称为状态 s_k 下的最优子策略。

对于可加性指标函数，上式可以写为

$$\begin{aligned} f_k(s_k) &= \operatorname*{opt}_{P_{k,n}} \{ R_k(s_k, p_k(s_k)) \} \\ &= \operatorname*{opt}_{x_k, P_{k+1,n}} \{ r_k(s_k, x_k) + R_{k+1}(s_{k+1}, P_{k+1,n}(s_{k+1})) \} \\ &= \operatorname*{opt}_{x_k} \{ r_k(s_k, x_k) + \operatorname*{opt}_{P_{k+1,n}} \{ R_{k+1}(s_{k+1}, P_{k+1,n}(s_{k+1})) \} \} \\ &= \operatorname*{opt}_{x_k} \{ r_k(s_k, x_k) + f_{k+1}(s_{k+1}) \} \quad k = n, n-1, \cdots 2, 1 \end{aligned} \tag{4-1}$$

对于可乘性指标函数，上式中的加号改为乘号得

$$f_k(s_k) = \operatorname*{opt}_{x_k} \{ r_k(s_k, x_k) \times f_{k+1}(s_{k+1}) \} \quad k = n, n-1, \cdots 2, 1 \tag{4-2}$$

式(4-1)、式(4-2)称为动态规划最优计算的递推方程，是动态规划的基本方程。

终端条件：为了使以上递推方程有递推的起点，须设定最优指标的终端条件，对于可加性指标为 $f_{n+1}(s_{n+1}) = 0$，对于可乘性指标为 $f_{n+1}(s_{n+1}) = 1$。

2. 动态规划数学模型构建的步骤

① 设定阶段变量：$k = 1, 2, \cdots, n, n+1$（$n+1$ 为边界条件设定）。

② 设定第 k 阶段的状态变量为 s_k，状态集合为 S_k。

③ 设定第 k 阶段的决策变量为 x_k，允许决策集合为 $D_k(s_k)$。

④ 建立状态转移方程：$s_{k+1} = T(s_k, x_k)$。

⑤ 设定阶段效益（指标函数）：$r_k = r_k(s_k, x_k)$。

⑥ 设定过程指标函数：$R_{k,n}(s_k, x_k, x_{k+1}, \cdots, x_n) = \sum r_i(s_i, x_i)$。

⑦ 第 k 阶段的最优指标函数 $f_k = f_k(s_k)$。

则动态规划的基本方程为：

$$f_k(s_k) = \operatorname*{opt}_{x_k \in D_k(s_k)} \{r_k(s_k, x_k\} + f_{k+1}(s_{k+1})\} \quad k = n, n-1, \cdots, 2, 1$$

$$f_{n+1} = 0 \quad (边界条件)$$

或

$$f_k(s_k) = \operatorname*{opt}_{x_k \in D_k(s_k)} \{r_k(s_k, x_k) \times f_{k+1}(s_{k+1})\} \quad k = n, n-1, \cdots, 2, 1$$

$$f_{n+1} = 1 \quad (边界条件)$$

4.5.2　动态规划 MATLAB 程序分析

根据上述动态规划的数学模型，设定过程效益指标最大为标准型，编制求效益指标函数最大的逆序算法递归计算程序如下：

```matlab
function [p_opt,fval] = zxf_dynprog(s,DecisFun,SubObjfun,TransFun,Objfun)
% 输出参数：
%       p_opt ——由 4 列构成的最优策略信息, p_opt =[序号,状态,最优策略,指标函数值]
%       fval  ——各元素分别表示 p_opt 各最优策略对应始端状态 s 的最优函数值向量
% 输入参数：
%       s                 ——状态(m)*阶段(n)矩阵，一列代表一个阶段的所有状态
%       DecisFun(k,s)     ——定义由阶段 k、状态 s 确定的允许决策(集合)向量
%       TransFun(k,s,x)   ——定义状态转移函数 s_{k+1}=T(s_k,x_k)，s 是阶段状态，x 是相应
%                            的决策变量
%       SubObjfun(k,s,x)——定义阶段 k、状态 s、决策 x 对应的阶段效益指标函数 r
%       Objfun(v,f)       ——定义第 k 阶段至最后阶段过程指标函数 R_{k,n}
[m,n]   = size(s);                    % 计算状态 * 阶段的矩阵尺寸
s_is_s  = ~ isnan(s);                 % 状态 * 阶段矩阵的非空矩阵
f_opt   = nan * ones(m,n);            % 对应状态 * 阶段矩阵的最优过程指标矩阵
d_opt   = f_opt;                      % 对应状态 * 阶段矩阵的决策矩阵

% 先计算最后阶段的相关值
Index_sn = find(s_is_s(:,n));         % 取出最后阶段状态向量索引
num_sn = length(Index_sn);            % 计算最后阶段状态个数
for i =1:num_sn
  x = feval(DecisFun,n,s(Index_sn(i),n));
                  % 执行 DecisFun，获取 n 阶段 s(i,n)状态的决策(集合)向量
  num_x = length(x);                  % 计算决策向量元素个数
  R_value = - inf;
  for j =1:num_x                      % 循环求出当前状态下效益指标最大的决策
    f_tmp = feval(SubObjfun,n,s(Index_sn(i),n),x(j));
                  % 计算在 Index_sn(i)对应的状态下 x(j)决策的指标值
    if f_tmp > R_value                % 当指标值大时
      f_opt(Index_sn(i),n) = f_tmp;   % 保存指标值
      d_opt(Index_sn(i),n) = x(j);    % 保存决策值
      R_value = f_tmp;                % 保存指标值
end;  end;  end
% 逆推计算(n -1) ~1 各阶段指标的递归调用程序
```

```
for k = n - 1 : -1 : 1
  Index_sk = find(s_is_s(:,k));                % 取出第 k 阶段状态向量索引
  num_sk = length(Index_sk);                   % 计算第 k 阶段状态个数
  for i = 1:num_sk
    x = feval(DecisFun,k,s(Index_sk(i),k));
                    % 执行 DecisFun, 获取 k 阶段 s(i,k) 状态的决策(集合)向量
    num_xk = length(x);                         % 计算决策向量元素个数
    R_value = - inf;
    for j = 1:num_xk                            % 循环求出当前状态下效益指标最大的决策
      r_value = feval(SubObjfun,k,s(Index_sk(i),k),x(j));
                        % 计算在 Index_sk(i) 对应状态下 x(j) 决策的阶段指标
      s_next = feval(TransFun,k,s(Index_sk(i),k),x(j));
                        % 计算在 Index_sk(i) 对应状态下 x(j) 决策的状态转移
      tmp0 = s(:,k + 1) - s_next;
      index_sk1 = find(tmp0 == 0);             % 获取状态对应的索引
      if ~isempty(index_sk1),
        if nargin < 5
          f_tmp = r_value + f_opt(index_sk1(1),k + 1); % 计算过程指标(默认表达式)
        else
          f_tmp = feval(Objfun,r_value,f_opt(index_sk1(1),k + 1));
                                                % 计算过程指标(由 Objfun 计算)
        end
        if f_tmp > R_value                      % 当过程指标值大时
          f_opt(Index_sk(i),k) = f_tmp;         % 保存指标值
          d_opt(Index_sk(i),k) = x(j);          % 保存决策值
          R_value = f_tmp;                      % 保存指标值
end; end; end; end; end;

fval = f_opt(Index_sn,1);
fval = fval(find( ~isnan(fval)),1);             % 输出 fval

% 记录最优决策、最优轨线和相应指标函数值
p_opt = [ ];tmp_s = [ ];tmp_d = [ ];tmp_r = [ ];
Index_s1 = find(s_is_s(:,1));                   % 第 1 阶段有效状态索引
num_s1 = length(Index_s1);                      % 第 1 阶段有效状态数目
for i = 1:num_s1,
  tmp_d(i) = d_opt(Index_s1(i),1);              % 取第 1 阶段 i 状态下的决策
  tmp_s(i) = s(Index_s1(i),1);                  % 取第 1 阶段 i 状态
  tmp_r(i) = feval(SubObjfun,1,tmp_s(i),tmp_d(i));
                    % 计算第 1 阶段 i 状态下最优决策的阶段指标
  p_opt(n * (i - 1) + 1,[1,2,3,4]) = [1,tmp_s(i),tmp_d(i),tmp_r(i)];
                                                % 输出到 p_opt 中
  for k = 2:n
    tmp_s(i) = feval(TransFun,k - 1,tmp_s(i),tmp_d(i));
                                                % 取第 k 阶段的转移状态
    st_k = s(:,k) - tmp_s(i);
    index_sk = find(st_k == 0);                 % 取第 k 阶段状态的索引
    if ~isempty(index_sk)
```

```
        tmp_d(i) = d_opt(index_sk(1),k);        % 取第 k 阶段的决策
    end;
    tmp_r(i) = feval(SubObjfun,k,tmp_s(i),tmp_d(i));
                            % 计算第 k 阶段 tmp_s(i)状态下最优决策的阶段指标
    p_opt(n*(i-1)+k,[1,2,3,4]) = [k,tmp_s(i),tmp_d(i),tmp_r(i)];
                                            % 输出到 p_opt 中
end;  end;
```

处理具体问题时，通过分析建模，需要编制定义四个函数：①DecisFun(k,s)定义阶段 k、状态 s 条件下的允许决策集合；②TransFun(k,s,x)定义状态转移方程；③SubObjfun(k, s,x)定义阶段 k、状态 s、决策 x 的阶段效益指标函数；④Objfun(v,f)定义动态规划过程指标函数计算的基本方程。

4.5.3　动态规划案例分析

下面进行动态规划的几个案例分析。

1. 设备分配

某公司新购置了某种设备 6 台，欲分配给下属的 4 个企业，已知各企业获得这种设备后年创利润如表 4-9 所示，单位为千万元。问应该如何分配这些设备能使公司的全年创利润最大，最大利润是多少？

表 4-9　各企业获得设备后年创利润

设备 ＼ 企业	甲	乙	丙	丁
0	0	0	0	0
1	4	2	3	4
2	6	4	5	5
3	7	6	7	6
4	7	8	8	6
5	7	9	8	6
6	7	10	8	6

◎ **问题分析**

这是一个资源分配的动态规划问题，一般描述为：设有某种资源（如设备、资金等）m 个单位，欲将资源分配给 n 个企业（或部门）。已知分配给第 k 企业（或部门）x_k 个单位资源后，可创利润为 $r(x_k)$，是 x_k 的不减函数。

动态规划一般将 n 个企业（或部门）定义为 n 个阶段；第 k 阶段的决策是分配给第 k 企业（或部门）的资源数量，用 x_k 表示，称为决策变量；待分配的资源是分配的前提条件，定义状态变量 s_k，表示分配完第 $1,2,\cdots,k-1$ 个企业（或部门）之后剩余的可供第 k 及之后企业（或部门）分配的资源数量；企业（或部门）利润 $r(x_k)$ 为阶段指标，最优值函数 $f(s_k)$ 表示把资源 s_k 分配给第 $k,k+1,\cdots,n$ 个企业（或部门）能获得的最大利润。

◎ **建模分析**

设 4 个企业对应 4 个阶段，设定阶段变量：$k = 1, 2, \cdots, n, n = 4$；

设定第 k 阶段的状态变量 s_k 为可分配给第 k 个企业至最后一个企业的设备数量；

设定第 k 阶段的决策变量 x_k 为分配给第 k 个企业的设备数量，x_k 的值不能超过可分配的设备数量，允许决策集合为 $D_k(s_k) = \{0, 1, \cdots, s_k \mid k < n\}$，$D_n(s_n) = \{s_n\}$，定义 $\mathrm{DecisFun}(k, s)$：

```
function D = zxf_DecisFun1(k,s)
if k == 4
  D = s;                          % 最后阶段的设备应全部分配
else
  D = 0:s;                        % 分配的设备可以为 0，最多为 s
end
```

建立状态转移方程：$s_{k+1} = s_k - x_k$，$k = 1, 2, 3, 4$。定义 $\mathrm{TransFun}(k, s, x)$：

```
function  sk1 = zxf_TransFun1(k,sk,x)
sk1 = sk - x;
```

企业获得设备后产生的利润为阶段效益（指标函数）：$r_k = r_k(s_k, x_k)$，定义 $\mathrm{SubObjfun}(k, s, x)$：

```
function r = zxf_SubObjFun1(k,s,x)
v = [4  2  3  4;6  4  5  5;7  6  7  6;7  8  8  6;7  9  8  6;7  10  8  6];
if x > s || x == 0
    r = 0;
else
    r = v(x,k);
end
```

逆序累加的利润为过程指标函数：$R_{k,n}(s_k, x_k, \cdots, x_n) = \sum r_i(s_i, x_i)$，定义 ObjFun：

```
function y = zxf_ObjCumulative(r,f)
y = r + f;
```

◎ **计算求解**

动态规划的决策依据是状态，第 k 阶段状态集合为 S_k：$S_1 = \{6\}$；$S_2 = S_3 = S_4 = \{0, 1, \cdots, 6\}$。

建立计算主程序脚本文件 main_dynprog1.m：

```
s1 = [6;nan * ones(6,1)];              % 第 1 阶段的状态(集合)向量
s2 = 0:6;                              % 第 2~4 阶段的状态(集合)向量
s2 = s2';
s = [s1,s2,s2,s2];                     % 4 个阶段的状态(集合)向量构成状态矩阵
[p,f] = zxf_dynprog(s, 'zxf_DecisFun1', 'zxf_SubObjFun1',..., 'zxf_TransFun1',
      'zxf_ObjCumulative')
```

得到结果：

```
p = 1    6    2    6
    2    4    2    4
    3    2    1    3
    4    1    1    4

f = 17
```

设备分配最大获利是 17，对应的分配方案为：一厂分配 2 台设备，获利 6；二厂分配 2 台设备，获利 4；三厂分配 1 台设备，获利 3；四厂分配 1 台设备，获利 4。

2. 电子设备可靠性

某电子设备由 5 种元件 1,2,3,4,5 串联组成，其可靠性分别为 0.9, 0.85, 0.75, 0.87, 0.66。为提高电子设备系统的可靠性，同种元件可并联多个。现允许设备使用元件的总数为 15 个，求使设备可靠性最大的元件安排方案。

◎ **问题分析**

这也是一个资源分配的动态规划问题。将 5 种元件定义为 5 个阶段；第 k 阶段确定第 k 种元件并联的个数，用 $x(k)$ 表示，称为决策变量；可配置的元件数量为 15，定义状态变量 $s(k)$ 表示可供第 k 及之后元件种类设计的元件数量；元件可靠性 $r(x(k))$ 为阶段指标。最优值函数 $f(s(k))$ 表示 $s(k)$ 个元件组成第 $k, k+1, \cdots, 5$ 种元件串联的最大可靠性。

◎ **建模分析**

设 5 种元件对应 5 个阶段，设阶段变量：$k = 1, 2, \cdots, n$，求 $n = 5$；

设第 k 阶段的状态变量 s_k 为可安排给第 $k \sim n$ 阶段的元件数量；

设第 k 阶段的决策变量 x_k 为第 k 种元件并联的个数，允许决策集为 $D_k(s_k) = \{1, \cdots, s_k - (n-1) \mid k < n\}$，$D_n(s_n) = \{s_n\}$，定义 DecisFun$(k, s)$：

```
function D = my_DecisFun(k,s)
n = 5;
if k == n
    D = s;
else
    D = 1:s - (n - k);
end
```

建立状态转移方程：$s_{k+1} = s_k - x_k$，$k = 1, 2, 3, 4$。定义 TransFun(k, s, x)：

```
function sk1 = my_TransFun(k,sk,x)
sk1 = sk - x;
```

设定阶段效益（指标函数）：$r_k = 1 - (1 - v_k)^x$，定义 SubObjfun(k, s, x)：

```
function v = my_SubObjFun(k,s,x)
v = [0.9,0.85,0.75,0.87,0.96];
r = 1 - (1 - v(k)).^ x;
```

设定过程指标函数：$R_{k,n}(s_k, x_k, \cdots, x_n) = \prod r_i(s_i, x_i)$ 为阶段效益累乘函数，定义 ObjFun：

```
function y = my_ObjFun(r,f)
y = r * f;
```

◎ 计算求解

该问题第 k 阶段的状态集合为 s_k：$s_1 = \{15\}$；$s_2 = \{1, 2, \cdots, 14\}$，$s_3 = \{1, 2, \cdots, 13\}$，$s_4 = \{1, 2, \cdots, 12\}$，$s_5 = \{1, 2, \cdots, 11\}$。建立计算主程序脚本文件 main.m：

```
N = 5;    m = 15;
s = nan * ones(m,n);
s(1,1) = m;
for k = 2:n
    s(n - k + 1:m - k + 1 , k) = [1:m - k + 1]';
end
[p,f] = my_dynprog(s, 'my_DecisFun', 'my_SubObjFun', 'my_TransFun', 'my_Obj-
        Fun1')
```

得到结果：

```
p = 1.0000   15.0000    3.0000    0.9990
    2.0000   12.0000    3.0000    0.9966
    3.0000    9.0000    4.0000    0.9961
    4.0000    5.0000    3.0000    0.9978
    5.0000    2.0000    2.0000    0.9984
f =  0.9880
```

所以，设计 1, 2, 3, 4 和 5 号元件分别并联 3, 3, 4, 3, 2 个，系统获得最大可靠性为 0.988。

3. 咨询项目选择

某咨询公司有 50 个工作日可以去处理四种类型的咨询项目，每种类型的咨询项目中待处理的客户数量、处理每个客户所需的工作日数以及所获得的利润如表 4-10 所示：

表 4-10　咨询项目类型、待处理客户数量、所需工作日数以及项目利润

咨询项目类型	待处理客户数 c_k	处理每个客户所需工作日数 d_k	处理每个客户所获利润 v_k
1	4	1	2
2	4	3	8
3	4	4	11
4	4	7	20

该咨询公司应如何选择客户使得在这 50 个工作日中获利最大？

◎ 建模分析

咨询项目选择属于背包问题，根据自己背包的能力装载物品，使得承载的物品价值最

大。咨询项目选择的依据是公司计划的总时间及处理项目需要的时间和价值。

本咨询项目选择按项目类型划分 4 个阶段，$k = 1$，2，3，n，$n = 4$。

设分配给第 k 种咨询项目至第 n 种咨询项目的总工作日数为第 k 阶段的状态变量 s_k；

设处理第 k 类项目的数量为第 k 阶段的决策变量 x_k，允许决策集合为

$$D_k(s_k) = \{x_k \mid 0 \leq x_k \leq \min([s_k/d_k], c_k)\};$$

式中，d_k 为 1 个 k 项目所需工作日数，c_k 为待处理客户数。

定义允许决策集合函数 DecisFun(k,s)：

```
function D = my_DecisFun(k,s)
c = 4;
d = [1,3,4,7];
n = 4;
if k == n
    D = min(fix(s/d(k)),c);
else
    D = 0:min(fix(s/d(k)),c);
end
```

建立状态转移方程：$s_{k+1} = s_k - d_k x_k$，$k = 1$，2，3，4。定义 TransFun(k,s,x)：

```
function sk1 = my_TransFun(k,sk,x)
d = [1,3,4,7];
sk1 = sk - d(k) * x;
```

阶段效益（指标函数）：$r_k = v_k * x_k$，定义 SubObjfun(k,s,x)：

```
function  r = my_SubObjFun(k,s,x)
v = [2, 8, 11, 20];
r = v(k) * x;
```

过程指标函数：$R_{k,n}(s_k, x_k, \cdots, x_n) = \sum r_i(s_i, x_i)$ 为阶段效益累加函数，定义 ObjFun：

```
function y = my_ObjFun(r,f)
y = r + f;
```

◎ **计算求解**

该问题第 k 阶段的状态集合为 s_k：$s_1 = \{10\}$；$s_2 = \{6, \cdots, 10\}$，$s_3 = s_4 = \{0,1,\cdots,10\}$。

建立计算主程序脚本文件 main.m：

```
n = 4;              m = 46;
s = nan * ones(m + 1,n);
s(1,1) = m;
s(7:m + 1, 2) = [ 6:m]';
s(1:m + 1, 3) = [ 0:m]';
s(1:m + 1, 4) = s(:,3);
[p,f] = my_dynprog(s, 'my_DecisFun', 'my_SubObjFun', 'my_TransFun',...,
        'my_ObjFun1')
```

得到结果：

```
p =
    1    46     0     0
    2    46     2    16
    3    40     3    33
    4    28     4    80
f =
129
```

咨询项目最优选择方案为：不做第 1 类项目；第 2 类项目做两项，获利 16；第 3 类项目做三项，获利 33；第 4 类项目做四项，获利 80。总计最大获利是 126。

4. 生产与储存

某公司生产电器设备，客户采取预订方式购买，所以该公司可根据订单核算未来几个月的需求量。为确保需求，该公司为新的一年前四个月制定一项生产计划，这四个月的需求分别为：20，36，16，30。生产成本随着生产数量而变化。一次调试费为 6000，除了调试费用外，每月生产的头 20 台每台成本为 2000，中间 20 台每台成本为 1600，后 20 台每台成本为 1200。最大生产能力每月为 60 台。

每台设备在仓库中由这个月存到下个月的储存费为 200，仓库的最大储存能力为 30台，另外，知道在 1 月 1 日时仓库里存有 10 台设备，要求在 4 月 30 日仓库的库存量为 0。试问该公司应如何制定生产计划，使得四个月的生产成本和储存总费用最少。

◎ **建模分析**

生产与储存问题的动态规划建模思路为：按时间划分阶段，每阶段周期的生产量是决策变量，期初的库存量是状态变量。

本案例按月份来划分阶段，$k = 1 \sim n$，$n = 4$；

设第 k 阶段期初库存量为状态变量 s_k，$k = 1 \sim n$，$s_k \leq \min(\sum\limits_{i=k}^{n} d_k, 30)$；

设为第 k 阶段的生产量为决策变量 x_k，$k = 1 \sim n$；已知第 k 阶段需求量 $d_k(k = 1, 2, 3, 4)$，允许决策为：$x_k \leq$ 生产能力 $= 4$，$x_k \leq \sum\limits_{i=k}^{n} d_k - s_k$，$x_k \geq d_k - s_k$，$k = 1, 2, 3, 4$。故有

$$d_k - s_k \leq x_k \leq \min\left[(\sum\limits_{i=k}^{4} d_i) - s_k, 4 \right]$$

定义允许决策集合函数 DecisFun(k,s)：

```
function D = my_DecisFun(k,s)
a = 60;
d = [20,36,16,30];
n = 4;
xmin = max(0, d(k) - s);
xmax = 0;
```

```
for i = k:n
    xmax = xmax + d(i);
end
xmax = min(xmax - s, a);
D = xmin:xmax;
```

状态转移方程：$s_{k+1} = s_k + x_k - d_k$，$k = 1, 2, 3, 4$。定义 TransFun(k,s,x)：

```
function sk1 = my_TransFun(k,sk,x)
d = [20,36,16,30];
sk1 = sk + x - d(k);
```

阶段效益（指标函数）：$r_k = c_k * x_k + 200(s_k + x_k - d_k)$，定义 SubObjfun(k,s,x)：

```
function  r = my_SubObjFun(k,s,x)
if x = 0
    r = 0;
elseif x <= 20
    r = 6000 + 2000 * x;
elseif x <= 40
    r = 6000 + 2000 * 20 + 1600 * x;
elseif x <= 60
    r = 6000 + 2000 * 20 + 1600 * 20 + 1200 * x;
end
r = -r - 200(sk + xk - dk);              % 负数表示费用，最少费用，就是负的的最大
```

过程指标函数：$R_{k,n}(s_k, x_k, \cdots, x_n) = \sum r_i(s_i, x_i)$ 为阶段效益累加函数，定义 ObjFun：

```
function y = my_ObjFun(r,f)
y = r + f;
```

◎ **计算求解**

该问题第 k 阶段的状态集合为 s_k：$s_1 = \{10\}$；$s_2 = \{0,1\cdots30\}$，$s_3 = \{0,1\cdots30\}$，$s_4 = \{0, 1,\cdots,30\}$。建立计算主程序脚本文件 main.m：

```
m = 30;
s1 = [m;nan * ones(m,1)];
s2 = 0:m;
s2 = s2';
s = [s1,s2,s2,s2,s2];
[p,f] = my_dynprog(s, 'my_DecisFun', 'my_SubObjFun', 'my_TransFun',...,
    'my_ObjFun1')
```

得到结果：

```
p =
    1   10   10   -26000
    2    0   52   -95600
    3   16    0        0
    4    0   30   -62000
```

```
f =
    -183600
```

所以，1~4 月的产量分别为 10、52、0、30，优化的总成本为 183 600。

4.6 最短路问题

在现实生活和工作中会经常遇到最短路问题，例如寻找两点之间总长度最短或者费用最低的路径。在运输、物流、设施选址以及人员调度问题中，最短路径是很常见的问题。解决最短路问题的方法有很多，例如迪杰斯特拉算法（Dijkstra）、弗洛伊德算法（Floyd）。

4.6.1 最短路径算法简介

1.图与网络的基本概念

图论中的图不是几何图形，而是由点与线构成的抽象图形，它可以很好地描述、刻画研究对象（点）及其之间的特定关系（连线）。一般情况下，图中点的相对位置、联线长短，对于反映对象之间的关系并不是很重要。

示例：在一人群中，对相互认识的关系可以用图来表示，如图 4-3 所示。

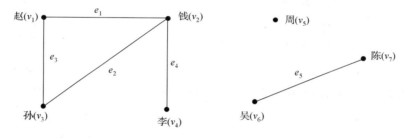

图4-3 赵、钱、孙、李、周、吴、陈之间相互认识的关系

图论中的图有两类：无向图和有向图。无向图：由点和边构成的图叫无向图，简称图，记为 G = (V,E)，其中 V 是图 G 的点集合，E 是图 G 的边集合；有向图：由点和弧（带箭头的边）构成的图叫有向图，记为 D = (V,E)，其中 V 为图 D 的点集合，E 为图 D 的弧集合。

无向图是一种特殊的有向图，无向图的边实际就是等价于两条反向的弧。

若有边 e 可表示为 $e = [v_i, v_j]$，称 v_i 和 v_j 是边 e 的端点，反之称边 e 为点 v_i 或 v_j 的关联边。若点 v_i、v_j 与同一边关联，称点 v_i 和 v_j 相邻；若边 e_i 和 e_j 具有公共的端点，称边 e_i 和 e_j 相邻。如果边 e 的两个端点相重，称该边为环。如果两个点之间多于一条边，称为多重边，对无环、无多重边的图称为简单图。

与某一个点 v_i 相关联的边的数目称为点 v_i 的次（也称为度），记为 $d(v_i)$。次为奇数的点称为奇点，次为偶数的点称为偶点，次为 0 的点称为孤立点。图的次等于各点的次之和。

图中有些点和边的交替序列 $\mu = \{v_0, e_1, v_1, e_2, v_2, \cdots, e_k, v_k\}$，对任意 v_{t-1} 和 $v_t (2 \leqslant t \leqslant k)$ 均相邻，称 μ 从 v_0 到 v_k 的链。如果链中各边 $e_1, e_2 \cdots, e_k$ 互不相同称为简单链。如果链中所有的

顶点 v_0，v_1，$\cdots$，v_k 都不相同，这样的链称为初等链（路）。当 v_0 与 v_k 重合时称为回路（圈），如果边不重复称为简单回路（圈）。

如图 4-4 所示，$\mu_1 = \{v_5, e_8, v_3, e_3, v_1, e_2, v_2, e_4, v_3, e_7, v_4\}$ 是一条链，因顶点 v_3 重复出现，不能称为路，但称 μ_1 为简单链。$\mu_2 = \{v_4, e_7, v_3, e_3, v_1, e_2, v_2, e_6, v_4\}$ 是一条回路并且是简单回路。

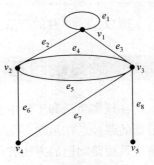

若在一个图中，如果每一对顶点之间至少存在一条链，称这样的图为连通图，否则称该图是不连通的。图 $G_1 = \{V_1, E_1\}$ 和图 $G_2 = \{V_2, E_2\}$，如果 $V_1 \subseteq V_2$ 和 $E_1 \subseteq E_2$，则称 G_1 是 G_2 的一个子图。若有 $V_1 = V_2$ 和 $E_1 \subseteq E_2$，则称 G_1 是 G_2 的一个支撑子图（部分图）。支撑子图也是子图，子图不一定是支撑子图。

图 4-4　环、多重边示意图

2. 关联矩阵和邻接矩阵

对无向图 G，其关联矩阵 $M = (m_{ij})_{V \times E}$，其中：$m_{ij} = \begin{cases} 1 & v_i \text{ 与 } e_j \text{ 相关联} \\ 0 & v_i \text{ 与 } e_j \text{ 不关联} \end{cases}$。

图 4-5 的关联矩阵如下：

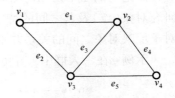

$$M = \begin{array}{c} \\ \\ \\ \\ \end{array} \begin{array}{cccccc} e_1 & e_2 & . & . & e_5 \\ \end{array} \\ M = \begin{pmatrix} 1 & 1 & 0 & 0 & 0 \\ 1 & 0 & 1 & 1 & 0 \\ 0 & 1 & 1 & 0 & 1 \\ 0 & 0 & 0 & 1 & 1 \end{pmatrix} \begin{array}{c} v_1 \\ v_2 \\ v_3 \\ v_4 \end{array}$$

图 4-5　关联矩阵示意图

对有向图 D，其关联矩阵 $M = (m_{ij})_{V \times E}$，其中：$m_{ij} = \begin{cases} 1 & v_i \text{ 是 } e_j \text{ 的起点} \\ -1 & v_i \text{ 是 } e_j \text{ 的终点} \\ 0 & v_i \text{ 与 } e_j \text{ 不关联} \end{cases}$。

对无向图 G，其邻接矩阵 $A = (a_{ij})_{V \times V}$，其中：$a_{ij} = \begin{cases} 1 & v_i \text{ 与 } v_j \text{ 相邻} \\ 0 & v_i \text{ 与 } v_j \text{ 不相邻} \end{cases}$。

图 4-6 的邻接矩阵如下：

$$A = \begin{array}{c} \\ v_1 \ \ v_2 \ \ . \ \ . \ \ . \ \ v_7 \\ \end{array} \\ A = \begin{pmatrix} 0 & 0 & 0 & 0 & 0 & 1 & 1 \\ 0 & 0 & 1 & 0 & 0 & 0 & 1 \\ 0 & 1 & 0 & 1 & 1 & 0 & 1 \\ 0 & 0 & 1 & 0 & 1 & 0 & 0 \\ 0 & 0 & 1 & 1 & 0 & 1 & 1 \\ 1 & 0 & 0 & 0 & 1 & 0 & 1 \\ 1 & 1 & 1 & 0 & 1 & 1 & 0 \end{pmatrix} \begin{array}{c} v_1 \\ v_2 \\ v_3 \\ v_4 \\ v_5 \\ v_6 \\ v_7 \end{array}$$

对有向图 D，其邻接矩阵 $A = (a_{ij})_{V \times V}$，其中：$a_{ij} = \begin{cases} 1 & \text{当}(v_i, v_j) \in E \\ 0 & \text{当}(v_i, v_j) \notin E \end{cases}$

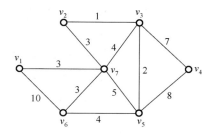

图 4-6　邻接矩阵示意图

对赋权图 G，其邻接矩阵 $A = (a_{ij})_{V \times V}$，其中：$a_{ij} = \begin{cases} w_{ij} & \text{当} (v_i, v_j) \in E, w_{ij} \text{为权值} \\ 0 & \text{当} i = j \\ \infty & \text{当} (v_i, v_j) \notin E \end{cases}$。

所谓赋权图 $G = [V, E]$ 是指研究对象点之间关系的某种属性用权数表示，如距离、费用等，这个权数与边 $e_i \in E$ 相关联，表示为边的权数 $C(e_i) \geqslant 0$，如图 4-5 中每条边旁边的数。

3. 固定起点最短路的 Dijkstra 算法

最短路问题是对一个赋权有向图 D 中指定的两点 v_s 和 v_t，找到一条从 v_s 到 v_t 的最短路，使得这条路上所有弧的权数的总和最小，这条路被称为从 v_s 到 v_t 的最短路，这条路上所有弧的权数的总和被称为从 v_s 到 v_t 的距离。

Dijkstra 算法是计算从某个源点到其余各顶点的最短路径，是按照路径长度递增的次序产生最短路径的算法。

设赋权有向图的表述为：$G = [V, E, W]$，其中顶点集 $V = \{v_1, v_2, \cdots, v_n\}$，即顶点的个数 $|V| = n$。$W = (w_{ij})$ 为的 G 邻接矩阵，w_{ij} 表示边 (v_i, v_j) 的权，且需要满足非负条件。求 G 中 v_s 到其他各顶点的最短路径。用 $d(v_j)$ 表示从 v_s 到 v_j 的只允许经过已选出顶点的最短路径的权值，用 $p(v_j)$ 表示到 v_j 的最短路径的前一个顶点。相应的算法步骤为：

① 初始化，$\forall j \in (1, 2, \cdots, n)$，令 $p(v_j) = s$，$d(v_j) = w_{sj}$；$S = \{v_s\}$，$V_s = V \setminus S = \{v_1, \cdots v_{s-1}, v_{s+1}, \cdots, v_n\}$；

② 在 V_s 中寻找一个顶点 v_k，使得：$d(v_k) = \min\limits_{v_j \in V_s}\{d(v_j)\}$，置 $S = S \cup \{v_k\}$，$V_s = V \setminus S$。若 $V_s = \Phi$，则结束，否则转③；

③ 修正 $d(v_j)$：$d(v_j) = \min\begin{Bmatrix} d(v_j) \\ d(v_k) + w_{kj} \end{Bmatrix}$，$v_j \in V_s$，$p(v_j) = \begin{cases} k & \text{当} d(v_j) > d(v_k) + w_{kj} \\ p(v_j) & \text{否则} \end{cases}$，转②。

经过 $n - 1$ 次迭代之后，所有顶点都被选出，$d(v_j)(j = 1, 2, \cdots, n)$ 的终值就给出了从顶点 v_1 到其余各顶点 $v_j(j = 2, 3, \cdots, n)$ 的最短路径的长度，反向追踪 $p(v_j)$ 即可以得到最短路径。

4. 任意两顶点之间的最短路 Floyd 算法

Floyd 算法是一种用于寻找给定的加权图中任意两顶点之间的最短路径的算法。它是通过一个图的权值矩阵求出它的每两点间的最短路径矩阵。从图的赋权邻接矩阵 $A = [a(i,j)]_{n\times n}$ 开始，递归地进行 n 次更新，即由矩阵 $D^{(0)} = A$，按一个公式，构造出矩阵 $D^{(1)}$；又用同样的公式由 $D^{(1)}$ 构造出 $D^{(2)}$；最后又用同样的公式由 $D^{(n-1)}$ 构造出矩阵 $D^{(n)}$。矩阵 $D^{(n)}$ 的 i 行 j 列元素便是 i 号顶点到 j 号顶点的最短路径长度，称 $D^{(n)}$ 为图的距离矩阵，同时引入一个路径矩阵 R 来记录两点间的中间点，据此可推得任意两点间的最短路径。

◎ **算法原理——求最短距离矩阵的方法**

① 把赋权邻接矩阵 W 作为距离矩阵的初值，即 $D^{(0)} = (d_{ij}^{(0)})_{V\times V} = W$；

② $D^{(1)} = (d_{ij}^{(1)})_{V\times V}$，其中 $d_{ij}^{(1)} = \min\{d_{ij}^{(0)}, d_{i1}^{(0)} + d_{1j}^{(0)}\}$，$d_{ij}^{(1)}$ 是从 v_i 到 v_j 的只允许以 v_1 作为中间点的路径中最短路的长度；

③ $D^{(2)} = (d_{ij}^{(2)})_{V\times V}$，其中 $d_{ij}^{(2)} = \min\{d_{ij}^{(1)}, d_{i2}^{(1)} + d_{2j}^{(1)}\}$，$d_{ij}^{(2)}$ 是从 v_i 到 v_j 的只允许以 v_1、v_2 作为中间点的路径中最短路的长度；

④ $D^{(k)} = (d_{ij}^{(k)})_{V\times V}$，其中 $d_{ij}^{(k)} = \min\{d_{ij}^{(k-1)}, d_{ik}^{(k-1)} + d_{kj}^{(k-1)}\}$，$d_{ij}^{(k)}$ 是从 v_i 到 v_j 的只允许以 $v_1, v_2, \cdots, v_k$ 作为中间点的路径中最短路的长度，如图 4-7 所示；当 $k = V$ 时，$d_{ij}^{(V)}$ 是从 v_i 到 v_j 的只允许以 $v_1, v_2, \cdots, v_V$ 作为中间点的路径中最短路的长度。即是从 v_i 到 v_j 中间可插入任何顶点的路径中最短路的长，因此 $D^{(V)}$ 即是距离矩阵。

◎ **算法原理——求最短路径矩阵的方法**

在建立距离矩阵的同时可建立路径矩阵 $R = (r_{ij})_{V\times V}$，r_{ij} 的含义是从 v_i 到 v_j 的最短路要经过点号为 r_{ij} 的点。

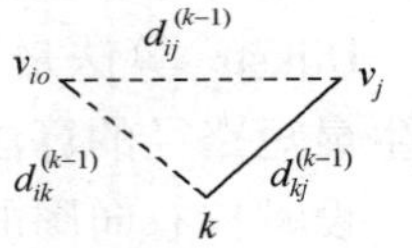

① $R^{(0)} = (r_{ij}^{(0)})_{V\times V}$，$r_{ij}^{(0)} = j$。

② 每计算一个 $D^{(k)}$，就计算新的 $R^{(k)}$

$$R^{(k)} = (r_{ij}^{(k)})_{V\times V}, r_{ij}^{(k)} = \begin{cases} k & \text{当 } d_{ij}^{(k-1)} > d_{ik}^{(k-1)} + d_{kj}^{(k-1)} \\ r_{ij}^{(k-1)} & \text{否则} \end{cases}$$

图 4-7　求 $d_{ij}^{(k)}$ 示意图

即当 v_k 被插入任何两点间的最短路径时，被记录在 $R^{(k)}$ 中，依次求得 $D^{(V)}$ 时求得 $R^{(V)}$，可由 $D^{(V)}$ 来查找任何点对之间最短路的路径。

◎ **算法原理——查找最短路路径的方法**

当 $r_{ij}^{(V)} = p_1$，则 p_1 是从 v_i 到 v_j 的最短路要经过的中间点。然后用同样的方法分头依次查找其他中间点：

① 向点 v_i 追溯得：$r_{ip_1}^{(V)} = p_2, r_{ip_2}^{(V)} = p_3, \cdots, r_{ip_{k-1}}^{(V)} = p_k$；

② 向点 v_j 追溯得：$r_{p_j}^{(V)} = q_1, r_{q_j}^{(V)} = q_2, \cdots, r_{q_j}^{(V)} = j$。

则由点 v_i 到 v_j 的最短路的路径为：$i, p_k, p_{k-1}, \cdots, p_1, q_1, \cdots, q_{m-1}, q_m, j$。如图 4-8 所示。

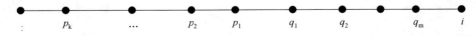

图 4-8　最短路的路径点示意图

◎ 算法步骤——求任意两点间的最短路

Floyd 算法描述：求任意两顶点间的最短路。

如前所示，符号 $d(i,j)$ 代表 i 到 j 的距离，$r(i,j)$ 代表 i 到 j 之间的插入点。算法的输入为赋权邻接矩阵 $W = (w(i,j))_{V \times V}$。

① 初始化：令 $k = 1$，对 $\forall i,j \in V$，设置 $d(i,j) = w(i,j)$，$r(i,j) = j$；

② 更新 $d(i,j)$，$r(i,j)$

$$\forall i,j, d(i,j) = \begin{cases} d(i,j) & \text{当 } d(i,j) \leqslant d(i,k) + d(k,j) \\ d(i,k) + d(k,j) & \text{否则} \end{cases}$$

$$\forall i,j, r(i,j) = \begin{cases} r(i,j) & \text{当 } d(i,j) \leqslant d(i,k) + d(k,j) \\ k & \text{否则} \end{cases}$$

③ 当 $k = |V|$，则计算结束；否则令 $k = k + 1$，转②。

5. 最短路算法程序

◎ Dijkstra 算法 MATLAB 程序

根据赋权邻接矩阵 A、起始点 startP 和终止点 endP，用 Dijkstra 算法求最短距离、最短路径的节点向量、最短距离向量和最短路径的父节点向量。

```
function [min_Distance, min_Parent, min_distance, min_Path]... = zxfDijkstra
(A, startP, endP)
% Dijkstra 算法程序：求从 startP 点到 endP 点的最短路
% 输出参数：
%       min_distance ——最短距离
%       min_path     ——最短路径的节点向量
%       min_distance ——最短距离向量
%       min_parent   ——最短路径的父节点向量
% 输入参数：
%       A        ——图的转移矩阵或者邻接矩阵，应为方阵
%       startP ——所求最短路径的起始点
%       endP   ——所求最短路径的终止点

  n = size(A,1);                    % 顶点数

  % 赋初值
  min_Distance = A(startP ,:);      % 从 startP 点一步到各点的距离
  min_Parent = ones(1,n) * startP;  % 初始父节点
  S = startP;                       % 初始标号点
  k = 1;                            % 已标号点数(或开始迭代次数)
  u = S;                            % 初始化可能的更新路径点 u

  while k < n                       % 更新 min_Distance(v)和 min_Parent(v), v ∈ Vs( = V \S)
    for j = 1:n
      if ~ismember(j,S)                              % 只考虑 Vs = V \S 中的点
        if min_Distance(j) > min_Distance(u) + A(u,j)  % 更新的条件
```

```
            min_Distance(j) = min_Distance(u) + A(u,j);% 更新更小的距离
            min_Parent(j)    = u;                      % 更新父节点
          end
        end
      end
   % 找出 Vs 中距离最小的点 v *
      lv = inf;
      for j = 1:n
        if ~ismember(j,S)
          if min_Distance(j) < lv
            lv = min_Distance(j);
            vk = j;
          end
        end
      end
      S = [S vk];                                      % 增加已标号点
      k = k + 1;                                       % 已标号点数(或迭代次数)
      u = vk;
   end
   if nargout > 2
     if nargin < 3
       endP = n;
     end
     min_distance = min_Distance(endP);               % 最短距离
     min_Path = endP;
     while min_Path(1) ~= startP                       % 逆向追索最短路径
       min_Path = [min_Parent(min_Path(1))min_Path];
     end
   end
 end
end
```

◎ **Floyd 算法 MATLAB 程序**

根据赋权邻接矩阵 A，用 Floyd 算法求最短距离矩阵 D 和路径矩阵 R：

```
function [D,R] = my_floydDR(A)            % Floyd 算法，求最短距离矩阵和路径矩阵
% 输出参数：    D——为最短距离矩阵，     R——最短路径矩阵
% 输入参数：    A——赋权邻接矩阵

n = size(A,1);

D = A;                                    % 赋初值 D
R = zeros(n,n);
for i = 1:n
  for j = 1:n
    if D(i,j) ~= inf
      R(i,j) = j;                         % 赋初值 R
    end
  end
end
```

```
for k = 1:n
  for i = 1:n
    for j = 1:n
      if D(i,k) + D(k,j) < D(i,j)
        D(i,j) = D(i,k) + D(k,j);                    % 修正 D
        R(i,j) = R(i,k);                             % 修正 R
      end
    end
  end
end
```

根据 Floyd 算法得出的 D 和 R 及开始点 startP 和终止点 endP，求最短路径和距离：

```
function [min_path, min_distance] = my_minPathDR(D, R, startP, endP)
% 根据 Floyd 算法得出的 D 和 R 及开始终止点 startP, endP, 求最短路径和距离
% 输出参数：   min_path        ——最短路径
%             min_distance    ——最短距离
% 输入参数：   D               ——由 Floyd 算法求出的最短距离矩阵
%             R               ——由 Floyd 算法求出的最短路径矩阵
%             startP          ——所求最短路径的起点
%             endP            ——所求最短路径的终点

% 返回最短路径的距离
min_distance = D(startP, endP);

% 追溯最短路径
if min_distance ~= inf
  p = R(startP, endP);
  q = p;
  min_path = [p];
  while q ~= endP
    q      = R(q, endP);
    min_path = [min_path   q];
  end

  q = R(startP, p);
  while p ~= p
    q      = p;
    p      = R(startP, p);
    min_path = [p min_path];
  end
  min_path = [startP min_path];
else
  min_path = [];
end
```

◎ **多重等价最短路的 MATLAB 程序**

以上程序算法可求得任意两点间的最短路径和距离，但存在的问题就是当存在多条最

短路径时，只能给出一种结果。为了能求出多条等价最短路径，采用 Dijkstra 算法编程如下。

```
function [min_Distance, min_Parent, min_distance, min_Path]... = zxf_multiPath_
Dijkstra(A, startP, endP)
% Dijkstra 算法程序: 求出一个最优解或多个等价最优解
% 输出参数:
%     min_distance ——最短距离
%     min_Path      ——最短路径的节点向量
%     min_Distance ——最短距离向量
%     min_Parent    ——最短路径的父节点向量
% 输入参数:
%     A        ——图的转移矩阵或者邻接矩阵, 应为方阵
%     startP ——所求最短路径的起点
%     endP    ——所求最短路径的终点
  n = size(A,1);                    % 顶点数
  % 赋初值
  min_Distance = A(startP,:);       % 从 startP 点一步到各点的距离
  min_Parent = cell(1,n);           % n 个顶点的父节点单元向量
  for j = 1:n
    min_Parent{j} = startP;         % 记录父节点
  end
  S = startP;                       % 标注开始点
  u = S;                            % 初始化可能的更新路径点 u
  k = 1;                            % 开始迭代次数
  while k < n             % 更新 min_Distance(v) 和 min_Parent(v), v∈Vs( = V\S)
    for j = 1:n
      if ~ismember(j,S)&& j ~= u                      % 只考虑 Vs 中的点
        if min_Distance(j) >= min_Distance(u) + A(u,j)  % 更新的条件
          if min_Distance(j) > min_Distance(u) + A(u,j) % 唯一父节点
            min_Distance(j) = min_Distance(u) + A(u,j);
            min_Parent{j}    = u;
          elseif ~ismember(u,min_Parent{j})              % 等价父节点
            min_Parent{j}   = [min_Parent{j}, u];
          end
        end
      end
    end

    % 找出 Vs 中距离最小的点 v*
    lv = inf;
    for j = 1:n
      if ~ismember(j,S)
        if min_Distance(j) < lv
          lv = min_Distance(j);
          vk = j;
        end
      end
    end
```

```matlab
        k = k + 1;
        S = [S vk];                              % 增加已标号点
        u = vk;
    end
    if nargout > 2
        if nargin < 3
            endP = n;
        end
        min_distance = min_Distance(endP);       % 最短距离
% 追溯最短路径
        if min_distance ~ = inf
            prepoint = min_Parent{endP};          % 终点父节点向量
            n_path = length(prepoint);            % 终点父节点向量长度, 最短路径(初始)条数
            min_Path = ones(n_path,1) * endP;     % 最短路径终止点
            pp_path = prepoint';                  % 路径初始父节点向量
            min_Path = [pp_path, min_Path];       % 最短路径追溯
            n_pp = 0;
            all_p_startP = 1;                     % 是否找到所有的起点
            while n_pp < n_path
                n_pp = n_pp + 1;
                all_p_startP = all_p_startP&&(pp_path(n_pp) == startP);
            end
            while ~ all_p_startP                  % 当没找到所有的起点
                ppoint_path = [];                 % 查找当前的父节点向量
                temp_path = [];
                for i = 1:n_path                  % 循环当前的最短路径条数查找父节点
                    prepoint = min_Parent{pp_path(i)};
                    n_pp = length(prepoint);
                    ppoint_path = [ppoint_path; prepoint'];
                    for j = 1:n_pp
                        temp_path = [temp_path; min_Path(i,:)];
                    end
                end
                pp_path = ppoint_path;            % 当前的父节点向量
                min_Path = [pp_path, temp_path];  % 最短路径追溯
                n_path = length(pp_path);         % 当前最短路径追溯条数
                n_pp = 0;
                all_p_startP = 1;                 % 是否找到所有的起点
                while n_pp < n_path
                    n_pp = n_pp + 1;
                    all_p_startP = all_p_startP&&(pp_path(n_pp) == startP);
                end
            end
        else
            min_Path = [];
        end
    end
end
```

采用 Floyd 算法求出多条等价最短路径的编程如下。

```
function [D,R] = zxf_floydDR(A)
% Floyd 算法, 求最短距离矩阵和路径矩阵
% 输出参数:     D——为最短距离矩阵,       R——最短路径单元矩阵
% 输入参数:     A——赋权邻接矩阵

  n = size(A,1);

  D = A;                                          % 赋初值 D
  R = cell(n);
  for i = 1:n
    for j = 1:n
      if D(i,j) ~= inf
        R{i,j} = j;                               % 赋初值 R
      end
    end
  end

  for k = 1:n
    for i = 1:n
      for j = 1:n
        if i ~= k && j ~= k && D(i,k) + D(k,j) <= D(i,j)
          if D(i,k) + D(k,j) < D(i,j)
            D(i,j) = D(i,k) + D(k,j);       % 修正 D
            R(i,j) = {k};                    % 修正 R
          elseif D(i,j) ~= inf
            R{i,j} = [R{i,j},k];             % 修正 R
          end
        end
      end
    end
  end
end

function [min_Path, min_distance] = zxf_minPathDR(D, R, startP, endP)
% 输出参数:
%     min_Path         ——最短路径
%     min_distance     ——最短距离
% 输入参数:
%       D         ——由 Floyd 算法求出的最短距离矩阵
%       R         ——由 Floyd 算法求出的最短路径单元矩阵
%     startP——所求最短路径的起点
%     endP     ——所求最短路径的终点

% 返回最短路径的距离
  min_distance = D(startP, endP);               % 最短距离

% 追溯最短路径
  if min_distance ~= inf
    points_Cell = R{startP, endP};              % 中间节点向量
    n_path = length(points_Cell);               % 终点父节点向量长度, 最短路径(初始)条数
    pp_path = points_Cell';
```

```
        min_Path = pp_path;

        n_pp = 0;
        all_p_endP = 1;                      % 是否找到所有的终点
        while n_pp < n_path
          n_pp = n_pp + 1;
          all_p_endP = all_p_endP &&(pp_path(n_pp) == endP);
        end
        while ~all_p_endP                    % 当没找到所有的终点
          ppoint_path = [];                  % 查找当前的中间点向量
          temp_path = [];
          for i = 1:n_path                   % 循环当前的最短路径条数查找中间点
            prepoint = R{pp_path(i),endP};
            n_pp = length(prepoint);
            ppoint_path = [ppoint_path; prepoint'];
            for j = 1:n_pp
              temp_path = [temp_path; min_Path(i,:)];
            end
          end
          pp_path = ppoint_path;             % 当前中间节点向量
          min_Path = [temp_path, pp_path];   % 最短路径追溯
          n_path = length(pp_path);          % 当前最短路径追溯条数
          n_pp = 0;
          all_p_endP = 1;                    % 是否找到所有的终点
          while n_pp < n_path
            n_pp = n_pp + 1;
            all_p_endP = all_p_endP &&(pp_path(n_pp) == endP);
          end
        end
%
  pp_path = min_Path(:,1);
  ppoint_path = [];                          % 查找当前的中间点向量
  temp_path = [];
  for i = 1:n_path                           % 循环当前的最短路径条数查找中间点
    prepoint = R{startP, pp_path(i)};
    n_pp = length(prepoint);
    ppoint_path = [ppoint_path; prepoint'];
    for j = 1:n_pp
      temp_path = [temp_path; min_Path(i,:)];
    end
  end
  pp_path = temp_path(:,1);
  n_path = length(pp_path);

  n_pp = 0;
  all_p_startP = 1;                          % 是否找到所有的始点
  while n_pp < n_path
    n_pp = n_pp + 1;
    all_p_startP = all_p_startP &&(pp_path(n_pp) == ppoint_path(n_pp));
  end
```

```
while ~all_p_startP
  pp_path = ppoint_path;                        % 当前中间节点向量
  min_Path = [pp_path, temp_path];              % 最短路径追溯

  ppoint_path = [];                             % 查找当前的中间点向量
  temp_path = [];
  for i = 1:n_path                              % 循环当前的最短路径条数查找中间点
    prepoint = R{startP, pp_path(i)};
    n_pp = length(prepoint);
    ppoint_path = [ppoint_path; prepoint'];
    for j = 1:n_pp
      temp_path = [temp_path; min_Path(i,:)];
    end
  end
  pp_path = temp_path(:,1);
  n_path = length(pp_path);                     % 当前最短路径追溯条数
  n_pp = 0;
  all_p_endP = 1;                               % 是否找到所有的始点
  while n_pp < n_path
    n_pp = n_pp + 1;
    all_p_startP = all_p_startP &&(pp_path(n_pp) == ppoint_path(n_pp));
  end
end
  min_Path = [ones(n_path,1) * startP  min_Path];
else
  min_Path = [];
end
end
```

4.6.2　最短路径示例

1. 旅行家问题

有一个旅行家，他居住在城市 v_1，他计划游览他附近的若干城市，假设这些城市网络可以用图 4-9 来表示。首先要估算到各城市的距离和最少花费，然后确定行程。下面利用 Dijkstra 算法来求解 v_1 到各顶点的最短距离。

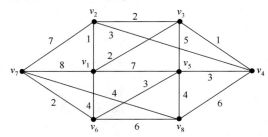

图 4-9　旅行家居住城市及附近城市关系网络图

图 4-9 带权邻接矩阵为:

$$W = \begin{bmatrix} 0 & 1 & 2 & \infty & 7 & 4 & 8 & \infty \\ 1 & 0 & 2 & 5 & \infty & \infty & 7 & \infty \\ 2 & 2 & 0 & 1 & 5 & \infty & \infty & \infty \\ \infty & 5 & 1 & 0 & 3 & \infty & \infty & 6 \\ 7 & \infty & 5 & 3 & 0 & 3 & \infty & 4 \\ 4 & \infty & \infty & \infty & 3 & 0 & 2 & 6 \\ 8 & 7 & \infty & \infty & \infty & 2 & 0 & 4 \\ \infty & \infty & \infty & 6 & 4 & 6 & 4 & 0 \end{bmatrix}$$

则相应的权值 w_{ij} 即是 W 的第 i 行第 j 列的元素。由于 G 是无向图,所以 W 为对称阵。
建立主程序脚本文件,调用 Dijkstra 算法程序求解:

```
W = [0   1   2   Inf   7   4   8   Inf;
     1   0   2   5   Inf Inf   7   Inf;
     2   2   0   1   5   Inf Inf Inf;
     Inf 5   1   0   3   Inf Inf   6;
     7   Inf 5   3   0   3   Inf   4;
     4   Inf Inf Inf 3   0   2   6;
     8   7   Inf Inf Inf 2   0   4;
     Inf Inf Inf 6   4   6   4   0];
[min_Distance, min_Prepoint] = zxf_multiPath_Dijkstra(W, 1)
```

得到结果:

```
min_Distance =   0   1   2   3   6   4   6   9
min_Prepoint = [1] [1] [1] [3] [4] [1] [6] [4]
```

进行反向追踪,得到如图 4-10 所示的直观结果,其中括号中的数字即表示 v_1 到该点的
最短路径的长度。

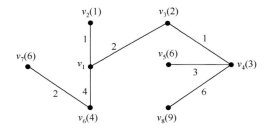

图 4-10 旅行家居住城市到附近城市的最短路径及长度

2. 电信光缆最短线路

图 4-11 是甲、乙两地间的交通图,电信公司准备在甲、乙两地沿路架设一条光缆线,
问如何架设使其光缆线路最短。

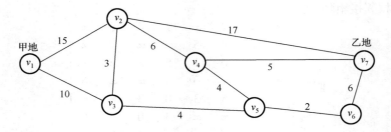

图 4-11   甲、乙两地间的交通图

写出图 4-11 的赋权邻接矩阵：

$$W = \begin{pmatrix} 0 & 15 & 10 & \text{inf} & \text{inf} & \text{inf} & \text{inf} \\ 15 & 0 & 3 & 6 & \text{inf} & \text{inf} & 17 \\ 10 & 3 & 0 & \text{inf} & 4 & \text{inf} & \text{inf} \\ \text{inf} & 6 & \text{inf} & 0 & 4 & \text{inf} & 5 \\ \text{inf} & \text{inf} & 4 & 4 & 0 & 2 & \text{inf} \\ \text{inf} & \text{inf} & \text{inf} & \text{inf} & 2 & \text{inf} & 6 \\ \text{inf} & 17 & \text{inf} & 5 & \text{inf} & 6 & 0 \end{pmatrix}$$

建立主程序脚本文件，调用 Dijkstra 算法程序求解：

```
W =[0    15    0    Inf   Inf   Inf   Inf;
    15    0    3    6     Inf   Inf   17;
    10    3    0    Inf   4     Inf   Inf;
    Inf   6    Inf  0     4     Inf   5;
    Inf   Inf  4    4     0     2     Inf;
    Inf   Inf  Inf  Inf   2     Inf   6;
    Inf   17   Inf  Inf   Inf   6     0];
[min_Distances, min_Parent, min_distance, min_Path]... = zxf_multiPath_Dijkstra
(W, 1, 7)
```

得到结果：

```
min_Distances = 0    13    10    18    14    16    22
min_Parent    =[1]  [3]   [1]   [5]   [3]   [5]   [6]

min_distance = 22
min_Path      =1    3    5    6    7
```

3.设备更新

某公司使用一台设备，在每年年初，公司要决定是购买新的设备还是继续使用旧设备。如果购置新设备，就要支付一定的购置费，新设备的维修费就低。如果继续使用旧设备，可以省去购置费，但维修费高。现在需要制定一个五年的更新设备的计划，使得五年内购置费和维修费总的支付费用最小。这种设备每年年初的价格及设备所需要的维修费见表4-11。

表4-11 设备每年年初的价格表

年　份	1	2	3	4	5
年初价格	11	11	12	12	13

已知使用不同时间(年)的设备所需要的维修费如表4-12所示。

表4-12 设备所需要的维修费表

使用年数	0～1	1～2	2～3	3～4	4～5
每年维修费用	5	6	8	11	18

可以把求得总费用最少的设备更新计划问题, 转化为最短路的问题。用点 v_i 表示"第 i 年年初购进一台新设备", 加设了 v_6 点可以理解为第5年年底, 从 v_i 到 v_{i+1}, …, v_6 各画一条弧, 弧 (v_i, v_j) 表示在第 i 年年初购进的设备一直使用到第 j 年年初, 即第 $j-1$ 年年底。此最短路问题如图4-12所示。

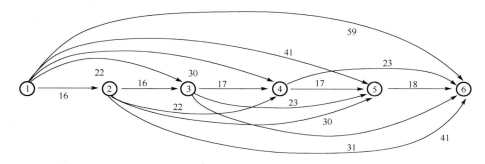

图 4-12 设备更新最短路示意图

图 4-12 的赋权邻接矩阵为:

$$W = \begin{pmatrix} 0 & 16 & 22 & 30 & 41 & 59 \\ \text{inf} & 0 & 16 & 22 & 30 & 41 \\ \text{inf} & \text{inf} & 0 & 17 & 23 & 31 \\ \text{inf} & \text{inf} & \text{inf} & 0 & 17 & 23 \\ \text{inf} & \text{inf} & \text{inf} & \text{inf} & 0 & 18 \\ \text{inf} & \text{inf} & \text{inf} & \text{inf} & \text{inf} & 0 \end{pmatrix}$$

建立主程序脚本文件, 调用 Dijkstra 算法程序求解:

```
W =[0    16   22   30   41   59
    Inf   0   16   22   30   41
    Inf  Inf   0   17   23   31
    Inf  Inf  Inf   0   17   23
    Inf  Inf  Inf  Inf   0   18
    Inf  Inf  Inf  Inf  Inf   0];
```

```
[min_Distances, min_Parent, min_distance, min_Path]... = zxf_multiPath_Dijkstra
(W, 1, 6)
```

得到结果：

```
min_Distances =0      16    22    30    41         53
min_Parent    =[1]  [1]  [1]  [1]  [1]  [1x2 double]
min_distance  =53
min_Path      =1      3      6
               1      4      6
```

有两个最优等价方案：第一年购买新设备使用一年或两年，之后更新设备使用到第五年底，总费用最少为53。

4. 公交车线路设计

如图 4-13 所示，图中的顶点为城市，边代表两个城市间的连通关系，边上的权即为距离。现要为每一对可达的城市间设计一条公共汽车线路，要求线路的长度在所有可能的方案里是最短的。

图 4-13 赋权邻接矩阵为：

$$W = \begin{pmatrix} 0 & 1 & \text{inf} & \text{inf} & \text{inf} & 2 \\ 1 & 0 & 4 & \text{inf} & \text{inf} & 4 \\ \text{inf} & 4 & 0 & 2 & \text{inf} & 1 \\ \text{inf} & \text{inf} & 2 & 0 & 3 & 3 \\ \text{inf} & \text{inf} & \text{inf} & 3 & 0 & 5 \\ 2 & 4 & 1 & 3 & 5 & 0 \end{pmatrix}$$

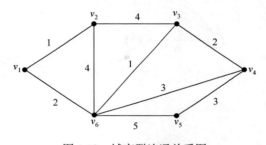

图 4-13　城市群连通关系图

建立主程序脚本文件，调用 Floyd 算法程序求解：

```
W =[0    1    Inf   Inf   Inf   2
    1    0    4     Inf   Inf   4
    Inf  4    0     2     Inf   1
    Inf  Inf  2     0     3     3
    Inf  Inf  Inf   3     0     5
    2    4    1     3     5     0];
[D,R] = my_floydDR(W);
for startP =1:5
    for endP = startP +1:6
        [min_path, min_distance] =my_minPathDR(D, R, startP, endP)
    end
end
```

得到结果：

```
min_path =1  2                         min_distance =1
min_path =1  6  3                      min_distance =3
min_path =1  6  4  4
         1  6  3  4                     min_distance =5
min_path =1  6  5                      min_distance =7
min_path =1  6                         min_distance =2
min_path =2  3  3  3
         2  1  6  3                     min_distance =4
min_path =2  3  3  4  4
         2  1  6  4  4
         2  1  6  3  4                  min_distance =6
min_path =2  1  6  5                   min_distance =8
min_path =2  1  6                      min_distance =3
min_path =3  4                         min_distance =2
min_path =3  4  5                      min_distance =5
min_path =3  6                         min_distance =1
min_path =4  5                         min_distance =3
min_path =4  6  6
         4  3  6                        min_distance =3
min_path =5  6                         min_distance =5
```

4.6.3　校园导游案例分析

1.校园导游简介

本节提出的基于 Dijkstra 算法实现的一个实际应用是校园导游的问题, 这也是许多实际问题的简化, 如电子地图、物流选址问题等。该实际应用选取的是北京理工大学的校园地图, 将各景点根据实际情况进行简化, 并用数字代号及适当的距离标记每个景点及每两个相邻景点间的距离。如下所示, 图 4-14 为北京理工大学的平面校园平面图, 图 4-15 为简化后的北京理工大学校园景点关系图。

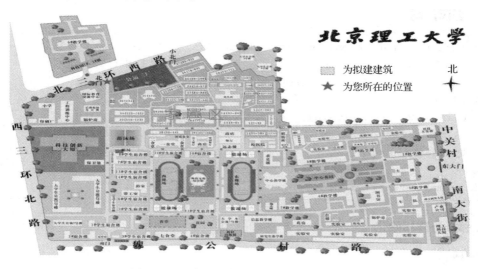

图 4-14　北京理工大学实际校园平面地图

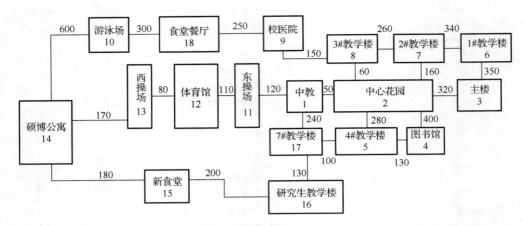

图4-15　北京理工大学简化的校园景点关系图

在 MATLAB 中,将该地图上显示的景点编号及每两相邻景点间的距离作为数据输入,从而实现最短距离景点查询功能,如图4-15所示。如想查询景点1到景点10,则只需输入查询的起始点及终止点的编号,程序输出最短距离的线路图。

校园导游图的 MATLAB 实现过程:实现校园导游图,需要原始数据的输入。可通过文本数据读取的方式得到原始数据的输入。根据 Dijkstra 算法的需要,程序需对邻接矩阵进行初始化,故校园导游图的 MATLAB 的实现过程包括景点信息读取、邻接矩阵初始化及查询点信息三个主要部分。

2. 校园导游图的景点信息

◎ **描述**

实现景点信息的 txt 文本数据读取,在 txt 文本文件中数据格式在每行为一个景点编号及添加其对应的信息描述,程序读入作为数组的一行。

◎ **程序代码**

```
function [information] = sight_spot_info(filein,fileout)
fidin = fopen(filein, 'r');              % 以只读的方式打开 filein 文件
fidout = fopen(fileout, 'w');            % 将结果写入文件
while ~feof(fidin)
  tlinetemp = fgetl(fidin);              % 得到一行的文本值
  tline = native2unicode(tlinetemp);     % 正常读入中文
  fprintf(fidout, '                      % s\n',tline);% 将读取的值写入 fileout 文件
end
information = importdata(fileout);       % 导出数据——邻接矩阵
```

3. 邻接矩阵初始化

◎ **描述**

邻接矩阵的初始化也是通过读取 txt 文件的方式获得景点间距离的数据作为邻接矩阵

的权值。由于基于 Dijkstra 算法的邻接矩阵是对称矩阵，故程序中只需输入对角线一边的数据即可，而通过对称矩阵的性质还原邻接矩阵。

◎ **程序代码**

```
function A = import(filein)
data = textread(filein);                    % 读取.txt 文件
num = data(1);                              % 记录景点个数
for i = 1:num
  for j = 1:data(1)
    defaultA(i,j) = inf;                    % 邻接矩阵赋初值为无穷大
  end
end
temp = size(data);
row = temp(1) -1;                          % 记录总的行数
for k = 1:num
  for i = 2:row        % 从第二行开始处理，因为第一行是输入的景点数及权值数值
    temp1 = searchvex(num,data(i,1));
                       % searchvex.m 文件找到给定点所在的行值及列值
    temp2 = searchvex(num,data(i,2));
defaultA(temp1,temp2) = data(i,3);
    defaultA(temp2,temp1) = defaultA(temp1,temp2);
                                           % 对称矩阵的初始化
  end
end
A = defaultA;
```

4.调用 Dijkstra 算法的主程序

◎ **描述**

程序主要包括用户输入查询信息、变量初始化、求最短距离、求最短路距离路径。算法的主要思想即根据 Dijkstra 算法实现过程来完成的。

◎ **程序脚本代码**

```
disp('以下是景点对应的编号：')                        % disp 函数显示中文
importinfo = sight_spot_info('info.txt', 'tempinfo.txt')% 显示各景点的编号信息
startP = input('请输入您想查询的起始景点编号：')       % 取得用户输入的景点编号
endP = input('请输入您想查询的到达景点编号：')
A = import('data.txt');                              % 用 import.m 文件导入邻接矩阵 A
[parent, distance] = min_parent_dijkstra(A, startP);
[min_path, min_distance] = min_path_dijkstra(parent, distance, startP, endP)
```

5.程序结果及分析

◎ **程序运行结果**

在 MATLAB 命令行中调用相应的 .m 文件，即可显示景点编号对应的信息，再输入需

要查询的起始景点及终止景点编号即可显示最短路线,如图4-16所示分别显示了几种特殊情况的输入输出情况。

◎ **案例小结**

在实际中最短路径的选取需要考虑多种因素,而这些因素往往又是模糊的。如何综合利用这些因素,是应用最短路径解决实际应用所面临的一个关键性问题。通过上面的例子可以看出本节提供的 MATLAB 语言程序,可以有效、快速地计算出两点间的最短路径,具有一定的理论价值和很好的应用价值。

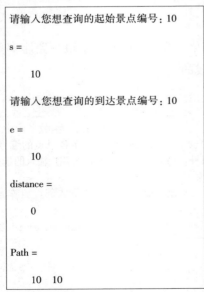

图4-16   程序输出结果

4.7 GUI 优化工具

4.7.1 GUI 优化工具概述

GUI 优化工具以图形用户界面提供了优化函数调用的方式,用户可在 GUI 优化工具的图形用户界面上确定调用的函数、输入相应的数据、选择计算参数、执行并查看结果。

1. GUI 优化工具的启动

启动 GUI Optimization tool 有以下两种方法:①在命令行上输入 optimtool;②在 MAT-LAB 主界面单击左下角的"Start"按钮,然后依次选"Toolboxes→Optimization→Optimization tool(optimtool)。

GUI 优化工具的启动界面见图 4-17。

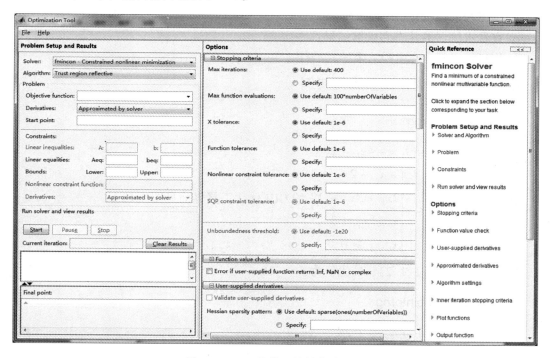

图 4-17　GUI 优化工具的启动界面

GUI 优化工具的界面主要分为三大块:左边为优化问题的描述及计算结果显示(Problem Setup and Results);中间为优化选项的设置(Options);右边为帮助(Quick Reference)。为了界面的简洁,可以单击右上角的" ≪ "按钮将帮助隐藏起来。

2. GUI 优化工具使用步骤

GUI 优化工具的基本使用步骤如下。

① 选择求解器 solver 和优化算法。求解器 solver 包括线性规划 linprog、整数规划 bintprog、无约束一维极值问题 fminbnd、无约束多维极值问题 fminunc 和 fminsearch、约束优化问题 fmincon、二次规划 quadprog、智能优化算法 ga 和 simulannealbnd 等求解器。各个求解器具有各自的算法，用户选完求解器后需要选择希望的算法；

② 选定目标函数及或设定目标函数的相关参数。不同的求解器具有不同的设置项，如目标函数、目标函数的参数、计算起始点等；

③ 设定约束条件函数的相关参数；

④ 设置优化选项。GUI 优化工具的优化选项包括 9 大类：Stopping criteria-停止准则、Function value check-函数值检查、User-supplied derivatives-用户自定义微分（或梯度）函数、Approximated derivatives-自适应微分（或梯度）、Algorithm settings-算法设置、Inner iteration stopping criteria-内迭代停止准则、Plot functions-用户自定义绘图函数、Output functions-用户自定义输出函数、Display to command window-输出到命令行窗口。不同的求解器含有不同的设置选项；

⑤ 单击"Start"按钮，运行求解；

⑥ 查看求解器的状态和求解结果；

⑦ 将目标函数、选项和结果导入/导出。

4.7.2　GUI 优化工具应用实例

1. 线性规划-linprog

$$\min f = -4x_1 - x_2$$

求解线性规划 $s.t.\begin{cases} -x_1 + 2x_2 \leq 4 \\ 2x_1 + 3x_2 \leq 12 \\ x_1 - x_2 \leq 3 \\ x_1, x_2 \geq 0 \end{cases}$ 的 GUI 优化工具界面见图 4-18。

最优解是 $x = (4.2, 1.2)$，最优值为 $f = -18$。

2. 0-1 整数规划 bintprog

$$\min f = x_1 + 2x_2 + 3x_3 + x_4 + x_5$$

求解整数规划 $s.t.\begin{cases} 2x_1 + 3x_2 + 5x_3 + 4x_4 + 7x_5 \geq 8 \\ x_1 + x_2 + 4x_3 + 2x_4 + 2x_5 \geq 5 \\ x_1, x_2, x_3, x_4, x_5 = 0 \ \text{或} \ 1 \end{cases}$ 的 GUI 优化工具界面见图 4-19。

最优解 $x = (1, 0, 0, 1, 1)$，最优值 $f = 3$。

3. 无约束一维极值问题 – fminbnd

用 fminbnd 求函数 $f(x) = x^4 - x^2 + x - 1$ 在区间 $[-2, 1]$ 上的极小值，见图 4-20。

最优解 $x = -0.885$，最优值 $f = -2.054784$。

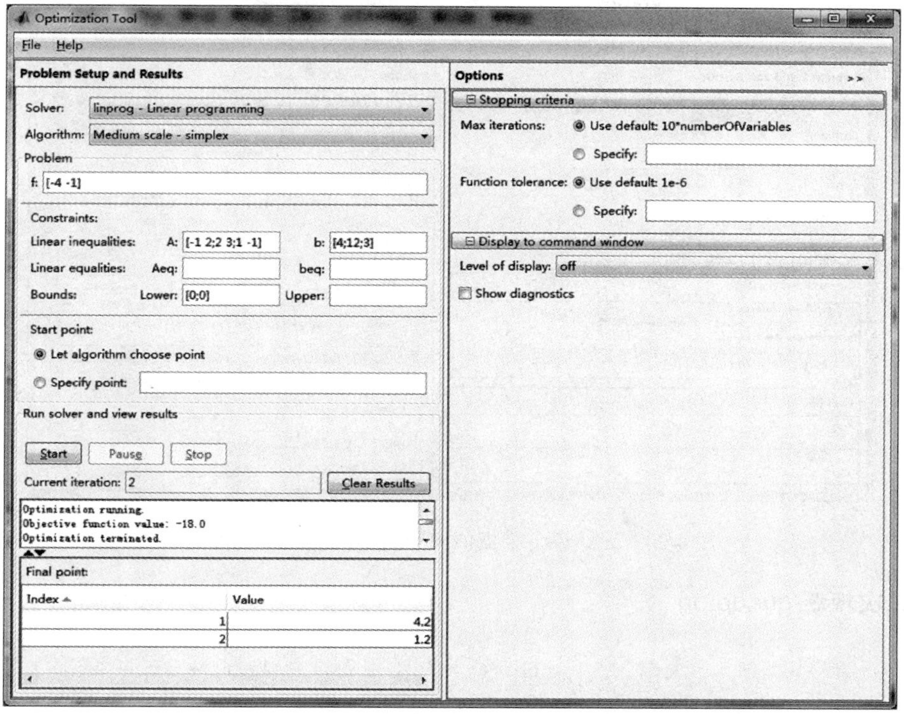

图 4-18 线性规划的 GUI 优化工具界面

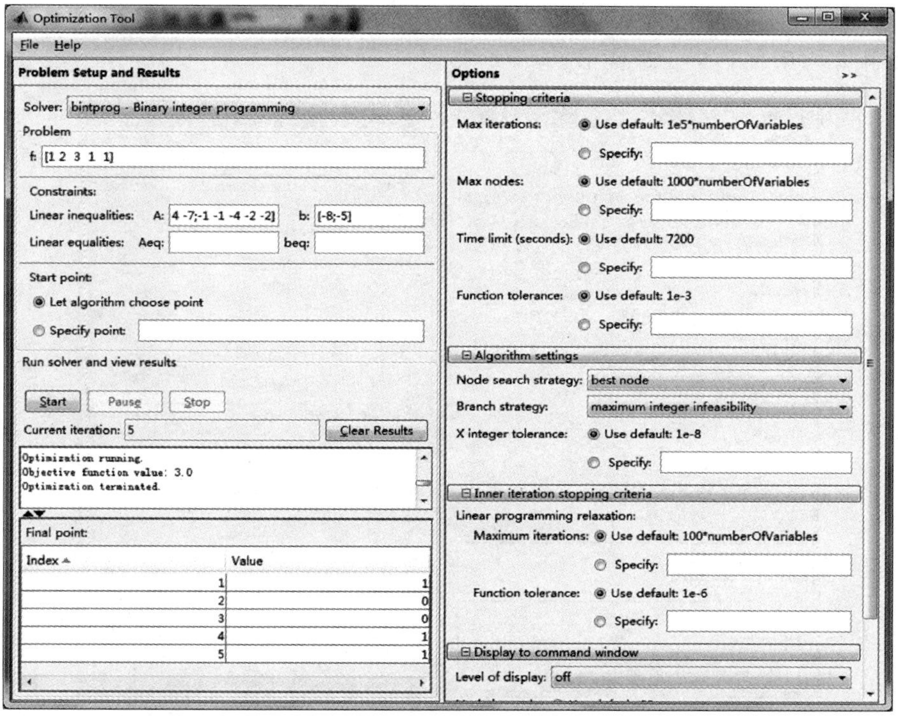

图 4-19 0-1 整数规划的 GUI 优化工具界面

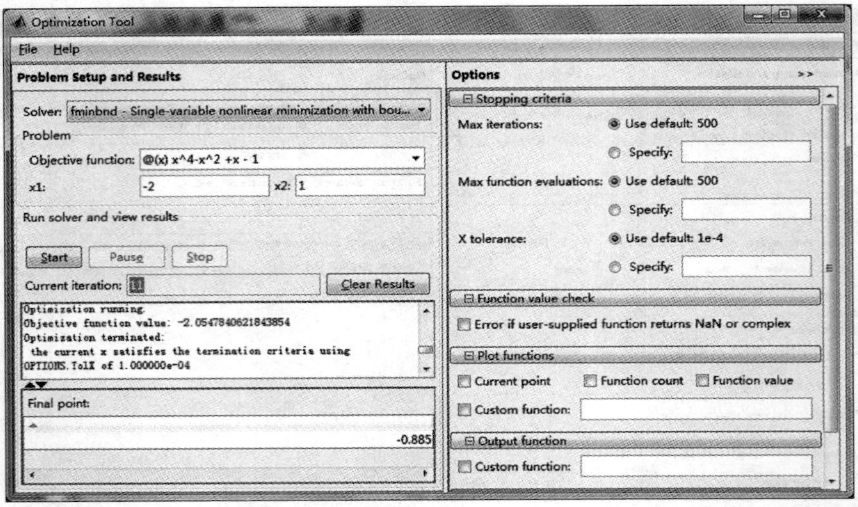

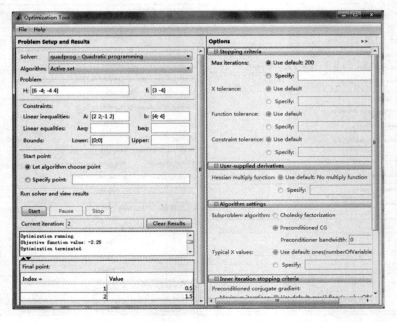

图 4-20　无约束一维极值问题的 GUI 优化工具界面

4. 二次规划-quadprog

$$\min f = 3x_1^2 + 2x_2^2 - 4x_1x_2 + 3x_1 - 4x_2$$

使用 quadprog 函数求解二次规划 $s.t.\begin{cases} 2x_1 + 2x_{25} \leqslant 4 \\ -x_1 + 2x_2 \leqslant 4 \\ x_1 \geqslant 0, x_2 \geqslant 0 \end{cases}$，见图 4-21。

最优解 $x = (0.5, 1.5)$，最优值 $f = -2.25$。

图 4-21　二次规划-quadprog 的 GUI 优化工具界面

5. 智能优化算法–遗传算法(ga)与模拟退火算法(simulannealbnd)

优化工具箱中的智能优化算法包括遗传算法(ga)和模拟退火算法(simulannealbnd),MATLAB 中的 ga 求解器功能非常强大,既能求解无约束优化问题,也能求解约束优化问题,而且约束条件可以是非线性的,但是 simulannealbnd 求解器只能求解无约束优化问题。

【例 4-10】 用优化工具求函数 $f(x) = x^4 - 3x^3 + x^2 - 2$ 的极小值。

采用智能遗传算法(ga)和模拟退火算法(simulannealbnd)求解极小值的界面见图 4-22 和图 4-23。

最优解 $x = 2$,最优值 $f = -6$。

智能优化计算详见第 5 章。

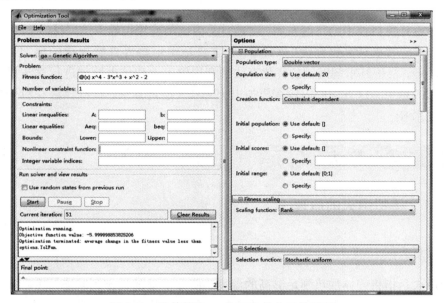

图 4-22　遗传算法-ga 的 GUI 优化工具界面

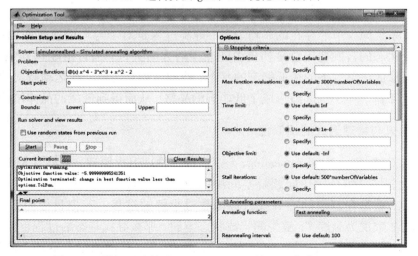

图 4-23　模拟退火算法-simulannealbnd 的 GUI 优化工具界面

第5章

智能优化计算

随着计算机技术的飞速发展，智能计算方法的应用也越来越广泛。智能计算也称为"软计算"，主要是受生物界自然规律的启迪，根据其原理，模仿其求解问题的优化算法。利用仿生学和仿生原理进行算法设计就是智能优化计算的思想。这方面的内容有模拟退火算法、遗传算法、蚁群算法和粒子群算法等群集智能技术等。

5.1 模拟退火算法

5.1.1 模拟退火的原理

1. 物理退火

物理退火是指将固体加热到足够高的温度，使分子呈随机排列状态，然后逐步降温使之冷却，最后分子以低能状态排列，固体达到某种稳定状态。物理退火包括加温过程、等温过程和冷却过程三个阶段。其中，加温过程是增强粒子的热运动，使其中的粒子可以自由运动，消除系统原先可能存在的非均匀态；等温过程是对于与环境换热而温度不变的封闭系统，系统状态的自发变化总是朝自由能减少的方向进行，当自由能达到最小时，系统达到平衡态，形成该温度下的最低能态的基态；冷却过程是使粒子热运动减弱并渐趋有序，系统能量逐渐下降，粒子也逐渐形成了低能态的晶格，从而得到低能的晶体结构。

2. 模拟退火与物理退火的相似性

模拟退火算法（Simulated Annealing，SA）来源于物理退火原理，最早由 Kirkpatrick 等应用于组合优化领域。组合优化问题解空间中的每一点都代表一个具有不同目标函数值的解。所谓优化，就是在解空间中寻找目标函数最小解的过程。若把目标函数看成能量函数，某一控制参数视为温度 T，解空间当成状态空间，那么寻找基态的过程也就是求目标函数极小值的优化过程。算法从某一较高的初始温度出发，伴随温度参数的不断下降，根据 Metropolis 准则，讨论以一定概率接受新状态的问题。即在温度 T，设当前状态 i，新状态 j，

E 为某状态下的内能，k 为 Boltzmann 常数，若 $E_j < E_i$，则接受状态 j 为当前状态；否则，若概率 $p = \exp[-(E_j - E_i)/(k \cdot T)]$ 大于 $[0, 1)$ 区间的随机数，则仍接受状态 j 为当前状态；若不成立则保留状态 i 为当前状态。结合概率突跳特性在解空间中随机寻找目标函数的全局最优解，即在局部最优解能概率性地跳出并最终趋于全局最优。

应用模拟退火算法求解问题的最优解与物理退火有着很大的相似性，二者之间具体元素的详细对应关系见表 5-1，模拟退火算法有了很形象的现实说明。

表 5-1　模拟退火算法与物理退火的对比

组合优化问题	金属物体
解	粒子状态
最优解	能量最低的状态
设定初温	熔解过程
Metropolis 抽样过程	等温过程
控制参数的下降	冷却
目标函数	能量

5.1.2　模拟退火算法简介

通过对固体退火过程的研究可知，高温状态下的物质降温时其内能随之下降，如果降温过程充分缓慢，则在降温过程中物质体系始终处于平衡状态，从而降到某一低温时其内能可达最小，称这种降温为退火过程。模拟退火过程的寻优方法称为模拟退火（Simulated Anneating，SA）算法。

模拟退火算法主要用于解决组和优化问题，它是模拟物理中晶体物质的退火过程而开发的一种优化算法。先给定以粒子相对位置表征的初始状态 i，作为固体的当前状态，该状态的能量为 E_i。然后用摄动装置使随机选取的某个粒子的位移产生一个微小变化，得到一个新状态 j，新状态的能量是 E_j。如果 $E_j E_i$，则用新状态 j 取代旧状态 i 为当前状态；如果 $E_j > E_i$，则考虑到热运动的影响，是否用新状态取代旧状态需要根据固体处于该状态的概率来判断。设固体处于状态 i 与状态 j 的概率比值为 r，r 是一个小于 1 的数，用随机数产生器产生一个 $[0, 1]$ 区间的随机数 ζ。若 $r > \zeta$，则新状态 j 作为当前状态，否则保持原状态 i。重复以上新状态的产生过程，固体状态在经过大量变换（也称迁移）后，系统趋于能量较低的平衡状态。

上述接受新状态的准则称为 Metropolis 准则，相应的算法称为 Metropolis 算法。

1. 模拟退火算法（SA）

设 $S = \{S_1, S_2, \cdots, S_K\}$ 为所有的组合状态，$C: S \to R$ 为非负目标函数，即 $C(S_i) > 0$，反映了取状态 S_i 为解的代价，则组合优化问题可以形式地描述为寻找 $S^* \in S$，使

$$C(S^*) = \min_{S_i \in S}\{C(S_i)\} \tag{5-1}$$

将状态 S_i 看成是某一物质体系的微观状态，而将 $C(S_i)$ 看成该物质体系在状态 S_i 下的能量，并用控制参数 T 表示为让温度 T 从一个足够高的值慢慢下降，对每一 T 用 Metropolis 采

样法模拟该体系在此 T 下的热平衡状态，即对当前状态 S 做随机扰动以产生一个新的状态 S'，计算增量：ΔC，并以概率

$$p = \min\left\{1, \exp\left\{\frac{-\Delta C}{bT}\right\}\right\} \tag{5-2}$$

接受 S' 作为新的状态，当这样的随机扰动重复的次数足够多后，系统将达到该温度下的平衡状态，且服从 Boltzmann 分布。这里 b 即为 Boltzmann 常数。

上述 Metropolis 采样过程与退火过程可通过下列步骤来实现。

2. 退火过程算法实现（AP）

①任选一初始状态 S_0 作为初始解 $S(0) = S_0$，并设初始温度为 T_0，令 $i = 0$；

②令 $T = T_i$，以 T 和 S_i 调用 Metropolis 采样算法，然后返回到当前解 $S_i = S$；

③按一定的方式将 T 降温，即令 $T = T_{i+1}$，$T_{i+1} < T_i$，$i = i + 1$；

④检查退火过程是否结束，结束则转到⑤，否则转到②；

⑤以当前解 S_i 作为最优解输出。

3. Metropolis 采样算法（M 法）

用 AP 算法调用当前解 S 和 T 的过程如下。

①令 $k = 0$ 时的当前解为 S 和 T，而在温度 T 下进行以下采样计算步骤；

②按某一规定方式根据当前解 $S(k)$ 所处的状态 S，产生一个邻近子集 $N(S(k))$，由 $N(S(k))$ 随机产生一个新的状态 S'，以作为一个当前解的候选解，并计算

$$\Delta C = C(S') - C(S(k)) \tag{5-3}$$

③若 $\Delta C < 0$，则接受 S' 作为下一个当前解；若 $\Delta C > 0$，则按概率 $\exp\left\{\frac{-\Delta C}{bT}\right\}$ 接受 S' 作为下一个当前解；

④若 S' 被接受，则令 $S(k+1) = S'$，否则令 $S(k+1) = S(k)$；

⑤令 $k = k + 1$，判断是否满足收敛准则，满足则转至⑥，否则回到②；

⑥将当前解 $S(k)$ 返回调用它的 AP 算法。

模拟退火算法是依据 Metropolis 准则接受新解，因此除接受优化解外，还在一个限定范围内接受劣解，这正是模拟退火算法与局部搜索算法的本质区别。T_i 较大，可能接受一些较差的劣解。随着 T_i 的减小，只能接受较好的可行解。最后在 T_i 趋于 0 时，就只接受较优的可行解了，这就使模拟退火算法有可能从局部最优的"陷阱"中跳出来，从而求得整体最优解。研究表明，对大多数组合优化问题而言，模拟退火算法要优于局部搜索算法。下面对几个典型问题给出一个用模拟退火迭代方法实现的算法描述，以揭示其建立数学模型和新解产生的基本求解方法。

5.1.3 旅行商问题（TSP）求解

所谓 TSP（Traveling Salesman Problem）问题是一个有名的求解优化问题：在 n 个城市的集合中，找出一条经过每个城市各一次，最终回到起点的最短路径。

问题描述：如果已知城市 A，B，C，D，$\cdots$，之间的距离为 $d(AB)$，$d(BC)$，$d(CD)$，$\cdots$；那么总的距离 $d = d(AB) + d(BC) + d(CD) + \cdots$，求其 $\min(d)$ 的解。

对于 n 个城市的全排列共有 $n!$ 种，而 TSP 并没有限定路径的方向，即为全组合，所以在固定的城市数 n 的条件下，其路径总数为 $S_n = n! / (2n)(n \geq 4)$。在 n 个城市基础上，每添加一个城市，路径总数要添加 n 倍。TSP 问题的求解是一个 NP-hard 问题。

TSP 的解是若干城市的有序排列，任何一个城市在最终路径上的位置可用一个 n 维的 0、1 矢量表示，对于所有 n 个城市，则需要一个 $n \times n$ 维矩阵。

设有 n 个城市及其距离矩阵 $D = (d_{ij})$，其中 d_{ij} 表示城市 i 到城市 j 的距离，则旅行商问题是要找出遍访每个城市恰好一次的一条回路，且其路径长度为最短。

用模拟退火算法求解旅行商问题的要素如下。

1. 解空间

旅行商问题的解空间 S 可表为 $\{1,2,\cdots,n\}$ 的所有循环排列的集合，即
$$S = \{(k_1,k_2,\cdots,k_n) \mid (k_1,k_2,\cdots,k_n) \quad 为(1,2,\cdots,n) 的循环排列\}$$
其中每一个循环排列表示遍访 n 个城市的一条回路，初始解可选为 $s_0 = \{1,2,\cdots,n\}$。

2. 目标函数

旅行商问题的目标函数是访问所有城市的路径长度或代价函数，最优为极小值，即
$$\min_{\text{Path}_i} f(\text{Path}_i) = \min f(k_1,\cdots,k_n) = \min \sum_{i=1}^{n} d_{k_i k_{i+1}} \tag{5-4}$$
其中 $k_{n+1} = k_1$，而一次迭代步骤由新解的产生、代价函数差及接受准则构成。

3. 新解

设当前解为 $\text{Path}_i = (k_1,\cdots,k_n)$，新解可通过分别或交替使用以下三种方法来产生。
①两点交换法
随机选出当前解序号 u 和 v（设 $u < v$），交换 u 与 v 之间的访问序号，得到新解路径为：
$$\text{Path}_{i+1} = (k_1 \cdots k_{u-1} k_v k_{u+1} \cdots k_{v-1} k_u k_{v+1} \cdots k_n) \tag{5-5}$$
②2 变换法
随机选出当前解序号 u 和 v（设 $u < v$），交换 u 与 v 之间的访问顺序，得到新解路径为：
$$\text{Path}_{i+1} = (k_1 \cdots k_{u-1} k_v k_{v-1} \cdots k_{u+1} k_u k_{v+1} \cdots k_n) \tag{5-6}$$
③3 变换法
任选序号 u、v 和 w（设 $u \leq v < w$），将 u 和 v 之间的路径插到 w 之后访问，新解路径为：
$$\text{Path}_{i+1} = (k_1 \cdots k_{u-1} k_{v+1} \cdots k_w k_u \cdots k_v k_{w+1} \cdots k_n) \tag{5-7}$$
在实际中经常将上述方法综合交替使用。

4. 目标函数差

相应于新解，目标函数差为：

$$\Delta f = f(\text{Path}_{i+1}) - f(\text{Path}_i) \tag{5-8}$$

5. 接受准则

由于目标函数越小越好，所以接受新解的准则为：

$$p = \begin{cases} 1 & \Delta f < 0 \\ \exp(-\Delta f/T) & \text{其他} \end{cases} \tag{5-9}$$

6. 算法程序及算例

根据以上的分析，即可写出相应的算法程序。

采用模拟退火算法计算 31 个城市之间的 TSP 问题，需要提供的信息是 31 个城市的位置坐标，或 31 个城市间的距离矩阵，算例的 MATLAB 代码如下：

```
% 开始模块：准备输入数据，调用模拟退火算法函数，输出结果。
% 31 个城市位置对应的(x,y)坐标组成 31 行 2 列矩阵 CitySite，
CitySite = [ 1304 2312; 3639 1315; 4177 2244; 3712 1399; 3488 1535; 3326 1556;…
             3238 1229; 4196 1044; 4312  790; 4386  570; 3007 1970; 2562 1756;…
             2788 1491; 2381 1676; 1332  695; 3715 1678; 3918 2179; 4061 2370;…
             3780 2212; 3676 2578; 4029 2838; 4263 2931; 3429 1908; 3507 2376;…
             3394 2643; 3439 3201; 2935 3240; 3140 3550; 2545 2357; 2778 2826;…
             2370 2975];
[BestPath,totalLength] = Fun_SAA_TSP(CitySite);   % 调用模拟退火算法求解 TSP 的主函数
```

```
function [BestPath,totalLength] = Fun_SAA_TSP(Site,DisMat)
% 模拟退火算法求解 TSP 问题的主函数
% 输出参数：
%   BestPath ——最优路径               % totalLength——路径的总长度
% 输入参数：
%   Site ——n 个城市对应地点坐标的 n×2 矩阵  % DisMat——n 个城市地点间实际距离 n×n 矩阵

% 程序主体部分参数：
%   DM ——n 个城市之间的距离矩阵

% 模拟退火运算的控制参数
T = 1e3;                                % 初始温度
Tstop = 1e - 6;                         % 终止温度
Method = 2;                             % 新路径生产方法

tic

% 1、求解 TSP 问题

[n,m] = size(Site);

if nargin == 2
    lengthM = length(DisMat);
    DM = DisMat;                        % n 个城市之间的实际距离矩阵
```

```
        if(lengthM ~ = n)
            disp('输入数据不一致！');
            return
        end
elseif nargin == 1
% 将城市的坐标矩阵转换为邻接距矩阵
        DM = sqrt((Site(:,ones(1,n)) – Site(:,ones(1,n))').^2 +⋯
            (Site(:,2 * ones(1,n)) – Site(:,2 * ones(1,n))').^2);
                                    % 计算 n 个城市间的直线距离矩阵
end

BestPath = [1,randperm(n – 1) + 1];          % 路径：初始路径
totalLength = sumLen_TSP(DM,BestPath);       % 路径的总距离：初始路径的总距离
Best_Path = BestPath;
Best_totalLength = totalLength;

figure(1)                               % 绘制绘制温度与路径长度的曲线的图形窗口
    title('温度与路径长度的变化曲线');
    xlabel('温度');ylabel('路径长度');
    hold on

stableCnt = 0;
while T >= Tstop
    stableCnt = 0;                      % 连续未改变次数
    MaxStableCnt = 22 – floor(log(T));  % 当前温度下目标函数值最大连续不变次数

    plot(T,totalLength, 'b * ')         % 绘制温度与路径长度的关系变化情况

    while stableCnt < MaxStableCnt
        NewPath = NewPath_TSP_SAA(Method,BestPath);  % 产生新的路径
        NewSumLen = SumLen_TSP(DM,NewPath);          % 计算新路径的总距离

    % 是否采用新路径
        p_threshold = exp((totalLength – NewSumLen) /T);
        if  unifrnd(0,1) < p_threshold    % 采纳新的路径
            BestPath = NewPath;
            totalLength = NewSumLen;
            stableCnt = 0;
        else                              % 路径不变
            stableCnt = stableCnt + 1;
        end
        if  (Best_totalLength > NewSumLen) % 判断最优的路径
            Best_Path = NewPath;                 % 记录最优路径
            Best_totalLength = NewSumLen;
        end
    end
    T = T * 0.9;                         % 降温
end

toc
```

```
BestPath = Best_Path;
totalLength = Best_totalLength;

figure(2)                                              % 绘制行走轨迹的图形窗口
x = [Site(BestPath,1);Site(BestPath(1),1)];
y = [Site(BestPath,2);Site(BestPath(1),2)];
hold off;
plot(x,y, '-o');
hold on;
xmin = min(x);
ymax = max(y);
plot(Site(BestPath(1),1),Site(BestPath(1),2), '-p');
text(xmin,ymax, 'TSP 路径及长度: ');
text(xmin +200,ymax -200,num2str(totalLength));

return
```

```
function NewPath = NewPath_TSP_SAA(Method,Path)        % 产生新的路径函数
n = length(Path);
NewPath = Path;
PosA = ceil(unifrnd(1,n));                             % 计算要交换位置的两个城市
PosB = ceil(unifrnd(1,n));
while PosA == PosB
    PosB = ceil(unifrnd(1,n));
end

switch Method
    case 1                                             % ①  两点交换法
        tmp = NewPath(PosA);
        NewPath(PosA) = NewPath(PosB);
        NewPath(PosB) = tmp;
    case 2                                             % ②  2 变换法
        if PosA > PosB
tmp = PosA; PosA = PosB; PosB = tmp;
end
        NewPath(PosA:PosB) = Path(PosB: -1:PosA);
    case 3                                             % ③  3 变换法
        if PosA > PosB
            tmp = PosA; PosA = PosB; PosB = tmp;
        end
        PosC = ceil(unifrnd(1,n));
        while PosA < PosC & PosC < PosB
            PosC = ceil(unifrnd(1,n));
        end
        legAB = PosB - PosA;
        if PosC < PosA
            legCA = PosA - PosC;
            NewPath(PosC +1:PosC +1 + legAB) = Path(PosA:PosB);
```

```
            NewPath( PosC + 1 + legAB + 1 : PosB ) = Path( PosC + 1 : PosA − 1 );
        elseif PosB < PosC
            legBC = PosC − PosB;
            NewPath( PosA : PosA + legBC − 1 ) = Path( PosB + 1 : PosC );
        NewPath( PosA + legBC : PosC ) = Path( PosA : PosB );
        end
    end
    return
```

```
    function SumLen = SumLen_TSP( DisMat , Path )        % 计算 TSP 路径的总距离函数
            n = length( DisMat );
            SumLen = 0.0;
            n = length( DisMat );
            SumLen = 0.0;
            for i = 1 : n − 1
            SumLen = SumLen + DisMat( Path( i ) , Path( i + 1 ) );
            end
            SumLen = SumLen + DisMat( Path( n ) , Path( 1 ) );
    return
```

经过几次运行，得到最短路径如下：

```
Elapsed time is 103.663556 seconds.
BestPath = [ 1 , 15 , 14 , 12 , 13 , 11 , 23 , ⋯
            5 , 6 , 7 , 10 , 9 , 8 , 2 , 4 , 16 , ⋯
            19 , 17 , 3 , 18 , 22 , 21 , 20 , ⋯
            24 , 25 , 26 , 28 , 27 , 30 , 31 , 29 ]
totalLength =
            1.5387e + 04
```

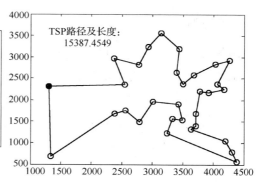

图 5-1　31 个城市 TSP 问题的解

最优路径如图 5-1 所示。

5.1.4　最大截问题(MCP) 求解

给定赋权图 $G = (V , E)$，权矩阵为 $W = (w_{ij})$。要将 V 划分为子集 V_0 和 V_1，使 V 中所有顶点分属 V_0 和 V_1 的边的权之和最大。

用模拟退火算法求解最大截问题的要素如下。

1.解空间

最大截问题解空间可表示为集 V 的所有分为两个子集 V_0 和 V_1 的划分 Δ 的集合，即
$$S = \{ \Delta \mid \Delta \text{ 是把 } V \text{ 分成 } V_0 \text{ 和 } V_1 \text{ 的划分} \}$$
其中划分 $\Delta (i) = j (i = 1 , 2 , \cdots , n ; j = 0 , 1)$，表示顶点 $v_i \in V_j$。初始解选为 $\Delta (i) = 0$，$i = 1 , 2 , \cdots , n$。

2. 目标函数

直接取划分所得到的截量 $f(\Delta) = \sum w_{ij}$，其中 $\Delta(u) \neq \Delta(v)$，求其最大值。

3. 新解

任选一顶点 $u \in V$，将其从目前子集移到另一子集中去，即 $\Delta(u) = 1 - \Delta(u)$。

4. 目标函数差

根据目标函数与产生新解的方法可知，相应于新解的目标函数差为

$$f(\Delta) = \sum_{\Delta(v)=\Delta(u)} w_{uv} - \sum_{\Delta(v)\neq\Delta(u)} w_{uv} \tag{5-10}$$

5. 接受准则

由于 MCP 为最大优化问题，所以接受准则为：

$$P = \begin{cases} 1, & \Delta f > 0 \\ \exp(\Delta f/T), & \text{其他} \end{cases} \tag{5-11}$$

6. 算法程序及算例

根据以上的分析，即可写出相应的算法程序。

采用模拟退火算法计算 9 个点的最大截 MCP 问题，需要输入 9 个点之间的容量矩阵，算例 MATLAB 代码如下：

```
% 开始模块：准备输入数据，调用模拟退火算法函数，输出结果。
% 9 个点之间的容量矩阵 Capacity，
Capacity =[9  19   0   0   8   0   5   0   0
           0   0  10   9   0   0  16   5  10
          10   7   0   1   0   0   0   0   6
           5   0   3   0   0   3   0   0   0
           1   4  14  18  10  11   4  13   0
           6  14   4   1   0   3   0  10   0
           0   0   0   0   0   0   9   0   9
           9   0   0   7   0   0   1   5   0
           0   0   0  13   0   0   0  13   1];
[BestS,maxCapacity]=Fun_SAA_MCP(Capacity);
                           % 调用模拟退火算法求解 MCP 问题的主函数


% 输出结果
fprintf('Best S:% d \n', BestS);
fprintf('Total Capacity:% d \n', maxCapacity);
return
```

```
function [BestS,maxCapacity]=Fun_SAA_MCP(Capacity)
                           % 模拟退火算法求解 MCP 问题的主函数
```

```
% 输出参数：
%     BestS        ——最优划分；              maxCapacity——划分的最大截量
% 输入参数：
%     Capacity     ——点间容量矩阵

% 模拟退火运算的控制参数
T = 12;                                          % 初始温度
Tstop = 1e - 6;                                  % 终止温度

tic

% 2、求解 MCP 问题

[n,m] = size(Capacity);
if n ~= m                                        % 判断输入是否为方阵
    disp('数据输入有误！');
    return
end

BestS = round(rand(1,n));                        % 划分：初始划分
maxCapacity = sumC_MCP_SAA(Capacity,BestS);      % 划分的截量：初始划分的截量
Best_S = BestS;
Best_Capacity = maxCapacity;

figure(1)                                        % 绘制温度与划分截量的曲线图形窗口
    title('温度与划分截量的变化曲线');
    xlabel('温度');ylabel('划分的截量');
    hold on

stableCnt = 0;
while T >= Tstop
    stableCnt = 0;                               % 连续未改变次数
    MaxStableCnt = 22 - floor(log(T));           % 当前温度下目标函数值最大连续不变次数

    plot(T,maxCapacity, 'b * ')                  % 绘制温度与划分截量的关系变化情况

    while stableCnt < MaxStableCnt
        NewS = NewS_MCP_SAA(BestS);              % 产生新的划分
        NewSumC = sumC_MCP_SAA(Capacity,NewS);   % 计算新划分的截量

    % 是否采用新划分
        p_threshold = exp((NewSumC - maxCapacity) /T);
        if unifrnd(0,1) < p_threshold            % 采纳新的划分
            BestS = NewS;
            maxCapacity = NewSumC;
            stableCnt = 0;
        else                                     % 划分不变
            stableCnt = stableCnt + 1;
        end
        if (Best_Capacity < NewSumC)             % 判断最优的划分
```

```
            Best_S = NewS;                        % 记录最优划分
            Best_Capacity = NewSumC;
        end
    end
    T = T*0.9;                                     % 降温
end

BestS = Best_S;
maxCapacity = Best_Capacity;

toc
figure(2)                                          % 绘制划分的图形窗口
ind1 = find(BestS == 0);
ind2 = find(BestS == 1);
hold on;
sumCapacity = 0.0;
for i = 1:length(ind1)
    for j = 1:length(ind2)
        x = [1;2];
        y = [ind1(i);ind2(j)];
        plot(x,y, '-o');
    end
end

text(1.02,7.2, 'MCP 划分及截量：');
text(1.2,6.8,num2str(maxCapacity));
return
```

```
function NewS = NewS_ZKP_SAA(S,OBJ_W,M)            % 产生新的装包函数
NewS = S;
n = length(S);
pointA = ceil(unifrnd(1,n));                       % 计算要变换的点
NewS(pointA) = 1 - S(pointA);
while sumC_ZKP_SAA(OBJ_W, S) > M
    NewS = S;
    pointA = ceil(unifrnd(1,n));                   % 计算要变换的点
    NewS(pointA) = 1 - S(pointA);
end
return
```

```
function sumCapacity = sumC_MCP_SAA(Capacity,S)    % 计算 MCP 容量的截量函数
    ind1 = find(S == 0);
    ind2 = find(S == 1);
    sumCapacity = 0.0;
    for i = 1:length(ind1)
        for j = 1:length(ind2)
            sumCapacity = sumCapacity + Capacity(ind1(i),ind2(j));
        end
    end
return
```

经过运行，得到最大截问题的点集划分如下：

```
Elapsed time is 0.465370 seconds.
Best S:    1   0   1   1   0   0   1   1   0
Total Capacity:  137
```

5.1.5 (0/1)背包问题(ZKP)

给定一个可装质量 M 的背包及 n 件物品，物品 i 的质量和价值分别为 w_i 和 c_i，要选若干件物品装入背包，使其价值之和最大。0/1 背包问题模拟退火算法可描述如下。

1.解空间

0/1 背包问题是一个有约束的优化问题，因此，限定解空间为所有可行解的集合，即

$$S = \{(x_1, x_2, \cdots, x_n) \mid w_1 x_1 + \cdots + w_n x_n \leqslant M, x_i \in \{0,1\}\}$$

2.目标函数及约束条件

$$f(x_1, x_2, \cdots, x_n) = c_1 x_1 + c_2 x_2 + \cdots + c_n x_n$$

$$\text{s. t.} \qquad w_1 x_1 + \cdots + w_n x_n \leqslant M, x_i \in \{0,1\}$$

3.新解的产生

随机选取物品 i，若 i 不在背包中，则将其直接装入背包，或同时从背包中随机取出另一件物品 j；若 i 已在背包中，则将其取出，并同时随机装入另一物品 j，即 $x_i = 1 - x_i$，且（或）$x_j = 1 - x_j$。

4.背包价值差与质量差

根据目标函数与产生新解的方法可知，相应于新解的目标函数差为

价值差：
$$\Delta f = \begin{cases} c_i & \text{装入物品 } i \\ c_i - c_j & \text{装入物品 } i, \text{取出物品 } j \\ c_j - c_i & \text{装入物品 } j, \text{取出物品 } i \end{cases} \tag{5-12}$$

质量差：
$$\Delta m = \begin{cases} w_i & \text{装入物品 } i \\ w_i - w_j & \text{装入物品 } i, \text{取出物品 } j \\ w_j - w_i & \text{装入物品 } j, \text{取出物品 } i \end{cases} \tag{5-13}$$

5.接受准则

$$P = \begin{cases} 0, & m + \Delta m > M \\ 1, & \Delta f > 0, \quad m + \Delta m \leqslant M \\ \exp\left\{\dfrac{\Delta f}{T}\right\}, & \text{其他} \end{cases} \tag{5-14}$$

6. 算法程序及算例

0/1 背包问题存在一个直观的启发式算法——贪婪算法，按物品单位质量价值的高低顺序装入物品。用贪婪算法构建初始方案，然后用模拟退火算法进行调整。

根据以上的分析，可写出相应的算法程序。算例 MATLAB 代码如下：

```
% 开始模块：准备输入数据，调用模拟退火算法函数，输出结果。
OBJ.C = [9  19  8  5  10  16  7  1  6 15 3];      % 11 个物品的价值属性
OBJ.W = [3  19  18  10  11  4  13  6  9 13 1];     % 11 个物品的质量属性
OBJ.Density = OBJ.C ./OBJ.W;
M = 66;

[BestS,maxValue,SW] = Fun_SAA_ZKP(OBJ, M);  % 调用模拟退火算求解 ZKP 问题的主函数
% 输出结果
disp('装包物品选择 Best S:');
disp(BestS);
fprintf('装包物品总价值 maxValue: % d\n', maxValue);
fprintf('装包物品总质量 SW:       % d\n', SW);
return
```

```
function [BestS,maxValue,SW] = Fun_SAA_ZKP(OBJ, M)  % 模拟退火算法求解 ZKP 问题
% 输出参数：
%     BestS  ——最优装包物品选择            % maxValue——装包物品的最大总价值
%     SW    ——装包物品的总质量
% 输入参数：
%       OBJ.C   ——物品价值矩阵            % OBJ.W  ——物品质量矩阵
%       OBJ.Density——物品单位质量价值（密度）矩阵  % M  ——背包装载的最大质量
% 模拟退火运算的控制参数
T = 8;                                        % 当前温度
Tstop = 1e - 6;                               % 终止温度

tic

% 求解 ZKP 问题

n = length(OBJ.W);
m = length(OBJ.C);
if n ~= m                                     % 判断输入是否合理
    disp('数据输入有误! ');
    return
end
% 密度排序
[Oder, Density] = OderDensity(OBJ.Density);   % 价值密度的排序

BestS = zeros(1,n);
sumDens = 0;
```

```
        for i =1:n
            if( sumDens + OBJ.W( Oder( i))) <= M
                BestS( Oder( i)) =1;                    % 初始装包
                sumDens = sumDens + OBJ.W( Oder( i));
            end
        end
        maxValue = sumC_ZKP_SAA( OBJ.C, BestS);          % 初始装包的价值
        Best_S = BestS;
        Best_Value = maxValue;

        figure(1)                                        % 绘制温度与装包质量的曲线图形窗口
        title('温度与装包质量的变化曲线');
        xlabel('温度');ylabel('装包的质量');
        hold on

        stableCnt = 0;
        while T >= Tstop
            stableCnt = 0;                               % 连续未改变次数
            MaxStableCnt = 22 - floor( log( T));         % 当前温度下目标函数值最大连续不变次数

            plot( T,maxValue, 'b * ')                    % 绘制温度与装包质量的关系变化情况

            while stableCnt < MaxStableCnt
                NewS = NewS_ZKP_SAA( BestS,OBJ.W,M);     % 产生新的装包
                NewSumC = sumC_ZKP_SAA( OBJ.C, NewS);    % 计算新装包的价值

            % 是否采用新装包
                p_threshold = exp(( NewSumC - maxValue) /T);
                if  unifrnd( 0,1) < p_threshold          % 采纳新的装包
                    BestS = NewS;
                    maxValue = NewSumC;
                    stableCnt = 0;
                else                                     % 装包不变
                    stableCnt = stableCnt +1;
                end
                if  ( Best_Value < NewSumC)              % 判断最优的装包
                    Best_S = NewS;                       % 记录最优装包
                    Best_Value = NewSumC;
                end
            end
            T = T * 0.9;                                 % 降温
        end

        BestS = Best_S;
        maxValue = Best_Value;
        SW = sumC_ZKP_SAA( OBJ.W, BestS);                % 装包的重量

        toc
        return
```

```
function NewS = NewS_ZKP_SAA(S,OBJ_W,M)              % 产生新的装包函数
NewS = S;
n = length(S);
pointA = ceil(unifrnd(1,n));                        % 计算要变换的点
NewS(pointA) = 1 - S(pointA);

while sumC_ZKP_SAA(OBJ_W, NewS) > M                 % 如果超载，则重新计算
    pointA = ceil(unifrnd(1,n));                    % 计算要变换的点
    NewS(pointA) = 1 - S(pointA);
end
return
```

```
function sumValue = sumC_ZKP_SAA(OBJ_C, S)          % 计算 ZKP 装包的价值或质量函数
    ind1 = find(S == 1);
    sumValue = sum(OBJ_C(ind1));
return

function [Oder, Density] = OderDensity(OBJDensity);
    n = length(OBJDensity);
    OBJD = OBJDensity;
    maxOder = [];
    for i = 1:n
        maxDensity = max(OBJD);
        for j = 1:n
            if abs(maxDensity - OBJD(j)) < 0.001
            if ~ismember(j, maxOder)
                    Oder(i) = j;
                    maxOder = union(maxOder,[j]);
                    Density(i) = OBJD(j);
                    OBJD(j) = -1;
                    break
                end
            end
        end
    end
return
```

经计算，得到最优装包物品如下：

```
Elapsed time is 14.045609 seconds.
装包物品选择 Best S:
      1   1   0   0   1   1   0   1   1   1   1   1
装包物品总价值 maxValue:79
装包物品总质量 SW:      66
```

5.2 遗传算法

遗传算法是模拟在自然环境中生物界自然选择的遗传机制和进化过程而形成的一种自

适应全局优化的随机搜索算法。它最早由美国密歇根大学的 Holland 教授提出，起源于 20 世纪 60 年代对自然和人工自适应系统的研究。20 世纪 70 年代 De. Jong 基于遗传算法的思想在计算机上进行了大量的纯数值函数优化计算实验。在一系列研究工作的基础上，20 世纪 80 年代由 Goldberg 进行总结，形成了遗传算法的基本框架。其主要特点是群体搜索策略和群体中个体之间的信息交换，搜索不依赖于梯度信息；在实现机制上，遗传算法是一种离散动力学系统，在给定初始群体和遗传操作的前提下，通过迭代实现群体的进化。所以它的应用范围非常广泛，尤其适合于处理传统搜索方法难于解决的复杂和非线性问题，可广泛用于组合优化、机器学习、自适应控制、规划设计和人工生命等领域，从而确立了它在 21 世纪的智能计算技术中的关键地位。

5.2.1　遗传算法的基本概念

遗传算法是在研究复杂系统中产生的，一方面遗传算法抽取和解释了自然系统的自适应过程，另一方面为人工系统的设计提供了自然系统机理依据。遗传算法借用"染色体"来表示解决问题的可行方案或问题模型的解，借用"基因"表示可行方案或解的组成要素。

生物进化的思想给解决计算问题带来启示。进化是在大量的可能选择中寻找解决方案的一种方法，在生物学中"大量的可能选择"是指可能的基因序列的集合，而解决方案是指具有高度适应性的有机体，即能够在环境中很好地生存和繁衍的有机体。进化的过程是在不断变化的可能性中寻找答案。

生物的有性生殖遗传方式是两个同源染色体之间通过交叉而重组，即在两个染色体的某一位置处 DNA 被切断，其前后两串分别交叉组合而形成新的染色体。在进行细胞复制时，有可能产生某些复制差错，从而使 DNA 发生某种变异，产生出新的染色体。这些新的染色体表现出新的性状。每一个生物个体对其生存环境都有不同的适应能力，这种适应能力称为个体的适应度。对环境适应性好的基因或染色体经常比适应性差的基因或染色体有更多的机会遗传到下一代。生物进化是一种大规模的并行作用，不是一次作用于一个物种，而是同时作用于多个物种。进化的"规则"(过程)是相当简单的，物种在自然选择(通过交换、突变和其他方式)的作用下不断进化，适应性越强的物种越容易生存和繁衍，并将适应环境的基因物质复制给后代。

遗传算法是一种由一组"染色体群"通过"自然选择"的机制转化成另一组"染色体群"的方法。"染色体"是由"基因"组成的，"基因"表示一个遗传因子。"自然选择"是由遗传学中"选择"、"交换"和"突变"几种作用共同完成的。选择是从染色群体中选出可以繁殖后代的染色体，适应性强的染色体比适应性弱的染色体产生出更多的后代。交换是用于交换两个染色体的组成部分，这是模仿两个单倍体(只有一个染色体的有机物)的再结合。突变是随机地改变染色体上某遗传因子的值。

遗传算法的概念与生物遗传中的概念对应关系如表 5-2 所示。

表 5-2　生物遗传概念在遗传算法中的对应关系

生物遗传概念	遗传算法中的作用
适者生存	在算法停止时，有最大目标值的解有最大的可能被留住
个体(individual)	解
染色体(chromosome)	解的编码
基因(gene)	解中每一分量的特征
适应性(fitness)	适应函数值
群体(population)	选定的一组解
种群(reproduction)	根据适应函数值选取的一组解
交配(crossover)	通过交配原则产生一组新解
变异(mutation)	编码的某一个分量发生变化

5.2.2　遗传算法的基本原理

每个染色体就是搜索空间中的一个点，代表了一个候选解。为检验染色体的优劣(或候选解的好坏)，需要一个适应度函数来检查每一个染色体(候选解)的适应性，即这个染色体(候选解)对于所给定问题的有效性的度量。

遗传算法就是对染色体群不断进行进化处理，不断地用一个新的染色体群替换原来的染色体群，即不断地尝试新的候选解，在每一次替换(进化)中，适应性高的染色体被保留或遗传的概率大，适应性低的染色体被保留或遗传的概率小，染色体群(候选解)得到不断的进化(优化)。

在遗传算法中，染色体是用数据或数组表示。标准遗传算法一般是用串结构数据来表现，串上的各个位置对应上述的基因，而各个位置上所取的值对应上述的等位基因。遗传算法处理的是染色体，或叫基因型个体。

遗传算法处理的是染色体(或叫基因型个体)，一定数量的个体组成了群体，也叫集团。群体中个体的数目称为群体的大小，也叫群体规模。个体对环境的适应程度叫做适应度。

遗传算法的执行包含两个必需的数据转换操作：一个是表型到基因型的转换，把搜索空间中的参数或解转换成遗传空间中的染色体或个体，此过程又叫做编码操作；另一个是基因型到表型的转换，是编码操作的相反操作，叫做译码操作。

掌握遗传算法就是要理解和掌握以下五个基本要素。

1.问题编码

将问题的解空间进行编码，把搜索空间中的解映射成遗传空间中的染色体或个体，以便遗传算法进行处理。编码方法有二进制编码、格雷码编码、多参数编码、实数编码、符号编码、可变长编码、Gray 编码、动态编码等方法。

二进制编码是由 0 和 1 所组成的二值串。二值编码的方法是根据解空间的精度要求，确定二进制编码参数的串长，最后还要将二值串结果解码成实数。二进制编码、解码简单易行，便于实现交叉、变异等遗传操作。但对于一些连续函数的优化问题，二进制编码局部搜索能力较差，而格雷码能有效地防止这类现象。格雷码是一种二进制编码方法的变形，其连续两个整数所对应的编码值之间仅仅只有一个码位是不同的。在优化问题求解中常会遇见多参数优化问题，可将每一个参数进行二值编码得到子串，每个子串对应各自的编码参数，然后将子串构成一个完整的染色体串。

实数编码是指个体的每个基因值用某一范围内的一个实数来表示，遗传算法操作必须保证其产生的新个体的基因值在这个区间限制范围内。实数编码适于表示范围较大的数和精度要求较高的情景，便于较大空间的搜索，改善了遗传算法的计算复杂性，提高了运算效率，便于使用混合优化方法，描述各种问题和处理复杂的约束条件。

符号编码法是指个体染色体编码串中的基因值取自一个无数值含义、而只有代码含义的符号集，如 $\{A, B, C\cdots\}$。符号编码便于在遗传算法中利用所求解问题的专门知识，但需要认真设计交叉、变异等遗传运算的操作方法，以满足问题的各种约束要求，提高搜索性能。

2.初始群体生成

初始群体的每一个个体都是通过随机方法产生的，称为进化的初始代或第一代。

3.适应度函数的构建

在遗传算法的搜索过程中，需要依据问题求解的目标构建评估个体或解的优劣程度的函数，并作为遗传操作的依据，评估函数值又称为适应度。不同问题的适应性函数的定义方式也不同。依据达尔文的自然选择原则，个体适应度越高，其被选择的概率越大。

对适应度函数的要求是，针对输入可计算出能加以比较的非负结果。遗传算法仅以适应度函数为依据，不受连续可微的约束且定义域可以为任意组合，这一特点使得遗传算法应用广泛。适应度函数是选择操作的依据，适应度函数的设计直接影响到遗传算法的性能。

适应度函数是由目标函数转换而来，应为单值、非负和越大越好。许多实际问题的目标函数是求费用函数 $g(x)$ 最小，所以需要将其转化为最大化问题。一般将目标函数转化为适应度函数有以下几种基本方法。

①如目标函数为最大化问题，可使适应度函数 $\mathrm{fit}(x)$ 等于目标函数 $g(x)$

$$\mathrm{fit}(x) = g(x) \tag{5-15}$$

②如目标函数为最小化问题，可进行如下转换

$$\mathrm{fit}(x) = -g(x) \tag{5-16}$$

③当不能保证非负时，进行如下转换

$$\mathrm{fit}(x) = \begin{cases} C_{\max} - g(x) & \text{当 } C_{\max} > g(x) \\ 0 & \text{其他情况} \end{cases} \tag{5-17}$$

其中 $C_{\max}$ 是 $g(x)$ 的最大值估计。

④当求解问题的目标函数采用利润时，为了保证其非负性，可用如下变换式

$$\mathrm{fit}(x) = \begin{cases} g(x) - C_{\min} & \text{当 } g(x) - C_{\min} > 0 \\ 0 & \text{其他情况} \end{cases} \tag{5-18}$$

式中 $C_{\min}$ 是 $g(x)$ 的最小估值。

第③、④方法是对第①、②两种方法的改进，也有下面两种改进的方法。

⑤若目标函数为最小化问题

$$\text{fit}(g(x)) = \frac{1}{1 + c + g(x)}, \qquad c \geqslant 0, c + g(x) \geqslant 0 \qquad (5\text{-}19)$$

⑥若目标函数为最大化问题

$$\text{fit}(g(x)) = \frac{1}{1 + c - g(x)}, \qquad c \geqslant 0, c - g(x) \geqslant 0 \qquad (5\text{-}20)$$

公式(5-19)、(5-20)中的 c 为目标函数界限的保守估计值。将目标函数转化为合理适应度函数的目的是适合算法要求和提高搜索效率。

4. 控制参数的设定

遗传算法的控制参数主要包括群体的大小 NPol、终止代数 NGen、使用遗传操作的交叉概率 P_c 和变异概率 P_m。

5. 遗传操作算法的设计

遗传操作算法的设计是遗传算法应用的关键，详见 5.2.3 节。

以上 5 个要素构成遗传算法的核心内容。

5.2.3　遗传算法的实现

遗传算法是一种以群体中的所有个体为对象的群体型操作。最简单的遗传算法的处理流程见图 5-2，主要包括三种遗传操作。

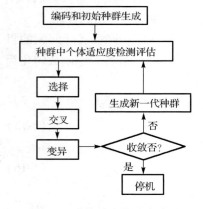

图 5-2　遗传算法的基本流程

1. 选择操作

从染色体群中选择某些染色体用于繁殖后代，生成新的候选解，染色体的适应度越高，它被选中的概率就越大。例如，适应度值比例法（也叫赌轮或蒙特卡罗选择），设群体的大小为 n，其中个体 i 的适应度为 f_i，则被选中的概率为 p_i

$$p_i = \frac{f_i}{\sum_{i=1}^{n} f_i} \qquad (5\text{-}21)$$

生存下来的染色体组成种群，形成一个可以繁衍下一代的群体。

2. 交换操作

随机地选定一个基因位，将两个染色体在该基因位上交叉互换，或在该基因位前后的两个个体的部分结构进行互换，生成两个新的个体后代。新一代的产生是一个生殖过程，它产生了新解。

3. 突变操作

随机改变染色体中某一基因位上的遗传因子的值将生成新的个体后代（新解）。新解产生的过程之一是发生基因变异，变异使某些解的编码发生变化，使解有更大的遍历性。

4. 遗传算法的 MATLAB 程序

以下是最基本的遗传算法 MATLAB 程序。

```
function [x_max, fval_max]... = Fun_BasicGeneticArithmetic(LB,UB,NPol,NGen,Pc,
Pm,eps)
% 基本 GA 算法求解一维无约束优化问题的算法(求目标函数的最大值)
% 输出参数:
%    x_max        ——目标函数取最大值时的解
%    fval_max     ——目标函数的最大值
% 输入参数:
%    fitness      ——待优化的目标函数
%    LB           ——自变量下界
%    UB           ——自变量上界
%    NPol         ——种群大小
%    NGen         ——最大进化代数
%    Pc           ——杂交概率
%    Pm           ——变异概率
%    eps          ——自变量离散精度

% 程序主体部分

ChromLen = ceil(log2((UB – LB)/eps +1)); % 根据自变量离散精度, 确定二进制编码位串的长度
x = round(rand(NPol,ChromLen));           % 种群编码的初始化(初始化种群)
FitnessValue = zeros(NPol,1);
for k =1:NPol
    FitnessValue(k) = fitness(Dec(LB,UB,x(k,:),ChromLen));  % 初始个体适应度值
end
for i =1:NGen
    SumFitnessValue = sum(FitnessValue);                % 所有个体适应度值之和
    FitProb_x = FitnessValue/SumFitnessValue;          % 所有个体适应度值归一化——概率
    FitProbAcc_x = zeros(NPol,1);
    FitProbAcc_x(1) = FitProb_x(1);
    for k =2:NPol                                       % 概率累加
        FitProbAcc_x(k) = FitProbAcc_x(k –1) + FitProb_x(k);
    end
% 选择
    for k =1:NPol
        sita = rand();
        for n =1:NPol
            if sita <= FitProbAcc_x(n)
                next_x(k,:) = x(n,:);                   % 根据概率策略选择父代
                break;
            end
```

```
            end
        end
        x = next_x;

    % 交叉与变异
        for k = 1:NPol
            r1 = rand();
            if r1 <= Pc                                    % 进行交叉操作
                PosCut = floor(rand() * (ChromLen - 2)) + 1;   % 随机确定单点交叉的切点位置
                Selection = floor(rand() * (NPol - 1)) + 1;    % 随机确定母亲
                next_x(k,1:PosCut) = x(Selection,1:PosCut);
                next_x(k,(PosCut + 1):ChromLen) = x(k,(PosCut + 1):ChromLen);
            else
                next_x(k,:) = x(k,:);
            end
            r2 = rand();
            if r2 <= Pm                                    % 进行变异操作
                PosMut = round(rand() * (ChromLen - 1) + 1);   % 随机确定变异元素的位置
                next_x(k,PosMut) = 1 - next_x(k,PosMut);
            end
        end
        x = next_x;

        for m = 1:NPol
            FitnessValue(m) = fitness(Dec(LB,UB,x(m,:),ChromLen));
                                            % 子代个体适应度值, 调用子函数 Dec
        end
    end

    fval_max = - inf;                                       % 设定最大值的初值
    for i = 1:NPol
        FunctionValue = fitness(Dec(LB,UB,x(i,:),ChromLen));
                                            % 计算各目标函数值, 以查找最大值
        if FunctionValue >= fval_max
            fval_max = FunctionValue;                      % 求目标函数的最大值
            x_max = Dec(LB,UB,x(i,:),ChromLen);
        end
    end
    return
```

```
    % 二进制转换为十进制编码子程序
    function y = Dec(LB,UB,x,ChromLen)
    Base = 2 .^((ChromLen - 1): - 1:0);
    y = dot(Base,x);
    y = LB + y * (UB - LB) / (2 ^ ChromLen - 1);
    return
```

5. 遗传算法的算例

用遗传算法求函数 $f(x) = x^2, x \in [0,31]$ 的最大值。调用遗传算法求解的 MATLAB 主程序如下。

```
% Basic_GA_main, 开始模块: 准备输入数据, 调用遗传算法函数, 输出结果。
% 31 的二进制表示是 11111, 可用 5 位二进制编码表示 x

LB        = 0;           % x 取值下限
UB        = 31;          % x 取值上限
NPol      = 20;          % 染色体群的大小
NGen      = 10;          % 计算的代数
Pc        = 0.66;        % 交换概率
Pm        = 0.001;       % 突变概率
eps       = 1;           % 自变量离散精度

[x_max, fval_max] = Fun_BasicGeneticArithmetic(LB,UB,NPol,NGen,Pc,Pm,eps);

% 输出结果
fprintf('x_max:          % d \n', x_max);
fprintf('fval_max:       % d \n', fval_max);
return
```

```
function FitnessValue = fitness(x)
FitnessValue = x.^2;        % f(x) = x², x ∈ [0,31]

Return
```

经计算, 得到最优结果如下:

```
x_max:    31
fval_max: 961
```

5.2.4　基于改进遗传算法求解 TSP 问题

TSP 问题同 5.1.3 节, 解空间和目标函数都是一样的, 遗传算法的染色体对应 TSP 的路径方案。需要注意的是遗传交叉操作和变异操作应保证新的个体处于可行的解空间, 即染色体编码中不允许有重复的路径符号, 所以需要对原遗传算法的交叉和变异算子的细节进行改进。

1. 详细设计及核心代码

①编码

编码使用路径表示法, 这是 TSP 问题的最自然的表示方式, 按访问城市编号的顺序排列编码 $x = (v_1, v_2, \cdots, v_n)$。例如一条路径 $8-1-7-5-9-4-6-3-2$ 可表示成 $(8\ 1\ 7\ 5\ 9\ 4\ 6\ 3\ 2)$。

②初始种群的设计

采用随机方式对种群进行初始化操作。在 MATLAB 中, 系统内建函数 $\mathrm{randperm}(n)$ 可以随机产生一个由自然数 1 到 n 组成的全排列, 调用它可非常方便地产生初始种群。但随机生成的初始个体适应度较低, 影响算法的收敛性。所以, 可采用贪心选择策略来初始化种群，这样可以使得初始种群中包含大量的最优子路径，以提高种群的适应度。

采用贪心选择策略进行初始化种群的算法如下。

第一步，随机生成一个城市编号 v_i，再选择离城市 v_i 最近的城市 v_j 构成一条通路 $\{v_i, v_j\}$，并对 v_i、v_j 城市作上已选标记；

第二步，分别找出离已选通路开始和结束城市 v_i、v_j 最近的未被选择的城市 v_m、v_n，若 $d(v_i, v_m) < d(v_j, v_n)$，则选择 v_m 构成路径 $\{v_m, v_i, v_j\}$，否则选择 v_n 构成路径 $\{v_i, v_j, v_n\}$；

第三步，重复步骤 2，直到所有城市都加入到通路中，则构成一个初始染色体；

第四步，重复以上过程，直到生成的染色体达到种群规模。该双向贪心选择初始化个体的方法会加快算法的收敛性。

③适应度函数

适应度函数直接采用目标函数 TSP 巡回的总距离：

$$\mathrm{fit}(x) = \sum_{i=1}^{n-1} d(v_i, v_{i+1}) + d(v_n, v_1) \tag{5-22}$$

$x = (v_1, v_2, \cdots, v_n)$ 为方案编码的染色体，v_i 是染色体的第 i 个基因，表示 TSP 路径中第 i 个到达的城市编号。$d(v_i, v_j)$ 是由城市 v_i 到城市 v_j 的距离。

④交叉算子设计

交叉算子为保证生成的个体处于可行空间，所以交叉算子是通过选择父个体 1 的一部分城市代码，并结合其他城市代码在父个体 2 中按相对顺序形成的另一部分，生成新的个体。为避免破坏最优子路径和避免产生不可行的个体，采用贪婪交叉算子将两个父个体 parent1 和 parent2 产生 2 个子个体 offspring1 和 offspring2。改进的贪婪交叉算子过程如下。

第一步，随机选择一个城市 v_i 作为交叉的起点，初始化子个体 offspring1 和 offspring2 的代码串，这时个体中只包含一个城市 v_i。

第二步，依据 offspring1 的右端点 v_i（或 offspring2 的左端点 v_i），分别从 parent1 和 parent2 中找出 v_i 右（左）边的城市 right1 和 right2（left1 和 left2），计算 v_i 到 right1、right2（left1、left2）的距离 d1 和 d2。

第三步，如果 $d_1 \leqslant d_2$，则将 right1（left1）加入到 offspring1（offspring2）中，并将 parent1 和 parent2 中的城市 right1（left1）删除；如果 $d_1 > d_2$，则将 right2（left2）城市加入到 offspring1（offspring2）中，并将 parent1 和 parent2 中的 right2（left2）删除。

第四步，重复以上二三步，直到生成新的染色体 offspring1（offspring2）。

⑤变异算子设计

变异算子采用贪心变异算子，其基本算法为：首先随机选择一个基因城市 city，然后在除了 city、city 左邻、city 右邻外的其他城市中选择距离 city 最近的城市 city'，再对 city 右邻到 city' 之间的城市编码实行倒序操作。例如，从父个体（6 2 5 3 1 8 4 7）中随机选择一个城市 3，假设离城市 3 最近的有 6 和 8。如果选 6 作为第 2 点，则倒序后产生新个体为（2 5 3 6 7 8 1）；若选 8 作为第 2 点，则产生新个体为（6 2 6 3 8 1 4 7）。

⑥ 选择算子

选择算子一般是基于适应度比例进行设计，但存在容易导致过早收敛而得不到最优解的问题。以下是采用基于适应值大小的顺序选择的算子。

第一步，从上一代群体中按等概率选取 k 个个体；

第二步，从选取的 k 个个体中选择最好的个体作为下一代群体中的个体；

第三步，重复步骤 1 和步骤 2，直到新一代群体达到设定的规模。这种选择算子在一定程度上避免了经过选择后染色体过于集中的情况。

2. MATLAB 程序

求解 TSP 问题的改进遗传算法 MATLAB 程序如下。

```
function [BestPath,totalLength] = Fun_GA_TSP(NPol,NGen,Pc,Pm, Site,DM)
% 遗传算法求解 TSP 问题主函数
% 输出参数：
%     BestPath        ——最优路径           %        totalLength——路径的总长度
% 输入参数：
%     NPol ——种群大小                      %     NGen        ——最大进化代数
%     Pc    ——杂交概率                     %     Pm          ——变异概率
%     Site  ——n 个城市对应地点坐标的 n×2 矩阵
%     DM    ——n 个城市地点间实际距离 n×n 矩阵


% 程序主体部分参数：
%     DisMat   ——n 个城市之间的距离矩阵；                 Nselect   ——选择方法


tic

[n,m] = size(Site);

if nargin == 6
    lengthM = length(DisMat);
    DisMat = DM;                              % n 个城市之间的实际距离矩阵
    if(lengthM ~= n)
        disp('输入数据不一致！');
        return
    end
elseif nargin == 5
% 将城市的坐标矩阵转换为邻接距矩阵
DisMat = sqrt((Site(:,ones(1,n)) - Site(:,ones(1,n))').^2 + …
        (Site(:,2 * ones(1,n)) - Site(:,2 * ones(1,n))').^2);
                                              % n 个城市之间的直线距离矩阵

end

% 初始化
ChromLen = n;
x = zeros(NPol, ChromLen);
FitnessValue = zeros(NPol,1);

Method0 = 3;                                  % 初始化路径生产方法
[x, BestPath, totalLength] = x_init_TSP(DisMat, NPol, Method0);
                                              % 路径个体初始化
Best_Path = BestPath;                         % 保存目前最优路径
```

```
Best_totalLength = totalLength;                    % 保存目前最优路径长度

figure(1)                                          % 绘制代数与路径长度的曲线图形窗口
    title('代数与路径长度的变化曲线');
    xlabel('代数');ylabel('路径长度');
hold on

% 遗传算法
Nselect = 6;
for i = 1:NGen

    [x_next, BestPath, totalLength] = GA_Cross_TSP(x, Pc, DisMat);
                                        % 进行交叉操作

    x = x_next;
    if  (Best_totalLength > totalLength)% 判断最优的路径
        Best_Path = BestPath;                      % 记录最优路径
        Best_totalLength = totalLength;
    end

    [x_next, BestPath, totalLength] = GA_Mutate_TSP(x, Pm, DisMat);
                                        % 进行变异操作

    x = x_next;
    if  (Best_totalLength > totalLength)% 判断最优的路径
        Best_Path = BestPath;                      % 记录最优路径
        Best_totalLength = totalLength;
    end

    [x_next, BestPath, totalLength] = GA_Select_TSP(x, Nselect, DisMat);
                                        % 进行选择操作

    x = x_next;
    if  (Best_totalLength > totalLength)% 判断最优的路径
      Best_Path = BestPath;                        % 记录最优路径
      Best_totalLength = totalLength;
    end

    plot(i,totalLength, 'b*')    % 绘制各代与路径长度的关系，可看到运行变化情况
end

toc

% 输出结果
BestPath = Best_Path;
totalLength = Best_totalLength;

figure(2)                                          % 绘制行走轨迹的图形窗口
x = [Site(BestPath,1); Site(BestPath(1),1)];       % 首尾相连的城市坐标 x
y = [Site(BestPath,2); Site(BestPath(1),2)];       % 首尾相连的城市坐标 y
hold off;
plot(x,y, '-o');
hold on;
plot(Site(BestPath(1),1), Site(BestPath(1),2), '-p');
title([' TSP 路径及长度： '  num2str(totalLength)]);
```

```
function [x_init, BestPath, totalLength] = x_init_TSP(DisMat, NPol, Method)
% x 初始化函数
% 输出参数：
%     x_init ——初始化种群，BestPath ——最优路径，  totalLength ——路径的总长度
% 输入参数：
%     DisMat ——n 个城市间实际距离 n×n 矩阵，
%     NPol   ——种群大小，  Method ——种群初始化的方法编号

% 程序主体部分参数：
%     FitnessValue    ——种群的目标函数值，        SumLen_TSP   ——TSP 的目标函数

ChromLen = length(DisMat);                        % 染色体长度
BestPath = [1,randperm(ChromLen - 1) + 1];        % 路径：初始路径
totalLength = SumLen_TSP(DisMat,BestPath);        % 路径的总距离：初始路径的总距离
x_init = zeros(NPol,ChromLen);
switch Method
    case 1                                        % ①初始化 1：随机初始化
        for k = 1:NPol
            x_init(k,:) = randperm(ChromLen);     % 种群编码的初始化(初始化种群)
        end

    case 2                                        % ②初始化 2：贪心选择初始化
        for k = 1:NPol
            x_init(k,:) = randpermTSP(DisMat);    % 种群个体的随机初始化
        end

    case 3                                        % ③初始化 3：混合选择初始化
        for k = 1:2:NPol
            x_init(k,:) = randperm(ChromLen);     % 种群编码的初始化(初始化种群)
        end
        for k = 2:2:NPol
            x_init(k,:) = randpermTSP(DisMat);    % 种群个体的随机初始化
        end
end

for k = 1:NPol
    FitnessValue = SumLen_TSP(DisMat, x_init(k,:)); % 初始个体适应度值
if FitnessValue < totalLength
        BestPath = x_init(k,:);                   % 保存最优个体
        totalLength = FitnessValue;               % 保存最优值
    end
end

function x_k = randpermTSP(DisMat)                % 种群个体初始化的贪心选择函数
ChromLen = length(DisMat);                        % 染色体长度
x_int = 1:ChromLen;                               % 染色体基因集合

vi = 1 + floor(rand() * (ChromLen - 1));          % 随机选择新染色体的基因
x_int = setdiff(x_int,vi);                        % 剔除已选的染色体基因
minvi = min(DisMat(vi,x_int));                    % 计算已选基因距离未选基因最近的距离
```

```
    pos = find(DisMat(vi,x_int) == minvi);        % 查找最近距离基因的位置
    vj = x_int(pos(1));                            % 提取最近距离的基因
    x_add = [vi vj];                               % 添加已选的染色体基因
    x_int = setdiff(x_int,vj);                     % 剔除已选的染色体基因
    while length(x_int) > 0
        minvi = min(DisMat(vi,x_int));             % 计算已选左端基因距未选基因最近的距离
        minvj = min(DisMat(vj,x_int));             % 计算已选右端基因距未选基因最近的距离
        if minvi < minvj
            pos = find(DisMat(vi,x_int) == minvi);
            vm = x_int(pos(1));
            x_add = [vm x_add];                    % 左端添加新选的染色体基因
            x_int = setdiff(x_int,vm);             % 剔除已选的染色体基因
            vi = vm;
        else
            pos = find(DisMat(vj,x_int) == minvj);
            vn = x_int(pos(1));
            x_add = [x_add vn];                    % 右端添加新选的染色体基因
            x_int = setdiff(x_int,vn);             % 剔除已选的染色体基因
            vj = vn;
        end
    end
    x_k = x_add;
```

```
function [x_next, BestPath, totalLength_next] = GA_Cross_TSP(x,Pc,DisMat)
% 交叉算子函数
% 输出参数:
%    x_next——子代种群,   BestPath——最优路径,   totalLength——路径的总长度
% 输入参数:
%    x ——父代种群,   Pc ——交叉概率,   DisMat ——n 个城市间实际距离 n × n 矩阵

% 程序主体部分参数:
%    SumLen_TSP ——TSP 的目标函数,   NPol         ——种群大小
%    ChromLen      ——染色体长度,          FitnessValue ——子代种群的目标函数值

[NPol,ChromLen] = size(x);

for k = 1:NPol
    r1 = rand();
    if r1 < Pc                                     % 进行交叉操作
        parent1 = x(k,:);                          % 父代个体 1
        parent2 = x(floor(rand() * (NPol -1)) +1,:);  % 父代个体 2
        pos = floor(rand() * (ChromLen -1)) +1;    % 随机确定单点交叉的开始点
        v1 = parent1(pos);                         % 提取单点交叉的开始基因
        offspring1 = v1;                           % 子代个体 1
        parent1_right = [parent1(pos +1:end)parent1(1:pos -1)];
                                                   % 剔除已取基因后的父代 1 基因移位

        offspring2 = v1;                           % 子代个体 2
        pos = find(parent2 == v1);
```

```
            v2 = v1;
            parent2_right =[parent2(pos +1:end)parent2(1:pos -1)];
%  剔除已取基因后的父代2基因移位

            parent1_left = parent1_right;
            parent2_left = parent2_right;

            while length(offspring1) < ChromLen
                d_v1r1 = DisMat(v1,parent1_right(1));
                d_v1r2 = DisMat(v1,parent2_right(1));
                if d_v1r1  <= d_v1r2
                    v1 = parent1_right(1);
                    parent1_right(1) =[];
                    pos = find(parent2_right == v1);
                    parent2_right =[parent2_right(pos(1) +1:end)parent2_right
                                (1:pos(1) -1)];
                else
                    v1 = parent2_right(1);
                    parent2_right(1) =[];
                    pos = find(parent1_right == v1);
                    parent1_right =[parent1_right(pos(1) +1:end)parent1_right
                                (1:pos(1) -1)];
                end
                offspring1 =[offspring1 v1];

                d_v1l1 = DisMat(v2,parent1_left(end));
                d_v1l2 = DisMat(v2,parent2_left(end));
                if d_v1l1  <= d_v1l2
                    v2 = parent1_left(end);
                    parent1_left(end) =[];
                    pos = find(parent2_left == v2);
                    parent2_left =[parent2_left(pos(1) +1:end)parent2_left
                                (1:pos(1) -1)];
                else
                    v2 = parent2_left(end);
                    parent2_left(end) =[];
                    pos = find(parent1_left == v2);
                    parent1_left =[parent1_left(pos(1) +1:end)parent1_left
                                (1:pos(1) -1)];
                end
                offspring2 =[v2 offspring2];
            end
            if SumLen_TSP(DisMat,offspring1) < SumLen_TSP(DisMat,offspring2)
                x_next(k,:) = offspring1;
            else
                x_next(k,:) = offspring2;
            end
        else
            x_next(k,:) = x(k,:);
```

```
        end
    end

    BestPath = x_next(1,:);                                      % 初始路径
    totalLength = SumLen_TSP(DisMat,BestPath);                   % 初始路径的总距离
    FitnessValue = totalLength;

    for k = 2:NPol
        FitnessValue = SumLen_TSP(DisMat, x_next(k,:));          % 个体适应度值
        if  FitnessValue < totalLength_next
            BestPath = x_next(k,:);                              % 保存最优个体
            totalLength = FitnessValue;                          % 保存最优值
        end
    end
```

```
    function [x_next, BestPath, totalLength_next] = GA_Mutate_TSP(x,Pm,DisMat)
    % 变异算子函数
    % 输出参数:
    %    x_next ——子代种群, BestPath ——最优路径, totalLength_next ——路径的总长度
    % 输入参数:
    %    x ——父代种群,   Pc ——交叉概率,   DisMat ——n 个城市间实际距离 n×n 矩阵

    % 程序主体部分参数:
    %    SumLen_TSP ——TSP 的目标函数,NPol          ——种群大小,
    %    ChromLen   ——染色体长度,   FitnessValue   ——子代种群的目标函数值

    [NPol,ChromLen] = size(x);
    for k = 1:NPol
        x_k = x(k,:);
        r2 = rand();
        if r2 <= Pm                                              % 进行变异操作
            x_mut = x_k;
            PosMut = round(rand()*(ChromLen - 1) + 1);           % 随机确定变异基因的位置
            v1 = x_mut(PosMut);
            if PosMut == 1
                x_mut([ChromLen,2,1]) = [];
            elseif PosMut == ChromLen
                x_mut([ChromLen,ChromLen - 1,1]) = [];
            else
                x_mut([PosMut + 1,PosMut,PosMut - 1]) = [];
            end
            d_vk_x_mut = DisMat(v1,x_mut);
            d_vk_min = min(d_vk_x_mut);
            pos = find(d_vk_x_mut == d_vk_min);
            v2 = x_mut(pos(1));

            pos = find(x_k == v2);                               % 确定变异倒序右端基因的位置
            pos1 = PosMut + 1;                                   % 确定变异倒序左端基因的位置
            if pos1 > ChromLen
```

```
            pos1 = 1;
        end

        if pos1 < pos                           % 依据倒序左右端基因的位置，进行倒序操作
            x_next(k,:) = [x_k(1:pos1 - 1)x_k(pos: -1:pos1)x_k(pos + 1:end)];
        elseif pos1 > pos
            x_next(k,:) = [x_k(pos + 1:pos1 - 1)x_k(pos: -1:1)x_k(end: -1:pos1)];
        else
            disp('pos1 == pos');
            quit
        end
    else
        x_next(k,:) = x_k;
    end
end
end

BestPath = x_next(1,:);                         % 初始路径
totalLength = SumLen_TSP(DisMat,BestPath);      % 初始路径的总距离

for k = 2:NPol
    FitnessValue = SumLen_TSP(DisMat, x_next(k,:));   % 个体适应度值
    if  FitnessValue < totalLength
        BestPath = x_next(k,:);                 % 保存最优个体
        totalLength_next = FitnessValue;        % 保存最优值
    end
end
```

```
    function [x_next, BestPath, totalLength_next]... = GA_Select_TSP(x,Nselect,
    DisMat)                                      % 选择操作函数
    % 输出参数：
    %   x_next ——子代种群, BestPath ——最优路径, totalLength_next ——路径的总长度
    % 输入参数：
    %   x ——父代种群,  Nselect ——每次选取的父代个体数,
    %   DisMat ——n 个城市间实际距离 n × n 矩阵

    % 程序主体部分参数：
    %    SumLen_TSP      ——TSP 的目标函数,   NPol          ——种群大小,
    %    ChromLen        ——染色体长度,       FitnessValue ——子代种群的目标函数值

    [NPol,ChromLen] = size(x);
    x_select = zeros(Nselect,ChromLen);
    for k = 1:NPol
        for p = 1:Nselect
            x_select(p,:) = x(floor(rand() * (NPol - 1)) + 1,:);  % 随机选取 Nselect 个父代个体
        end
        BestPath = x_select(1,:);
        totalLength_next = SumLen_TSP(DisMat,BestPath);  % 路径的总距离
        for p = 2:Nselect
            FitnessValue = SumLen_TSP(DisMat, x_select(p,:));  % 个体适应度值
```

```
        if FitnessValue < totalLength_next
            BestPath = x_select(p,:);                % 保存最优个体
            totalLength_next = FitnessValue;         % 保存最优值
        end
    end
    x_next(k,:) = BestPath;                          % 选组中最优父个体为下一代的子个体
    if  totalLength < totalLength_next
        BestPath = x_next(k,:);                      % 保存最优个体
        totalLength = totalLength_next;              % 保存最优值
    end
end
```

3. 算例

Oliver TSP 问题是 GA 的一个经典测试问题，其 30 个城市的坐标如表 5-3 所示。
根据上述信息，构建求解 Oliver TSP 问题的 MATLAB 主程序如下。

```
% Oliver TSP 问题30个城市位置对应的(x,y)坐标组成30行2列矩阵 CitySite
CitySite = [87 7; 91 38; 83 46; 71 44; 64 60; 68 58; 83 69; 87 76; 74 78; 71 71; …
            58 69; 54 62; 51 67; 37 84; 41 94; 2 99; 7 64; 22 60; 25 62; 18 54; …
            4 50; 13 40; 18 40; 24 42; 25 38; 41 26; 45 21; 44 35; 58 35; 62 32];
NPol = 99;        NGen = 66;        Pc  = 0.5;          Pm  = 0.3;
[BestPath, totalLength] = Fun_GA_TSP(NPol, NGen, Pc, Pm, CitySite)
```

表 5-3　Oliver 30 城市坐标

City	x	y	City	x	y	City	x	y
1	87	7	11	58	69	21	4	50
2	91	38	12	54	62	22	13	40
3	83	46	13	51	67	23	18	40
4	71	44	14	37	84	24	24	42
5	64	60	15	41	94	25	25	38
6	68	58	16	2	99	26	41	26
7	83	69	17	7	64	27	45	21
8	87	76	18	22	60	28	44	35
9	74	78	19	25	62	29	58	35
10	71	71	20	18	54	30	62	32

经多次运算，得到以下优化结果，见图 5-3。

```
Elapsed time is 4.113385 seconds.
Best Path = [11,12,13,14,15,16,17,19,18,20,21,22,23,24,25,28,26,27,29,30,1,2,
            3,4,6,5,7,8,9,10]
Total Length = 424.8693
```

重新计算 5.1.3 节旅行商问题改进遗传算法的 MATLAB 主程序如下。

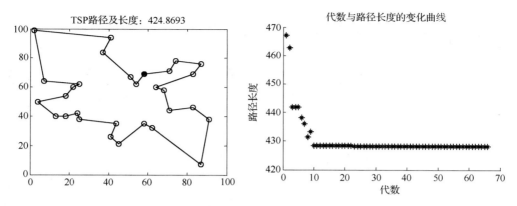

图 5-3　Oliver 30 的最优路径

```
% 31 个城市位置对应的(x,y)坐标组成 31 行 2 列矩阵 CitySite
CitySite =[1304 2312;3639 1315;4177 2244;3712 1399;3488 1535;3326 1556;…
          3238 1229;4196 1044;4312  790;4386  570;3007 1970;2562 1756;…
          2788 1491;2381 1676;1332  695;3715 1678;3918 2179;4061 2370;…
          3780 2212;3676 2578;4029 2838;4263 2931;3429 1908;3507 2376;…
          3394 2643;3439 3201;2935 3240;3140 3550;2545 2357;2778 2826;…
          2370 2975];
NPol =99;        NGen =66;      Pc  =0.5;        Pm  =0.3;
[BestPath,totalLength] = Fun_GA_TSP(CitySite, NPol,NGen,Pc,Pm)
```

优化结果如下，见图 5-4。

```
Elapsed time is 10.758635 seconds.
Best Path =[11,6,5,16,4,2,8,9,10,7,13,12,14,15,1,29,31,30,27,28,26,25,24,20,
           21,22,18,3,17,19,23]
Total Length =1.5383e +04
```

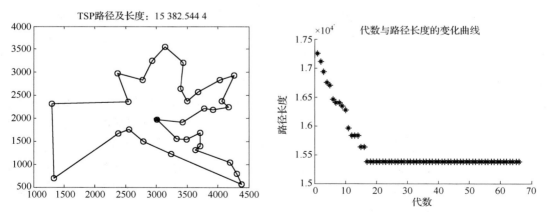

图 5-4　31 个城市 TSP 问题的最优路径

5.3 蚁群算法及其应用

蚁群算法是一种新型的模拟进化算法,通过模拟蚁群觅食的行为,采用正反馈结构、分布式计算与某种启发式算子相结合的方法,能够快速寻得较好的结果。

5.3.1 引言

蚁群算法(Ant Colony Algorithm)是由意大利学者 M. Dorigo 等人提出的一种新型的模拟进化算法。受到人们对自然界中真实蚁群集体行为研究成果的启发,考虑到蚁群搜索食物的过程与旅行商问题的相似性,利用蚁群算法求解旅行商问题(Traveling Salesman Problem)、指派问题(Assignment Problem)、资源二次分配问题(Quadratic Assignment Problem, QAP)和调度问题(Scheduling Problem),取得了一些比较满意的实验结果。

蚁群算法不仅能够智能搜索、全局优化,而且具有稳健性(鲁棒性)、适应性好、正反馈、分布式计算、易与其他算法结合等特点。利用正反馈原理,可以加快进化过程;分布式计算使该算法易于并行实现,个体之间不断进行信息交流和传递,有利于找到较好的解,不容易陷入局部最优;该算法易与多种启发式算法结合,可改善算法的性能;由于鲁棒性强,故在基本蚁群算法模型的基础上进行修改,便可用于其他问题。因此,蚁群算法的问世为诸多领域解决复杂优化问题提供了有力的工具。

5.3.2 蚁群算法的基本原理

蚁群算法是对自然界蚂蚁的寻径方式进行模拟而得出的一种仿生算法。蚂蚁能够在它所经过的路径上留下一种称之为外激素(pheromone)的物质进行信息传递,且蚂蚁在运动过程中能够感知这种物质,并以此指导自己的运动方向,因此蚁群集体行为便表现出一种信息正反馈现象:某一路径上走过的蚂蚁越多,则后来者选择该路径的概率就越大。

在蚁群寻找食物时,它们总能找到一条从食物到巢穴之间的最优路径。因为蚂蚁在寻找路径时会在路径上释放出一种特殊的信息素。当它们碰到一个还没有走过的路口时,就随机地挑选一条路径前行。蚂蚁在走过的路径上会留下信息素,而后来的蚂蚁出发时会根据环境中存在的信息素来决定行走的方向。信息素浓度高的路径上会吸引更多的蚂蚁。同时信息素是一种挥发性的化学物质,随着时间的推移会逐渐地消逝。假定每只蚂蚁在单位距离上留下的信息素相同,则对于较短路径来说,其上残留的信息素浓度较高,这样就会引导蚂蚁以较大的概率选择较短的路径,从而导致这条路径上走过的蚂蚁越多;而经过的蚂蚁越多,这条路径上残留的信息素越多,反过来又会促使更多的蚂蚁选择这条路径。这样就构成了一个正反馈的过程。经过一段时间后,全部的蚂蚁都会集中到一条路径上,这条路径就是从蚁穴到食物源的最短路径。

蚂蚁的觅食过程如图 5-5 所示。

在图 5-5 中,设 A 是蚁巢,E 是食物源,H、C 为障碍物,距离为 d。由于障碍物的存在,由 A 外出觅食或由 E 返回巢穴的蚂蚁只能经由 H 或 C 到达目的地。假设蚂蚁以"1 单位长度/单位时间"的速度往返于 A 和 E，每经过一个单位时间各有 30 只蚂蚁离开 A 和 E 到达 B 和 D（见图 5-5（a））。初始时，各有 30 只蚂蚁在 B 和 D 点遇到障碍物，开始选择路径。由于此时路径上无信息素，蚂蚁便以相同的概率随机地走两条路中的任意一条，因而 15 只选往 C，15 只选往 H（见图 5-5（b））。经过一个单位时间以后，路径 BCD 被 30 只蚂蚁爬过，而路径 BHD 上则只被 15 只蚂蚁爬过（因 BCD 距离为 1 而 BHD 距离为 2），BCD 上的信息量是 BHD 上信息量的两倍。此时，又有 30 只蚂蚁离开 B 和 D，于是 20 只选择往 C 方向，而另外 10 只则选择往 H 方向（见图 5-5（c））。这样，更多的信息素量被留在更短的路径 BCD 上。随着时间的推移和上述过程的重复，短路径上的信息量便以更快的速度增长，于是会有越来越多的蚂蚁选择这条短路径，以致最终完全选择这条短路径。

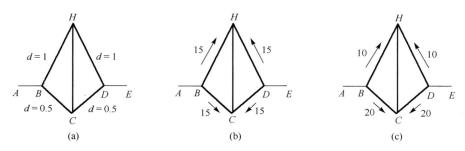

图 5-5　蚁群的觅食过程示意图

蚁群算法的基本原理：①蚂蚁在路径上释放信息素；②碰到还没走过的路口，就随机挑选一条路走。同时，释放与路径长度有关的信息素；③信息素浓度与路径长度成反比。后来的蚂蚁再次碰到该路口时，就选择信息素浓度较高的路径；④最优路径上的信息素浓度越来越大；⑤最终蚁群找到最优寻食路径。

5.3.3　基于蚁群系统对 TSP 问题的分析

蚁群觅食的过程与旅行商问题具有相似性。利用蚁群系统原理求解 n 个城市的旅行商问题，首先应建立人工蚁群系统的数学模型。在人工蚁群系统中，蚂蚁具有下面几个特征：①以概率大小选择转移路线，概率则是城市之间距离和路径上残留信息量的函数；②有记忆功能，在每一次循环中，每只蚂蚁的转移路径只能是它没有走过的；③完成一次循环后，在其走过的路径上留下一定量的信息物质；④蚂蚁留在路径上的信息量随时间逐渐衰减。

1. TSP 问题的描述

TSP 问题已在前面介绍过：即有 n 个城市，一个旅行商从其中一个城市出发，在访问完其余城市各一次且仅有一次后回到起点城市，要求找到一条最短的巡回路径。

2. TSP 问题数学模型

$G = (V, A)$ 为 n 个城市的有向图，其中 $V = \{1, 2, \cdots, n\}$，$A = \{(i, j) \mid i, j \in V\}$；城市

之间的距离为 $(d_{ij})_{n \times n}$；目标函数为：$\min\{f(w) = \sum\limits_{l=1}^{n} d_{i_l i_{l+1}}\}$，其中 $w = (i_1, i_2, \cdots, i_n)$ 为城市 $1, 2, \cdots, n$ 的一个排列，$i_{n+1} = i_1$。

3.蚁群算法模拟分析

TSP 问题的人工蚁群算法中，假设 m 只蚂蚁在图的相邻节点间移动，从而协作异步地得到问题的解。每只蚂蚁的一步转移概率由图中的每条边上的两类参数决定：①信息素值，也称信息素痕迹 τ；②可见度，即先验启发式信息 η。

蚂蚁向下一个目标的运动是通过一个随机原则来实现的，也就是运用当前所在节点存储的信息，计算出下一步可达节点的概率，并按此概率实现一步移动，逐此往复，越来越接近最优解。蚂蚁在寻找过程中，或者找到一个解后，会评估该解或解的一部分的优化程度，并把评价信息保存在相关连接的信息素中。

假设 m 是蚁群中蚂蚁的数量，$b_i(t)$ 表示在时刻 t 位于城市 i 的蚂蚁数量，则 $m = \sum\limits_{i=1}^{n} b_i(t)$；$\eta_{ij}(t)$ 表示在时刻 t 所能提供的某种启发式信息，表示由城市 i 转移到城市 j 的期望程度。在 TSP 问题中，一般取先验启发式信息 $\eta(i,j) = 1/d(i,j)$。$\tau_{ij}(t)$ 表示在时刻 t 蚁群在城市 i 和城市 j 连线上放置的信息素含量，以此来模拟实际蚂蚁分泌的信息素。初始时假设各种路径上的信息素恒等（$\tau_{ij}(0) = C$ 为一预设常数）；$P_{ij}^k(t)$ 表示在时刻 t 蚂蚁 k 由城市 i 转移到城市 j 的状态转移概率，则：

$$P^k(i,j) = \begin{cases} \dfrac{[\tau(i,j)]^{\alpha} \cdot [\eta(i,j)]^{\beta}}{\sum\limits_{s \in J_k} [\tau(i,s)]^{\alpha} \cdot [\eta(i,s)]^{\beta}}, & j \in J \\ 0, & j \in I \end{cases} \tag{5-23}$$

其中，α 为信息启发式因子，表示信息素的相对重要性，反映了蚂蚁在运动过程中所积累的信息在蚂蚁运动时所起的作用。α 值越大，则该蚂蚁越倾向于选择其他蚂蚁所经过的路径，蚂蚁之间的协作性越强；β 为期望启发式因子，表示可见度的相对重要性，反映了蚂蚁在运动过程中启发信息在蚂蚁选择路径中受重视程度。β 值越大，则该状态转移概率越接近于贪心规则；$I \cup J = V$，I 为已访问的点集，J 为未访问的点集。

信息素的更新方式有 2 种，一是挥发，也就是所有路径上的信息素以一定的比率不断减少，模拟自然蚁群的信息素随时间挥发的过程；二是增强，给评价值"好"（有蚂蚁走过）的边增加信息素。当所有蚂蚁完成周游后，按以下公式进行信息素更新：

$$\tau_{ij}(t+1) = (1-\rho) \cdot \tau_{ij}(t) + \Delta \tau_{ij} \tag{5-24}$$

其中：ρ 为小于 1 的信息素挥发系数；$\Delta \tau_{ij}$ 表示本次周游中路径 (i,j) 上的信息素增量。

$$\Delta \tau_{ij} = \sum\limits_{k=1}^{m} \Delta \tau_{ij}^k \tag{5-25}$$

$\Delta \tau_{ij}^k$ 表示第 k 只蚂蚁在本次周游中留在路径 (i,j) 上的信息量。

$$\Delta \tau_{ij}^k = \begin{cases} \dfrac{Q}{L_k} & ij \in l_k \\ 0 & ij \notin l_k \end{cases} \tag{5-26}$$

其中：Q 为常数，表示一只蚂蚁所携带的信息素强度；l_k 表示第 k 只蚂蚁在本次迭代中走过的路径集合，L_k 为路径长度。

初始的蚁群算法是基于图的蚁群算法（Graph-Based Ant System，简称为 GBAS），算法步骤如下。

STEP0：初始化，给 TSP 图中的每一条弧 (i,j) 赋信息素初值 $\tau_{ij}(0) = \dfrac{1}{|A|}$，假设 m 只蚂蚁都从同一城市 i_0 出发。初始解是 $w = (1,2,\cdots,n)$，$t = 1$。

STEP1：（外循环）如果满足算法的停止规则，则停止计算并输出计算得到的最好解。否则使蚂蚁 k 从起点 i_0 出发，用 S_k 表示蚂蚁 k 行走的城市集合，初始 S_k 为空集，$1 \leqslant k \leqslant m$。

STEP2：（内循环）按蚂蚁 $k \in [1,m]$ 的顺序分别计算。当蚂蚁 k 在城市 i，若

$$S_k \neq V \text{且} T = \{j \mid (i,j) \in A, j \notin S_k\} - \{i_0\} \neq \Phi$$

则以式（5-23）计算的概率到达 j，$S_k = S_k \cup \{j\}$，$i: = j$；若

$$S_k = V \text{ 或 } T = \{j \mid (i,j) \in A, j \notin S_k\} - \{i_0\} = \Phi$$

则到达 i_0，$S_k = S_k \cup \{i_0\}$，$i: = i_0$，$k: = k + 1$，完成第 k 只蚂蚁的计算。重复 STEP2，直到完成 m 只蚂蚁的路径搜索。

STEP3：对 $k \in [1,m]$，若 $S_k = V$，则按 S_k 中城市的顺序计算路径长度；若 $S_k \neq V$，则路径长度置为一个无穷大值（即不可达）。比较 m 只蚂蚁中的路径长度，记路径为最短的蚂蚁为 ant。若 $f(S_k) < f(ant)$，则 $ant = S_k$。用如下公式对 ant 路径上的信息素痕迹加强，对其他路径上的信息素进行挥发。

$$\tau_{ij}(t) = \begin{cases} (1 - \rho_{t-1}) \cdot \tau_{ij}(t-1) + \dfrac{\rho_{t-1}}{|w|} & (i,j) \text{ 为 } ant \text{ 上的一条弧} \\ (1 - \rho_{t-1}) \cdot \tau_{ij}(t-1) & (i,j) \text{ 不是 } ant \text{ 上的一条弧} \end{cases} \tag{5-27}$$

式中，挥发因子 ρ_t 满足：$\rho_t \leqslant 1 - \dfrac{\ln(t)}{\ln(t+1)}$，并且 $\displaystyle\sum_{t=1}^{\infty} \rho_t = \infty$。由式（5-27）得到新的 $\tau_{ij}(t)$，$t: = t + 1$。重复步骤 STEP1。经过多次挥发，非最优路径的信息素逐渐减少至消失。

在 STEP 3 中，蚁群永远记忆到目前为止的最优解。

在蚂蚁的搜寻过程中，算法以信息素的概率分布来决定从城市 i 到 j 的转移。算法中包括信息素更新的过程：①信息素挥发。信息素痕迹的挥发过程是每个连接上的信息素痕迹的浓度自动逐渐减弱的过程，由 $(1 - \rho_t) \cdot \tau_{ij}(t)$ 表示，这个挥发过程主要用于避免算法过快地向局部最优区域集中，有助于搜索区域的扩展；②信息素增强。信息素增强过程是蚁群优化算法中可选的部分，称为离线更新方式（还有在线更新方式）。这种方式可以实现由单个蚂蚁无法实现的集中行动，即增强过程体现在观察蚁群（m 只蚂蚁）中每只蚂蚁所找到的路径，并选择其中最优路径上的弧进行信息素的增强，挥发过程是所有弧都进行，不和蚂蚁数量相关。这种增强过程中进行的信息素更新称为离线的信息素更新。

4. TSP 问题蚁群算法 MATLAB 程序

根据上述分析，构建求解 TSP 问题的蚁群算法 MATLAB 子程序如下。

```
function [BestPath,BestLength,aveLength,Best_Path,Best_Length] = ···
    Fun_ACOA_TSP(m,Alpha,Beta,Rho,Q,Iterance,Site,DisMat)
                                          % 求解 TSP 问题的蚁群优化算法的子程序
%  ==== 输入变量 ====
%     m            ——蚂蚁个数
%     Alpha        ——表征信息素相对重要性系数
%     Beta         ——表征可见度启发式因子相对重要性系数
%     Rho          ——信息素挥发系数
%     Q            ——蚂蚁信息素强度系数
%     Iterance     ——迭代次数
%     Site         ——n 个地址坐标的 n×2 矩阵
%     DisMat       ——n 个地址间的 n×n 距离矩阵
%  ==== 输出变量 ====
%     BestPath     ——各代最优路径
%     BestLength   ——各代最优路径的总长度
%     aveLength    ——各代路的平均长度
%     Best_Path    ——最优路径
%     Best_Length  ——最优路径的总长度

%  程序主体部分参数:
%     Eta          ——启发式信息系数
%     Tau          ——信息素矩阵
%     Agent        ——m 个蚂蚁代理路径矩阵

%  初始化算法参数
n = length(Site);                          % n 表示问题的规模(城市个数)
CitySet = 1:n;
DM = zeros(n,n);
if nargin == 7
    for i = 1:n
        for j = 1:n
            DM(i,j) = sqrt((Site(i,1) - Site(j,1))^2 + ···
                (Site(i,2) - Site(j,2))^2);      % 计算 n 个城市之间的直线距离矩阵
        end
    end
elseif nargin == 8
    lengthM = length(DisMat);
    if(lengthM ~= n)
        disp('输入数据不一致! ');
        return
    end
    DM = DisMat;                           % n 个城市之间的实际距离矩阵
end

Eta = 1./DM;                               % 启发式信息系数取距离的倒数
Tau = ones(n,n);
BestPath = zeros(Iterance,n);
BestLength = inf.*ones(Iterance,1);
aveLength = zeros(Iterance,1);
```

```
Best_Path = zeros(1,n);
Best_Length = inf;

% 进行迭代搜索
for iter = 1:Iterance                              % 循环迭代 Iterance 次
% 选择 m 只蚂蚁开始的城市
    Agent = cell(m,1);                             % 存储并记录路径的生成
    m0 = m;
    st = 1;
    while m0 > 0
        Agent_n = randperm(n);
        for i = 1:min(m0,n)
            Agent{st + i - 1} = Agent_n(i);        % 已访问的城市
        end
        m0 = m0 - n;
        st = st + n;
    end
% m 只蚂蚁按概率函数搜索城市, 实现 n 个城市的遍历
    for j = 2:n
        for i = 1:m
            I_visited = Agent{i};                  % 已访问的城市
            J = setdiff(CitySet,I_visited);        % 待访问的城市
            length_J = length(J);
            Prob = Tau(I_visited(end),J).^Alpha.*Eta(I_visited(end),J).^Beta;
            Prob = Prob./(sum(Prob));              % 待访问城市的选择概率密度
            Pcum = cumsum(Prob);                   % 待访问城市的选择概率分布
            Select = find(Pcum >= rand);           % 按概率原则选取下一个城市
            Agent{i} = [Agent{i} J(Select(1))];
        end
    end
% 找出本代中最优路径
    aveLength(iter) = 0;
    for i = 1:m
        lengthAgent = SumLen_TSP(DM,Agent{i});
        aveLength(iter) = aveLength(iter) + lengthAgent;
        if BestLength(iter) > lengthAgent
          BestLength(iter) = lengthAgent;
          BestPath(iter,:) = Agent{i};
        end
    end
    aveLength(iter) = aveLength(iter)./m;
    if Best_Length > BestLength(iter)
      Best_Length = BestLength(iter);
      Best_Path = BestPath(iter,:);
    end
% 更新信息素
    Delta_Tau = zeros(n,n);
    for j = 1:(n - 1)
        Delta_Tau(BestPath(iter,j),BestPath(iter,j + 1)) = ···
```

```
                  Delta_Tau(BestPath(iter,j),BestPath(iter,j+1))+Q/BestLength(iter);
    end
    Delta_Tau(BestPath(iter,n),BestPath(iter,1))=Delta_Tau(BestPath(iter,n),...,
              BestPath(iter,1))+Q/BestLength(iter);
    Tau=(1-Rho).*Tau+Delta_Tau;
end

% 输出结果
Best_Path1=[Best_Path Best_Path(1)];
figure(1)
    hold off;
    x=[Site(Best_Path,1);Site(Best_Path(1),1)];        % 首尾相连的城市坐标 x
    y=[Site(Best_Path,2);Site(Best_Path(1),2)];        % 首尾相连的城市坐标 y
    plot(x,y,'-o');
    hold on;
    plot(x(1),y(1),'-p');
    title(['TSP 路径及长度：' num2str(Best_Length)]);
    xlabel('横坐标');            ylabel('纵坐标');
figure(2)
    hold off;
    subplot(2,1,1)
    plot(BestLength,'r-')
    xlabel('代数');            ylabel('路径长度');
    title('各代最优路径长度');
    subplot(2,1,2)
    plot(aveLength,'b:')
    title('各代平均路径长度');
    xlabel('代数');            ylabel('路径长度');
return
```

5. 蚁群算法算例

用蚁群算法求解 TSP 问题，其中城市数为 30 个，数据如表 5-4 所示。

表 5-4   TSP 30 个城市问题数据

城市编号		1	2	3	4	5	6	7	8	9	10	11	12	13	14	15
坐标	x	54	54	37	41	2	7	25	22	18	4	13	18	24	25	44
	y	67	62	84	94	99	64	62	60	54	50	40	40	42	38	35
城市编号		16	17	18	19	20	21	22	23	24	25	26	27	28	29	30
坐标	x	41	45	58	62	82	91	83	71	64	68	83	87	74	71	58
	y	26	21	35	32	7	38	46	44	60	58	69	76	78	71	69

根据以上 TSP 30 个城市问题数据，编写 MATLAB 主程序如下。

```
% 求解 TSP 问题的蚁群算法主程序：ACOA_main1
clc,clear

% 设定算法控制参数
```

```
Iterance =100;
Alpha =1;
Beta =5;
Rho =0.5;
Q =1000;
m =62;

% 30 个城市位置，每个城市对应的(x,y)坐标
CitySite =[54 54 37 41 2 7 25 22 18 4 13 18 24 25 44 41 45 58 62 82 91 83 71 64 ...68
        83 87 74 71 58;67 62 84 94 99 64 62 60 54 50 40 40 42 38 35 26 21 35 32 7
        38 46 44 60 58 69 76 78 71 69]';

[BestPath,BestLength,aveLength,Best_Path,Best_Length] =…
        Fun_ACOA_TSP(m,Alpha,Beta,Rho,Q,Iterance,CitySite);   % 调用蚁群算法子程序
return
```

仿真计算的结果如下，见图5-6。

```
最优环游路径为：[11 10 9 8 7 6 5 4 3 2 1 30 29 28 27 26 24 25 23 22 21 20 19 18 17 16 15
                14 13 12]
最优环游路径的距离值为：423.911688
```

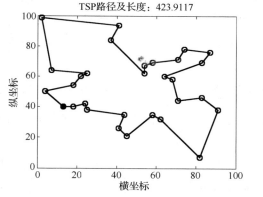
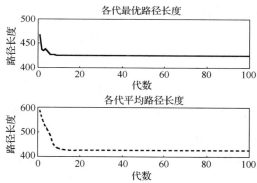

图 5-6   蚁群算法示例结果图

根据程序计算的输出结果，得到最短路径长度为 423.9117，仿真最优路径为：11→10 →9→8→ 7→6→5→4→3→2→1→30→29→28→27→26→24→25→23→22→21→20→19→ 18→17→16→15→14→13→12。

5.3.4   一般蚁群算法的框架

一般蚁群算法的框架与上述 GBAS 的框架基本相同，有三个组成部分：①蚁群的活动；②信息素的挥发；③信息素的增强。主要体现在前面的算法中步骤 2 和步骤 3 中的转移概率公式和信息素更新公式。蚁群优化算法的技术关键有四点：①解的表达形式与算法的实现；②每一节点的记忆信息和系数的确定；③蚁群的规模和停止规则；④信息素的更改。

1. 解的表达形式与算法的实现

解的表达形式是算法编码的基础。解决 TSP 问题的蚁群优化算法，其解的形式是所有城市的一个排列（闭圈，这种情况下谁在第一并不重要），信息素痕迹按每个弧记录。而对于一般以顺序作为解的优化问题，谁在第一是很重要的。蚁群算法在解决这类问题时，只需要建立一个虚拟的始终点，就可以把 TSP 问题的解法推广，用于诸多的优化问题。

例如车间作业及下料等问题，他们的共同特点是解以一个顺序表示。TSP 问题寻找的是最短回路，而一般优化问题中，STEP3 中的判断条件 $S_k \neq V$ 需要根据实际问题进行修改。

以 $0-1$ 背包问题解的顺序表达形式与算法实现为例。设有一个容积为 W 的背包，n 个尺寸分别为 $w = (w_1, w_2, \cdots, w_n)$，价值分别为 $c = (c_1, c_2, \cdots, c_n)$ 的物品，则其数学模型为：

$$\max \quad f(x) = c_1 x_1 + c_2 x_2 + \cdots + c_n x_n$$
$$\text{s. t.} \quad w_1 x_1 + w_2 x_2 + \cdots + w_n x_n \leqslant w$$
$$x_i \in \{0,1\}, i = 1,2,\cdots,n$$

假设其解的顺序表达形式为 $(0, i_1, i_2, \cdots, i_n)$，其中 $(i_1, i_2, \cdots, i_n)$ 为 $(1,2,3,\cdots,n)$ 的一个排列。

算法的实现：建立有向图 $G = (V, A)$，其中 $V = \{0, 1, 2, \cdots, n\}$，$A = \{(i,j) \mid \forall i, j \in V\}$，$A$ 中共有 $n(n+1)$ 条弧。初始信息素痕迹定义为 $\tau_{ij} = 1/(n(n+1))$。设第 k 只蚂蚁第 t 步所走的路线为 $S_k(t) = (0, i_1, i_2, \cdots, i_t)$，表示蚂蚁从 0 点出发，顺序到达 $(i_1, i_2, \cdots, i_t)$。第 $t+1$ 步按 TSP 算法的转移概率公式选择行走 i_{t+1}。若 $w_1 + w_2 + \cdots + w_t + w_{t+1} \leqslant w$，则 $S_k(t+1) = (0, i_1, i_2, \cdots, i_{t+1})$，否则此蚂蚁不再继续行走。

对蚁群重复以上过程，比较 m 只蚂蚁的装包值 $\sum_{i \in S_k} c_i$，$k = 1, 2, \cdots, m$，并记忆具有最大装包值的蚂蚁为 ant。若 $f(S_k) < f(ant)$，则 $ant = S_k$。对 ant 上的弧进行信息素的加强，其他弧进行信息素的挥发。

算法中记录了三个信息：信息素痕迹 τ_{ij}；行走路线 $S_k(t+1) = (0, i_1, i_2, \cdots, i_{t+1})$；问题的约束条件 $w_1 + w_2 + \cdots + w_t + w_{t+1} \leqslant w$，以确定是否将 i_{t+1} 加入。

2. 需要记忆的信息和系数的确定

算法中需要记忆的信息有三部分。第一部分信息是存在每个节点的路由表数据结构

$$A_i = \{a_{ij} \mid (i,j) \in A\} \tag{5-28}$$

由此决定的转移概率为

$$P_{ij} = \begin{cases} \dfrac{a_{ij}(t-1)}{\sum\limits_{l \in T} a_{il}(t-1)}, & j \in T \\ 0, & j \notin T \end{cases} \tag{5-29}$$

其中 T 可以看成节点 i 的邻域。

$$T = A_i(t-1) = \{a_{ij}(t-1) \mid (i,j) \in A\} \tag{5-30}$$

$$a_{ij}(t-1) = \begin{cases} \dfrac{[\tau_{ij}(t-1)]^{\alpha} \cdot [\eta_{ij}(t-1)]^{\beta}}{\sum\limits_{l \in T}[\tau_{il}(t-1)]^{\alpha} \cdot [\eta_{il}(t-1)]^{\beta}}, & j \in T \\ 0, & j \notin T \end{cases} \tag{5-31}$$

第二部分需要记忆的信息是每个蚂蚁的记忆表中存储着的自身的历史信息,这一部分主要由算法中的 S_k 记忆,表示蚂蚁已经行走过的节点。

第三部分为问题的约束条件。在 GBAS 中,T 集合表示满足约束条件的候选集,在背包问题的蚁群算法中由判别条件

$$w_1 + w_2 + \cdots + w_t + w_{t+1} \leqslant w, \ S_k(t+1) = (0, i_1, i_2, \cdots, i_{t+1})$$

来实现记忆功能。

残留信息的相对重要程度 α 和预见值的相对重要程度 β 体现了相关信息痕迹和预见度对蚂蚁决策的相对影响。在求解 TSP 问题时,推荐参数的最佳设置为:$\alpha = 1$,$\beta = 5$,$\rho = 0.5$。

3. 蚁群的规模和停止规则

一般情况下蚁群中蚂蚁的个数不超过 TSP 图中节点的个数。蚁群算法终止的条件主要考虑:①给定一个外循环的最大数目,表明已经有足够的蚂蚁工作;②当前最优解连续 K 次相同而停止,其中 K 是一个给定的整数,表示算法已经收敛,不再需要继续;③目标值控制规则,给定优化问题(目标最小化)的一个下界和一个误差值,当算法得到的目标值同下界之差小于给定的误差值时,算法终止。

4. 蚁群算法信息素的更新

蚁群算法信息素的更新分为离线和在线两种方式。离线方式也称同步更新方式,其主要思想是在 m 只蚂蚁完成 n 个城市的访问后,统一对残留信息进行更新处理。信息素的在线更新方式也称异步更新方式,即蚂蚁每行走一步,立即回溯并且更新行走路径上的信息素。

离线方式的信息素更新可以进一步分为单蚂蚁离线更新和蚁群离线更新。蚁群离线更新方式是在蚁群中的 m 只蚂蚁全部完成 n 城市的访问(第 t 次蚁群循环)后,统一对残留信息进行更新处理:$\tau_{ij}(t+1) = \tau_{ij}(t) + \Delta\tau_{ij}(t)$,其中,$\tau_{ij}(t+1)$ 为第 t 次循环后的信息素的痕迹值。单蚂蚁离线更新是在第 k 只蚂蚁完成对所有 n 个城市的访问后,进行路径回溯,更新行走路径上的信息素:$\tau_{ij}(k+1) = \tau_{ij}(k) + \Delta\tau_{ij}(k)$。第 $k+1$ 只蚂蚁根据 $\tau_{ij}(k+1)$ 重新计算路由表。

根据信息素痕迹更新方式不同,蚁群优化算法可以分为不同的算法,采用离线方式,并且 $\Delta\tau_{ij}(t-1)$ 或 $\Delta\tau_{ij}(k)$ 为

$$\Delta\tau_{ij}(t) = \begin{cases} \dfrac{Q}{|w|}, & (i,j) \in w \\ 0, & (i,j) \notin w \end{cases} \tag{5-32}$$

时,其中 w 为 t 循环中 m 只蚂蚁所行走的最佳路线或第 t 只蚂蚁所行走的一条路径。Q 为

一个常数，该算法名为蚁环算法（ant-cycle algotithm），特点是行走的路径越短对应保存的信息素的值就越大。

GBAS 算法是典型的离线信息素更新方式。该算法中，蚁群中蚂蚁的先后出行顺序没有相关性，但是每次循环需要记忆 m 只蚂蚁的行走路径，以进行比较选择最优路径。相对而言，单蚂蚁离线更新方式记忆信息少，只需要记忆第 k 只蚂蚁的路径，并通过信息素更新后，释放该蚂蚁的所有记录信息。这种方式等价于蚁群离线方式中只有一只蚂蚁。

与单蚂蚁离线更新方式相比，信息量记忆更小的是信息素在线更新方式，即蚂蚁每走一步，马上回溯并且更新刚刚走过的路径上的信息素，其规则为

$$\tau_{ij}(t+1) = \tau_{ij}(t) + \Delta\tau_{ij}(t) \tag{5-33}$$

其中，t 为蚂蚁行走的第 t 步。

蚁量算法（ant-quantity algorithm）的信息素更新为 $\Delta\tau_{ij}(t) = Q/d_{ij}$，$Q$ 为常量，d_{ij} 表示 i 到 j 的距离，这样信息浓度会随城市距离的减小而加大。

蚁密算法（ant-density algorithm）的信息素更新为 $\Delta\tau_{ij}(t) = Q$。

以上三种算法中，蚁环算法效果最好，因为他用的是全局信息，而其余两种算法用的是局部信息。蚁环离线更新方法很好地保证了残留信息不至于无限积累，非最优路径会随时间推移被逐渐忘记。

5.4 粒子群算法

粒子群优化算法（Particle Swarm Optimization，PSO）又翻译为粒子群算法、微粒群算法、或微粒群优化算法等。是通过模拟鸟群或鱼群觅食行为而发展起来的一种基于群体协作的随机搜索算法。通常认为它是群集智能（Swarm Intelligence，SI）的一种。它可以被纳入多主体优化系统（Multiagent Optimization System，MAOS）。粒子群优化算法主要包括数据结构设计、参数编码以及进化信息跟踪等关键内容。

PSO 算法属于进化算法的一种，和遗传算法相似，也是从随机解出发，通过迭代寻找最优解；PSO 算法也是通过适应度来评价解的品质，但比遗传算法规则更为简单，它没有遗传算法的"交叉"（Crossover）和"变异"（Mutation）操作，它通过追随当前搜索到的最优值来寻找全局最优。这种算法以其实现容易、精度高、收敛快等优点引起了学术界的重视，并且在解决实际问题中展示了其优越性。

5.4.1 粒子群算法原理

与其他智能进化算法相类似，粒子群算法模拟鸟集群飞行觅食的行为，通过鸟之间的集体协作与竞争使群体达到搜索目的。

在 PSO 算法系统中，每个备选解被称为一个"粒子"，多个粒子共存、合作寻优。PSO 算法先生成初始种群，即在可行解空间中随机初始化一群粒子，每个粒子都为优化问题的一个可行解，并由目标函数为之确定一个适应值（fitness value）。

每个粒子将在解空间中运动，并由一个速度决定其方向和距离。通常粒子将追随当前

的最优粒子而动，并经逐代搜索最后得到最优解。在每一代中，粒子将跟踪两个极值，一为粒子本身的最优解 Pbest，另一为全部粒子群中的最优解 Gbest。

粒子群算法的数学描述如下。

设搜索空间的维数为 D，总粒子数为 n，第 i 个粒子的位置用解向量表示为

$$x_i(t) = [x_{i1}(t), x_{i2}(t), \cdots, x_{iD}(t)] \tag{5-34}$$

第 i 个粒子目前搜索到的最优位置为

$$\text{Pbest}_i(t) = [p_{i1}(t), p_{i2}(t), \cdots, p_{iD}(t)] \tag{5-35}$$

整个粒子群迄今为止搜索到的最优位置为

$$\text{Gbest}(t) = [g_1(t), g_2(t), \cdots, g_D(t)] \tag{5-36}$$

第 i 个粒子的位置变化速度向量为

$$v_i(t) = [v_{i1}(t), v_{i2}(t), \cdots, v_{iD}(t)] \tag{5-37}$$

每个粒子根据自己目前的状态 (x_i, v_i)、粒子的最优位置 Pbest_i 和系统最优位置 Gbest，进行粒子状态的改善调整，通过下面的迭代公式来更新粒子的速度和位置。

$$v_i(t+1) = w \cdot v_i(t) + c_1 \cdot r_1 \cdot (\text{Pbest}_i(t) - x_i(t)) + c_2 \cdot r_2 \cdot (\text{Gbest}(t) - x_i(t)) \tag{5-38}$$

$$x_i(t+1) = x_i(t) + v_i(t+1) \tag{5-39}$$

其中，w、c_1、c_2 为正常数，w 称为惯性因子，c_1、c_2 称为学习因子或加速因子。c_1 调节粒子飞向自身最好位置方向的步长；c_2 调节粒子向全局最好位置飞行的步长。r_1、r_2 为 $[0,1]$ 之间的随机数。粒子状态调整在解空间的移动如图 5-7 所示。

在进化过程中，一般根据问题确定粒子探索空间的范围，表示为第 d 维的位置变化范围限定在 (x_{imin}, x_{imax}) 内，速度变化范围限定在 (v_{imin}, v_{imax}) 内，即在迭代中若 x_{id} 和 v_{id} 超出了边界值，将之设为边界值。

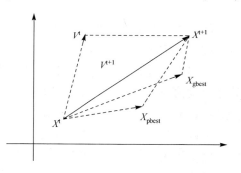

图 5-7　粒子移动原理图

粒子群初始位置和速度随机产生，然后按式（5-38）、式（5-39）迭代，直至找到满意解。

5.4.2　粒子群算法流程

由粒子群算法原理可得到粒子群算法流程如图 5-8 所示。

（1）初始化：对粒子群的随机位置和速度进行初始化设定。

（2）计算每个粒子的适应度。

（3）将每个粒子当前适应度值与所经历的最好位置 Pbest_i 的适应度值进行比较，保存较好的位置。

（4）将每个粒子最好位置 Pbest_i 的适应度值与全局所经历的最好位置 Gbest 的适应值进行比较，保存较好的全局最好位置。

（5）根据公式（5-38）和式（5-39）对粒子的速度和位置进行改进。

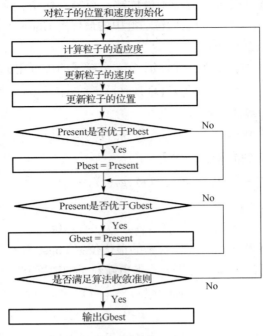

图 5-8　粒子群算法流程图

（6）如未达到结束条件（通常为足够好的适应度值或达到一个预设最大代数），则返回步骤（2）。否则，结束计算，并输出优化结果。

大多数演化计算技术都是同样的过程。①种群随机初始化；②对种群内的每一个体计算适应度值（fitness value），适应度值与最优解的距离直接有关；③种群根据适应度值进行复制；如果终止条件满足的话，就停止，否则转步骤②。

可以看到粒子群算法与遗传算法有很多共同之处。两者都随机初始化种群，都使用适应度值来评价个体，而且都根据适应度值来进行一定的随机搜索。两种算法都不保证一定找到最优解，而是以较快的速度找到较优解。

粒子群算法没有交叉（crossover）和变异（mutation）等遗传操作，而是根据系统的状态来决定搜索，并且具有有记忆的特点。与遗传算法比较，粒子群算法的信息共享机制是不同的。在遗传算法中，染色体（chromosomes）互相共享信息，所以整个种群的移动是比较均匀地向最优区域移动。在粒子群算法中，只有 Gbest 提供给其他粒子信息，是单向的信息流动。整个搜索过程是跟随当前最优解的过程，所以粒子群算法的粒子能更快地收敛于最优解。

5.4.3　粒子群算法的参数分析

1. 粒子群算法参数

粒子群算法的相关参数有：群体规模 PopSize、惯性因子 w、学习因子 c_1 和 c_2、最大速度 V_{max}、最大迭代次数 MaxIter。

群体规模 PopSize 一般取 20~40，对较难或特定类别的问题可以取到 100~200。

最大速度 V_{max} 决定当前位置与最好位置之间的区域的分辨率（或精度）。如果太快，则粒子有可能越过极小点；如果太慢，则粒子不能在局部极小点之外进行足够的探索，会陷入到局部极值区域内。这种限制可以达到防止计算溢出、决定问题空间搜索的粒度的目的。

权重因子包括惯性因子 w、学习因子 c_1 和 c_2。w 使粒子保持着运动惯性，使其具有扩展搜索空间的趋势，有能力探索新的区域。c_1 和 c_2 代表将每个粒子推向 Pbest 和 Gbest 位置的统计加速项的权值。较低的值允许粒子在被拉回之前可以在目标区域外徘徊，较高的值导致粒子突然地冲向或越过目标区域。

2. 粒子群算法参数的设置

如果令 $c_1 = c_2 = 0$，粒子将一直以当前的速度飞行，直到边界，很难找到最优解。

如果 $w = 0$，则速度只取决于当前位置和历史最好位置，速度本身没有记忆性。假设一个粒子处在全局最好位置，它将保持静止，其他粒子则飞向它的最好位置和全局最好位置的加权中心。粒子将收缩到当前全局最好位置。

如果 $w > 0$，则粒子有扩展搜索空间的能力，使得 w 的作用在针对不同的搜索问题时，具有调整算法的全局和局部搜索能力的平衡。w 较大时，具有较强的全局搜索能力；w 较小时，具有较强的局部搜索能力。

通常设 $c_1 = c_2 = 2$，但不一定必须等于 2。恰当地选取算法的参数值可以改善算法的性能，这就涉及到 5.4.4 节的内容：粒子群算法的改进。

5.4.4 粒子群算法的改进

1. 线性减少权系数法

公式（5-38）中的 w 体现了每个粒子的惯性权重，w 值较大，全局寻优能力加强，局部寻优能力减弱；w 值较小则反之。动态变化 w 能够获得比固定值更好的寻优结果。动态 w 可以在 PSO 搜索过程中线性变化，也可根据 PSO 性能的某个测度函数动态改变。

目前，采用较多的是线性递减权值。w 随着迭代次数的增加而线性递减，使算法在初期具有较强的全局寻优能力，而后期具有较强的局部收敛能力，提高了算法的性能。比如：

$$w(t) = w_{max} - \frac{(w_{max} - w_{min}) * t}{t_{max}} \tag{5-40}$$

其中 w_{max} 和 w_{min} 分别为惯性权重的最大最小值，t 为当前的迭代数，t_{max} 为最大的迭代数。

2. 自适应权重法

自适应权重法就是采用非线性的动态惯性权重因子，其表达式如下：

$$w(t) = \begin{cases} w_{min} + \dfrac{(w_{max} - w_{min}) * (f - f_{min})}{(f_{avg} - f_{min})}, & f \leqslant f_{avg} \\ w_{max}, & f > f_{avg} \end{cases} \tag{5-41}$$

优于平均目标值的粒子的惯性权重将变小，以保护在粒子的邻域寻优，而劣于平均目标值的粒子惯性权重为最大，使其向较好的区域靠拢。

3. 随机权重法

随机权重法实际上是设定惯性权重 w 为一个随机分布的随机数，这样在一定程度上从两方面来克服 w 的线性递减带来的不足。随机权重法既能在粒子运动初期有机会获得较小的 w 值，有利于局部搜索，又能在后期有机会获得较大的 w 值，加大搜索力度。w 的产生方式如下：

$$\begin{cases} w = \mu + \sigma * N(0,1) \\ \mu = \mu_{\min} + (\mu_{\max} - \mu_{\min}) * \mathrm{rand}(0,1) \end{cases} \tag{5-42}$$

w 的均值服从均匀分布，方差不变。

4. 压缩因子法

压缩因子有助于确保 PSO 算法收敛。这种方法对速度更新迭代的公式为

$$v_i(t+1) = \alpha \big[w \cdot v_i(t) + c_1 r_1 (\mathrm{Pbest}_i(t) - x_i(t)) + c_2 r_2 (\mathrm{Gbest}(t) - x_i(t)) \big] \tag{5-43}$$

其中，$\alpha = 2 / |2 - \phi - \sqrt{\phi^2 - 4\phi}|$ 为压缩因子，$\phi = c_1 + c_2$ 且 $\phi > 4$。约束因子法控制系统行为最终收敛，且可以有效搜索不同的区域，该法能得到高质量的解。

通常取 $\phi = 4.1$，则 $\alpha = 0.729$。实验表明，使用收敛因子的 PSO 有更快的收敛速度。

5. 其他参数的改进

除了对惯性权重进行修正外，还可以对学习系数进行修正。对学习系数的修正也就是对 c_1、c_2 进行改进，改进的方法可以有如下两种方法。

① $c_1 = c_2$ 时，

$$c_1(t) = c_2(t) = c_{\max} - \frac{(c_{\max} - c_{\min}) * t}{t_{\max}} \tag{5-44}$$

② $c_1 \neq c_2$ 时，

$$c_1(t) = c_{1\mathrm{initial}} - \frac{(c_{1\mathrm{initial}} - c_{1\mathrm{final}}) * t}{t_{\max}}, \tag{5-45}$$

$$c_2(t) = c_{2\mathrm{initial}} + \frac{(c_{2\mathrm{final}} - c_{2\mathrm{initial}}) * t}{t_{\max}}, \tag{5-46}$$

第一种方法称为同步学习因子，第二种方法称为异步变化的学习因子。第二种方法（因为开始时具有较大的自我学习能力和较小的社会学习能力能提高全局搜索；而到后期时，具有较大的社会学习能力和较小的自我学习能力）更有利于收敛到最优解。

通常 $c_{1\mathrm{initial}} = 2.5, c_{1\mathrm{final}} = 0.5, c_{2\mathrm{initial}} = 0.5, c_{2\mathrm{final}} = 2.5$。

6. 混合粒子群算法

① 基于自然选择的算法：自然选择方法是一种优胜劣汰的方法。其基本思想是，每迭

代一步，就对所有的粒子按其适应值进行排序。然后，用最好的一半粒子的位置和速度代替最差的一半粒子的位置和速度，同时保留每个粒子的历史最优值，这就能够大大加强全局的收敛性，得到精度非常高的最优解。

②基于杂交的粒子群算法：这种方法源于遗传算法，其基本思想是，每迭代一步，就根据杂交概率选取一定量的父代粒子进行两两杂交。用子代粒子代替父代粒子的位置和速度，但保留父代的历史最优位置不变。使得子代粒子在继承双亲优点的同时，增强了粒子对周围区域的搜索能力，增强了粒子群跳出局部最优区域的能力，从而增强了粒子群的全局搜索能力，具有比传统搜索速度快且比传统遗传算法收敛精度高的优点。其交叉的方法如下：

$$\text{child}(x) = p * \text{parent}_1(x) + (1 - p) * \text{parent}_2(x)$$
$$\text{child}(v) = \frac{(\text{parent}_1(v) + \text{parent}_2(v)) * |\text{parent}_1(v)|}{|\text{parent}_1(v) + \text{parent}_2(v)|} \tag{5-47}$$

其中 p 为 $[0,1]$ 区间的均匀随机数。

5.4.5　粒子群算法的程序及算例

1. 算例问题

①求解六峰驼背函数 $f(x) = 10 + \sin(1/x)/[(x - 0.16)2 + 0.1]$，$x \in (0,1)$ 的最小值；

②求解函数 $f(x) = \sum_{i=1}^{n}(-x_i) \cdot \sin(\sqrt{|x_i|})$，$x_i \in [-500, 500]$ 的最大值。

2. 数据结构

粒子群算法中用到的主要数据有：种群大小(PopSize)，空间维数(Ndim)，矢量的空间边界(Bound)，最大迭代次数(MaxIter)，惯性因子(w)，学习因子(c_1 和 c_2)，粒子当前适应度值(fvalue)，粒子位置(position)，粒子速度(Velocity)，粒子的最优位置(Pbest)，全局最优粒子位置(Gbest)，全局最优粒子序号(index)，更新前各粒子适应度值(fPbest)，得到相近适应度值的迭代次数(samecounter)，放大的最优适应度值(recfGbest)。

3. 算法程序

求解算例问题的程序如下。

```
% fitnessFun = @ (x)(10 + sin(1./x)./((x-0.16).^2 +0.1));  % x∈(0,1),目标函数
fitnessFun = @ (x1,x2)(-x1.*sin(sqrt(abs(x1))) -x2.*sin(sqrt(abs(x2))));
                            % xi∈(-500,500),目标函数

% 初始化参数和数据初值
% opt = 'min';                      % 求优标识：最小
opt = 'max';                        % 求优标识：最大
recfGbest = 0;                      % 记录放大的最优值
```

```
samecounter = 0;                            % 记录连续得到相同最优值的次数
MaxSame = 20;                               % 最大连续无改进迭代次数
iteration = 0;                              % 迭代次数
MaxIter = 100;                              % 最大迭代次数
PopSize = 100;                              % 种群大小
c1 = .5;                                    % 粒子自身学习因子
c2 = .5;                                    % 全局学习因子
w = 0.8;                                    % 惯性因子
Bound = [ - 500 500; - 500 500];           % 粒子的坐标范围
Ndim = length(Bound);                       % 解空间维数

lowerbound = zeros(Ndim, PopSize);
upperbound = lowerbound;
for i = 1:PopSize                           % 定义粒子上下边界
    lowerbound(:,i) = Bound(:,1);
    upperbound(:,i) = Bound(:,2);
end

position = rand(Ndim, PopSize);
for i = 1:Ndim
    position(i,:) = position(i,:) * (Bound(i,2) - Bound(i,1)) + Bound(i,1);
                                            % 随机初始化各粒子初始位置
end

Vmax = zeros(Ndim, PopSize);
for i = 1:Ndim
    Vmax(i,:) = (Bound(i,2) - Bound(i,1))/3;        % 初始化各粒子最大速度
end
Velocity = Vmax.*(1 - 2.*rand(Ndim, PopSize));  % 随机初始化各粒子速度

for i = 1:PopSize
        fvalue(i) = fitnessFun(position(1, i),position(2, i));
                                            % 计算各粒子的适应度值
end

Pbest = position;                           % 初始化各粒子的最优点位置
fPbest = fvalue;                            % 初始化各粒子的最优适应度值
if opt == 'min'
    [fGbest,Gindex] = min(fvalue);% 找出全局的最优值和序号
elseif opt == 'max'
    [fGbest,Gindex] = max(fvalue);% 找出全局的最优值和序号
end
Gbest = position;                           % 初始化最优位置

% 主体程序
while(samecounter < MaxSame)&(iteration < MaxIter)
                                            % 寻找最优粒子循环程序
    iteration = iteration + 1;              % 迭代次数递增

    for i = 1:PopSize                       % 更新全局最优点位置
```

```
        Gbest(:,i) = position(:,Gindex);
    end

    R1 = rand(Ndim, PopSize);                        % 重新设置随机数
    R2 = rand(Ndim, PopSize);
    R3 = rand(Ndim, PopSize);

    Velocity = w * Velocity + c1 * R1. * (Pbest - position) + c2 * R2. * (Gbest - position);
                                                     % 更新各粒子速度
    position = position + Velocity;                  % 更新各粒子位置
    OutFlag = position <= lowerbound |position >= upperbound;
                                                     % 逸出边界标识
    position = position - OutFlag. * Velocity;       % 退回界内

    for i = 1:PopSize                                % 计算各粒子适应度值
        fvalue(i) = fitnessFun(position(1, i),position(2, i));
    end

    if opt == 'min'
        changeColumns = fvalue < fPbest;            % 记录粒子适应度值优于其最优值的序号
    elseif opt == 'max'
        changeColumns = fvalue > fPbest;            % 记录粒子适应度值优于其最优值的序号
    else
        return
    end

    Pbest(:, find(changeColumns)) = position(:, find(changeColumns));
                                                     % 更新个体最优点位置
    fPbest = fPbest. * ( ~changeColumns) + fvalue. * changeColumns;
                                                     % 更新个体最优值
    if opt == 'min'
        [fGbest, Gindex] = min(fvalue);             % 更新全局最优值和相应的序号
    elseif opt == 'max'
        [fGbest, Gindex] = max(fvalue);             % 更新全局最优值和相应的序号
    else
            return
    end

    if floor(fGbest * 1e30) == recfGbest           % 比较新旧放大的适应度值;
        samecounter = samecounter + 1;             % 累加新旧适应度值相等的次数;
    else
        recfGbest = floor(fGbest * 1e30);          % 不相等时更新放大的适应度值, 并记录清零
        samecounter = 0;                           % 新旧适应度值相等的记录清零
    end

    Best(iteration) = fGbest;                       % 输出找到的全局最优值

    plot(Best, 'ro');      xlabel('generation');      ylabel('f(x)');
    text(0.5,0.95,['Best = ', num2str(Best(iteration))], 'Units', 'normalized');
```

```
    drawnow;
end
figure(3)                                % 绘制函数图形及最优点
x = Bound(1,1):Bound(1,2);
y = Bound(2,1):Bound(2,2);
[X,Y] = meshgrid(x,y);
Z = fitnessFun(X,Y);
mesh(X,Y,Z);
hold on
scatter3(position(1,Gindex),position(2,Gindex),fGbest,50);
x = position(:,Gindex)'
y = fGbest
```

六峰驼背函数 $f(x) = 10 + \sin(1/x)/[(x-0.16)^2 + 0.1]$，$x \in (0,1)$ 的最小值的解为 $x = 0.2103$、$y = 0.2557$，见图 5-9。

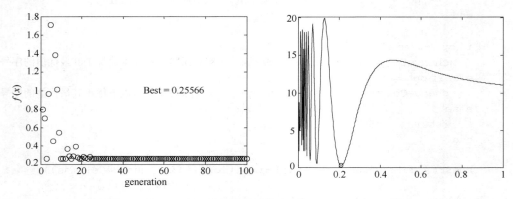

图 5-9　粒子群算法求解（1）

函数 $f(x) = \sum\limits_{i=1}^{2}(-x_i) \cdot \sin(\sqrt{|x_i|})$，$x_i \in [-500,500]$ 的最大值的解为 $x = [-420.9690\ -420.9688]$，$y = 837.9658$，见图 5-10。

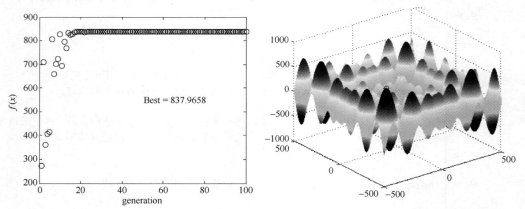

图 5-10　粒子群算法求解（2）

5.5 模糊逻辑与模糊推理

5.5.1 模糊逻辑

1.思维模式

人类具有两种思维模式：①精确的理性的分析模式，与读、写、算相联系；②模糊的直觉的全盘模式，与模式识别和艺术能力有关。允许以不精确、不确定、非定量的自然语言，对复杂多变的事物或现象进行思维。模糊性反映了事件的不确定性，但这种不确定性不同于随机性。随机性反映的是客观上的自然的不确定性，或时间发生的偶然性，而模糊性则反映人们主观理解上的不确定性，即对有关概念描述在语言意义理解上的不确定性。

2.模糊逻辑

模糊概念、模糊现象到处存在。如果不能正确表达，将会出现矛盾。例如，用精确推理规则处理模糊概念，将得到错误的结论："秃子悖论"——"比秃子多一根头发的人仍是秃子"，用精确推理规则重复 100 万次，则得到判断：有 100 万根头发的人仍是"秃子"！但显然，100 万根头发已是满头浓发。

在经典二值逻辑体系中，所有的分类都被假定为有明确的边界；任一被讨论的对象，要么属于这一类，要么不属于这一类；一个命题不是真即是假，不存在亦真亦假或非真非伪的情况。模糊逻辑是对二值逻辑的扩充。关键的概念是将突变的隶属关系转换为渐变的隶属关系。一个集合可以有部分属于它的元素；一个命题可能亦此亦彼，存在着部分真部分伪。

模糊逻辑是建立在多值逻辑基础上，运用模糊集合的方法来研究模糊性思维、语言形式及其规律的科学。模糊逻辑是通过模仿人的思维方式来表示和分析不确定、不精确信息的方法和工具。模糊逻辑本身并不模糊，它并不是"模糊的"逻辑，而是用来对"模糊"现象、事件进行处理，以达到消除模糊的逻辑。经典二值逻辑是通过常规集合来工作的，二模糊逻辑则是通过模糊集合来工作的。

3.模糊逻辑的特点与应用

模糊逻辑具有以下几个特点：①模糊逻辑是柔性的；②模糊逻辑建立在自然语言的基础上，对数据的精确性要求不高；③模糊逻辑能充分利用专家信息；④模糊逻辑易与传统的控制技术相结合。

模糊逻辑主要应用在以下 3 个方面：①模仿人脑的不确定性概念判断、推理思维方式，对于模型未知或不能确定的描述系统，以及强非线性、大滞后的控制对象，应用模糊集合和模糊规则进行推理；②表达过渡性界限或定性知识经验，模拟人脑方式，实行模糊综合判断，推理解决常规方法难于对付的规则型模糊信息问题；③借助于隶属度函数概念，区分模糊集合，处理模糊关系，模拟人脑实施规则型推理，解决因"排中律"的逻辑破缺产生的种种不确定问题。

4. 模糊集合

经典集合是具有某种特性的所有元素的总和；而模糊集合则是在不同程度上具有某种特性的所有元素的总和。如果 X 是对象 x 的集合，则 X 的模糊集合 $\tilde{A}$ 表示为

$$\tilde{A} = \{(x, \mu_{\tilde{A}}(x)) \mid x \in X\} \tag{5-48}$$

$\mu_{\tilde{A}}(x)$ 称为模糊集 $\tilde{A}$ 的隶属度函数，对于特定元素 x 的隶属度函数值称为隶属度。隶属度函数具有性质：①定义为有序对；②隶属度函数的值域在 0 和 1 之间；③其值的确定具有主观性和个人的偏好。X 称为论域或域。构造模糊集就是要确定合适的论域和指定适当的隶属度函数。

论域有离散和连续二种形式。离散形式的论域有中国的城市、北京的大学、会员、产品、客户等。例如，$X = \{上海\ 北京\ 天津\ 西安\}$ 为城市的集合；$\tilde{C} = $"对城市的爱好"是一个模糊概念，可以用模糊集合来描述，表示为 $\tilde{C} = \{(上海, 0.8), (北京, 0.9), (天津, 0.7),$ $(西安, 0.6)\}$。又如，$X = \{0\ 1\ 2\ 3\ 4\ 5\ 6\}$ 为一个家庭可拥有自行车数目的集合；$\tilde{C} = $"合适的可拥有的自行车数目"可用 $\tilde{C} = \{(0, 0.1), (1, 0.3), (2, 0.7), (3, 1.0), (4, 0.7), (5, 0.3), (6, 0.1)\}$ 表示，就是一个模糊集合，是用序偶表示法表示的模糊集合。

连续形式的论域有时间、长度等。例如，令 $X = R^+$ 为人类年龄的集合，模糊集合 $\tilde{B} = $"年龄在 50 岁左右"，则 $\tilde{B}$ 可表示为

$$\tilde{B} = \{(x, \mu_{\tilde{B}}(x)) \mid x \in X\}, \qquad \mu_{\tilde{B}}(x) = \frac{1}{1 + (0.1x + 5)^3} \tag{5-49}$$

模糊集合的 Zadeh 表示法是用以下公式表示：

$$\tilde{A} = \begin{cases} \sum_{x_i \in X} \mu_{\tilde{A}}(x_i)/x_i & X\ 为离散对象集合 \\ \int_X \mu_{\tilde{A}}(x)/x & X\ 为连续对象集合 \end{cases}$$

注意，$\sum$ 和 $\int$ 并非求和及积分符号，$/$ 不是除法运算。上述三个例子分别可写为

$$\tilde{C}_1 = 0.8/上海 + 0.9/北京 + 0.7/天津 + 0.6/西安$$

$$\tilde{C}_2 = 0.1/0 + 0.3/1 + 0.7/2 + 1.0/4 + 0.3/5 + 0.1/6$$

$$\tilde{B} = \int_{R^+} \frac{1}{1 + (0.1x + 5)^3}/x$$

模糊集合的支撑集是指论域元素的隶属度大于零的论域子集：

$$支撑集\,(\tilde{A}) = \{x \mid \mu_{\tilde{A}}(x) > 0, x \in X\} \tag{5-50}$$

模糊集合的核是指论域元素的隶属度等于 1 的论域子集：

$$核\,(\tilde{A}) = \{x \mid \mu_{\tilde{A}}(x) = 1, x \in X\} \tag{5-51}$$

模糊集合的 α 截集是指论域元素的隶属度大于等于 α 的论域子集：

$$\alpha\ 截集\,(\tilde{A}) = \{x \mid \mu_{\tilde{A}}(x) \geqslant \alpha, x \in X\} \tag{5-52}$$

模糊集合的交叉点是指论域元素的隶属度等于某值的论域子集：

$$交叉点\,(\tilde{A}) = \{x \mid \mu_{\tilde{A}}(x) = c, x \in X\} \tag{5-53}$$

模糊集合的模糊单点是指论域元素的隶属度等于 1 的点：$\mu_{\tilde{A}}(x) = 1$。

一个模糊集合是凸集，当且仅当 $\forall x_1, x_2 \in X$ 和任何 $\lambda \in [0,1]$，满足：

$$\mu_{\tilde{A}}(\lambda x_1 + (1 - \lambda) x_2) \geqslant \min\{\mu_{\tilde{A}}(x_1), \mu_{\tilde{A}}(x_2)\}$$

如果模糊集合 $\tilde{A}$ 的核非空，则称 $\tilde{A}$ 是正态的。

5. 模糊集合的运算

模糊集最基本的运算是并、交、余(补)三种，以及模糊集间的包含或子集，见表5-5。

表5-5　模糊集合的运算

运　　算	表　　达　　式
并(析取)	$\tilde{C} = \tilde{A} \cup \tilde{B} \leftrightarrow \mu_{\tilde{A}}(x) = \max(\mu_{\tilde{A}}(x), \mu_{\tilde{B}}(x)) = \mu_{\tilde{A}}(x) \bigvee \mu_{\tilde{B}}(x)$
交(合取)	$\tilde{C} = \tilde{A} \cap \tilde{B} \leftrightarrow \mu_{\tilde{A}}(x) = \min(\mu_{\tilde{A}}(x), \mu_{\tilde{B}}(x)) = \mu_{\tilde{A}}(x) \bigwedge \mu_{\tilde{B}}(x)$
余(补)	$\overline{\tilde{A}}, -A, 非 A \leftrightarrow \mu_{\tilde{A}}(x) = 1 - \mu_A(x)$
包含或子集	$\tilde{A} \subseteq \tilde{B} \leftrightarrow \mu_{\tilde{A}}(x) \leqslant \mu_{\tilde{B}}(x)$

6. 模糊数及其参数化

模糊数 $\tilde{A}$ 是实轴 R 上的一个模糊集合，并且满足正态性和凸性。如果模糊数 $\tilde{A}$ 的支撑集为有界集，则称 $\tilde{A}$ 为有界模糊数；若 $\tilde{A}$ 的支撑集为 $(0, +\infty)$ 的子集，则称 $\tilde{A}$ 为正模糊数；若 $\tilde{A}$ 的支撑集为 $(-\infty, 0)$ 的子集，则称 $\tilde{A}$ 为负模糊数。

梯形模糊数、三角模糊数、区间数、高斯模糊数和钟形模糊数是最常用的几种模糊数。

①梯形模糊数

$$\mathrm{trap}(x \mid a, b, c, d) = \max\left(\min\left(\frac{x - a}{b - a}, 1, \frac{d - x}{d - c}\right), 0\right) = \begin{cases} 0 & x \leqslant a \\ \dfrac{x - a}{b - a} & a < x < b \\ 1 & b \leqslant x \leqslant c \\ \dfrac{d - x}{d - c} & c < x < d \\ 0 & d \leqslant x \end{cases} \quad (5\text{-}54)$$

参数 (a, b, c, d) 确定了梯形四个角的 x 坐标，见图5-11(a)。

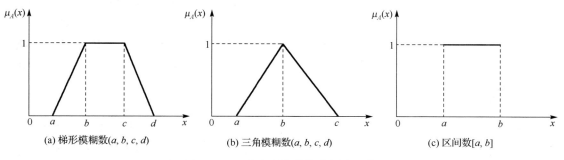

(a) 梯形模糊数(a, b, c, d)　　　　(b) 三角模糊数(a, b, c, d)　　　　(c) 区间数$[a, b]$

图5-11　三种常见的模糊隶属度函数

当梯形模糊数的参数 $b = c$ 时，梯形模糊数就退化为三角形模糊数；当 $a = b$、$c = d$ 时，梯形模糊数就退化为矩形模糊数，即区间数。

②三角模糊数

$$\mathrm{trig}(x \mid a,b,c) \; = \; \max\left(\min\left(\frac{x-a}{b-a}, \frac{d-x}{d-c}\right), 0\right) = \begin{cases} 0 & x \leqslant a \\ \dfrac{x-a}{b-a} & a < x \leqslant b \\ \dfrac{d-x}{d-c} & b < x \leqslant c \\ 0 & c < x \end{cases} \tag{5-55}$$

参数 (a,b,c) 确定了三角形三个顶点的 x 坐标，见图 5-11（b）。

③区间数

$$\mathrm{inte}(x \mid a,b) \; = \; [a,b] \; = \; \begin{cases} 1 & a \leqslant x \leqslant b \\ 0 & \text{其他} \end{cases} \tag{5-56}$$

区间数简记为 $[a,b]$，见图 5-11（c）。

④高斯模糊数

$$\mathrm{gauss}(x \mid c,\sigma) \; = \; \mathrm{e}^{-\frac{1}{2}\left(\frac{x-c}{\sigma}\right)^2} \tag{5-57}$$

高斯模糊数完全由 c 和 σ 参数决定，c 代表模糊数的中心，σ 决定了模糊数的宽度。

⑤钟形模糊数

$$\mathrm{bell}(x \mid a,b,c) \; = \; \frac{1}{1 + \left|\dfrac{x-c}{a}\right|^{2b}} \tag{5-58}$$

钟形模糊数完全由参数 (a,b,c) 确定，b 通常为正；如果 $b<0$，钟形将倒置。钟形模糊数实际上是概率中柯西分布的推广，因此又称为柯西模糊数。

7. 语言变量

语言变量与数值变量相对应，与数值变量显著不同。语言变量的值是语言中的词或句。语言变量提供了一种近似的表征方法，为近似阐述复杂的或难以定义的现象提供了一个系统的手段，但许多内容具有模糊性。

语言变量以 5 元组 $(x, T(x), X, G, M)$ 来表征：x 是变量的名称；$T(x)$ 是语言变量 x 取语言值的集合（简记为 T），称为辞集；X 是语言变量 x 取数值（基础变量）的论域；G 是句法规则，该规则用于产生 x 语言值的名称；M 是语义规则，它说明 T 中每个语言值的词义。

辞集 T 可以有无限多个元素，但实际上往往取有限个元素即可。例如语言变量年纪的辞集可以取为

$$T(\text{年纪}) = \text{非常年轻} + \text{年轻} + \text{中年} + \text{中老年} + \text{老} + \text{非常老}$$

辞集 T 中的辞由一个或几个单词组成。在表达概念上不可再分的起到单位功能的辞称为原子辞，它是表达概念的最小单位。包含两个或两个以上原子辞的辞称为合成辞。例如，"白"、"人"为原子辞，"白人"为合成辞。

很多原子辞所表达的概念是模糊的，例如"年轻"、"老"表达的都是模糊概念，可用模糊数来表达它们。例如"年轻"以 $X = [0,160]$ 表示年纪的论域，则"年轻"的词义 M（"年轻"）可以由 x 在 X 上的一个模糊限制即模糊数来表示：

$$M(年轻) = \mu(年轻, x) = \begin{cases} 1 & 0 < x \le 25 \\ \dfrac{1}{1 + 0.2(x-25)^2} & 25 < x \le 160 \end{cases} \tag{5-59}$$

"老"的模糊数表达为：

$$M(老) = \mu(老, x) = \begin{cases} 0 & 0 < x \le 50 \\ \dfrac{1}{1 + [0.2(x-50)]^{-2}} & 50 < x \le 160 \end{cases} \tag{5-60}$$

语言变量使得自然语言的模糊描述可以形成精确的数学描述。基本语言值(即原子辞)是模糊数的说明性短语，因而语言值的连接词"或"、"且"和"非"就相当于模糊数的并、交和补运算。自然语言中的限定词可改变原子辞的语气、模糊等程度，如"很"、"较"等对应语气程度，"大概"、"似乎"等对应模糊程度。原子辞意用模糊数的隶属度函数确定，原子辞经过运算或语言算子的作用，可以构成复合语言值。一切由有限个原子辞经过有限次使用限定词和连接词而生成的复合语言值(合成辞)的辞意都可以进行计算。

8. 模糊命题

含有模糊概念的陈述句称为模糊命题。模糊命题分为原子模糊命题和复合模糊命题。原子模糊命题是一个简单句，例如：x is $\tilde{A}$，其中 x 是语言变量，$\tilde{A}$ 是 x 的值(模糊数)。复合模糊命题是原子模糊命题利用连接词"或"、"且"和"非"连接而成的命题。

为适应语言值的运算，需要更一般化的模糊交、并、补运算。

①三角运算 T-范式

二个模糊集合 $\tilde{A}$ 和 $\tilde{B}$ 的"交"用如下函数确定：

$$T: [0,1] \times [0,1] \to [0,1]$$

$$\mu_{\tilde{A} \cap \tilde{B}}(x) = T(\mu_{\tilde{A}}(x), \mu_{\tilde{B}}(x)) = \mu_{\tilde{A}}(x) \tilde{*} \mu_{\tilde{B}}(x)$$

其中，$\tilde{*}$ 是函数 T 的二元算子，称为 T–范式(三角范式)算子，并且满足以下四条性质：

$$T(0,0) = 0, \quad T(a,1) = T(1,a) = a \text{(有界性)}$$

$$T(a,b) \le T(c,d), \quad if \quad a \le c \text{ and } b \le d \text{(单调性)}$$

$$T(a,b) = T(b,a) \quad \text{(交换性)}$$

$$T(a, T(b,c)) = T(T(a,b), c) \quad \text{(结合性)}$$

满足上述性质的 4 个最常用的 T-范式算子如下：

交(极小)：$T_{min}(a,b) = a \wedge b = \min(a,b)$

代数积：$T_{ap}(a,b) = a \cdot b = ab$

有界积：$T_{bp}(a,b) = a \otimes b = \max(0, a+b-1)$

强积：$T_{dp}(a,b) = a \hat{\cap} b = \begin{cases} a & 如果 \ b = 1 \\ b & 如果 \ a = 1 \\ 0 & 如果 \ a, b < 1 \end{cases}$

②协三角运算 S–范式

二个模糊集合 $\tilde{A}$ 和 $\tilde{B}$ 的"并"用如下函数确定：

$$S:[0,1] \times [0,1] \to [0,1]$$
$$\mu_{\tilde{A} \cup \tilde{B}}(x) = S(\mu_{\tilde{A}}(x), \mu_{\tilde{B}}(x)) = \mu_{\tilde{A}}(x) \tilde{+} \mu_{\tilde{B}}(x)$$

其中，$\tilde{+}$ 是函数 S 的二元算子，称作 T–协范式(协三角范式)算子或 S 算子范式，并且满足以下四条性质：

$$S(1,1) = 1, \quad S(a,0) = S(0,a) = a(\text{有界性})$$
$$S(a,b) \leqslant S(c,d), \quad \text{if} \quad a \leqslant c \quad \text{and} \quad b \leqslant d(\text{单调性})$$
$$S(a,b) = S(b,a) \quad (\text{交换性})$$
$$S(a,S(b,c)) = S(S(a,b),c) \quad (\text{结合性})$$

满足上述性质的 4 个最常用的 S–范式算子如下：

$$并(极大)：S_{\max}(a,b) = a \vee b = \max(a,b)$$
$$代数和：S_{as}(a,b) = a \tilde{+} b = a + b - ab,$$
$$有界和：S_{bs}(a,b) = a \oplus b = \min(1, a + b)$$
$$强和：S_{ds}(a,b) = a \dot{\cup} b = \begin{cases} a & \text{如果 } b = 0 \\ b & \text{如果 } a = 0 \\ 0 & \text{如果 } a, b > 1 \end{cases}$$

③一般化的模糊补算子

一般化的模糊补算子可定义为如下函数形式：

$$N:[0,1] \to [0,1]$$

第一种选择模糊补的方法，要求满足以下 2 条：

$$N(0) = 1, \quad N(1) = 0(\text{有界性})$$
$$N(a) \geqslant N(b), \quad \text{if} \quad a < b(\text{单调性})$$

第二种选择模糊补的方法，要求满足对合条件，即：

$$N(N(a)) = a \quad (\text{对合})$$

显然，满足对合条件的函数 N，必然关于连接 $(0,0)$ 和 $(1,1)$ 的直线对称。

5.5.2 模糊推理系统

1. 模糊系统的概念

模糊推理系统简称模糊系统。模糊系统对系统的描述与刻画是建立在自然语言的基础上，主要基于以下事实：①模糊逻辑基于自然语言的描述；②模糊逻辑可以建立在专家经验的基础上；③模糊逻辑容许使用不精确的数据；④模糊逻辑在概念上易于理解；⑤模糊逻辑可以对任意复杂的非线性函数建模。

2. 模糊推理的概念

模糊推理是根据模糊输入和模糊规则，按照确定好的推理方法进行推理，得到模糊输出量。其本质是将一个给定输入空间通过模糊逻辑的方法映射到一个特定的输出空间的计算过程。模糊推理的方法有 Mamdani 极大极小运算法、乘积模糊推理法、日本学者 Tsukamoto 提出的适合单调隶属度函数的模糊推理方法等。

模糊推理又称为模糊逻辑推理，是指在确定的模糊规则下，由已知的模糊命题推出新的模糊命题作为结论的过程。模糊推理是一种近似推理，主要有以下两种形式。

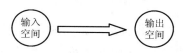

图 5-12　模糊推理示意图

①已知模糊蕴含关系"若 x 是 $\tilde{A}$，则 y 是 $\tilde{B}$"，其中 $\tilde{A}$ 是 X 上的模糊集，$\tilde{B}$ 是 Y 上的模糊集，模糊蕴含关系往往是大量的实验观测和经验的概括。在模糊推理过程中，认为该蕴含关系提供的信息是可靠的，它是近似推理的出发点，相当于"三段论"的大前提。又知 X 上的一个模糊集 $\tilde{A}^*$，它可能与 $\tilde{A}$ 相近，也可能与 $\tilde{A}$ 相去甚远，那么从模糊蕴含关系能推断出 $\tilde{B}^*$ 的什么结论。

②已知模糊蕴含关系"若 x 是 $\tilde{A}$，则 y 是 $\tilde{B}$"，其中 $\tilde{A}$ 是 X 上的模糊集，$\tilde{B}$ 是 Y 上的模糊集，又知 Y 上的模糊集 $\tilde{B}^*$，那么从模糊蕴含关系能推断出 $\tilde{A}^*$ 的什么结论。

对应于以上两种近似推理形式，现在给出模糊推理的具体运算过程。

设 $\tilde{A}$ 和 $\tilde{B}$ 分别是论域 X 和 Y 上的模糊集合，$\tilde{A}$ 和 $\tilde{B}$ 之间的模糊关系用 $\tilde{R}(X,Y)$ 表示。若已知论域 X 上的模糊集合 $\tilde{A}^*$，则模糊推理过程为

大前提（规则）：　　　　　若 x 是 $\tilde{A}$　　　则 y 是 $\tilde{B}$

小前提（事实）：　　　　　x 是 $\tilde{A}^*$

结　　　论：　　　　　y 是 $\tilde{B}^* = \tilde{A}^* \circ \tilde{R}(X,Y)$

另一种情况是：设 $\tilde{A}$ 和 $\tilde{B}$ 分别是论域 X 和 Y 上的模糊集合，$\tilde{A}$ 和 $\tilde{B}$ 之间的模糊关系为 $\tilde{R}(X,Y)$。现在知道论域 Y 上的模糊集合 $\tilde{B}^*$，则模糊推理过程为

大前提（规则）：　　　　　若 x 是 $\tilde{A}$　　　则 y 是 $\tilde{B}$

小前提（事实）：　　　　　y 是 $\tilde{B}^*$

结　　　论：　　　　　x 是 $\tilde{A}^* = \tilde{R}(X,Y) \circ \tilde{B}^*$

3. 模糊推理的分类

按照模糊规则的条数和结构进行分类，有简单情形模糊推理、多重模糊推理、多维模糊推理、链式模糊推理等。

按照模糊推理所渗透的模糊系统进行分类有纯模糊系统的模糊推理（模糊关系合成算法、Madamni 算法、Dubois-Prade 算法、陈永义算法等）；模糊工业过程控制系统（以输入和输出都是精确值的模糊推理算法、Takagi-Sugeno 模糊推理算法、Tsukamoto 模糊推理算法等）；基于神经网络的模糊推理（给予径向基函数网络的模糊推理）；模糊专家系统的模糊推理（链式模糊推理）。

按照输入输出的结构进行分类有输入输出都是模糊集合的模糊推理（基于纯模糊系统的模糊推理）；输入输出都是精确值的模糊推理（基于 TSK 模糊系统的模糊推理、基于模糊神经网络的模糊推理）；输入是模糊集输出是精确值的模糊推理。

按照模糊数的类型进行分类有普通模糊集上的模糊推理和区间值上的模糊推理。

4. 模糊推理的应用

模糊推理的研究领域涉及模糊控制、自然语言处理、自动定理证明、专家系统、机器人控制。目前，模糊推理系统已成功应用于自动控制、数据分类、决策分析、专家系统及计算机视觉系统之中。模糊推理系统是一个较为广泛的概念，针对不同特点，它又包括模糊规则系统、模糊专家系统、模糊建模、模糊逻辑控制器、简易模糊系统等具体的工程应用。

模糊控制应用于工业过程的控制、新型家电产品的开发等。基本思想是把人类专家对特定的被控对象或过程的控制策略总结成一系列以"IF(条件)···THEN(作用)"形式表示的控制规则，通过模糊推理得到控制作用集，作用于被控对象或过程。控制作用集为一组条件语句，状态语句和控制作用均为一组被量化了的模糊语言集，如"正大"、"负大"、"正小"、"负小"、零等。

自然语言的特点就是具有模糊性，将模糊推理应用于自然语言处理，就是以模糊集合论和可能性理论为工具，研究自然语言的模糊性，创立定量模糊语义学。

自动定理证明是利用计算机证明非数值性的结果，即确定它们的真假。通过自然演绎法、判定法、定理证明器、人机交互等方法，将模糊推理应用于非数值领域的任务有医疗诊断、信息检索、规划制度和难题求解等。

将模糊推理应用于专家系统的应用领域有医疗诊断、地质勘探、化学分析、气象预报、地震预报、金融决策、管理工程和军事系统领域等。这些领域的特点是经验性强、非结构化程度高(不精确和不完全)。

将模糊推理应用于机器人控制的主要研究领域是人工智能领域——智能计算机。在冯诺依曼计算机的框架下，仅靠算法或软件的革新还难以完全摆脱二值逻辑的限制，也就无法真正模拟人脑模糊思维的逻辑机制。以模糊逻辑为基础的新一代计算机的研究已经起步。

5.5.3 几种典型的模糊推理方法

根据模糊推理的定义，模糊推理的结论主要取决于模糊蕴含关系 $\tilde{R}(X,Y)$ 及模糊关系与模糊集合之间的合成运算法则。对于确定的模糊推理系统，模糊蕴含关系 $\tilde{R}(X,Y)$ 一般是确定的，而合成运算法则并不唯一。根据合成运算法则的不同，模糊推理方法又可分为 Mamdani 推理法、Larsen 推理法、Zadeh 推理法等。

1. Mamdani 模糊推理

Mamdani 模糊推理法是最常用的一种推理方法，其模糊蕴含关系 $\tilde{R}_M(X,Y)$ 定义简单，可以通过模糊集合 $\tilde{A}$ 和 $\tilde{B}$ 的笛卡尔积(取小)求得，即 $\mu_{\tilde{R}_M}(x,y) = \mu_{\tilde{A}}(x) \wedge \mu_{\tilde{B}}(y)$。

【例5-1】 已知模糊集合 $\tilde{A} = \dfrac{1}{x_1} + \dfrac{0.4}{x_2} + \dfrac{0.1}{x_3}$，$\tilde{B} = \dfrac{0.8}{y_1} + \dfrac{0.5}{y_2} + \dfrac{0.3}{y_3} + \dfrac{0.1}{y_3}$。求模糊集合 $\tilde{A}$ 和 $\tilde{B}$ 之间的模糊蕴含关系 $\tilde{R}_M(X,Y)$。

根据 Mamdani 模糊蕴含关系的定义可知：

$$\tilde{R}_M(X,Y) = \tilde{A} \times \tilde{B} = \begin{bmatrix} 1 \\ 0.4 \\ 0.1 \end{bmatrix} \circ [0.8 \quad 0.5 \quad 0.3 \quad 0.1] = \begin{bmatrix} 0.8 & 0.5 & 0.3 & 0.1 \\ 0.4 & 0.4 & 0.3 & 0.1 \\ 0.1 & 0.1 & 0.1 & 0.1 \end{bmatrix}$$

Mamdani 将经典的极大—极小合成运算方法作为模糊关系与模糊集合的合成运算法则。在此定义下，Mamdani 模糊推理过程易于进行图形解释。下面通过具体情况来分析具有单个前件的单一规则 Mamdani 模糊推理过程。

设 $\tilde{A}^*$ 和 $\tilde{A}$ 论域 X 上的模糊集合，$\tilde{B}$ 是论域 Y 上的模糊集合，$\tilde{A}$ 和 $\tilde{B}$ 间的模糊关系是 $\tilde{R}_M(X,Y)$，有

大前提（规则）：   if x is $\tilde{A}$ then y is $\tilde{B}$

小前提（事实）： x is $\tilde{A}^*$

结   论： y is $\tilde{B}^* = \tilde{A}^* \circ \tilde{R}_M(X,Y)$

当 $\mu_{\tilde{R}_M}(x,y) = \mu_{\tilde{A}}(x) \wedge \mu_{\tilde{B}}(y)$ 时，有

$$\mu_{\tilde{B}^*}(y) = \mathop{V}_{x \in X} \{ \mu_{\tilde{A}^*}(x) \wedge [\mu_{\tilde{A}}(x) \wedge \mu_{\tilde{B}}(y)] \}$$
$$= \mathop{V}_{x \in X} \{ [\mu_{\tilde{A}^*}(x) \wedge \mu_{\tilde{A}}(x)] \wedge \mu_{\tilde{B}}(y) \} = \omega \wedge \mu_{\tilde{B}}(y)$$

其中 $\omega = \mathop{V}_{x \in X} [\mu_{\tilde{A}^*}(x) \wedge \mu_{\tilde{A}}(x)]$，称为 $\tilde{A}$ 和 $\tilde{A}^*$ 的适配度。

在给定模糊集合 $\tilde{A}^*$、$\tilde{A}$ 及 $\tilde{B}$ 的情况下，Mamdani 模糊推理的结果 $\tilde{B}$ 如图 5-13 所示。

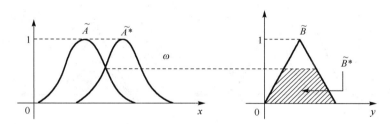

图 5-13   单前提单规则的 Mamdani 模糊推理过程

根据 Mamdani 推理方法可知，欲求 $\tilde{B}$，应先求出适配度 ω（即 $\mu_{\tilde{A}^*}(x) \wedge \mu_{\tilde{A}}(x)$ 的最大值）；然后用适配度 ω 去切割 $\tilde{B}$ 的 MF，即可获得推论结果 $\tilde{B}^*$，如图 5-12 中后件部分的阴影区域。所以这种方法经常又形象地称为削顶法。

对于单前件单规则（即若 x 是 $\tilde{A}$ 则 y 是 $\tilde{B}$）的模糊推理，当给定事实 x 是精确量 x_0 时，基于 Mamdani 推理方法的模糊推理过程如图 5-14 所示。

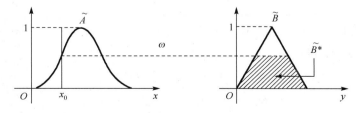

图 5-14   事实为精确量时的单前提单规则推理过程

2. Larsen 模糊推理法

Larsen 推理方法又称为乘积推理法，是另一种应用较为广泛的模糊推方法。Larsen 推理方法与 Mamdani 方法的推理过程非常相似，不同的是在激励强度的求取与推理合成时用乘积运算取代了取小运算。

①具有单个前件的单一规则

设 $\tilde{A}^*$ 和 $\tilde{A}$ 论域 X 上的模糊集合，$\tilde{B}$ 是论域 Y 上的模糊集合，$\tilde{A}$ 和 $\tilde{B}$ 间的模糊关系确定，求在关系下的 $\tilde{B}^*$，即

大前提（规则）：　　　　　if x is $\tilde{A}$　　　then y is $\tilde{B}$

小前提（事实）：　　　　　x is $\tilde{A}^*$

结　　　论：　　　　　　y is $\tilde{B}^*$

与 Mamdani 推理方法一样，首先求适配度：

$$\omega = \bigvee_{x \in X}\left[\mu_{\tilde{A}^*}(x) \wedge \mu_{\tilde{A}}(x)\right]$$

然后用适配度与模糊规则的后件作乘积合成运算，即可得

$$\mu_{\tilde{B}^*}(y) = \omega\,\mu_{\tilde{B}}(y)$$

在给定模糊集合 $\tilde{A}^*$、$\tilde{A}$ 及 $\tilde{B}$ 的情况下，Larsen 模糊推理的结果 $\tilde{B}^*$ 如图 5-15 所示。

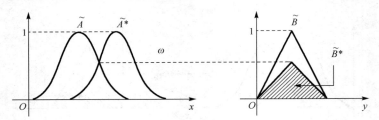

图 5-15　单前提单规则的推理过程

②具有多个前件的单一规则

设 $\tilde{A}^*$、$\tilde{A}$、$\tilde{B}^*$、$\tilde{B}$ 和 $\tilde{C}^*$、$\tilde{C}$ 分别是论域 X、Y 和 Z 上的模糊集合，已知 $\tilde{A}$、$\tilde{B}$ 和 $\tilde{C}$ 间的模糊关系确定。根据此模糊关系和论域 X、Y 上的模糊集合 $\tilde{A}^*$、$\tilde{B}^*$，推出论域 Z 上新的模糊集合。即

大前提（规则）：　　　　if x is $\tilde{A}$ and y is $\tilde{B}$, then z is $\tilde{C}$

小前提（事实）：　　　　x is $\tilde{A}^*$ and y is $\tilde{B}^*$

后　件（结论）：　　　　z is $\tilde{C}^*$

首先求适配度 $\omega_{\tilde{A}}$ 和 $\omega_{\tilde{B}}$：

$$\omega_{\tilde{A}} = \bigvee_{x \in X}\left[\mu_{\tilde{A}^*}(x) \wedge \mu_{\tilde{A}}(x)\right]$$

$$\omega_{\tilde{B}} = \bigvee_{y \in Y}\left[\mu_{\tilde{B}^*}(y) \wedge \mu_{\tilde{B}}(y)\right]$$

然后求激励强度 ω：

$$\omega = \omega_{\tilde{A}}\,\omega_{\tilde{B}}$$

最后用激励强度与模糊规则的后件作乘积合成运算，即

$$\mu_{\tilde{C}^*}(z) = \omega\,\mu_{\tilde{C}}(z)$$

图 5-16 给出了两个前件的单一规则的 Larsen 模糊推理过程，其中推理结果 $\tilde{C}^*$ 的 MF 是模糊集合 $\tilde{C}$ 的 MF 与激励强度 ω（$\omega = \omega_A\,\omega_B$）合成的结果。这种合成方法可以直接推广到具有多于两个前件的情况。

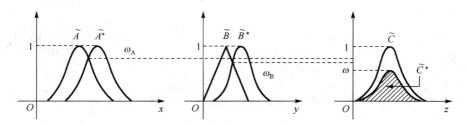

图 5-16　多前提单规则的 Larsen 模糊推理过程

③具有多个前件多条规则的模糊推理

设 $\tilde{A}^*$、$\tilde{A}_1$、$\tilde{A}_2$、$\tilde{B}^*$、$\tilde{B}_1$、$\tilde{B}_2$ 和 $\tilde{C}^*$、$\tilde{C}_1$、$\tilde{C}_2$ 分别是论域 X、Y 和 Z 上的模糊集合，$\tilde{A}_1$、$\tilde{B}_1$ 和 $\tilde{C}_1$ 间的模糊关系及 $\tilde{A}_2$、$\tilde{B}_2$ 和 $\tilde{C}_2$ 间的模糊关系都已知。现在根据论域 X、Y 上的模糊集合 $\tilde{A}^*$、$\tilde{B}^*$，推出论域 Z 上新的模糊集合 $\tilde{C}^*$。即

大前提 1（规则 1）：　　　if x is $\tilde{A}_1$ and y is $\tilde{B}_1$，then z is $\tilde{C}_1$

大前提 2（规则 2）：　　　if x is $\tilde{A}_2$ and y is $\tilde{B}_2$，then z is $\tilde{C}_2$

小前提　（事实）：　　　x is $\tilde{A}^*$ and y is $\tilde{B}^*$

_____

后　件　（结论）：　　　z is　$\tilde{C}^*$

首先求出规则 1 的适配度 $\omega_{\tilde{A}_1}$ 和 $\omega_{\tilde{B}_1}$：

$$\omega_{\tilde{A}_1} = \mathop{V}_{x \in X}\big[\mu_{\tilde{A}^*}(x)\ \wedge\ \mu_{\tilde{A}_1}(x)\big]$$

$$\omega_{\tilde{B}_1} = \mathop{V}_{y \in Y}\big[\mu_{\tilde{B}^*}(y)\ \wedge\ \mu_{\tilde{B}_1}(y)\big]$$

同样求出规则 2 的适配度 $\omega_{\tilde{A}_2}$ 和 $\omega_{\tilde{B}_2}$：

$$\omega_{\tilde{A}_2} = \mathop{V}_{x \in X}\big[\mu_{\tilde{A}^*}(x)\ \wedge\ \mu_{\tilde{A}_2}(x)\big]$$

$$\omega_{\tilde{B}_2} = \mathop{V}_{y \in Y}\big[\mu_{\tilde{B}^*}(y)\ \wedge\ \mu_{\tilde{B}_2}(y)\big]$$

然后分别求出两条规则的激励强度 ω_1 和 ω_2：

$$\omega_1 = \omega_{\tilde{A}_1}\,\omega_{\tilde{B}_1}$$

$$\omega_2 = \omega_{\tilde{A}_2}\,\omega_{\tilde{B}_2}$$

最后用激励度与相应的模糊规则的后件作乘积合成运算，分别求出每规则所得的结论，并且做取大运算获得最终的结论，即

$$\mu_{\tilde{C}^*}(z) = \omega_1\,\mu_{\tilde{C}_1}(z)\ \vee\ \omega_2\,\mu_{\tilde{C}_2}(z)$$

图 5-17 给出的是两前件两规则的 Larsen 模糊推理过程，当这种推理过程可以推广到任意多个前件任意多条规则的情况。

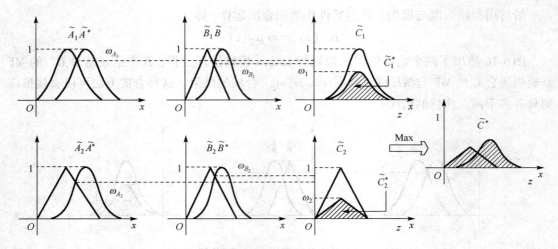

图 5-17　两前件两规则的 Larsen 模糊推理过程

3. Zadeh 模糊推理

通过前面分析可知，模糊推理的结果主要取决于模糊关系及合成运算法则。与 Mamda-ni 推理法相比，Zadeh 推理法也是采用取小合成运算法则，但是其模糊关系的定义不同。下面具体给出 Zadeh 的模糊关系定义。

设 $\tilde{A}$ 是 X 上的模糊集合，$\tilde{B}$ 是 Y 上的模糊集合，二者间的模糊蕴含关系用 $\tilde{R}_Z(X,Y)$ 表示。Zadeh 把 $\tilde{R}_Z(X,Y)$ 定义为

$$\mu_{R_Z}(x,y) = \left[\mu_{\tilde{A}}(x) \wedge \mu_{\tilde{B}}(y)\right] \vee \left[1 - \mu_{\tilde{A}}(x)\right]$$

如果已知模糊集合 $\tilde{A}$ 和 $\tilde{B}$ 的模糊关系为 $\tilde{R}_Z(X,Y)$，又知论域 X 上的另一个模糊集合 $\tilde{A}^*$，那么 Zadeh 模糊推理法得到的结果 $\tilde{B}^*$ 为：

$$\tilde{B}^* = \tilde{A}^* \circ \tilde{R}_Z(X,Y)$$

其中"。"表示合成运算，即是模糊关系的 Sup—$\wedge$ 运算。

$$\mu_{\tilde{B}^*}(y) = \operatorname*{Sup}_{x \in X}\{\mu_{\tilde{A}^*}(x) \wedge \left[\mu_{\tilde{A}}(x) \wedge \mu_{\tilde{B}}(y) \vee (1 - \mu_{\tilde{A}}(x))\right]\}$$

式中"Sup"表示对后面算式结果取上界。若 Y 为有限论域时，Sup 就是取大运算 $\vee$。

Zadeh 模糊推理法提出比较早，其模糊关系的定义比较烦琐，导致合成运算比较复杂，而且实际意义的表达也不直观，因此目前很少采用。

模糊推理有多种模式，其中最重要的且广泛应用的是基于模糊规则的推理。模糊规则的前提是模糊命题的逻辑组合(经由合取、析取和取反操作)，作为推理的条件；结论是表示推理结果的模糊命题。所有模糊命题成立的精确程度(或模糊程度)均以相应语言变量定性值的隶属函数来表示。

5.5.4　模糊逻辑工具箱

1. MATLAB 模糊逻辑工具箱简介

MATLAB 模糊逻辑工具箱是数字计算机环境下的函数集成体，可以利用它所提供的工

具在 MATLAB 框架下设计、建立以及测试模糊推理系统，结合 Simulink，还可以对模糊系统进行模拟仿真，也可以编写独立的 C 语言程序来调用 MATLAB 中所设计的模糊系统。模糊逻辑工具箱提供命令行函数、图形交互工具以及仿真模块和示例三种工具。

模糊逻辑工具箱可以完成许多工作，其中最重要的就是创建和测试模糊推理系统。可以利用可视化图形工具或命令行函数来输入建立合适的模糊逻辑推理系统，甚至还可以用聚类或自适应神经网络模糊系统等技术来自动生成符合需要的模糊推理系统。进一步，还可以运用 MATLAB 的仿真工具 Simulink 来建立一个仿真环境，以测试模糊系统的功能和效果。

2. Mamdani 型模糊逻辑系统设计

设计一个模糊逻辑系统，需要针对要解决的问题，进行以下内容的设计工作。

①确定输入量：对输入与输出语言变量的语言值进行模糊化及其隶属度函数的构建；

②模糊推理规则：确定模糊集合的合成运算方法，包括近似推理、模糊条件推理、多输入模糊推理、多输入多规则推理；

③模糊推理机：模糊推理算法，包括模糊蕴含方法，不同模糊规则的权重问题，连接词 and(与操作，最小法、乘积法)和 or(或操作，最大法、概率法)计算等方法；

④输出的合成：对于所有模糊规则输出的模糊集合进行综合的过程，输出可以是模糊数值、语义值或去模糊的明确值。去模糊化方法有 Centroid(面积中心法)、bisector(面积平分法)、mom(平均最大隶属度方法)、som(最大隶属度取最小值方法)、lom(最大隶属度取最大值方法)等。

MATLAB 提供了 Mamdani 型模糊逻辑系统工具，构造一个模糊推理系统的步骤如下：①建立模糊推理系统对应的数据文件，其后缀为.fis，用于对该模糊系统进行存储、修改和管理；②确定输入、输出语言变量及其语言值；③确定各语言值的隶属度函数，包括隶属度函数的类型与参数；④确定模糊推理规则；⑤确定各种模糊运算方法，包括模糊推理方法、模糊方法、去模糊方法等。

3. 构建模糊逻辑系统的 MATLAB 函数

MATLAB 是以结构体的形式描述模糊逻辑系统，构建模糊逻辑系统的函数见表5-6。

表5-6　模糊逻辑系统处理函数

函 数 名 称	功　　能
newfis	创建新的模糊推理系统
addvar	为模糊推理系统添加变量
addmf	为模糊推理系统添加隶属函数
addrule	为模糊推理系统添加规则
readfis	从磁盘读出存储的模糊推理系统
getfis	获得模糊推理系统的特征数据
writefis	保存模糊推理系统
showfis	显示添加注释了的模糊推理系统
setfis	设置模糊推理系统的特征
plotfis	图形显示模糊推理系统的输入—输出特征

模糊逻辑系统函数的使用可查阅 MATLAB 帮助或结合下面的示例学习。

4. MATLAB 的可视化模糊推理系统编辑工具

MATLAB 提供的模糊推理系统工具箱 FIS(Fuzzy Inference System Toolbox)集成度高、内容丰富、包括了模糊理论的各个方面，其功能强大、方便易用。特别提供了可视化模糊推理系统编辑工具，主要有 5 个工具器：FIS 编辑器、隶属度函数编辑器、规则编辑器、规则观测器和曲面观测器，他们之间动态连接。3 个编辑器相互配合构成模糊推理系统，2 个观测器主要用来检查系统的性能及推理计算。

五个基本 GUI 工具以及与模糊推理系统之间的关系如图 5-18 所示。

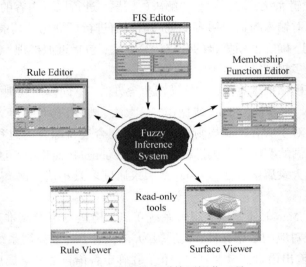

图 5-18　模糊推理系统可视化工具

模糊推理系统(FIS)编辑器处理系统高层问题属性，设定输入输出变量等。FIS 编辑器可以非常容易地建立模糊推理系统，该系统可以有多个输入和输出；隶属度函数编辑器用来定义每个变量的隶属度函数的形状及参数；规则编辑器用于编辑定义 FIS 系统行为的一系列规则；规则观察器用于编辑和显示模糊推理规则方框图，并有诊断功能；曲面观察器用于显示输入和输出之间的依赖关系，为系统生成和绘制出曲面映射。

可视化模糊推理系统工具的函数见表 5-7。

表 5-7　模糊逻辑工具箱的图形界面函数

函 数 名 称	功　　能
Fuzzy	基本模糊推理系统编辑器
Mfdeit	隶属度函数编辑器
Ruleedit	模糊推理规则编辑器
Ruleview	模糊推理规则观察器
Surfview	模糊推理输出特征曲面观察器

5.5.5 模糊逻辑系统示例

1.学生成绩的综合评价

用 MATLAB 模糊逻辑工具箱来完成学生综合成绩评估。系统有两个输入，分别为学生的学习成绩和德育成绩，输出为该学生的综合成绩。

学生成绩的评定有百分制、5 分制、4 分制等多种分制体系，百分制可以作为学生成绩基本量的论域，5 分制可以用语言值"优"、"良"、"中"、"及格"、"不及格"来描述，4 分制可以用语言值"优"、"良"、"中"、"差"来描述。

①首先建立新的模糊推理系统

用 newfis 函数创建设模糊推理系统（FIS）grade1 结构，创建语句或命令如下：

```
grade1 = newfis('grade1');        % 调用 newfis 函数，建立模糊推理系统 grade1
```

这样就建立了一个 Mamdani 型的模糊推理系统。该系统中输入、输出、规则等未定义。此时得到的模糊推理系统的结构如下所示：

```
grade1 =
                name: 'grade1'           % 系统名
                type: 'mamdani'          % 系统类型
           andMethod: 'min'              % 与方法
            orMethod: 'max'              % 或方法
        defuzzMethod: 'centroid'         % 去模糊方法
          impMethod: 'min'               % 蕴含方法
          aggMethod: 'max'               % 聚合方法
               input: []                 % 输入变量
              output: []                 % 输出变量
                rule: []                 % 推理规则
```

②添加输入/输出语言变量

调用 addvar 函数，给系统添加 2 个输入、1 个输出语言变量：输入变量一个为"学习成绩"，输入范围为[0, 100]，一个为"德育成绩"，输入范围为[0, 100]，输出变量为"综合成绩"，变量范围为[0, 100]。

```
grade1 = addvar(grade1, 'input', '学习成绩',[0 100]);  % 输入变量学习成绩的值域
grade1 = addvar(grade1, 'input', '德育成绩',[0 100]);  % 输入变量德育成绩的值域
grade1 = addvar(grade1, 'output', '综合成绩',[0 100]); % 输出变量综合成绩的值域
```

③添加输入和输出语言等级模糊数

调用 addvmf 函数，给输入和输出成绩等级指定模糊数的隶属度函数，MATLAB 可以用语句输入模糊数隶属度函数，也可以通过 GUI 工具绘制输入/输出图形来设计隶属度函数。

先给第一个输入变量"学习成绩"（input1）定义五个语言等级："优"、"良"、"中"、"及

格"、"不及格"，等级模糊数参数分别为：$[90\ 95\ 100\ 100]$、$[80\ 85\ 92]$、$[70\ 75\ 85]$、$[55\ 65\ 72]$、$[0\ 0\ 60\ 65]$。

```
grade1 = addmf(grade1,'input',1,'优','trapmf',[90 95 100 100]);   % 梯形模糊数
grade1 = addmf(grade1,'input',1,'良','trimf',[80 85 92]);          % 三角模糊数
grade1 = addmf(grade1,'input',1,'中','trimf',[70 75 85]);          % 三角模糊数
grade1 = addmf(grade1,'input',1,'及格','trimf',[55 65 72]);        % 三角模糊数
grade1 = addmf(grade1,'input',1,'不及格','trapmf',[0 0 60 65]);    % 梯形模糊数
```

同样，给第二个输入变量德育成绩（input2）分四个等级模糊数："优"、"良"、"中"、"差"，参数为：$[85\ 90\ 100\ 100]$，$[78\ 85\ 90]$，$[60\ 70\ 80]$，$[0\ 0\ 58\ 65]$。对于输出变量综合成绩 output1 也是如此，其参数为：$[88\ 95\ 100\ 100]$，$[75\ 83\ 90]$，$[65\ 75\ 85]$，$[0\ 0\ 60\ 70]$。

```
grade1 = addmf(grade1,'input',2,'优','trapmf',[85 90 100 100]);   % 梯形模糊数
grade1 = addmf(grade1,'input',2,'良','trimf',[75 85 90]);          % 三角模糊数
grade1 = addmf(grade1,'input',2,'中','trimf',[60 70 80]);          % 三角模糊数
grade1 = addmf(grade1,'input',2,'差','trapmf',[0 0 58 65]);        % 梯形模糊数

grade1 = addmf(grade1,'output',1,'优','trapmf',[88 95 100 100]);  % 梯形模糊数
grade1 = addmf(grade1,'output',1,'良','trimf',[75 83 90]);         % 三角模糊数
grade1 = addmf(grade1,'output',1,'中','trimf',[65 75 85]);         % 三角模糊数
grade1 = addmf(grade1,'output',1,'差','trapmf',[0 0 60 70]);       % 梯形模糊数
```

以上添加的输入输出成绩等级模糊数的隶属度函数曲线见图5-19。

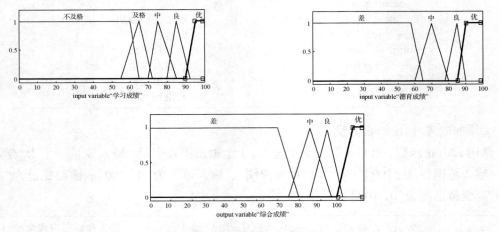

图 5-19　输入输出成绩等级模糊数示意图

④设计模糊推理规则

模糊推理规则是模糊推理系统的核心内容，应按照设计要求，设计得到模糊推理关系。

对语言变量"学习成绩"的五个等级模糊数"优"、"良"、"中"、"及格"、"不及格"依次编号为1，2，3，4，5；对语言变量"德育成绩"的四个等级模糊数"优"、"良"、"中"、"差"依次编号1，2，3，4；同样给语言变量"综合成绩"的四个等级模糊数依次编号1，2，3，4。

模糊推理规则是用"输入变量个数 + 输出变量个数 + 2"个元素的行向量来表示。前面元素用输入输出语言值的索引表示输入输出语言值之间的对应关系；后面两个元素分别表示规则的权重和模糊逻辑运算符，权重值在 0 和 1 之间，模糊逻辑运算符 and 用 1 表示，模糊逻辑运算符 or 用 2 表示。

根据学生的综合成绩与学习成绩和德育成绩的关系，列出规则见表 5-8。

表 5-8　输入成绩与输出成绩之间的逻辑规则

序号	学习成绩	德育成绩	关系	综合成绩	序号	学习成绩	德育成绩	关系	综合成绩
1	优	优	and	优	10	中	良	and	中
2	优	良	and	优	11	中	中	and	中
3	优	中	and	良	12	中	良	and	中
4	优	差	and	中	13	及格	–	or	中
5	良	优	and	良	14	不及格	优	and	中
6	良	良	and	良	15	不及格	良	and	差
7	良	中	and	良	16	不及格	中	and	差
8	良	差	and	中	17	不及格	差	and	差
9	中	优	and	良					

根据表 5-8 产生推理规则列表。

```
rulelist =[1 1 1 1 1; 1 2 1 1 1; 1 3 2 1 1; 1 4 3 1 1; 2 1 2 1 1; 2 2 2 1 1; 2 3 2 1 1;
          2 4 3 1 1; 3 1 2 1 1; 3 2 3 1 1; 3 3 3 1 1; 3 2 3 1 1; 4 0 3 1 2; 5 1 3 1 1;
          5 2 4 1 1; 5 3 4 1 1; 5 4 4 1 1];
```

⑤添加规则

将推理规则列表 rulelist 添加到模糊推理系统 grade1 中。

```
grade1 = addrule(grade1,rulelist);
```

此时得到的 Mamdani 型的模糊推理系统 grade1 的结构如下：

```
grade1 =
              name: 'grade1'           % 系统名
              type: 'mamdani'          % 系统类型
         andMethod: 'min'              % 与方法
          orMethod: 'max'              % 或方法
       defuzzMethod: 'centroid'        % 去模糊方法
          impMethod: 'min'             % 蕴含方法
          aggMethod: 'max'             % 聚合方法
             input: [1 ×2 struct]      % 输入变量
            output: [1 ×1 struct]      % 输出变量
              rule: [1 ×17 struct]     % 推理规则
```

至此，一个用于学生综合成绩测评的模糊推理系统建立完毕。

⑥系统推理

利用 evalfis 可以计算给定学习成绩和德育成绩的综合成绩。例如：学习成绩为 85，德

育成绩为 70, 则输入命令:

```
s_grade = evalfis([85 70], grade1)
```

可得到: s_grade = 82.6667, 即综合成绩为 82.7。

利用 fuzzy 命令可以进入模糊逻辑工具箱建立 grade1 模糊推理系统, 或输入已经建立的模糊推理系统 grade1。单击菜单 rules 则得到规则平面视图, 如图 5-20 所示。

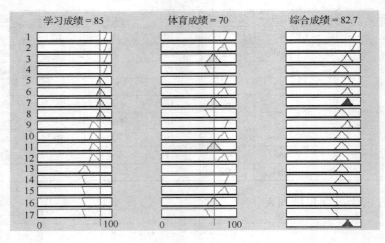

图 5-20　模糊推理系统规则输出

利用菜单 View→Surface 命令或函数 surfview, 可得到系统输出曲面, 如图 5-21 所示。

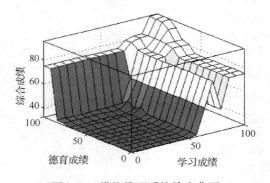

图 5-21　模糊推理系统输出曲面

2. 小费支付问题

在国外, 小费支付问题是一个经常遇到的模糊推理问题。基于美国的小费习惯, 图 5-22 基本描述了一个双输入、单输出的小费问题。

一位客户在饭店吃饭, 感受到的服务质量主要有两个方面: 服务水平和食品美味。可以设定用 0 ~ 10 之间的一个数表示饭店的服务水平: 10 表示非常好, 0 表示非常差; 同样用 0 ~ 10 之间的一个数表示饭店的食品美味: 10 也表示非常好, 0 表示非常差。吃完饭, 客户给出的小费应是多少并没有一个精确的标准。

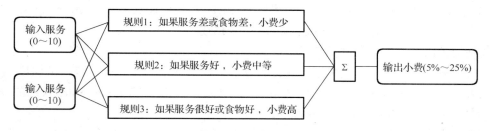

图 5-22　小费支付问题的模糊推理框架

　　基于人们的多年经验可总结出小费支付的三条黄金规则：①如果服务差或食品差，那么小费低；②如果服务好，那么小费中等；③如果服务非常好或食品非常好，那么小费高。一般，小费低是 5%，中等小费是 15%，小费高是 25%。图 5-23 所示的模糊形状对小费支付函数形状的概念是一个参考。

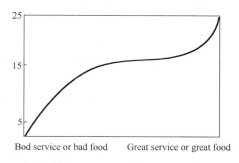

图 5-23　小费支付函数参考图形

　　小费支付的数量和曲线形状受当地传统、文化喜好影响，但三条规则相当通用。现在，知道了这些规则，并且对输出的形状有了概念。下面就对这一决策过程，使用可视化模糊推理系统编辑工具构建模糊推理系统，进行模糊推理系统的分析、设计，以实现上述小费问题的模糊推理。

　　①调用基本 FIS 编辑器 fuzzy 创建小费支付系统

　　在命令窗口中输入 fuzzy，弹出 FIS 编辑器窗口界面，见图 5-24。打开的 FIS 编辑器，默认的结构有一个输入变量、一个输出变量和一个 mamdani 模糊推理机。为再增加一个输入变量，可单击菜单 Edite→Add Variable→Input，这时就得到了有两个输入、一个输出结构的模糊系统，并存储系统名为 tipper。点击聚焦变量图标，修改变量名，这样就创建了有两个输入"服务 service、食品 food"和一个输出"小费 tip"的模糊系统 tipper，见图 5-25。

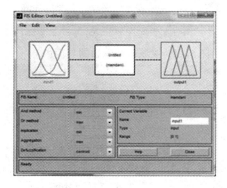

图 5-24　基本 FIS 编辑器窗口界面

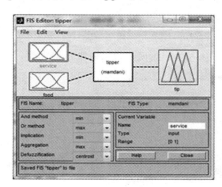

图 5-25　有两个输入、一个输出结构的模糊系统

　　②确定输入、输出语言变量语言值

　　确定输入、输出语言变量语言值就是确定服务水平、食品美味、小费可以用的术语。服务水平 service 可用"差（poor）"、"好（good）"、"很好（excellent）"等语言来说明；食

品美味 food 可用"差（rancid）"、"非常好（delicious）"来说明；小费比率 tip 可用"低（cheap）"、"中等（average）"和"高（generous）"来描述。

③确定各语言值的隶属度函数

为将模糊语言值进行精确描述，就要确定各语言值的隶属度函数，包括隶属度函数的类型和参数。在 FIS 编辑器窗口中，双击变量图标或点击菜单 Edite→Membership Functions，弹出隶属函数编辑器界面，见图 5-26。

输入语言变量服务水平 service 是表征饭店服务水平高低的，可用[0,10]表示其论域。服务水平所用语言值的隶属度函数是"差（poor）"为高斯型 [1.8 0]，"好（good）"为高斯型 [1.8 5]，"很好（excellent）"为高斯型 [1.8 10]。

输入语言变量食品美味 food 是表征饭店食品美味好坏的，可用[0,10]表示其论域。食品美味好坏所用语言值的隶属度函数是"差（rancid）"为梯形 [0 0 1 3]，"非常好（delicious）"为梯形 [7 9 10 10]。

输出语言变量小费比率 tip 是客人付给的小费比率，可用[0,25]表示其论域。小费比率所用语言值的隶属度函数是"低（cheap）"为梯形 [0 0 5 12]，"中等（average）"为三角型 [5 12 19]，"高（generous）"为梯形 [12 19 25 25]。

通过隶属函数编辑器界面的菜单，可以增加或删除变量的语言值。对每一个语言值，可输入或修改它的名称、隶属函数类型、函数参数及论域范围。图 5-26 显示的是对变量 service 的语言值 poor 的定义。同样可定义 service 的语言值 good 和 excellent，见图 5-27，以及定义其他变量的语言值，food 的语言值见图 5-28，tip 的语言值见图 5-29。

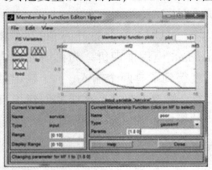

图 5-26 隶属函数编辑器界面（1）

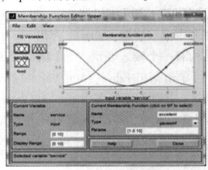

图 5-27 隶属函数编辑器界面（2）

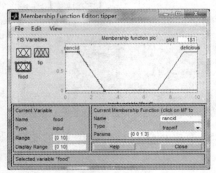

图 5-28 隶属函数编辑器界面（3）

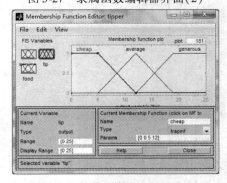

图 5-29 隶属函数编辑器界面（4）

④确定模糊推理规则

小费支付问题的模糊推理规则可表述如下：

if 服务差（service is poor）或食品差（food is rancid），then 小费低（tip is cheap）；

if 服务好（service is good），then 小费中等（tip is average）；

if 服务非常好（service is excellent）或食品非常好（food is delicious），then 小费高（tip is generous）。

在 FIS 编辑器窗口，双击 tipper 图标或点击菜单 Edit→Rules，弹出规则编辑器界面，添加上述模糊推理规则，见图 5-30。

⑤观察检验结果

现在，已完全定义了小费支付的模糊推理系统，包括变量、隶属度函数和计算小费所必需的规则。此时可以检查并验证其行为是否是所期望的。根据所建立的 FIS 系统、模糊规则及各语言值的隶属度函数，利用曲面观测器就可以观察各指标与评价目标之间的关系。

对于讨论的小费问题，在 FIS 编辑器中点击菜单 View→Surface，打开曲面观察器，得到如图 5-31 所示的三维图。

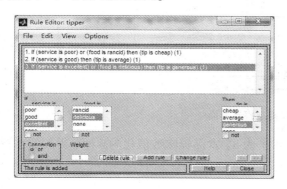

图 5-30　规则编辑器界面

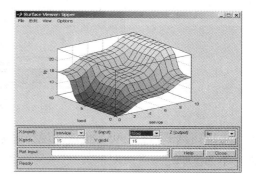

图 5-31　曲面观察器界面

显然，这是一个两维图形。当我们遇到三维以上情况时，开始碰到显示结果的麻烦了。但曲面观察器配备了下拉式菜单，可选择用于绘图的任意两个输入和任意一个输出。下拉式列表正下方是两个文本输入域，其值确定在 x 轴和 y 轴包含的网格线数。

如果要观察某一输入变量对输出的影响，则可将另一变量屏蔽。图 5-32 给出了服务水平与小费支付率间的关系。

⑥模糊推理计算

对于讨论的小费模糊推理问题，在 FIS 编辑器点击菜单 View→Rules，打开规则观察器，得到如图 5-33 所示的输入输出语言值对应的图示。

当在输入框中输入 [8，6] 或在图中拖拽输入游标，得到输出值 tip = 17.2。

也可以在命令窗口中调用下面的语句。

```
afis = readfis('tipper.fis');
f = evalfis([8 6], afis)
```

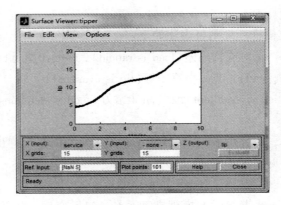

图 5-32 屏蔽一变量的曲面观察器界面

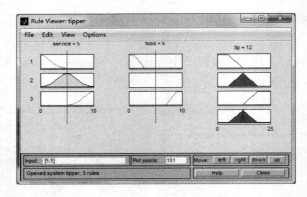

图 5-33 规则观察器界面

可以得到 f = 17.1995，也就是说当服务水平为 8，食品美味数值化为 6 时，得到的小费支付率为 17.2。

第6章

人工神经网络计算

人工神经网络(Artificial Neural Network，简称 ANN)是在对人脑组织结构和运行机制的认识理解基础之上模拟其结构和智能行为的一种工程系统。

人类个体的智能是一种综合能力，表现为个体有目的的行为，合理的思维，以及有效的、适应环境的综合能力。智能是个体认识客观事物和运用知识解决问题的能力，包括 8 个方面：①感知与认识客观事物、客观世界和自我的能力，感知是智能的基础和最基本的能力；②通过学习取得经验与积累知识的能力，这是人类在世界中不断发展的最基本的能力；③理解知识、运用知识及经验分析解决问题的能力，这是智能的高级形式，是改造客观，不断发展的基本能力；④联想、推断、判断、决策语言的能力，是智能的高级形式。由认识到预测，由"被动"到"主动"，这是主观能动性的基础；⑤进行抽象、概括的能力；⑥发现、发明、创造的能力；⑦实时、迅速、合理地应付复杂环境的能力；⑧预测、洞察事物发展、变化的能力。以上前 5 种是人类最基本的能力，后 3 种是人类基于最基本的 5 种能力综合运用的能力表现。

人工智能就是研究模拟人类的智能。研究人工智能的目的是增加人类探索世界、推动社会前进的能力，进一步认识自我。

研究人工智能有两种研究方式，对应两种不同的技术：①传统的人工智能技术——基于心理角度的模拟；②人工神经网络技术——基于生理角度的模拟。

基于心理角度的人工智能模拟产生出符号主义(或符号逻辑)人工智能学派，该学派基于冯·诺依曼型计算机信息处理技术的发展而取得了一系列成果和进展。但是，当用来解决某些人工智能问题时却遇到了很大的困难。如"常识"问题障碍、不确知事物的知识表示和问题求解等难题。

基于生理角度模拟的联结主义(PDP)、进化主义(行动响应)人工智能学派认为人的大脑是由生物神经元构成的巨型网络，它在本质上不同于计算机，是一种大规模的并行处理系统，它具有学习、联想记忆、综合等能力，并有巧妙的信息处理方法。

人工神经网络(简称神经网络)也是由大量的、功能比较简单的形式神经元互相连接而构成的复杂网络系统，用它可以模拟大脑的许多基本功能和简单的思维方式。

6.1　人工神经网络的概念

人工神经网络是近年来得到迅速发展的一个前沿课题。神经网络由于其大规模并行处理、容错性、自组织和自适应能力和联想功能强等特点，已成为解决很多问题的有力工具。

早在 20 世纪 40 年代初期，心理学家 McCulloch 和数学家 Pitts 合作提出了形式神经元的第一个数学模型，开创了神经科学理论的研究时代。1949 年，心理学家 Hebb 提出神经系统的学习规则，为神经网络的学习算法奠定了基础。1957 年，F. Rosenblatt 提出"感知器"（Perceptron）模型，第一次把神经网络的研究从纯理论的探讨付诸工程实践，掀起了人工神经网络研究的第一次高潮。20 世纪 60 年代以后，数字计算机的发展达到全盛期，人们误以为数字计算机可以解决人工智能、专家系统、模式识别问题，而放松了对"感知器"的研究。于是，从 20 世纪 60 年代末期起，人工神经网络的研究进入了低潮。1982 年，美国加州工学院物理学家 Hopfield 提出了离散的神经网络模型，标志着神经网络的研究又进入了一个新高潮。1984 年，Hopfield 又提出连续神经网络模型，开拓了计算机应用神经网络的新途径。1986 年，Rumelhart 和 Meclelland 提出多层网络的误差反传（Back Propagation）学习算法，简称 BP 算法。BP 算法是目前最为重要、应用最广的人工神经网络算法之一。自 20 世纪 80 年代中期以来，世界上许多国家掀起了神经网络的研究热潮，可以说神经网络已成为国际上的一个研究热点。

神经网络的研究主要可分为以下三个方面：①大脑和神经系统的信息处理原理；②构造能实现信息处理的神经网络模型；③能实现信息处理基本原理的技术研究——神经计算机。

6.1.1　生物神经元及生物神经网络

人脑大约由 10^{12} 个生物神经元组成，每个神经元大约有 100 余个树突及相应的突触，生物神经元互相连接成神经网络。生物神经元是大脑处理信息的基本单元，以细胞体为主体，由许多向周围延伸的不规则树枝状纤维构成的神经细胞，其形状很像一棵枯树的枝干。它主要由细胞体、树突、轴突和突触（Synapse，又称神经键）组成，见图 6-1。

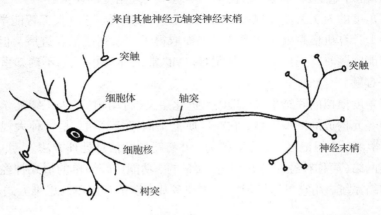

图 6-1　生物神经元示意图

从神经元各组成部分的功能来看，信息的处理与传递主要发生在突触附近。当神经元细胞体通过轴突传到突触前膜的脉冲幅度达到一定强度，即超过其阈值电位后，突触前膜将向突触间隙释放神经传递的化学物质。

突触有两种：兴奋性突触和抑制性突触。前者产生正突触后电位，后者产生负突触后电位。突触传递信息的功能和特点归纳为：信息传递有时延，一般为 0.3～1ms；信息的综合有时间累加和空间累加；突触有兴奋性和抑制性两种类型；具有脉冲/电位信号转换功能；神经纤维传导的速度（即脉冲沿神经纤维传递的速度）在 1～150m/s 之间；存在不应期；具有不可逆性，脉冲只从突触前传到突触后，不逆向传递；可塑性，突触传递信息的强度是可变的，即具有学习功能；存在遗忘或疲劳效应。

人脑神经网络系统的组成见图 6-2。

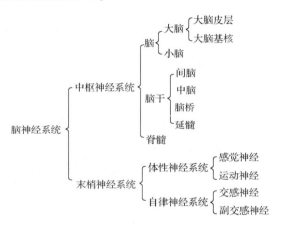

图 6-2　脑神经系统的主要组成部分

人脑神经网络信息处理的特点有：分布存储与冗余性；并行处理；信息处理与存储合一；可塑性与自组织性；鲁棒性。

6.1.2　人工神经网络

人工神经网络是一个并行和分布式的信息处理网络结构，它一般由许多个神经元组成，每个神经元只有一个输出，它可以连接到很多其他的神经元，每个神经元输入有多个连接通道，每个连接通道对应于一个连接权系数。

1. 人工神经元模型

生物神经元传递信息的过程：生物神经元是一个多输入 $x_j (j=1,2,\cdots,n)$、单输出 y_i 的单元。仿照生物神经元构建人工神经元模型如图 6-3 所示。

$$t = \sum_{j=1}^{n} \omega_{ij} x_j - \theta_i \qquad y_i(t) = f\left(\sum_{j=1}^{n} \omega_{ij} x_j - \theta_i \right)$$

式中，x_j 是从其他神经元传来的输入信号；θ_j 是阈值；ω_{ij} 表示从神经元 j 到神经元 i 的连接权值；t 是由输入和阈值确定的神经元状态；$y_i = f(t)$ 为神经元信息传递功能函数。

传递函数（也称响应函数、激活函数）的基本作用是：

①控制输入对输出的激活作用；

②对输入、输出进行函数转换；

③将可能无限域的输入变换成指定的有限范围内的输出。

响应函数有许多不同类型，图6-4 显示了几种常见类型的响应函数。

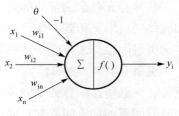

图6-3　人工神经元模型

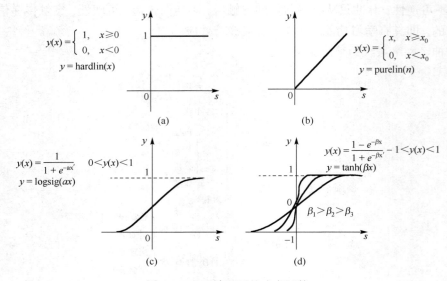

图6-4　人工神经元的响应函数

上述人工神经元模型能反映生物神经元的基本特性，但还有如下不同之处：

①生物神经元传递的信息是脉冲，而上述模型传递的信息是模拟电压。

②由于在上述模型中用一个等效的模拟电压来模拟生物神经元的脉冲密度，所以在模型中只有空间累加而没有时间累加（可以认为时间累加已隐含在等效的模拟电压之中）。

③上述模型未考虑时延、不应期和疲劳等。

2．人工神经网络的构成

人工神经网络是由大量的神经元（节点）互连而成的网络，人工神经网络是一种具有下列特性的有向图：①对于每个节点（神经元）i 存在一个状态变量 x_i；②从节点 i 至节点 j，存在一个连接权系数 ω_{ij}；③对于每个节点 i，定义一个变换函数 $\mathrm{TF}i(x_i, \omega_{ij})$，$i \neq j$。

按网络结构，神经网络可分为前馈型网络和反馈型网络两大类。在前馈网络中，信息单方向地从输入层到输出层流动；在反馈网络中，存在信息反馈传输机制。

按神经元取值是连续的还是离散的变化状态，神经网络可划分为离散型神经网络和连续型神经网络；按神经元取值是确定的还是随机的变化规律，神经网络可划分为确定型神经网络和随机型神经网络。

按照学习方法，神经网络可分为有监督学习网络和无监督学习网络。有监督学习是指有训练样本的学习方式；无监督学习的过程则不需要训练样本。按系统特性，神经网络可以分为非线性映射网络和非线性动力学网络两大类。按网络的方法论，前馈型人工神经网络络包括感知器网络、线性神经网络、BP 网络及径向基函数网络等。

神经元的模型确定之后，一个神经网络的特性及能力主要取决于网络的拓扑结构及学习方法。人工神经网络连接的几种基本形式如图 6-5（a）（b）（c）（d）所示。

（a）前向网络。网络中的神经元是分层排列的，每个神经元只与前一层的神经元相连接；

（b）从输出到输入有反馈的前向网络；

（c）层内互连前向网络；

（d）互连网络。

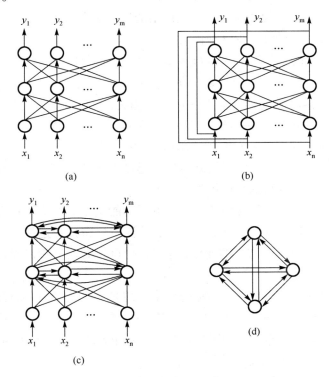

图 6-5　神经网络的典型结构

3. 人工神经网络的学习

学习方法是人工神经网络研究中的核心问题。人工神经网络连接权的确定通常有两类方法：一种是由设计出的神经网络自动计算出网络权值，称之为无监督学习。其能力隐含于根据具体要求设计的网络本身，网络是根据特有的结构和学习规则响应输入的激励，进行连接权值的自动调整，这个过程称为网络的自组织；另一种是通过期望目标响应的学习，来调整网络权值，称之为有监督学习。该类学习方法需要有输入输出的对应样本，称为导师信号，样本中隐含着要学习的知识和规则。大多数人工神经网络采用有监督的学习方法。学习方法的选择是根据所研究问题的特点和环境而定。下面介绍几种常见的学习规则。

①Hebb 学习规则：Hebb 学习方法是一种无监督学习过程。Donall Hebb 根据生理学中条件反射机理，于 1949 年提出的神经元连接强度变化的规则——如果两个神经元同时兴奋（即同时被激活），则它们之间的突触连接加强：

$$\omega_{ij}(t+1) = \omega_{ij}(t) + \Delta\omega_{ij}(t) = \omega_{ij}(t) + \alpha y_i y_j$$

α 为学习速率，y_i、y_j 为神经元 i 和 j 的输出。

Hebb 学习规则是人工神经网络学习的基本规则，几乎所有神经网络的学习规则都可以视为 Hebb 学习规则的变形。

②误差校正规则：误差校正学习方法是一种有监督学习过程，用已知样本作为教师对网络进行学习校正。其基本思想是利用神经网络的期望输出与实际输出间的偏差作为调整连接权值的参考依据，并最终减少这种偏差。

$$\omega_{ij}(t+1) = \omega_{ij}(t) + \Delta\omega_{ij}(t) = \omega_{ij}(t) + \alpha\delta_j y_i$$
$$\delta_j = F(y_j - \hat{y}_j)$$

δ_j 是 j 节点输的输出 y_j 与期望输出 $\hat{y}_j$ 的误差函数，可以直接为误差或由二次误差函数的梯度法导出。误差校正学习规则实际上是一种梯度方法，不能保证得到全局最优解，需大量训练样本，收敛速度慢，对样本的表示次序变化比较敏感。

③随机型学习规则：随机型学习的基本思想是结合随机过程、概率和能量函数等概念来调整网络变量，从而使网络的目标函数达到最大或最小。

该方法遵循以下准则：如果网络的变量变化后，能量函数有更低的值，那么接受这种变化；如果没有更低的值，那么按一个预先选取的概率分布接受这种变化。随机算法能够以某种概率分布接受能量函数增大的变化，这可以使网络有可能跳出能量函数的局部极小点，而向全局极小值点的方向发展。

④竞争型学习规则：竞争型学习算法的基本思想是，神经网络中的神经元通过彼此竞争来成为被激活的神经元，并且在任一时刻只有一个神经元是激活的，这样取胜的单元能向着该模式下更有利的方向变化，同时也抑制了失败单元对该模式的响应。

竞争学习是一种典型的无监督的学习策略，其特性使网络单元能有选择的接收外界刺激模式的不同特征，适合于发现统计上的突出特征。

⑤相近学习规则：相近学习规则是预先设定一个期望靠近的权值 v_i

$$\omega_{ij}(t+1) = \omega_{ij}(t) + \Delta\omega_{ij}(t) = \omega_{ij}(t) + \alpha(v_i - \omega_{ij}(t))$$

这类学习不在于寻找一个特殊映射的表示，而是将事件空间分类为输入活动区域，并有选择地对这些区域响应，从而调整参数——反映观察事件的分部，输入可以为连续值，对噪声有较强抗干扰能力。对较少的输入样本，结果可能要依赖于输入序列。

4. 人工神经网络的特性

人工神经网络是在微观结构上对人脑的抽象和简化，在功能上是对人类智能的模拟。人工神经网络的特性有：并行分布式信息处理、非线性映射、通过训练进行学习、适应与集成，以及软硬件实现。并行信息处理、学习、联想、模式分类、记忆等特点使得人工神经网络具有高速信息处理的能力和具有鲁棒性的特点。

神经网络将知识与信息存储为神经元之间分布式的联系，即将知识与信息分散地储存在网络中各神经元及其连线上，每个神经元及其连线只表示一部分信息，而各神经元的分布式综合效果则表达出特定的概念和知识。当输入信息不完全、不准确或模糊不清时，神经网络也能基于记忆的信息完整模式进行联想思维。只要输入的信息模式接近于训练样本，系统就能正确地推出合理的结论。

5. 常用人工神经网络函数

人工神经网络工具箱提供了一系列函数工具，见表 6-1。

表 6-1　人工神经网络工具箱函数

类　型	函数名称	功　　能	函数名称	功　　能
创建函数	newp	创建感知器网络	newrbe	设计严格径向基网络
	newlin	创建线性层网络	newgrnn	设计广义回归神经网络
	newlind	设计线性层网络	newpnn	设计概率神经网络
	newff	创建前馈 BP 网络	newc	创建竞争层
	newcf	创建多层前馈 BP 网络	newsom	创建自组织特征映射
	newfftd	创建前馈输入延迟 BP 网络	newhop	创建 Hopfield 递归网络
	newrb	设计径向基网络	newelm	创建 Elman 递归网络
应用函数	sim	仿真计算	init	初始化神经网络
	adapt	神经网络的自适应化	train	训练神经网络
权函数	dotprod	权函数的点积		
	ddotprod	权函数点积的导数	normprod	规范点积权函数
	dist	Euclidean 距离权函数	mandist	Manhattan 距离权函数
	negdist	Negative 距离权函数	linkdist	Link 距离权函数
输入	netsum	网络输入函数的求和	dnetsum	网络输入函数求和的导数
传递函数	hardlim	硬限幅传递函数	hardlims	对称硬限幅传递函数
	purelin	线性传递函数	dpurelin	线性传递函数的导数
	tansig	正切 S 型传递函数	logsig	对数 S 传递函数
	dtansig	正切 S 型传递函数的导数	dlogsig	对数 S 传递函数的导数
	compet	竞争传递函数	radbas	径向基传递函数
	satlins	对称饱和线性传递函数		
初始化函数	initlay	层与层之间的网络初始化	initwb	阈值与权值的初始化
	initzero	零权/阈值的初始化	initnw	Nguyen_Widrow 层的初始化
	midpoint	中点权值初始化函数	initcon	Conscince 阈值的初始化
性能分析函数	mae	均值绝对误差性能分析函数	mse	均方差性能分析函数
	msereg	均方差 w/reg 性能分析函数	dmse	均方差性能分析函数的导数
	dmsereg	均方差 w/reg 性能分析函数的导数		
学习函数	learnp	感知器学习函数	learnpn	标准感知器学习函数
	learnwh	Widrow－Hoff 学习函数	learngd	BP 学习函数
	learnk	Kohonen 权学习函数	learngdm	带动量项的 BP 学习函数
	learncon	Conscince 阈值学习函数	learnsom	自组织映射权学习函数

类 型	函数名称	功 能	函数名称	功 能
训练和自适应函数	adaptwb	权与阈值的自适应函数	trainwb	权与阈值的训练函数
	traingd	梯度下降的 BP 算法训练函数	traingdm	梯度下降 w/动量的 BP 算法训练
	traingda	梯度下降 w/自适应 lr 的 BP 训练	trainlm	Levenberg – Marquardt 的 BP 训练
	traingdx	梯度下降 w/动量和自适应 lr 的 BP 算法训练函数	trainwbl	每个训练周期用一个权值向量或偏差向量的训练函数

6.2 感知器（Perceptron）

1.感知器简介

感知器由美国计算机科学家罗森布拉特（F. Roseblatt）于 1957 年提出，罗森布拉特证明，如果两类模式是线性可分的（指存在一个超平面将它们分开），则算法一定收敛（收敛定理）。

感知器特别适用于简单的模式分类问题，也可用于基于模式分类的学习控制中。

2.感知器的神经元模型

感知器的神经元模型如图 6-6(a)所示，其传递函数如图 6-6(b)所示为 hardlim。

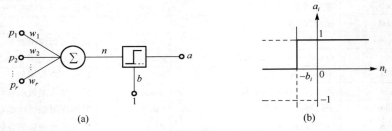

图 6-6　感知器神经元结构

3.感知器的网络结构

感知器的网络结构如图 6-7 所示，感知器由 s 个神经元组成，有 s 个输出，有 r 个输入。图 6-7 中的 q 是输入样本的数量。

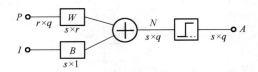

图 6-7　感知器神经网络结构

第 i 个神经元加权输入为 n_i，第 i 个神经元输出为 a_i，$i = 1, 2, \cdots, s$。

$$n_i = \sum_{j=1}^{r} w_{ij} p_j$$

$$a_i = f(n_i + b_i)$$

感知器 hardlim 的特点决定了它有 2^s 种可能的输出结果 $A = (a_1, a_2, \cdots, a_s)$，$a_i \in \{0, 1\}$。

4. 感知器的功能

单一人工神经元感知器的基本功能是将输入矢量转化成 0 或 1 的输出，即通过测试加权输入 n_i 和输出值 a_i 落在阈值函数的左右对输入数据进行二元分类；两个人工神经元感知器可进行四种类型分类；s 个人工神经元感知器可以进行 2^s 种类型分类。

5. 感知器的学习和训练

当采用感知器对不同的输入矢量进行期望输出为 0 或 1 的分类时，其问题可转化为对已知输入矢量在输入空间形成的不同点的位置，设计感知器的权值 W 和 B。感知器权值参数设计目的，就是根据学习法则设计出 r 维空间 $W * P + b = 0$ 的边界面，使其对输入矢量能够达到所期望的空间划分。学习规则是通过比较，形成计算新的权值矩阵 W 及新的偏差 B 的算法，权值的变化量等于输入矢量。

假定输入矢量为 $P = (p_1, p_2, \cdots, p_r)^{\mathrm{T}}$，输出矢量为 $A = F(W * P + B) = (a_1, a_2, \cdots, a_s)^{\mathrm{T}}$，目标矢量为 $T = (t_1, t_2, \cdots, t_s)^{\mathrm{T}}$，误差矢量为 $E = T - A = (e_1, e_2, \cdots, e_s)^{\mathrm{T}}$，则感知器网络的学习规则如下。

① 如果第 i 个神经元的输出是正确的，即 $a_i = t_i$，则误差 $e_i = (t_i - a_i) = 0$，那么与第 i 个神经元连接的权值 w_{ij} 和偏差值 b_i 保持不变；

② 如果第 i 个神经元的输出是 0，但期望输出为 1，即有 $a_i = 0$ 和 $t_i = 1$，而 $e_i = 1$，此时权值修正为新的权值 w_{ij} 为旧的权值 w_{ij} 加上输入矢量 p_j；新的偏差 b_i 为旧偏差 b_i 加上 1；

③ 如果第 i 个神经元的输出为 1，但期望输出为 0，即有 $a_i = 1$ 和 $t_i = 0$，而 $e_i = -1$，此时权值修正为新的权值 w_{ij} 等于旧的权值 w_{ij} 减去输入矢量 p_j，新的偏差 b_i 为旧偏差 b_i 减去 1。

依据学习规则，形成计算新的权值矩阵 W 及新的偏差 B 的算法，权值的变化量等于输入矢量。

$$W_{new} = W + \Delta W = W + E * P,$$
$$B_{new} = B + \Delta B = B + E,$$
$$E = (T - A)$$

上述用来修正感知器权值的学习算法在 MATLAB 神经网络工具箱中被编成了函数子程序，其名为 learnp. m。只要直接调用此函数，即可获得权值的修正量。此函数所需要的输入变量为：输入 P、输出矢量 A 和目标矢量 T。调用该函数语句或命令格式为：

$$[\mathrm{dW}, \mathrm{dB}] = \mathrm{learnp}(P, A, T)$$

学习训练思想是，在输入矢量 P 的作用下，计算网络的实际输出 A，并与相应的目标矢量 T 进行比较，检查 A 是否等于 T，然后用比较后的误差量，根据学习规则进行权值和偏差的调整。重新计算网络在新权值作用下的输入，重复权值调整过程，直到网络的输出 A 等于目标矢量 T 或训练次数达到事先设置的最大值时训练结束。

感知器设计训练的步骤总结如下：

步骤 1：确定感知器的结构。依据所要解决的问题，确定输入矢量 P，目标矢量 T，并确定输入矢量的维数 r、神经元数目 s 及样本数量 q；

步骤 2：参数初始化。①赋给权值矩阵 W 在 $(-1,1)$ 的随机非零初始值；②给出最大训练循环次数 max_epoch；

步骤 3：计算网络表达式。根据输入矢量 P 以及最新权值矩阵 W，计算网络输出矢量 A；

步骤 4：检查。检查输出矢量 A 与目标矢量 T 是否相同。如果 A 与 T 相同，或已达最大循环次数，则训练结束，否则转入步骤 5；

步骤 5：学习过程。根据感知器的学习规则调整权值矩阵 W，并返回步骤 3。

6. 感知器常用神经网络函数

MATLAB 提供的感知器神常用经网络函数如下。

①创建神经网络对象函数：newp

net = newp(Pr, s, TF, LP)，函数 newp 创建一个有 r 个输入、s 个神经元的感知器神经网络对象 net，Pr 为 r 个输入元素上下界的 $r \times 2$ 矩阵，TF 为传递函数（默认为 hardlim），LP 为学习函数（默认为 earnp）。

net = newp(P, T)，函数创建 r 个输入、s 个神经元的感知器神经网络对象，P 为 r 个输入元素、q 个输入样本的 $r \times q$ 矩阵，T 为 s 个输出元素、q 个输出样本的 $s \times q$ 矩阵。

创建的神经网络对象 net 根据输入初始化其结构、函数、参数、权值矩阵和偏差向量。

②初始化神经网络对象函数：init(net)

当改变了神经网络对象的一些属性值后，init(net) 函数可对其重新进行初始化，特别是修改了影响初始化相关属性后，初始化的结果将随之变化。

【例6-1】 net = newp($[0\ \ 2; 0\ \ 1]$, 3) 创建了具有 2 个输入 3 个神经元的神经网络对象。初始化的权值矩阵 $W_{s \times r}$ = net.$IW\{1,1\}$ 为 3×2 的零矩阵。当修改参数 net.inputWeights $\{1,1\}$.initFcn，并初始化后，则得到新的权值矩阵。如：

```
net.inputWeights{1,1}.initFcn = 'rands';
net = init(net);
W = net.IW{1,1}
```

得到 3×2 随机权值矩阵：

```
W =
    -0.0871   -0.1106
    -0.9630    0.2309
     0.6428    0.5839
```

③训练神经网络对象函数：train

对神经网络对象进行学习训练的函数为：

$$[net, TR, Y, E] = train(net, P, T)$$

其中输入参数有：人工神经网络对象 net、网络输入矩阵 P、期望输出响应 T（默认值为 0）。

输出结果有：训练后的神经网络对象 net、训练记录 TR、网络输出 Y、网络误差 E。

④仿真函数：sim

有了创建的人工神经网络对象，就可以根据输入进行仿真计算，得到输出结果。仿真函数的格式如下：

$$[Y,Pf,Af,E,perf] = sim(net,P,Pi,Ai,T)$$

其中输入参数有：神经网络对象 net、网络输入矩阵 P、初始输入延迟条件 Pi（默认值为 0）、初始层延迟条件 Ai（默认值为 0）、期望输出响应 T（默认值为 0）；输出结果有：神经网络输出 Y、最终输入延迟条件 Pf、最后层延迟条件 Af、网络误差 E、网络性能 perf。

仿真函数常用格式如下：

$$Y = sim(net,P)$$

7. 感知器设计示例

【例6-2】 设计一个感知器，将二维的四组输入矢量分成两类。

输入矩阵为：$P = \begin{bmatrix} -0.5 & -0.5 & 0.3 & 0 \\ -0.5 & 0.5 & -0.5 & 1 \end{bmatrix}$；

目标矢量为：$T = \begin{bmatrix} 1 & 1 & 0 & 0 \end{bmatrix}$。

对于单层网络，网络的输入神经元数 r 和输出神经元数 s 分别由输入矩阵 P 和目标矢量 T 唯一确定。网络的权矩阵为 $W_{s \times r}$，权值总数为 $s \times r$ 个；偏差矩阵为 $B_{s \times 1}$，偏差个数为 s 个。依据示例中的 P 和 T 可知，$r = 2$，$s = 1$。设置最大循环次数为 20。

在确定了网络结构并设置了最大循环次数和赋予权值初始值后，根据题意以及感知器的学习、训练过程，可方便地编写 MATLAB 程序。

```
net = newp([-1 1; -1 1],1);          % 创建神经元网络(感知器)对象：2个输入，1个输出
init(net);                            % 初始化神经元网络对象
w0 = net.iw{1,1}                      % 显示神经元网络初始化的 W
P = [-0.5 -0.5 0.3 0; -0.5 0.5 -0.5 1]; % 输入矩阵
T = [1 1 0 0];                        % 目标矢量
net.trainParam.epochs = 20;           % 最大循环次数
net = train(net,P,T);                 % 进行学习训练
w1 = net.iw{1,1}                      % 显示神经元网络训练后的 W
Y = sim(net,P)                        % 仿真计算
handle = plotpc(net.iw{1},net.b{1});  % 获取分类线指针
figure;
plotpv(P,Y);                          % 绘制
plotpc(net.iw{1,1},net.b{1},handle);
```

计算结果输出如下：

```
w0 =  0   0                % 神经元网络训练前的权值矩阵 W = [0  0]
w1 =  -2.1000  -0.5000     % 神经元网络训练后的权值矩阵 W = [-2.1  -0.5]

Y =  1  1  0  0            % 仿真计算结果
```

训练误差为零，满足要求，将矢量 P 分类如图 6-8 所示。

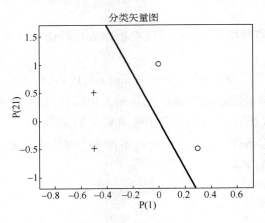

图 6-8   矢量 P 的分类

【例 6-3】   设计一个感知器，将二维的十组输入矢量分成四类。

输入矩阵为：$P = [\ 0.1 \quad 0.7 \quad 0.8 \quad 0.8 \quad 1.0 \quad 0.3 \quad 0.0 \quad -0.3 \quad -1.5 \quad -1.5;$

$1.2 \quad 1.8 \quad 1.6 \quad 0.6 \quad 0.8 \quad 0.5 \quad 0.2 \quad 0.8 \quad -1.5 \quad -1.3\ ];$

目标矢量为：$T = [\ 1\ 1\ 1\ 0\ 0\ 1\ 1\ 1\ 0\ 0;\ 0\ 0\ 0\ 0\ 0\ 1\ 1\ 1\ 1\ 1\ ]。$

与上述类似的程序如下。

```
P =[0.1 0.7 0.8 0.8 1.0 0.3 0.0  -0.3 -1.5 -1.5;
    1.2 1.8 1.6 0.6 0.8 0.5 0.2   0.8 -1.5 -1.3];   % 输入矩阵
T =[1 1 1 0 0 1 1 1 0 0;
    0 0 0 0 0 1 1 1 1 1];            % 目标矢量
net = newp(P,T);                    % 根据输入输出样本,创建神经元网络(感知器)对象
net.trainParam.epochs = 20;         % 最大循环次数
net = train(net,P,T);               % 进行学习训练
w1 = net.iw{1,1}                     % 显示神经元网络训练后的 W
Y = sim(net,P)                       % 仿真计算
handle = plotpc(net.iw{1},net.b{1}); % 获取分类线指针
figure;
plotpv(P,Y);                         % 绘制
plotpc(net.iw{1,1},net.b{1},handle);
```

计算结果输出如下：

```
w0 =     0     0          % 神经元网络训练前的权值矩阵 W = [0  0]
w1 =  -3.5000    4.1000   % 神经元网络训练后的权值矩阵 W = [-3.5 4.1; -0.9 -2.4]
      -0.9000   -2.4000

Y =  1  1  1  0  0  1  1  1  0  0   % 仿真计算结果
     0  0  0  0  0  1  1  1  1  1
```

训练迭代计算了 16 次，误差为零，满足要求，见图 6-9。将矢量 P 分类如图 6-10 所示。

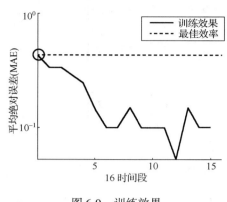

图 6-9　训练效果

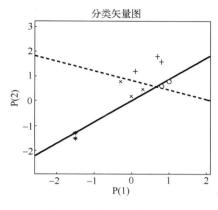

图 6-10　矢量 P 的分类

8. 感知器的局限性

由于感知器的传递函数采用的是阈值函数，输出矢量只能取 0 或 1，所以只能用它来解决简单的分类问题，感知器仅能够线性地将输入矢量进行分类，当输入矢量中有一个数比其他数都大或小得很多时，可能导致较慢的收敛速度。

6.3　自适应线性元件

1. Adline 简介

自适应线性元件也称自适应线性网络，其用途是线性逼近一个函数而进行模式联想，常用于信息处理或预测中的自适应滤波。自适应线性元件与感知器的主要不同在于其神经元有一个线性传递函数，输出可以是任意值，而不是像感知器那样只能输出 0 或 1。它采用最小均方差(LMS)学习规则进行训练，确定网络权值。

2. 网络结构

自适应线性元件的网络结构如图 6-11 所示，自适应线性元件由 s 个神经元组成，有 s 个输出，有 r 个输入。自适应线性元件与感知器的区别就是传递函数不同。

3. 网络学习

自适应线性网络学习规则是由威德罗(Widrow)和霍夫(Hoff)首先提出的用来训练网络的权值和偏差，使之线性地逼近一个函数而进行模式联想(Pattern Association)。所以该修正权值矩阵的学习规则也称 W-H 学习规则。

设输入矢量为 $P = (p_1, p_2, \cdots, p_r)^{\mathrm{T}}$，输出矢量为 $A = (W * P + B) = (a_1, a_2, \cdots, a_s)^{\mathrm{T}}$，目标矢量为 $T = (t_1, t_2, \cdots, t_s)^{\mathrm{T}}$，则定义线性网络的输出误差函数：

$$E(W, B) = \frac{1}{2}(T - A)^2 = \frac{1}{2}(T - WP - B)^2$$

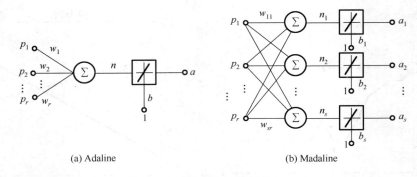

(a) Adaline   (b) Madaline

图 6-11   神经元(a)与网络(b)

网络学习的目的就是通过调节权值矩阵,使 $E(W,B)$ 达到最小值。给定 $E(W,B)$ 后,根据梯度下降法,权值矩阵的修正值正比于当前位置上 $E(W,B)$ 的梯度,对于第 i 个输出节点有:

$$\Delta w_{ij} = - \eta \frac{\partial E}{\partial w_{ij}} = \eta (t_i - a_i) p_j = \eta \delta_i p_j$$

$$\Delta b_i = - \eta \frac{\partial E}{\partial b_i} = \eta (t_i - a_i) = \eta \delta_i$$

η 为学习速率。在实际运用中,η 通常取接近 1 的数,或按下式取值:

$$\eta = 0.99 \frac{1}{\max[\det(P * P^{\mathrm{T}})]}$$

自适应线性网络的一个潜在问题是当学习速率较大时,可能导致训练过程不稳定。采用 W – H 规则训练自适应线性元件使其能够得以收敛的必要条件是被训练的输入矢量必须是线性独立的,且应适当地选择学习速率以防止产生振荡现象。

4. 网络训练

自适应线性元件的网络训练过程可归纳为以下四个步骤:

步骤 1,初始化权值 W 和 B;

步骤 2,计算输出矢量 A = W * P + B,以及与期望输出之间的误差 E = T – A;

步骤 3,检查误差。将网络输出误差的平方和与期望误差相比较,如果其值小于期望误差,或训练已达到事先设定的最大训练次数,则停止训练;否则继续。

步骤 4,学习改进。采用 W – H 学习规则计算新的权值和偏差,并返回到步骤 2。

5. 线性神经网络函数

自适应线性元件网络常用于信号处理和预测。

①创建:net = newlin(Pr, s, ID, lr)   或   net = newlin(Pr, s, 0, P)

net = newlin(Pr, s, ID, lr) 创建 r 个输入、s 个神经元的自适应线性元件网络对象,Pr 为 r 个输入元素上下界的 $r \times 2$ 矩阵,s 为线性神经元个数,ID 为输入延迟向量(默认值为 [0]),lr 为学习速率(默认值为 0.01)。net = newlin(Pr, s, 0, P) 中的变量 P 为输入向量矩阵。

【例6-4】　net = newlin([−1　1],1,[0　1],0.01)，生成 1 个输入、1 个神经元的自适应线性元件网络对象，输入延迟向量为 [0　1]，学习率为 0.01。

　　②训练神经网络对象函数：train

　　训练神经网络对象除了最常用的 train 函数，还可以使用 adapt 函数。

$$[net, TR, Y, E] = train(net, P, T)$$

$$[net, Y, E, Pf, Af, TR] = adapt(net, P, T, Pi, Ai)$$

其中输入参数是：人工神经网络对象 net、网络输入矩阵 P、期望输出响应矩阵 T（默认值为 0）、初始输入延迟条件 Pi（默认值为 0）、初始层延迟条件 Ai（默认值为 0）。输出结果有：训练后的神经网络对象 net、网络输出 Y、网络误差 E、最终输入延迟条件 Pf、最后层延迟条件 Af、训练记录 TR（包括训练次数 epoch 和网络性能 perf）。

　　函数 train 与 adapt 的区别是：train 函数是批处理样本，根据整体误差性能函数迭代修正权值；adapt 函数则是串行处理样本的每组数据，根据每个样本数，调整权值。所以，train 函数只能是离线处理，并且有性能标准评价权值效果；而 adapt 函数则是以串行在线处理方式进行权值的自适应调整，也可以是以离线处理方式进行权值的自适应调整。

6. 应用举例

【例6-5】　设计自适应线性网络实现从输入矢量到输出矢量的变换关系。其输入矢量和输出矢量分别为：P = [1.0　−1.2]，T = [0.5　1.0]。处理程序如下。

```
% (1)
P = [1  −1.2];
T = [0.5  1];
lr = 0.4 * maxlinlr(P);                  % 最佳学习速率
% 创建一个输入、一个神经元、输入延时为 0、学习速率为 0.01 的线性神经网络
net = newlin(minmax(P),1,0,0.01);
net = init(net);                         % 初始化神经网络
net.trainParam.epochs = 20;              % 设置最大循环次数
net.trainParam.goal = 0.0001;            % 设置网络训练的目标误差
net = train(net,P,T);                    % 训练
Wb = [net.IW net.b];                     % 权值与偏差
A = sim(net,P);                          % 仿真
E = mse(A − T);                          % 网络均方误差
fprintf('W = % g,  b = % g,  E = % g,  A = [% g, % g]\n',Wb{1},Wb{2},E,A);
```

经过 11 次迭代训练后，网络训练及仿真结果如下。

```
W = −0.229345,  b = 0.718137,  E = 8.49125e−05,  A = [0.488792, 0.993351]
```

对于这个简单的例题，它实际上存在一个精确解。可以用解二元一次方程组的方式，将 P 和 T 值分别对应地代入方程 T = W * P + B 得到：

$$\begin{cases} W + B = 0.5 \\ -1.2W + B = 1.0 \end{cases}$$

解方程组可解出 E = T − A = 0 的解为：W = −0.2273；B = 0.7273。

由此看出，对于特别简单的问题，采用自适应线性网络的训练不一定能够得到足够精确的解。因为当训练误差达到期望误差值后，训练即被终止。

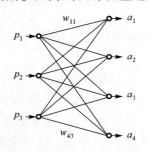

图 6-12　线性多神经元网络结构图

【例 6-6】　考虑一个较大的多神经元网络的模式设计问题，输入矢量 $P = [1\ \ 1.5\ \ 1.2\ \ -0.3;\ \ -1\ \ 2\ \ 3\ \ -0.5;\ \ 2\ \ 1\ \ -1.6\ \ 0.9]$ 和目标矢量 $T = [0.5\ \ 3\ \ -2.2\ \ 1.4;\ \ 1.1\ \ -1.2\ \ 1.7\ \ -0.4;\ \ 3\ \ 0.2\ \ -1.8\ \ -0.4;\ \ -1\ \ 0.1\ \ -1.0\ \ 0.6]$，求解神经网络。

由输入矢量和目标输出矢量可得：$r = 3$，$s = 4$，$q = 4$。网络的结构如图 6-12 所示。

例 6-6 的处理程序如下。

```
%(2)
P = [1  1.5  1.2  -0.3; -1  2  3  -0.5; 2  1  -1.6  0.9];
                              %3*4 输入矩阵
T = [0.5  3  -2.2  1.4; 1.1  -1.2  1.7  -0.4; 3  0.2  -1.8  -0.4; -1  0.
1  -1.0  0.6];                %4*4 输出目标矩阵
lr = 0.9*maxlinlr(P);
W = [ 1.9978  -0.5959  -0.3517; 1.5543 0.05331  1.3660;  % 初始权值
    1.0672  0.3645  -0.9227; -0.7747 1.3839  -0.3384];
B = [0.0746; -0.0642; -0.4256; -0.6433];                % 初始偏差值
net = newlin(minmax(P),4,0,lr);      % 创建 3 个输入、4 个神经元的线性神经网络
net = init(net);                     % 初始化神经网络
net.trainParam.epochs = 400;         % 设置最大循环次数
net.trainParam.goal = 0.0001;        % 设置网络训练的目标误差
net = train(net,P,T);                % 训练
W = cell2mat(net.IW)
b = cell2mat(net.b)'
A = sim(net,P)                       % 仿真
E = mse(A - T)                       % 网络均方误差
```

求解神经网络，得训练后权值、差值、仿真结果及均方差如下。

```
W =
  -2.4593    2.2828    3.1516
   2.1795   -1.8057   -2.0533
   2.0800   -1.2588    0.0495
  -1.6810    0.9701    0.9853

b =  -1.0436    1.2075   -0.4453   -0.3112

A =
   0.5174    2.9848   -2.1887    1.3892
   1.0862   -1.1879    1.6910   -0.3915
   2.9925    0.2066   -1.8049   -0.3953
  -0.9917    0.0927   -0.9946    0.5948

E =  9.9667e-05
```

这个问题的求解同样可以采用线性方程组求出精确解，即对每一个输出节点写出输入和输出之间的关系等式

$$W_{s \times r} * P_{r \times q} + B_{s \times q} = T_{s \times q}$$

对于存在零误差的精确权值网络，可采用函数 newlind 来求解如下。

```
%(3)
P =[1  1.5  1.2  -0.3; -1  2  3  -0.5; 2  1  -1.6  0.9];
T =[0.5  3  -2.2  1.4; 1.1  -1.2  1.7  -0.4; 3  0.2  -1.8  -0.4;
    -1  0.1  -1.0  0.6];
net =newlind(P,T);              % 创建 3 个输入、4 个神经元的线性神经网络
W =cell2mat(net.IW)             % 权重矩阵
b =cell2mat(net.b)'             % 偏差向量
A =sim(net,P)                   % 仿真
E =mse(A−T)                     % 网络均方误差
```

零误差的精确权值网络，得设计的权值、差值、仿真结果及均方差如下。

```
  W =
    −2.4914    2.3068    3.1747
     2.2049   −1.8247   −2.0716
     2.0938   −1.2691    0.0395
    −1.6963    0.9815    0.9963

  b =
    −1.0512    1.2136   −0.4420   −0.3148

  A =
     0.5000    3.0000   −2.2000    1.4000
     1.1000   −1.2000    1.7000   −0.4000
     3.0000    0.2000   −1.8000   −0.4000
    −1.0000    0.1000   −1.0000    0.6000

  E =   2.3501e−31
```

7. Adline 与感知器的比较

在网络模型结构上，感知器和自适应线性元件的主要区别是传递函数，分别为二值型和线性。在学习算法上，感知器的算法是最早提出的收敛算法，它的自适应思想被发展成使其误差平方和最小的梯度下降法，并在 BP 算法中得到进一步的推广，它们属于同一类算法。

在适用性与局限性方面，感知器仅能对线性可分的输入进行简单离散的分类。自适应线性元件除了可以进行线性分类外，还能进行线性逼近。

8. 小结

①自适应线性网络仅可以学习输入输出矢量之间的线性关系，可用于模式联想及函数的线性逼近。网络结构的设计是由所要解决的问题所限制；

②多层线性网络不产生更强大的功能，从这个观点上看，单层线性网络的局限性并不比多层线性网络多；

③输入和输出之间的非线性关系不能用一个线性网络精确地设计出，但线性网络可以产生一个具有误差平方和最小的线性逼近。

6.4 BP 网络

1. BP 网络简介

反向传播网络（Back – Propagation Network，简称 BP 网络）是一种多层前向反馈神经网络，其神经元的变换函数是 S 型函数，输出量为 0 到 1 之间的连续量，它可以实现从输入到输出的任意的非线性映射。它是将 W – H 学习规则一般化，对由非线性可微分传递函数构成的多层网络进行权值训练，采用反向传播（Back – Propagation）的学习算法调整权值。

BP 网络主要用于下述几个方面：①函数逼近：用输入矢量和相应的输出矢量训练网络逼近一个函数；②模式识别和分类：用特定的输出矢量将它与输入矢量联系起来，把输入矢量以所定义的合适方式进行分类；③数据压缩：减少输出矢量维数以便于传输或存储。

BP 网络具有强泛化性能：使网络平滑地学习，使网络合理地响应被训练以外的输入。泛化性能只对被训练的输入/输出对最大范围内的数值有效，即网络具有内插值特性，不具有外插值性。超出训练范围值的输入必将产生大的输出误差。

2. 网络模型结构

BP 网络是由一个输入层、一个输出层和隐含层为模型结构组成的神经网络。一个具有 r 个输入、隐含层有 s_1 个神经元、输出层具有 s_2 个神经元所组成的神经网络模型结构如图 6-13 所示。W_1 为输入层到隐含层的权值矩阵，B_1 为隐含层神经元的偏差值向量；W_2 为隐含层到输出层的权值矩阵，B_2 为输出层神经元的偏差值向量。

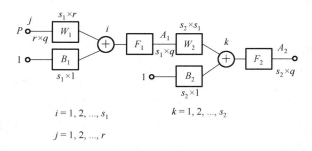

$$i = 1, 2, ..., s_1$$
$$j = 1, 2, ..., r$$
$$k = 1, 2, ..., s_2$$

图 6-13　BP 网络结构

BP 网络具有一层或多层隐含层，除了与前面介绍过的模型在多层网络上有不同外，其主要差别表现在传递函数上。BP 网络的传递函数必须是处处可导的，因此不能采用二值型的阈值函数$\{0, 1\}$或符号函数$\{-1, 1\}$，而常用 S 型的对数或正切传递函数和线性函数。

BP 网络具有以下特点：输入和输出是并行的模拟量；网络的输入输出关系是由各层连

接的权值决定；权值通过学习信号进行调节。学习越多，网络越聪明；隐含层越多，网络输出精度越高，且个别权值的损坏不会产生大的网络输出误差；当希望网络的输出限制在 0 和 1 之间，那么在输出层应包含 S 型传递函数；一般在隐含层采用 S 型传递函数，而输出层采用线性传递函数。

S 型函数具有非线性缩放功能，可以把输入从负无穷大到正无穷大的信号，变换成 -1 到 1 之间的输出。对较大的输入信号，放大系数较小；而对较小的输入信号，放大系数则较大。采用 S 型传递函数可以处理和逼近非线性输入/输出关系。

3. 学习规则

BP 算法是一种有监督式的学习算法。主要思想为，对于 q 个输入学习样本 $P_1, P_2, \cdots,$ P_q 和对应的输出样本 $T_1, T_2, \cdots, T_q$，使网络输出层的误差平方和达到最小；用网络的实际输出 $A_1, A_2, \cdots, A_q$，与目标矢量 $T_1, T_2, \cdots, T_q$ 之间的误差修改网络权值，使 A_m 与期望的 T_m $(m = l, \cdots, q)$ 尽可能接近。

BP 算法由两部分组成：信息的正向传递与误差的反向传播。正向传递是输入信息从输入层经隐含层逐层计算传向输出层，每一层神经元的状态只影响下一层神经元的状态；如果在输出层未得到期望的输出，则计算输出层的误差值，然后反向传播，通过网络将误差信号沿原来的连接通路反传回来修改各层神经元的权值，直至达到期望目标。

设输入为 $P = (P_1, P_2, \cdots, P_q)$，输入神经元有 r 个，隐含层内有 s_1 个神经元，传递函数为 F_1，输出层内有 s_2 个神经元，对应的传递函数为 F_2，输出为 $A = (A_1, A_2, \cdots, A_q)$，目标矢量为 $T = (T_1, T_2, \cdots, T_q)$。$W1$ 为输入层到隐含层的权值矩阵，$B1$ 为隐含层神经元的偏差值向量；$W2$ 为隐含层到输出层的权值矩阵，$B2$ 为输出层神经元的偏差值向量。信息的正向传递与误差的反向传播调整权值的机理如下。

① 信息的正向传递

隐含层神经元的输入 $I1$：

$$I1 = W1 \cdot P = (W1_i P_m) = \left(\sum_{j=1}^{r} w1_{ij} p_{jm} \right)_{s_1 q} \tag{6-1}$$

隐含层神经元的输出 $A1$：

$$A1 = F1(I1 + B1) = \left(f1 \left(\sum_{j=1}^{r} w1_{ij} p_{jm} + b1_i \right) \right)_{s_1 q} \tag{6-2}$$

隐含层中第 i 个神经元的第 m 个输出 $a1_{im}$：

$$a1_{im} = f_1 \left(\sum_{j=1}^{r} w1_{ij} p_{jm} + b1_i \right), i = 1, 2, \cdots s_1, m = 1, 2, \cdots q$$

输出层神经元的输入 $I2$：

$$I2 = W2 \cdot A1 = (W2_k A1_m) = \left(\sum_{i=1}^{s_1} w2_{ki} a1_{im} \right)_{s_2 q} \tag{6-3}$$

输出层神经元的输出 $A2$：

$$A2 = F2(I2 + B2) = \left(f2 \left(\sum_{i=1}^{s_1} w2_{ki} a1_{im} + b2_k \right) \right)_{s_2 q} \tag{6-4}$$

输出层第 k 个神经元的第 m 个输出 $a2_{km}$：

$$a2_{km} = f_2 \left(\sum_{i=1}^{s_1} w2_{ki} a1_{im} + b2_k \right), k = 1, 2, \cdots s_2, m = 1, 2, \cdots q$$

定义误差函数：

$$E(W, B) = \frac{1}{2} \sum_{m=1}^{q} \sum_{k=1}^{s_2} (t_{km} - a2_{km})^2 \tag{6-5}$$

②权值的反向调整

利用梯度下降法求权值变化及误差的反向传播。隐含层到输出层的权值变化如下：

$$\Delta w2_{ki} = -\eta \frac{\partial E}{\partial w2_{ki}} = -\eta \frac{\partial E}{\partial a2_{km}} \frac{\partial a2_{km}}{\partial w2_{ki}} = \eta (t_{km} - a2_{km}) f_2' \cdot a1_{im} = \eta \cdot \delta_{km} \cdot a1_{im} \tag{6-6}$$

其中

$$\delta_{km} = e_{km} f_2', \qquad e_{km} = (t_{km} - a2_{km})$$

同理可得输出层的偏差变化：

$$\Delta b2_{ki} = -\eta \frac{\partial E}{\partial b2_k} = -\eta \frac{\partial E}{\partial a2_{km}} \frac{\partial a2_{km}}{\partial b2_k} = \eta (t_{km} - a2_{km}) f_2' = \eta \cdot \delta_{km} \tag{6-7}$$

隐含层的权值变化：

$$\Delta w1_{ij} = -\eta \frac{\partial E}{\partial w1_{ij}} = -\eta \sum_{k=1}^{s_2} \left(\frac{\partial E}{\partial a2_{km}} \frac{\partial a2_{km}}{\partial a1_{im}} \frac{\partial a1_{im}}{\partial w1_{ij}} \right)$$

$$= \eta \sum_{k=1}^{s_2} ((t_{km} - a2_{km}) f_2' w2_{ki} f_1' p_{jm}) = \eta \sum_{k=1}^{s_2} (\delta_{km} w2_{ki}) f_1' p_{jm} = \eta \cdot \delta_{ij} p_{jm} \tag{6-8}$$

其中

$$\delta_{ij} = e_i f_1', \qquad e_i = \sum_{k=1}^{s_2} \delta_{km} w2_{ki}$$

同理可得隐含层的偏差变化：

$$\Delta b1_i = \eta \cdot \delta_{ij} \tag{6-9}$$

对于 f_1 为指数 S 型传递函数

$$f_1(n) = \frac{1}{1 + e^{-n}}$$

$$f_1'(n) = \frac{e^{-n}}{(1 + e^{-n})^2} = \frac{1 + e^{-n} - 1}{(1 + e^{-n})(1 + e^{-n})} = f_1(n) [1 - f_1(n)]$$

对于 f_2 为线性传递函数

$$f_2'(n) = n' = 1$$

4. BP 网络训练的改进

为了加快训练速度和避免陷入局部极小值，可以采用附加动量法得到改善。

①附加动量法

利用附加动量的作用有可能滑过局部极小值。修正网络权值时，不仅考虑误差在梯度上的作用，而且考虑在误差曲面上变化趋势的影响，其作用如同一个低通滤波器，它允许网络忽略网络上微小变化特性。该方法是在反向传播法的基础上在每一个权值的变化上加上一项正比于前次权值变化量的值，并根据反向传播法来产生新的权值变化。

带有附加动量因子的权值调节公式如下：

$$\Delta w_{ij}(k+1) = (1-mc)\eta \cdot \delta_i p_j + mc\Delta w_{ij}(k)$$
$$\Delta b_i(k+1) = (1-mc)\eta \cdot \delta_i + mc\Delta b_i(k)$$

其中 k 为训练次数，mc 为动量因子，一般取 0.95 左右。

附加动量法的实质是将最后一次权值变化的影响，通过一个动量因子来传递。当动量因子取值为零时，权值变化仅根据梯度下降法产生；当动量因子取值为 1 时，新的权值变化则是设置为最后一次权值的变化，而依梯度法产生的变化部分则被忽略掉；促使权值的调节向着误差曲面底部的平均方向变化，当网络权值进入误差曲面底部的平坦区时，δ_i 将变得很小，于是，$\Delta w_{ij}(k+1) \approx \Delta w_{ij}(k)$，从而防止了 $\Delta w_{ij} = 0$ 的出现，有助于使网络从误差曲面的局部极小值中跳出。

在 MATLAB 工具箱中，带有动量因子的权值修正法是用函数 learngdm 来实现的。

②自适应学习速率

通常调节学习速率的准则是，检查权值的修正值是否真正降低了误差函数，如果确实如此，则说明所选取的学习速率值小了，可以对其增加一个量；否则可认为产生过度调节，应该减小学习速率的值。

一种自适应学习速率的调整公式如下：

$$\eta(k+1) = \begin{cases} 1.05\eta(k) & SSE(k+1) < SSE(k) \\ 0.7\eta(k) & SSE(k+1) > 1.04 SSE(k) \\ \eta(k) & \text{其他} \end{cases}$$

MATLAB 工具箱中带有自适应学习速率进行反向传播训练的函数为 trainbpa。

5. BP 网络函数

①创建函数：net = newff(P,T,S) 或 net = newff(P,T,S,TF,BTF,BLF,PF,IPF,OPF,DDF)

net = newff(P,T,S) 创建多层前向 BP 神经网络对象 net，P 为 r 个输入元素、q 个输入样本的 r×q 矩阵，T 为 s 个输出元素、q 个输出样本的 s×q 矩阵。P 确定了网络输入元素的数目；T 确定了网络输出元素个数，即确定了输出层的神经元数目；S = [s₁ s₂ ... s_{n-1}] 确定了网络中间隐含层的个数及神经元数目，s_i 为第 i 层神经元个数。

net = newff(P,T,S,TF,BTF,BLF,PF,IPF,OPF,DDF) 增加了 TF、BTF、BLF、PF、IPF、OPF、DDF 等输入选项。TF = {TF₁ TF₂ ... TF_n} 表示 BP 网络的传递函数，TF_i 为第 i 层传递函数，隐含层的传递函数默认为 tansig，输出层的传递函数默认为 purelin；BTF 表示 BP 网络的训练函数，默认为 trainlm 函数；BLF 表示 BP 网络的权值/偏差学习函数，默认为带有动量因子的权值修正法的 learngdm 函数；PF 表示 BP 网络的性能函数，默认为 mse 函数；IPF 表示输入处理函数，默认为 {'fixunknowns','remconstantrows','mapminmax'}；OPF 表示输出处理函数，默认为 {'remconstantrows','mapminmax'}；DDF 表示数据划分函数，默认为 dividerand 函数。

②初始化 init(net)、仿真 sim 等函数在前面已介绍，不再赘述。

③传递函数：若采用对数 S 型传递函数，则用函数 logsig. m；若采用双曲正切 S 型传递函数，则用函数 tansig. m；若采用线性传递函数，则有 purelin. m 与之对应。

④训练函数：[net,TR] = trainlm(net,TR,trainV,valV,testV) 或 info = trainlm('info')

trainlm 是 Levenberg – Marquardt 的 BP 训练函数。trainlm 训练函数的输入参数有：人工神经网络对象 net，训练记录 TR，训练数据 trainV，有效数据 valV 及实验数据 testV。trainlm 训练函数的输出结果有：受过训练的人工神经网络对象 net，以及训练过程的记录 TR。

6. 网络设计

①网络的层数

理论上已经证明，具有偏差和至少一个 S 型隐含层加上一个线性输出层的网络，能够逼近任何有理函数。增加层数主要可以进一步降低误差，提高精度，但同时也使网络复杂化，从而增加了网络权值的训练时间。

一般情况下应优先考虑增加隐含层中的神经元个数，其次才考虑增加层数来提高精度。仅仅使用具有非线性传递函数的单层网络来解决问题，既没有必要，效果也不好。

②隐含层神经元个数

神经网络的输入和输出节点数目是由问题内在的关系确定，而隐含层神经元个数则是确定神经网络性能的关键。网络训练精度的提高，可以通过在隐含层中增加其神经元个数的方法来获得。这在结构实现上，要比增加更多的隐含层简单得多。

隐含层神经元个数可依据以下两个经验公式计算，再根据自己的经验或实验对比确定。

$$N_{nn} = \sqrt{m + n} + a$$
$$N_{nn} = \sqrt{m \cdot n} + a$$

式中，N_{nn} 是隐含层神经元个数，r 是输入的因素个数，n 是输出层神经元个数，a 是 1～9 的经验调整数。目前，还没有明确的方法来确定隐含层神经元个数。在具体设计时，是通过对不同神经元个数进行训练对比，然后适当地加上一点余量后确定隐含层神经元个数。

③初始权值的选取

一般取初始权值在(–1,1) 之间的随机数。威得罗等人在分析了两层网络是如何对一个函数进行训练后，提出一种选定初始权值的策略：选择权值的量级为 $\sqrt[r]{s_1}$，其中 s_1 为隐含层神经元个数，r 为输入的元素个数。

在 MATLAB 工具箱中可采用函数 initnw(net,i) 来初始化 i 层权值 Wi 和 Bi。

④学习速率

学习速率决定每一次循环训练中所产生的权值变化量，大的学习速率可能导致系统的不稳定，小的学习速率导致较长的训练时间，可能收敛很慢，不过能保证网络的误差值不跳出误差表面的低谷而最终趋于最小误差值。

所以在一般情况下，倾向于选取较小的学习速率，以保证系统的稳定性。学习速率的选取范围在 0.01～0.8 之间。

⑤期望误差的选取

在设计网络的训练过程中,期望误差值也应当通过对比训练后确定一个合适的值。这个所谓的"合适",是相对于所需要的隐含层的节点数来确定,因为较小的期望误差值是要靠增加隐含层的节点,以及训练时间来获得。

一般情况下,作为对比,可以同时对两个不同期望误差值的网络进行训练,最后通过综合因素的考虑来确定采用其中哪一个网络设计方案。

⑥应用举例

【例 6-7】 求解函数逼近问题:有 21 组单输入矢量和相对应的目标矢量,试设计神经网络来实现这对数组的函数关系。

P = −1 :0.1:1

T = [−0.96 0.577 −0.0729 0.377 0.641 0.66 0.461 0.1336 −0.201 −0.434 …

−0.5 −0.393 −0.1647 0.0988 0.3072 0.396 0.3449 0.1816 −0.0312 −0.2183

−0.3201]

测试集:P2 = −1:0.025:1。

求解此问题的神经网络模型函数逼近的 MATLAB 程序如下。

```
% 求解函数逼近问题
P = -1:0.1:1;
T = [ -0.96 -0.577 -0.0729 0.377 0.641 0.66 0.461 0.1336 -0.201 -0.434
     0.0988 0.3072 0.396 0.3449 0.1816 -0.0312 -0.2183 -0.3201];
P2 = -1:0.025:1;               % 测试数据
net = newff(P,T,5);            % 生成含有 5 个神经元隐含层的神经网络对象
figure(10);
plot(P,T,'*');
hold on
Y = sim(net,P2);
plot(P2,Y);                    % 绘制初始网络(P2,Y)关系曲线
net.trainParam.epochs = 2;
for i = 1:10
    net = train(net,P,T);      % 训练网络
    Y = sim(net,P2);           % 仿真计算
    figure(i);
    plot(P,T,'*');
    hold on
    plot(P2,Y,'r')             % 绘制训练后的网络(P2,Y)关系曲线
end
```

初始网络和最终网络的输出曲线见图 6-14,训练过程的中间状态网络曲线见图 6-15。

例 6-8 依据历史数据进行预测问题:影响棉铃虫发生程度的因素是由麦田 1 代幼虫量、6 月降水天数、5 月积温、6 月积温、5 月相对湿度、5 月降水天数和 6 月相对湿度等 7 个生态和生物因子构成,2 代发生程度按照全国植保站颁发的标准分级,并规定发生程度重、偏重、中、偏轻和轻分别赋值为 0.9、0.7、0.5、0.3 和 0.1。1982—1993 年的实际情况如

表6-2所示。试建立BP神经网络模型，取1982—1991年的数据作为学习、训练样本，1992和1993年为试报样本。

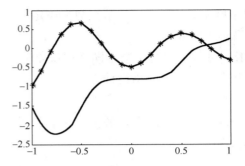

图6-14　初始网络和最终网络的输出曲线

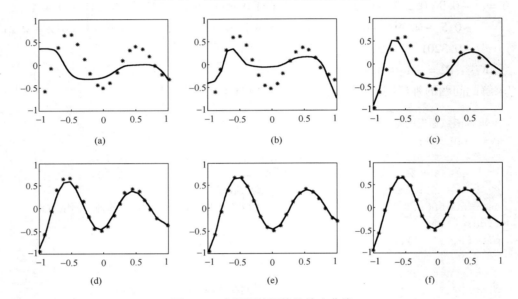

图6-15　中间训练网络的输出曲线

表6-2　影响棉铃虫发生程度的因素

年份	麦田1代幼虫量	6月降水天数	5月积温	6月积温	5月相对湿度	5月降水天数	6月相对湿度	棉铃虫发生程度
1982	71.3	6	650	737	48	3	59	0.7
1983	79.4	7	648	784	68	7	52	0.9
1984	58	6	619	760	63	4	63	0.5
1985	43.3	10	604	746	67	12	63	0.3
1986	36.7	7	649	777	56	4	57	0.9
1987	18.9	9	631	739	59	9	63	0.1
1988	111	6	596	765	67	6	62	0.9
1989	90	9	643	753	54	6	57	0.5
1990	105	8	607	743	62	8	64	0.7
1991	92.3	10	610	738	58	9	63	0.9
1992	2608	8	615	770	63	9	62	0.9
1993	1356	7	625	779	65	8	57	0.9

求解此问题的神经网络模型的 MATLAB 程序如下。

```
P =[71.3    6   650   737   48    3    59
    79.4    7   648   784   68    7    52
    58      6   619   760   63    4    63
    43.3   10   604   746   67   12    63
    36.7    7   649   777   56    4    57
    18.9    9   631   739   59    9    63
    111     6   596   765   67    6    62
    90      9   643   753   54    6    57
    105     8   607   743   62    8    64
    92.3   10   610   738   58    9    63]';
P1 =[ 2608    8   615   770   63    9    62
    1356    7   625   779   65    8    57]';
T =[0.7  0.9  0.5  0.3  0.9  0.1   0.9   0.5   0.7   0.9];   % 训练数据
T1 =[ 0.9  0.9];                          % 测试数据
net = newff(P,T,5);                       % 生成含有 5 个神经元隐含层的神经网络对象
net.trainParam.mu = 0.0000001;            % 精度
net = train(net,P,T);                     % 训练网络
Y = sim(net,P);                           % 仿真计算
Y1 = sim(net,P1);                         % 仿真计算
[Y  Y1]
```

上述程序的输出结果如下。

```
Y =[ -0.1616     0.0599   -0.3015   0.3403
     -0.3523    -0.2721    0.6469   0.1947
      0.6826     0.3507
Y1 =[ 0.9997     0.9997]
```

⑦限制与不足

BP 网络的训练需要较长时间；完全不能训练时，选取较小的初始权值，采用较小的学习速率，但同时又增加了训练时间；BP 网络的训练容易落到局部极小值；BP 算法可以使网络权值收敛到一个解，但它并不能保证所求为误差超平面的全局最小解，很可能是一个局部极小解。

7. 内容小结

反向传播法可以用来训练具有可微传递函数的多层前向网络，以进行函数逼近、模式分类等工作。反向传播网络的结构不完全受所要解决的问题所限制。

网络的输入神经元数目及输出层神经元的数目是由问题的要求所决定，输入和输出层之间的隐含层数以及每层的神经元数是由设计者来决定的。已经证明，两层 S 型线性网络，如果 S 型层有足够的神经元，则能够训练出任意输入和输出之间的有理函数关系。

反向传播法沿着误差表面的梯度下降，使网络误差最小，网络有可能陷入局部极小值。附加动量法使反向传播减少了网络在误差表面陷入低谷的可能性，并有助于减少训练时间。

太大的学习速率导致学习的不稳定，太小的速率值又会导致极长的训练时间。自适应学习速率通过在保证稳定训练的前提下，达到了合理的高速率，可以减少训练时间。

80%～90%的实际应用都是采用反向传播网络的。改进技术可以用来使反向传播法更加容易实现并需要更少的训练时间。

6.5 反馈网络

反馈人工神经元网络表现出非线性动力学系统的特性，主要特性有两点：第一个特点是反馈网络系统有若干个稳定状态。当网络从某一个初始状态开始运动，网络系统总可以收敛到某一个稳定的平衡状态；第二个特点是系统稳定的平衡状态可以通过设计网络的权值而被存储到网络中。将反馈网络稳定的平衡状态作为一种记忆，则网络从一初始状态向稳定状态的变化过程就是一种寻找记忆的过程。网络具有的稳定平衡点是实现联想记忆的基础。

1. 反馈网络简介

反馈网络（Recurrent Network），又称自联想记忆网络。反馈网络的目的是为了设计一个网络，储存一组平衡点，使得当给网络一组初始值时，网络通过自行运行而最终收敛到这个设计的平衡点上。反馈网络能表现出非线性动力学系统动态特性，网络系统具有若干个稳定状态。当网络从某一初始状态开始运动，网络系统总可以收敛到某一个稳定的平衡状态；系统稳定的平衡状态可以通过设计网络的权值而被存储到网络中，见图6-16。

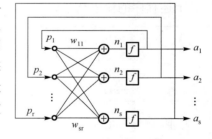

图6-16　反馈网络结构图

反馈网络分类：如果传递函数 $f(\cdot)$ 是一个二值型的硬函数，即 $a_i = \mathrm{sgn}(n_i)$，$i=1,2,\cdots s$，则称此网络为离散型反馈网络；如果 $f(\cdot)$ 为一个连续单调上升的有界函数，这类网络被称为连续型反馈网络。

状态轨迹：设状态矢量 $N=[n_1,n_2,\cdots,n_s]^T$，网络的输出矢量为 $A=[a_1,a_2\cdots,a_s]^T$，在一个 r 维状态空间上，可以用一条轨迹来描述状态变化情况。从初始值 $N(t_0)$ 出发，$N(t_0+\Delta t)\to N(t_0+2\Delta t)\to\cdots\to N(t_0+m\Delta t)$，这些在空间上的点组成的确定轨迹，是演化过程中所有可能状态的集合，称这个状态空间为相空间。

2. 网络稳定性

状态轨迹有离散与连续轨迹两种，见图6-17。

由于反馈的存在，网络的状态变化过程呈现出一个非线性动力系统，可用非线性差分

（微分）方程来描述。对于不同的连接权值 w_{ij} 和输入 $P_j(i, j$ $=1, 2, \cdots, r)$，反馈网络可能出现不同性质的状态轨迹类型：渐进稳定类型，其轨迹为逐渐趋向某个稳定点；极限环类型，其轨迹为逐渐趋向一个环形轨迹；混沌类型，其轨迹表现为混沌现象；轨迹发散类型，其轨迹为发散状态。

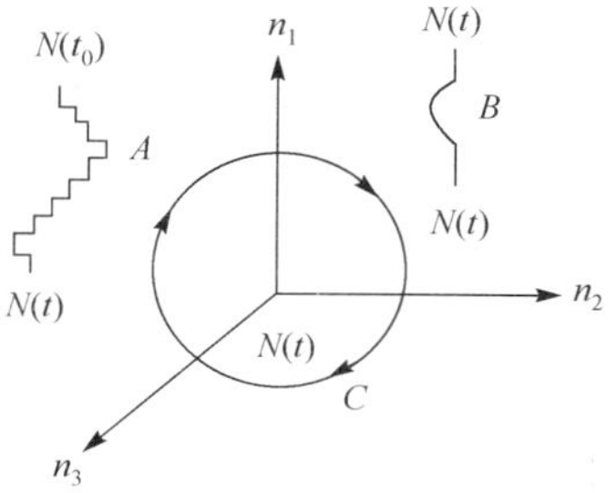

图 6-17　反馈网络状态轨迹示意图

①稳定轨迹

状态轨迹从系统在 t_0 时状态的初值 $N(t_0)$ 开始，经过一定的时间 $t(t>0)$ 后，到达 $N(t_0+t)$。如果 $N(t_0+t+\Delta t) = N(t_0+t)$，$\Delta t >0$，则状态 $N(t_0+t)$ 称为网络的稳定点，或平衡点。

反馈网络从任一初始态 $P(0)$ 开始运动，若存在某一有限时刻 t，从 t 以后的网络状态不再发生变化（$P(t+\Delta t) = P(t)$，$\Delta t >0$）则称网络是稳定的。处于稳定时的网络状态叫做稳定状态，又称为定吸引子。

稳定点分类——在一个反馈网络中，存在很多稳定点。在收敛域中，稳定点分渐近稳定点和不稳定平衡点。渐近稳定点 Ne：在稳定点 Ne 周围的 $N(\sigma)$ 区域内，从任一个初始状态 $N(t_0)$ 出发，当 $t\to\infty$ 时都收敛于 Ne，则称 Ne 为渐近稳定点。不稳定平衡点 Nen：在某些特定的轨迹演化过程中，网络能够到达稳定点 Nen，但对其他方向上任意小的区域 $N(\sigma)$，不管 $N(\sigma)$ 取多么小，其轨迹在时间 t 以后总是偏离 Nen。

期望解——网络的解：如果网络最后稳定到设计人员期望的稳定点，且该稳定点又是渐近稳定点，那么这个点称为网络的解；网络的伪稳定点：网络最终稳定到一个渐近稳定点上，但这个稳定点不是网络设计所要求的解。

②极限环状态轨迹

在某些参数的情况下，状态 $N(t)$ 的轨迹是一个圆，或一个环。状态 $N(t)$ 沿着环重复旋转，永不停止，此时的输出 $A(t)$ 也出现周期变化（即出现振荡）。如果状态 $N(t)$ 的轨迹在 r 种状态下循环变化，称其极限环为 r。对于离散反馈网络，轨迹变化可能在两种状态下来回跳动，其极限环为 2。

③混沌状态轨迹

如果状态 $N(t)$ 的轨迹在某个确定的范围内运动，但既不重复，又不能停下来；状态变化为无穷多个，而轨迹也不能发散到无穷远，这种现象称为混沌（chaos）。在混沌的情况下，系统输出变化为无穷多个，并且随时间推移不能趋向稳定，但又不发散。

④发散状态轨迹

状态 $N(t)$ 的轨迹随时间一直延伸到无穷远。此时状态发散，系统的输出也发散。

在人工神经网络中，由于输入、输出传递函数上一个有界函数，虽然状态 $N(t)$ 是发散的，但其输出 $A(t)$ 还是稳定的，而 $A(t)$ 的稳定反过来又限制了状态的发散。一般非线性人工神经网络中发散现象是不会发生的，除非神经元的输入输出传递函数是线性的。

3.网络工作方式

目前的反馈神经网络是利用稳定的特定轨迹来解决某些问题。如果视系统的稳定点为一个记忆，则从初始状态朝此稳定点移动的过程即为寻找该记忆的过程。状态的初始值可以认为是给定的有关该记忆的部分信息，状态 $N(t)$ 移动的过程，是从部分信息去寻找全部信息，这就是联想记忆的过程。将系统的稳定点考虑为一个能量函数的极小点。在状态空间中，从初始状态 $N(t_0)$ 经过时间 t 到达 $N^* = N(t_0 + t + 1) = N(t_0 + t)$，则 N^* 为稳定点，可以视为 N^* 把 $N(t_0)$ 吸引了过去，在 $N(t_0)$ 时能量比较大，而吸引到 N^* 时能量已为极小。

考虑具体应用，可以将能量的极小点作为一个优化目标函数的极小点，把状态变化的过程看成是优化某一个目标函数的过程。因此反馈网络的状态移动的过程实际上是一种计算联想记忆或优化的过程。它的解并不需要真的去计算，只需要形成一类反馈神经网络，适当地设计网络权值 w_{ij}，使其初始输入 $A(t_0)$ 向稳定吸引子状态移动就可以达到目的。

权值设计目标包括网络系统能够达到稳定收敛、设计网络的稳定点、设计吸引域。

4. Hopfield 人工神经元网络

Hopfield 人工神经元网络是一种单层对称全反馈网络，如图 6-16 所示。根据其传递函数的选取不同，可分为离散型的 Hopfield 网络（Discrete Hopfield Neural Network，简称 DHNN）和连续型的 Hopfield 网络（Continuous Hopfield Neural Network，简称 CHNN）。

DHNN 的传递函数为二值型的 δ 函数，其输入、输出为 $\{0,1\}$ 或 $\{-1,1\}$ 的反馈网络，主要用于联想记忆。CHNN 的传递函数的输入与输出之间的关系为连续可微的单调上升函数，如 S 型函数，主要用于优化计算。

DHNN 的输入输出方程为

$$n_j(t) = \sum_{i=1}^{r} w_{ij} a_j(t) + b_j, \quad j = 1,2\cdots,s$$

$$a_j(t+1) = \mathrm{sgn}(n_j(t)) = \begin{cases} 1 & n_j(t) \geq 0 \\ -1 & n_j(t) < 0 \end{cases}$$

DHNN 为对称网络，权矩阵中有 $w_{ij} = w_{ji}$。当 $w_{ii} = 0$ 时为无自反馈型网络，否则称为全自反馈型网络。

DHNN 网络结构可以用一个加权元向量图表示，见图 6-18。

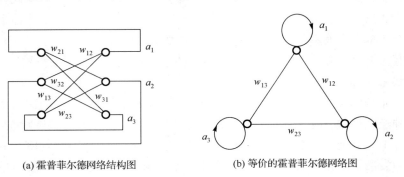

(a) 霍普菲尔德网络结构图　　　　　　(b) 等价的霍普菲尔德网络图

图 6-18　DHNN 网络结构

将霍普菲尔德网络推广到输入和输出都取连续数值的情形，网络的基本结构不变，状

态输出方程形式上也相同, 则网络的状态转移方程可写为

$$a_i = f(\sum_{j=1}^{r} w_{ij} \cdot p_j + b_i)$$

神经元的传递函数 f 为 S 型的函数(或线性饱和函数)

$$f_1 = \frac{1}{1 + e^{-\lambda(n_i + b_i)}}$$

$$f_2 = \tanh(\lambda(n_i + b_i))$$

神经元的传递函数 f 为 S 型的函数(或线性饱和函数), 见图 6-19。

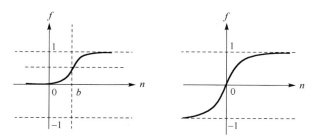

图 6-19　DHNN 网络的传递函数曲线

5. HNN 的稳定工作点

DHNN 是一个多输入、多输出、带阈值的二态非线性动力学系统, 在满足一定的参数条件下, 能量函数值在网络运行过程中将不断降低, 最后趋于稳定的平衡状态, 此时稳定的工作点为: $a_j(t+1) = a_j(t) = \text{sgn}(n_j(t)) = \text{sgn}(\sum_{i=1}^{r} w_{ij} a_j(t) + b_j)$。

定义能量函数为: $E = -\left(\frac{1}{2}\sum_{i=1}^{s}\sum_{\substack{j=1 \\ j \neq i}}^{s} w_{ij} a_i a_j + \sum_{i=1}^{s} b_i a_i\right)$, 则其变化量为

$$\Delta E = \sum_{i=1}^{s} \frac{\partial E}{\partial a_i} \Delta a_i = -\sum_{i=1}^{s} \Delta a_i \left(\sum_{\substack{j=1 \\ j \neq i}}^{s} w_{ji} a_j + b_i\right) \leqslant 0 \qquad (6\text{-}10)$$

可见, 能量函数总是随神经元状态的变化而下降的。网络能量极小状态即为网络的一个稳定状态。能量极小点的存在为信息分布式存储记忆和优化计算提供了基础。能量极小点的分布是由网络参数(连接权值和阈值)所决定的。

连续型 Hopfield 网络 CHNN 的动态方程可简化描述如下:

$$\begin{cases} C_i \dfrac{dn_i}{dt} = \sum_{i=1}^{s} w_{ji} a_j - \dfrac{n_i}{R_i} + I_i \\ a_i = g(n_i) \end{cases} \qquad (6\text{-}11)$$

其中, n_i, a_i 分别为第 i 神经元的输入和输出, $g(\cdot)$ 为具有连续且单调增性质的神经元激励函数, w_{ij} 为第 i 神经元到第 j 神经元的连接权, I_i 为施加在第 i 神经元的偏置, $C_i > 0$ 和 Q_i 为相应的电容和电阻, $1/R_i = 1/Q_i + \sum_{j=1}^{s} w_{ji}$。

定义能量函数

$$E = -\frac{1}{2}\sum_{i=1}^{s}\sum_{j=1}^{s}w_{ij}a_ia_j - \sum_{i=1}^{s}I_ia_i + \sum_{i=1}^{s}\int_0^{a_i}g^{-1}(a)\,da/R_i \tag{6-12}$$

则其变化量

$$\frac{dE}{dt} = \sum_{i=1}^{n}\frac{\partial E}{\partial a_i}\frac{da_i}{dt} \tag{6-13}$$

其中

$$\frac{\partial E}{\partial a_i} = -\frac{1}{2}\sum_{j=1}^{s}w_{ij}a_j - \frac{1}{2}\sum_{j=1}^{s}w_{ji}a_j + \frac{n_i}{R_i} - I_i$$

$$= -\frac{1}{2}\sum_{j=1}^{s}(w_{ij}-w_{ji})a_j - \left(\sum_{j=1}^{s}w_{ji}a_j - \frac{n_i}{R_i} + I_i\right)$$

$$= -\frac{1}{2}\sum_{j=1}^{s}(w_{ij}-w_{ji})a_j - C_i\frac{dn_i}{dt}$$

$$= -\sum_{j=1}^{s}(w_{ij}-w_{ji})a_j - C_ig^{-1'}(a_i)\frac{da_i}{dt}$$

于是，当 $w_{ij} = w_{ji}$ 时

$$\frac{dE}{dt} = -\sum_{i=1}^{n}C_ig^{-1'}(v_i)\left(\frac{dv_i}{dt}\right)^2 \leqslant 0 \tag{6-14}$$

且当 $\frac{da_i}{dt} = 0$ 时 $\frac{dE}{dt} = 0$。因此，随时间的增长，神经网络在状态空间中的轨迹总是向能量函数减小的方向变化，且网络的稳定点就是能量函数的极小点。

连续的 Hopfield 网络 CHNN 是在 DHNN 的基础上提出的，原理与 DHNN 相似，在信息处理的并行性、联想性、实时性、分布存储、协同性等方面，CHNN 比 DHNN 更接近生物神经网络。Hopfield 网络广泛用于联想记忆和优化计算问题。

6. DHNN 的联想记忆

联想记忆是 DHNN 的一个重要功能。DHNN 用于联想记忆有两个突出的特点，即记忆是分布式的，而联想是动态的。反馈网络实现联想记忆必须具备的两个基本条件：第一是网络能收敛到稳定的平衡状态，并以其作为样本的记忆信息；第二是具有回忆能力，能够从某一残缺的信息回忆起所属的完整的记忆信息。

联想记忆问题是已知 Hopfield 网络的稳定状态，并且通过学习和设计算法寻求合适的权值矩阵，将稳定状态存储到网络中。

①神经元状态更新方式

DHNN 神经元状态更新有三种方式：状态由 -1 变为 1；状态由 1 变为 -1；状态保持不变。

网络更新的顺序有串行异步方式和并行同步方式两种。串行异步方式是在任意时刻随机地或确定性地选择网络中的一个神经元进行状态更新，而其余神经元的状态保持不变；并行同步方式是在任意时刻，网络中部分神经元（比如同一层的神经元）的状态同时更新。如果任意时刻网络中全部神经元同时进行状态更新，那么称之为全并行同步方式。

异步状态更新的网络从某一初态开始需经过多次更新状态后才可以达到某种稳态。实现上容易，每个神经元有自己的状态更新时刻，不需要同步机制；异步状态更新更接近实际的生物神经系统的表现。

②网络学习

◎ **学习目的**

针对 q 个不同的输入样本组 $P_{r \times q} = [P_1, P_2, \cdots, P_q]$，通过学习方式调节计算有限的权值矩阵 W，目的是：以每一组输入样本 P_k，$k = 1,2,\cdots,q$ 作为系统的初始值，经过网络工作运行后，DHNN 系统能收敛到各输入样本矢量本身，使 DHNN 具有了联想记忆功能。

◎ **基于海布调节规则的学习**

海布法则是一种无指导的死记式学习算法，也称外积法，当神经元输入与输出节点的状态相同（即同时兴奋或抑制）时，从第 j 个到第 i 个神经元之间的连接强度则增强，否则减弱。

当 $k = 1$ 时，对于第 i 个神经元，由海布学习规则可得网络权值对输入矢量的学习关系

$$w_{ij} = \alpha \cdot p_i^{(1)} \cdot p_j^{(1)} \tag{6-15}$$

其中，$\alpha > 0$，$i = 1,2,\cdots,r$；$j = 1,2,\cdots,r$。在实际学习规则的运用中，一般取 $\alpha = 1$ 或 $1/r$。

当 $k = 2 \sim q$ 时，是在原有已设计出的权值的基础上，增加一个新量 $p_i^{(k)} \cdot p_j^{(k)}$，$k = 2 \cdots$，$q$。对网络所有输入样本记忆权值的设计公式为

$$w_{ij} = \alpha \sum_q p_i^{(k)} \cdot p_j^{(k)} \tag{6-16}$$

其中，$\alpha > 0$，$i = 1,2,\cdots,r$；$j = 1,2,\cdots,r$。在实际学习规则的运用中，一般取 $\alpha = 1$ 或 $1/r$。

向量形式表示

$$W = \alpha \sum_{k=1}^{q} \left[P^{(k)} (P^{(k)})^{\mathrm{T}} - I \right] \tag{6-17}$$

$\alpha = 1$ 时

$$W = \sum_{k=1}^{q} \left[P^{(k)} (P^{(k)})^{\mathrm{T}} - I \right] \tag{6-18}$$

简单验证，当 $q = 1$、$\alpha = 1$ 时，求出的权值 w_{ij} 是否能够保证 $a_i = p_i$？

$$w_{ij} = \alpha \cdot p_i^{(1)} \cdot p_j^{(1)}$$

对于第 i 个输出节点，有

$$a_i^{(1)} = \mathrm{sgn}\left(\sum_{j=1}^{r} w_{ij} p_j^{(1)} \right) = \mathrm{sgn}\left(\sum_{j=1}^{r} p_i^{(1)} p_j^{(1)} p_j^{(1)} \right) = \mathrm{sgn}(p_i^{(1)}) = p_i^{(1)}$$

可见，依照海布调节规则得到的 DHNN 神经网络对于单个稳定模式的记忆是准确的，但对多个模式的记忆并不理想。例如，有 $P = [1\ -1\ 1; 1\ -1\ -1; -1\ 1\ -1]$，计算权重和

$$W = \sum_{k=1}^{3} \left[P^{(k)} (P^{(k)})^{\mathrm{T}} - I \right] = \begin{bmatrix} 0 & 1 & -3 \\ 1 & 0 & -1 \\ -3 & -1 & 0 \end{bmatrix}$$

$$A = \mathrm{sign}\left(W \cdot \begin{bmatrix} 1 & -1 & 1 \\ 1 & -1 & -1 \\ -1 & 1 & -1 \end{bmatrix} \right) = \mathrm{sign}\left(\begin{bmatrix} 4 & -4 & 2 \\ 2 & -2 & 2 \\ -4 & 4 & -2 \end{bmatrix} \right) = \begin{bmatrix} 1 & -1 & 1 \\ 1 & -1 & 1 \\ -1 & 1 & -1 \end{bmatrix}$$

结果是：$A_1 = P_1$，$A_2 = P_2$，$A_3 \neq P_3$，说明网络没有准确记忆所有期望的模式。

③网络记忆容量

设计 DHNN 网络的目的，是希望通过所设计的权值矩阵 W 储存多个期望模式。当网络只记忆一个稳定模式时，该模式肯定被网络准确无误地记忆住，即所设计的 W 值一定能够满足正比于输入和输出矢量的乘积关系；但当需要记忆的模式增多时，网络记忆可能出现权值移动和交叉干扰问题。

◎ **权值移动**

当 $k = 2$ 时，为了记忆样本 P_2，需要在记忆了样本 P_1 的权值上加上对样本 P_2 的记忆项 $(P_2 \cdot P_2^T - I)$，将权值在原来值的基础上产生了移动。由于在学习样本 P_2 时，权矩阵 W 是在已学习了 P_1 的基础上进行修正的，W 起始值不再为零，所以由此调整得出的新的 W 值，对记忆样本 P_2 来说，也未必对所有的 s 个输出同时满足符号函数的条件，即难以保证网络对 P_2 的精确的记忆。随着学习样本数 k 的增加，权值移动现象将进一步发生，当学习了第 q 个样本 P_q 后，权值又在前 $(q-1)$ 个样本修正的基础上产生了移动，这也是网络在精确地学习了第一个样本后的第 $(q-1)$ 次移动，将对已记忆的样本发生遗忘，这种现象被称为"疲劳"。

◎ **交叉干扰**

设输入矢量 P 维数为 $r \times q$，取 $\alpha = 1/r$。$P_{ik} \in \{-1, 1\}$，所以 $P_{ik} * P_{jk} = P_{jk} * P_{ik}$，$P_{ik} * P_{ik} = 1$。当网络某个矢量 P_m，$m \in [1, q]$，作为网络的输入矢量时，可得网络的加权输入和 $n_i^{(m)}$ 为

$$n_i^{(m)} = \sum_{\substack{j=1 \\ j \neq i}}^{r} w_{ij} p_j^{(m)} = \frac{1}{r} \sum_{\substack{j=1 \\ j \neq i}}^{r} \sum_{k=1}^{q} p_i^{(k)} p_j^{(k)} p_j^{(m)} = \frac{1}{r} \sum_{\substack{j=1 \\ j \neq i}}^{r} \left(p_i^{(m)} p_j^{(m)} p_j^{(m)} + \sum_{\substack{k=1 \\ k \neq m}}^{q} p_i^{(k)} p_j^{(k)} p_j^{(m)} \right)$$

$$= p_i^m + \frac{1}{r} \sum_{\substack{j=1 \\ j \neq i}}^{r} \sum_{\substack{k=1 \\ k \neq m}}^{q} p_i^k p_j^k p_j^m$$

上式右边中第一项为期望记忆的样本，而第二项则是当网络学习多个样本时，在回忆阶段即验证该记忆样本时所产生的相互干扰，称为交叉干扰项。

◎ **有效容量**

从对网络的记忆容量产生影响的权值移动和交叉干扰上看，当交叉干扰项幅值大于正确记忆值时，将产生错误输出。因为，采用海布学习法则对网络记忆样本的数量是有限制的，如果输入样本是彼此正交的，s 个神经元网络记忆容量的上界为 s。多数情况下学习样本不是正交的，因而网络的记忆容量比 s 小得多，一般为 $(0.13 \sim 0.15)s$。

要想保证记住所有的样本，就要将所期望被记忆的样本形成两两正交，才能够准确得到一个可记忆数量的上限值。所以，网络的有效容量的上界，可以根据正交特性分析得到。

神经元为二值输出的情况下，即 $P_{ij} \in \{-1, 1\}$，当两个 r 维样本矢量的各个分量中，有 $r/2$ 是相同，$r/2$ 是相反。对于任意一个数 m，$m \in [1, r]$，当 $m \neq k$ 时有 $P_m^T \cdot P_k = 0$；而当 $m = k$，则有 $P_m^T \cdot P_m = r$。

用外积和公式所得到的权矩阵进行迭代计算，在输入样本 P_k，$k = 1, 2 \cdots, q$ 中任取 P_m 为初始输入，求网络加权输入和 N_m：

$$N_m = W \cdot P_m$$

$$= \left[P_1, P_2, \cdots, P_m, \cdots, P_q \right] \begin{bmatrix} (P_1)^{\mathrm{T}} \\ (P_2)^{\mathrm{T}} \\ \vdots \\ (P_m)^{\mathrm{T}} \\ \vdots \\ (P_q)^{\mathrm{T}} \end{bmatrix} P_m - qP_m$$

$$= \left[P_1, P_2, \cdots, P_m, \cdots, P_q \right] \begin{bmatrix} 0 \\ 0 \\ \vdots \\ (P_m)^{\mathrm{T}} \\ 0 \\ 0 \end{bmatrix} P_m - qP_m$$

$$= P_m \binom{P}{m} \tau P_m - qP_m = (r - q)P_m$$

可见，只要满足 $r > q$，则有 $\mathrm{sign}(N_m) = P_m$，保证 P_m 为网络的稳定解。

④DHNN 权值设计的其他方法

除海布法，DHNN 权值设计还有 δ 学习法、伪逆法、正交设计法等。

◎ δ 学习规则

DHNN 权值设计的 δ 学习规则如下式：

$$\Delta W = \eta \cdot \delta \cdot P$$
$$w_{ij}(t + 1) = w_{ij}(t) + \eta [T(t) - A(t)]P(t)$$

通过计算每个神经元节点的实际激活值 $A(t)$，与期望状态 $T(t)$ 进行比较，若不满足要求，则将二者的误差的一部分作为调整量，若满足要求，则相应的权值保持不变。

◎ 伪逆法

对于输入样本 $P = \left[P_1 \quad P_2 \cdots P_q \right]$，设网络输出可以写成一个与输入样本相对应的矩阵 A，输入和输出之间可用一个权矩阵 W 来映射，即有：$N = W \cdot P$，$A = \mathrm{sign}(N)$，由此可得

$$W = N \cdot P^*$$

其中 P^* 为 P 的伪逆，有 $P^* = (P^{\mathrm{T}} \cdot P)^{-1} P^{\mathrm{T}}$。

如果样本之间是线性无关的，则 $(P^{\mathrm{T}} \cdot P)$ 满秩，其逆存在，则可求出权矩阵 W。但当记忆样本之间是线性相关的，由海布法所设计出的网络存在的问题，伪逆法也解决不了，甚至无法求解，相比之下，由于存在求逆等运算，伪逆法较为烦琐，而海布法则要容易求得。

◎ 正交化的权值设计

正交化的权值设计方法的基本思想和出发点是保证系统在异步工作时的稳定性；保证

所有要求记忆的稳定平衡点都能收敛到自己；使伪稳定点的数目尽可能少；使稳定点的吸引域尽可能大。

正交化设计方法的数学设计较为复杂，类似于 Gram-Schmidt 正交化过程。与外积和法相比较，所设计出的平衡稳定点能够保证收敛到自己并且有较大的稳定域。

7. CHNN 的 TSP 问题优化计算

优化计算是在权值矩阵 W 已知的前提下，寻找具有最小能量 E 的稳定状态。优化计算的主要工作为设计相应的 W 和能量函数公式。以 TSP 问题为例，介绍 CHNN 的优化计算。

所谓 TSP(Traveling Salesman Problem)问题是一个十分有名的难以求解的优化问题。要求在 n 个城市的集合中，找出一条经过每个城市各一次，最终回到起点的最短路径，如图 6-20 所示。

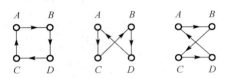

图 6-20 TSP 问题图示

问题描述：如果已知城市 A，B，C，D，…，之间的距离为 dAB，dBC，dCD…；那么总的距离 $d = dAB + dBC + dCD + \cdots$，对于这种动态规化问题，要去求其 $\min(d)$ 的解。

对于 n 个城市的全排列共有 $n!$ 种，而 TSP 并没有限定路径的方向，即为全组合，所以对于固定的城市数 n 的条件下，其路径总数为 $S_n = n!/(2n)$ $(n \geq 4)$。在 n 个城市基础上，每添加一个城市，路径总数要添加 n 倍。

TSP 的解是若干城市的有序排列，任何一个城市在最终路径上的位置可用一个 n 维的 0、1 矢量表示，对于所有 n 个城市，则需要一个 $n \times n$ 维矩阵。

以 5 个城市为例，一种可能的路径顺序为：$C \to A \to D \to B \to E$，用排列矩阵表示见表 6-3。

表 6-3　TSP 问题的行走排列矩阵

访问城市＼访问顺序	1	2	3	4	5
A	0	1	0	0	0
B	0	0	0	1	0
C	1	0	0	0	0
D	0	0	1	0	0
E	0	0	0	0	1

若用 d 表示路径的总长度，则上面路径的总长度为：$d = d_{CA} + d_{AD} + d_{DB} + d_{BE} + d_{EC}$。

TSP 的最优解是求长度 d_{xy} 为最短的有效的路径。

采用连续时间的霍普菲尔德网络模型来求解 TSP，其基本思想是把 TSP 映射到 CHNN 上，通过网络状态的动态演化逐步趋向稳态而自动地搜索出优化解。求解 n 个城市的 TSP

问题，要把问题映射到一个 $n \times n$ 神经元矩阵。矩阵中的每个神经元的状态只能为 0 或 1，神经元的状态用 V_{xi} 表示，V_{xi} 表示城市 x 在路径中第 i 个位置出现。$n \times n$ 矩阵 V 可以表示 n 个城市 TSP 问题的一次有效的路径，即 V 矩阵可以唯一确定对于所有城市的访问次序。一次有效路径使每行每列有且仅有一个元素为 1，其余为 0。为了最终解决 TSP 问题，必须构成这样的神经网络：在网络运行时，计算搜索网络低能量的状态，网络搜索稳定后其输出状态表示城市被访问的优化次序。网络能量的极小点，对应于 TSP 问题的最佳（或较佳）路径的形成，其解决问题最关键的一步是构造网络能量函数。

构造神经网络的能量函数为：$E = E_1 + E_2 + E_3 + E_4$。其中，$E_1 = \dfrac{A}{2} \sum\limits_{x} \sum\limits_{i} \sum\limits_{j \neq i} V_{xi} V_{xj}$，$A > 0$ 为常数，此项保证矩阵 V 的每一行不多于一个 1，即每个城市只去一次时，$E_{1\min} = 0$ 最小；$E_2 = \dfrac{B}{2} \sum\limits_{i} \sum\limits_{x} \sum\limits_{y \neq x} V_{xi} V_{yi}$，$B > 0$ 为常数，此项保证矩阵 V 的每一列不多于一个 1，即每次只访问一个城市时，$E_{2\min} = 0$ 最小；$E_3 = \dfrac{C}{2} \left(n - \sum\limits_{x} \sum\limits_{i} V_{xi} \right)^2$，$C > 0$ 为常数，此项保证矩阵 V 中的 1 的个数恰好为 n 时，$E_{3\min} = 0$ 最小；$E_4 = \dfrac{D}{2} \sum\limits_{x} \sum\limits_{y \neq x} \sum\limits_{i} d_{xy} V_{xi} (V_{y,i+1} + V_{y,i-1})$，$D$ 为常数，此项定义中包含有效路径的长度信息。

目标函数 $f(V)$

$$f(V) = E_4 = \frac{D}{2} \sum_{x} \sum_{y \neq x} \sum_{i} d_{xy} V_{xi} (V_{y,i+1} + V_{y,i-1}) \tag{6-19}$$

约束条件 $g(V)$ 由行抑制、列抑制及全局抑制组成

$$g(V) = E_1 + E_2 + E_3 = \frac{A}{2} \sum_{x} \sum_{i} \sum_{j \neq i} V_{xi} V_{xj} + \frac{B}{2} \sum_{i} \sum_{x} \sum_{y \neq x} V_{xi} V_{yi} + \frac{C}{2} \left(n - \sum_{x} \sum_{i} V_{xi} \right)^2$$
$$\tag{6-20}$$

总的能量函数 E

$$E = f(V) + g(V) \tag{6-21}$$

由能量函数逆推神经网络的结构，可得神经元 x_i 与 y_j 之间的连接权值为

$$w_{x_i y_j} = -A \delta_{xy} (1 - \delta_{ij}) - B \delta_{ij} (1 - \delta_{xy}) - C - D d_{xy} (\delta_{j,j+1} + \delta_{j,j-1}) (1 - \delta_{xy}) \tag{6-22}$$

其中，δ_{ij}，δ_{xy} 定义为 $\delta_{ij} = \begin{cases} 1, & i = j, \\ 0, & \text{其他} \end{cases}$

偏置为

$$I_{xi} = Cn \tag{6-23}$$

将以上网络结构关系代入 CHNN 的动态方程中可得：

$$\begin{cases} C_{xi} \dfrac{\mathrm{d}u_{xi}}{\mathrm{d}t} = -\dfrac{u_{xi}}{R_{xi}} - A \sum\limits_{j \neq i} v_{xj} - B \sum\limits_{y \neq x} v_{yj} - C \left(\sum\limits_{x} \sum\limits_{i} v_{xi} - n \right) - D \sum\limits_{y \neq x} d_{xy} (v_{y,i+1} + v_{y,i-1}) \\ v_{xi} = f(u_{xi}) = \dfrac{1}{2} \left(1 + th \left(\dfrac{u_{xi}}{u_0} \right) \right) \end{cases}$$
$$\tag{6-24}$$

选择适当的参数值(A, B, C, D)和初值U_0，按上式迭代直到收敛。TSP 中 V_{xi} 要求为 0 或 1，但用连续型网络时 V_{xi} 区间变化，因此实际计算时，V_{xi} 区间变化，在连续演变过程中少数神经元的输出值逐渐增大，其他则逐渐减少，最后收敛到的状态符合要求即可。

普菲尔德和泰克经过实验，认为取初始值为：$S = Q = P = 500$，$T = 200$，$RC = 1$，$U_0 = 0.02$ 时，其求解 10 个城市的 TSP 得到良好的效果。

人们后来发现，用连续霍普菲尔德网络求解像 TSP 这样约束优化问题时，系统 S、Q、P、T 的取值对求解过程有很大影响。

8. MATLAB 实现

采用神经网络模型求解 TSP 的 MATLAB 程序设计如下：

```
% TSP Solving by Hopfield Neural Network
clear all;
close all;
% step 1 初始参数
A = 1.5;
D = 1;
u0 = 0.02;
step = 0.01;
% step 2 输入参数
N = 8;
citys = load('X8.txt');
Initial_Length = Initial_RouteLength(citys);
% 计算初始路径长度
DistanceCity = dist(citys,citys');
% step 3
u = 2 * rand(N,N) - 1;
U = 0.5 * u0 * log(N - 1) + u;
V = (1 + tanh(U∕u0))∕2;
for k = 1:1:2000
    times(k) = k;
    %      step 4
    dU = DeltaU(V,DistanceCity,A,D);
    % step 5
    U = U + dU * step;
    %      step 6
    V = (1 + tanh(U∕u0))∕2;
    %      step 7 计算能量函数
    E = Energy(V,DistanceCity,A,D);
    Ep(k) = E;
    %      step 8 检查路径合法性
    [V1,CheckR] = RouteCheck(V);
end
```

```
% step 9
if (CheckR = =0)
    Final_E = Energy(V1,DistanceCity,A,D);
    Final_Length = Final_RouteLength(V1,citys);          % 计算最终路径长度
    disp('迭代次数');k
    disp('寻优路径矩阵: ');V1
    disp('最优能量函数: ');Final_E
    disp('初始路程: ');Initial_Length
    disp('最短路程: ');Final_Length
    PlotR(V1,citys);                                      % 寻优路径作图
else
    disp('寻优路径无效');
end
figure(2);
plot(times,Ep,'r');
title('Energy Function Change');
xlabel('k');
ylabel('E');
```

程序运行结果生产最优路径矩阵和最短路程：

```
迭代次数
k =2000
寻优路径矩阵：
V1 =
     0     0     0     1     0     0     0     0
     1     0     0     0     0     0     0     0
     0     1     0     0     0     0     0     0
     0     0     0     0     0     1     0     0
     0     0     0     0     0     0     0     1
     0     0     0     0     0     0     1     0
     0     0     0     0     1     0     0     0
     0     0     1     0     0     0     0     0
最优能量函数：
Final_E =     1.4468

初始路程：
Initial_Length =     4.4919

最短路程：
Final_Length =     2.8937
```

图 6-21 展示了初始路径和最优路径的对比，图 6-22 展示了能量函数随迭代次数的变化规律。研究发现最终结果的准确性很大程度上取决于初始参数的设置，该方法在求解 TSP 问题上有很大的不稳定性，能否得到最后结果很大程度上取决于初始参数的设置。

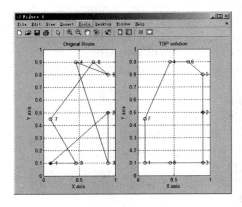

图 6-21　初始路径和求解路径对比

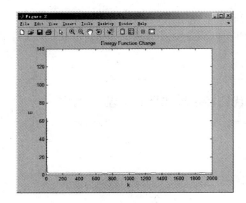

图 6-22　能量函数的迭代变化

第7章

系统分析与系统评价技术

系统分析是从系统的观点出发，采用各种分析方法和工具，对系统的某个方面所进行的定性或定量的探究，以便得到对系统某方面的一些认识，利于求得解决问题的方案。

系统评价是依据系统的目标、准则和指标体系，对系统方案所进行的事前、事中和事后的综合考察，以便为系统决策选择、实施监督及经验总结提供科学依据。系统评价是决策的基础，是监督的手段、总结的方法。系统评价是对系统分析过程和结果的鉴定。

系统分析和系统评价没有普遍适用的技术方法。随着问题不同，所使用的分析技术可以不同。本章将介绍几种常用的定量系统分析和系统评价技术，例如主成分分析法、因子分析法、聚类分析、灰色关联分析、层次分析法、数据包络分析、模糊综合评价等。

7.1 主成分分析与因子分析

7.1.1 主成分分析方法

1. 主成分分析方法原理和基本思想

在用统计分析方法研究多变量的课题时，变量个数太多就会增加课题的复杂性。人们自然希望变量个数较少而得到的信息较多。在很多情形，变量之间是有一定的相关关系的，当两个变量之间有一定相关关系时，可以解释为这两个变量反映此课题的信息有一定的重叠。主成分分析是对于原先提出的所有变量，建立尽可能少的新变量，使得这些新变量是两两不相关的，而且这些新变量在反映课题的信息方面尽可能保持原有的信息。

主成分分析的基本思想是设法将原来 p 个具有一定相关性指标，重新组合成一组新的互相无关的综合指标来代替原来的指标。数学上的处理就是将原来 p 个指标作线性组合，作为新的综合指标。最经典的做法就是用 y_1（选取的第一个线性组合，即第一个综合指标）的方差来表达，即 $\text{Var}(y_1)$ 越大，表示 y_1 包含的信息越多。因此在所有的线性组合中选取的 y_1 应该是方差最大的，故称 y_1 为第 1 主成分。如果第 1 主成分不足以代表原来 p 个指标的信息，再考虑选取 y_2 即选第 2 个线性组合，为了有效地反映原来信息，y_1 已有的信息就不

需要再出现在 y_2 中，用数学语言表达就是要求 $\mathrm{Cov}(y_1, y_2) = 0$，则称 y_2 为第 2 主成分，依此类推可以构造出第 3，第 4，$\cdots$，第 p 个主成分。

主成分分析的数学描述如下。对于一个样本资料，观测 p 个变量（指标）$x_1, x_2, \cdots x_p$，

n 个样品的原始数据矩阵为：$X = (x_1, x_2, \cdots, x_p) = \begin{pmatrix} x_{11} & x_{12} & \cdots & x_{1p} \\ x_{21} & x_{22} & \cdots & x_{2p} \\ \vdots & \vdots & & \vdots \\ x_{n1} & x_{n2} & \cdots & x_{np} \end{pmatrix}$，主成分分析就是

将 p 个观测变量综合成为 p 个新的变量（综合变量），即

$$\begin{cases} y_1 = u_{11}x_1 + u_{12}x_2 + \cdots + u_{1p}x_p \\ y_2 = u_{21}x_1 + u_{22}x_2 + \cdots + u_{2p}x_p \\ \qquad\qquad \cdots \\ y_p = u_{p1}x_1 + u_{p2}x_2 + \cdots + u_{pp}x_p \end{cases} \tag{7-1}$$

简写为：$y_i = u_{i1}x_1 + u_{i2}x_2 + \cdots + u_{ip}x_p$，$i = 1, 2, \cdots p$。

模型要求满足以下条件。

① $i \neq j$ 时，$y_i, y_j (i, j = 1, 2, \cdots p)$ 保持独立，互不相关。即 y_1 已有的信息就不需要再出现在 y_2 中，数学表示为协方差 $\mathrm{Cov}(y_1, y_2) = 0$。

② 当 $i < j$ 时，y_i 的方差大于 y_j 的方差，即 y_1 为 $x_1, x_2, \cdots x_p$ 的所有线性组合中方差最大的，是第一主成分；y_2 为与 y_1 不相关的 $x_1, x_2, \cdots x_p$ 的所有线性组合中方差最大的，y_2 为第二主成分。由数学知识可知，每一个主成分所提取的信息量可用其方差来度量，其方差 $\mathrm{Var}(y_1)$ 越大，表示 y_1 包含的信息越多。

③ 要求 $u_{i1}^2 + u_{i2}^2 + \cdots + u_{ip}^2 = 1, i = 1, 2, \cdots, p$。因此，模型共有 p 个主成分，主成分又叫主分量，称 u_{ij} 为主成分系数。

上述模型可用矩阵形式表示为：$y = U \cdot x$。

其中

$$y = \begin{pmatrix} y_1 \\ y_2 \\ \vdots \\ y_p \end{pmatrix}, \quad x = \begin{pmatrix} x_1 \\ x_2 \\ \vdots \\ x_p \end{pmatrix}, \quad u = \begin{pmatrix} u_{11} & u_{12} & \cdots & u_{1p} \\ u_{21} & u_{22} & \cdots & u_{2p} \\ \vdots & \vdots & & \vdots \\ u_{p1} & u_{p2} & \cdots & u_{pp} \end{pmatrix} = \begin{pmatrix} u_1 \\ u_2 \\ \vdots \\ u_p \end{pmatrix}$$

2. 主成分分析计算步骤

设定原始数据矩阵为：$X = \begin{pmatrix} x_{11} & x_{12} & \cdots x_{1p} \\ x_{21} & x_{22} & \cdots x_{2p} \\ & \cdots & \\ x_{n1} & x_{n2} & \cdots x_{np} \end{pmatrix}$

① 标准化数据矩阵并计算相关系数矩阵。

对原数据矩阵进行标准化处理：

$$z_{ij} = \frac{(x_{ij} - \overline{x_j})}{s_j}, i = 1,2,\cdots,n, j = 1,2,\cdots,p \tag{7-2}$$

其中 $\overline{x_j} = \frac{1}{n} \sum_{i=1}^{n} x_{ij}, s_j^2 = \mathrm{Var}(x_j) = \frac{1}{n-1} \sum_{i=1}^{n} (x_{ij} - \overline{x_j})^2, j = 1,2,\cdots,p$

得标准化矩阵：$Z = \begin{pmatrix} z_{11} & z_{12} & \cdots z_{1p} \\ z_{21} & z_{22} & \cdots z_{2p} \\ & \cdots & \\ z_{n1} & z_{n2} & \cdots z_{np} \end{pmatrix}$。

②计算样本相关系数矩阵。

$$R = \frac{Z^{\mathrm{T}}Z}{n-1} = \begin{bmatrix} r_{11} & r_{12} & \cdots & r_{1p} \\ r_{21} & r_{22} & \cdots & r_{2p} \\ \vdots & \vdots & \vdots & \vdots \\ r_{p1} & r_{p2} & \cdots & r_{pp} \end{bmatrix} \tag{7-3}$$

其中 $r_{ij} = \frac{1}{n-1} \sum_{k=1}^{n} z_{ki}z_{kj} = \frac{\sum_{k=1}^{n}(x_{ki} - \overline{x_i})(x_{kj} - \overline{x_j})}{\sqrt{\sum_{k=1}^{n}(x_{ki} - \overline{x_i})^2 \sum_{k=1}^{n}(x_{kj} - \overline{x_j})^2}}, (i,j = 1,2,\cdots,p)$ 为原变量 x_i

与 x_j 之间的相关系数。

因为 R 是实对称矩阵（即 $r_{ij} = r_{ji}$），所以只需计算上三角元素或下三角元素即可。

③计算特征值与特征向量

首先解特征方程 $|\lambda I - R| = 0$，通常用雅可比法（Jacobi）求出特征值 $\lambda_i(i = 1,2,\cdots,p)$，并使其按大小顺序排列，即 $\lambda_1 \geqslant \lambda_2 \geqslant \cdots \geqslant \lambda_p \geqslant 0$；然后分别求出对应于特征值 λ_i 的特征向量 $u_i(i = 1,2,\cdots,p)$。这里要求 $\|u_i\| = 1$，即 $\sum_{j=1}^{p} u_{ij}^2 = 1$，其中 u_{ij} 表示向量 u_i 的第 j 个分量。

④计算主成分贡献率及累计贡献率

主成分 y_i 的贡献率为

$$\varphi_i = \frac{\lambda_i}{\sum_{k=1}^{p} \lambda_k} \quad (i = 1,2,\cdots,p) \tag{7-4}$$

累计贡献率为

$$\eta_i = \frac{\sum_{k=1}^{i} \lambda_k}{\sum_{k=1}^{p} \lambda_k} \quad (i = 1,2,\cdots,p) \tag{7-5}$$

一般取累计贡献率达 85%～95% 的特征值 $\lambda_1, \lambda_2, \cdots, \lambda_m$ 所对应的第一，第二，…，第 $m(m \leqslant p)$ 个主成分：$y_i = u_i x, i = 1,2,\cdots,m$。

在实际应用中，选择了重要的主成分后，还要注意主成分实际含义的解释。一般而言，这个解释是根据主成分表达式的系数结合定性分析来进行的。主成分是原来变量的线性组合，在这个线性组合中个变量的系数有大有小，有正有负，有的大小相当，因而不能简单地认为这个主成分是某个原变量的属性的作用。

线性组合中各变量系数的绝对值大者表明该主成分主要综合了绝对值大的变量，有几个变量系数大小相当时，应认为这一主成分是这几个变量的总和，这几个变量综合在一起应赋予怎样的实际意义，这要结合具体实际问题和专业，给出恰当的解释，进而才能达到深刻分析的目的。

⑤计算主成分得分

将原始数据代入主成分表达式，可得到各主成分下的各样品的新数据，即为主成分得分。具体形式可如下。

$$Y = (UX^{\mathrm{T}})^{\mathrm{T}} = XU^{\mathrm{T}} = \begin{pmatrix} y_{11} & y_{12} & \cdots & y_{1k} \\ y_{21} & y_{22} & \cdots & y_{2k} \\ \vdots & \vdots & \vdots & \vdots \\ y_{n1} & y_{n2} & \cdots & y_{nk} \end{pmatrix} \tag{7-6}$$

依据主成分得分的数据，则可以进行进一步的统计分析。其中，常见的应用有主成分回归，变量子集合的选择，综合评价等。

以上就是主成分分析方法的计算步骤，利用 MATLAB 编程可以实现以上计算。

7.1.2　利用 MATLAB 实现主成分分析

1. 主成分分析的 MATLAB 自带函数

①主成分分析函数：princomp

调用格式：PC = princomp(x)　或　[PC,SCORE,latent,tsquare] = princomp(x)

说明：[PC,SCORE,latent,tsquare] = princomp(x)对数据矩阵 x 进行主成分分析，给出各主成分(PC)、Z – 得分(SCORE)、x 方差矩阵的特征值(latent)和每个数据点的 HotellingT2 统计量(tsquare)。调用函数 princomp 计算后可得到 PC，SCORE，latent，tsquare 四项数值。

②运用协方差矩阵进行主成分分析函数：pcacov

调用格式：PC = pcacov(x)　或　[PC,latent,explained] = pcacov(x)

说明：[PC,latent,explained] = pcacov(x)通过协方差矩阵 x 进行主成分分析，返回主成分(PC)、协方差矩阵 x 的特征值(latent)和每个特征向量表征在观测量总方差中所占的百分数(explained)。

③主成分分析的残差函数：pcares

调用格式：residuals = pcares(x,Ndim)

说明：pcares(x,Ndim)返回保留 x 的 Ndim 个主成分所获的残差。注意，Ndim 是一个标量，必须小于 x 的列数；而且 x 是数据矩阵，而不是协方差矩阵。

④主成分的巴特力特检验函数：barttest

调用格式：$Ndim = barttest(x, alpha)$　　或　　$[Ndim, prob, chisquare] = barttest(x, alpha)$

说明：巴特力特检验是一种等方差性检验。$Ndim = barttest(x, alpha)$ 是在显著性水平 alpha 下，给出满足数据矩阵 x 的非随机变量的 n 维模型，Ndim 即模型维数，它由一系列假设检验所确定，$Ndim = 1$ 表明数据 x 对应于每个主成分的方差是相同的；$Ndim = 2$ 表明数据 x 对应于第二成分及其余成分的方差是相同的。

2. MATLAB 基础函数编程实现

依靠 MATLAB 基础知识可以自编程序实现主成分分析。按照上述数学方法步骤编程实现：

```
% 原始数据 X
[p,n] = size(X);
for j = 1:n
    mju(j) = mean(X(:,j));
    sigma(j) = sqrt(cov(X(:,j)));
end
for i = 1:p
    for j = 1:n
        Z(i,j) = (X(i,j) - mju(j))/sigma(j);      % 标准化处理
    End
End
sigmaY = cov(Z);                                 % 求协方差矩阵

[V,lambdaD] = eig(sigmaY);                        % 求协方差矩阵的特征根和特征向量
disp('特征根(由小到大):');
disp(lambdaD);
disp('特征向量:');
disp(V);                                          % 方差贡献率;累计方差贡献率
Xsum = sum(sum(lambdaD,2),1);
for  i = 1:n
    fai(i) = lambdaD(i,i)/Xsum;
end
for i = 1:n
    psai(i) = sum(sum(lambdaD(1:i,1:i),2),1)/Xsum;
end
disp('方差贡献率:');
disp(fai);
disp('累计方差贡献率:');
disp(psai);
```

3. 计算实例

①原始数据是石油价格 17 次调价时 6 个指标变量的样本：原油价格；石油进口量；石油出口量；国家生产石油量；CPI；油轮运费系数。原始数据见表 7-1。

表 7-1　17 次调价时的各项数据列表如下 (可忽略其单位)

No.	原油价格	进口量	出口量	油轮运价指数	CPI	国家生产石油量
1	40.16	1282	47	611	101	1431.83
2	52.01	1634	45	395	98.8	1582.29
3	65.32	1709	47	479	98.6	1603.17
4	70.12	1661	30	465	98.3	1571.37
5	68.24	1963	43	450	98.2	1614.31
6	69	1847	55	449	98.8	1632.21
7	67.38	1720	39	519	99.2	1572.36
8	77.45	1934	42	437	100.6	1606.2
9	84.5	2117	19	676	102.8	1626.2
10	72.16	2227	13	669	102.6	1715.3
11	81.7	1639	26	635	103.6	1775.5
12	90.8	2086	24	638	105.2	1989.4
13	96.7	1995	8	643	105.4	2011.5
14	116.6	2154	34	823	105.3	2355.9
15	93.8	2080	33	710	105.3	2543.6
16	107.7	2304	30	655	103.2	2641.3
17	116.8	2354	31	653	103.6	2671.4

②用以上方法计算得标准化矩阵。

$$Z = \begin{bmatrix} -1.9025 & -2.2442 & 1.0732 & 0.2349 & -0.2883 & -1.0753 \\ -1.3452 & -1.0135 & 0.9166 & -1.5623 & -1.0870 & -0.7136 \\ -0.7193 & -0.7513 & 1.0732 & -0.8634 & -1.1596 & -0.6633 \\ -0.4935 & -0.9191 & -0.2579 & -0.9799 & -1.2685 & -0.7398 \\ -0.5819 & 0.1368 & 0.7600 & -1.1047 & -1.3049 & -0.6366 \\ -0.5462 & -0.2688 & 1.6996 & -1.1130 & -1.0870 & -0.5935 \\ -0.6224 & -0.7128 & 0.4468 & -0.5306 & -0.9418 & -0.7374 \\ -0.1488 & 0.0354 & 0.6817 & -1.2128 & -0.4335 & -0.6561 \\ 0.1827 & 0.6752 & -1.1193 & 0.7758 & 0.3652 & -0.6080 \\ -0.3976 & 1.0598 & -1.5891 & 0.7175 & 0.2926 & -0.3937 \\ 0.0511 & -0.9960 & -0.5712 & 0.4346 & 0.6556 & -0.2490 \\ 0.4790 & 0.5668 & -0.7278 & 0.4596 & 1.2365 & 0.2653 \\ 0.7565 & 0.2486 & -1.9806 & 0.5012 & 1.3091 & 0.3185 \\ 1.6924 & 0.8045 & 0.0553 & 1.9989 & 1.2728 & 1.1466 \\ 0.6201 & 0.5458 & -0.0230 & 1.0587 & 1.2728 & 1.5979 \\ 1.2738 & 1.3290 & -0.2579 & 0.6010 & 0.5104 & 1.8328 \\ 1.7018 & 1.5038 & -0.1796 & 0.5844 & 0.6556 & 1.9052 \end{bmatrix}$$

③进一步求得相关系数矩阵。

$$R = \begin{bmatrix} 1.0000 & 0.8247 & -0.4796 & 0.6749 & 0.7344 & 0.8755 \\ 0.8247 & 1.0000 & -0.4944 & 0.5118 & 0.5543 & 0.7272 \\ -0.4796 & -0.4944 & 1.0000 & -0.5879 & -0.6705 & -0.2976 \\ 0.6749 & 0.5118 & -0.5879 & 1.0000 & 0.8835 & 0.6455 \\ 0.7344 & 0.5543 & -0.6705 & 0.8835 & 1.0000 & 0.6982 \\ 0.8755 & 0.7272 & -0.2976 & 0.6455 & 0.6982 & 1.0000 \end{bmatrix}$$

④求相关系数矩阵的特征向量和特征值。

特征向量及特征值为

$$
V = \begin{bmatrix}
0.1181 & -0.7934 & -0.2378 & -0.0768 & 0.3090 & 0.4456 \\
0.1881 & 0.2775 & 0.5375 & -0.5701 & 0.3421 & 0.3958 \\
0.3033 & -0.0310 & 0.3064 & 0.5341 & 0.6477 & -0.3292 \\
-0.3765 & -0.1596 & 0.5940 & 0.4722 & -0.2906 & 0.4155 \\
0.7190 & 0.2636 & -0.1803 & 0.3276 & -0.2865 & 0.4378 \\
-0.4472 & 0.4444 & -0.4187 & 0.2314 & 0.4488 & 0.4149
\end{bmatrix}
$$

$$
D = \begin{bmatrix}
0.0859 & 0 & 0 & 0 & 0 & 0 \\
0 & 0.0941 & 0 & 0 & 0 & 0 \\
0 & 0 & 0.1665 & 0 & 0 & 0 \\
0 & 0 & 0 & 0.5367 & 0 & 0 \\
0 & 0 & 0 & 0 & 0.8641 & 0 \\
0 & 0 & 0 & 0 & 0 & 4.2528
\end{bmatrix}
$$

⑤特征值及主成分贡献率。

主 成 分	特 征 值	贡 献 率%	累计贡献率%
1	4.2528	70.88	70.88
2	0.8641	14.40	85.28
3	0.5367	8.94	94.23
4	0.1665	2.77	97.0
5	0.0941	1.57	98.57
6	0.0859	1.43	100

一般取累计贡献率达 85%~95% 的特征值 $\lambda_1 = 4.2528$，$\lambda_2 = 0.8641$，$\lambda_3 = 0.5367$。

7.1.3 因子分析的方法原理

因子分析模型是主成分分析的推广。因子分析也是利用降维的思想，由研究原始变量相关矩阵内部的依赖关系出发，把一些具有错综复杂关系的变量归结为少数几个综合因子的一种多变量统计分析方法。

在对实际问题的分析过程中，人们希望尽可能多地搜集关于分析对象的数据信息，进而能够比较全面、完整地把握和认识它。于是，对研究对象的描述就会有很多指标。但是如果搜集的变量过多，虽然能够比较全面和精确地描述事物，但在实际建模时这些变量会给统计分析带来计算量大和信息重叠的问题，而消减变量个数必然会导致信息丢失和信息不完整等问题的产生。因子分析是解决这一问题的有效方法。它以最少的信息丢失，将原始众多变量综合成较少的几个综合指标(因子)，能够起到有效降维的目的。

因子分析主要用于：①减少分析变量个数；②通过对变量间相关关系探测，将原始变量进行分类。即将相关性高的变量分为一组，用共性因子代替该组变量。

因子分析的特点是：①因子个数远远少于原有变量的个数；②因子能够反映原有变量的绝大部分信息；③因子之间不存在线性关系；④因子具有命名解释性。

1.因子分析使用的模型

假设原有变量 p 个，分别用 $x = (x_1, x_2, \cdots, x_p)^{\mathrm{T}}$ 表示，且每个变量的均值是 0，标准差是 1，现将每个原有变量用 $k(k < p)$ 个因子 $f = (f_1, f_2, \cdots, f_k)^{\mathrm{T}}$ 的线性组合来表示，即：

$$x = A \cdot f + e \quad 或 \quad \begin{aligned} x_1 &= a_{11}f_1 + a_{12}f_2 + \cdots + a_{1k}f_k + e_1, \\ x_2 &= a_{21}f_1 + a_{22}f_2 + \cdots + a_{2k}f_k + e_2, \\ &\cdots \\ x_p &= a_{p1}f_1 + a_{p2}f_2 + \cdots + a_{pk}f_k + e_p \end{aligned} \tag{7-7}$$

式中，f 称为公共因子，因为它出现在每个变量的线性表达式中，简称因子。因子可理解为高维空间中互相垂直的 k 个坐标轴；$A = (a_{ij})_{p \times k}$ 称为因子载荷矩阵，a_{ij} 称为因子载荷，是第 i 个原始变量在第 j 个因子上的负荷；e 称为特殊因子，表示原始变量不能被因子解释的部分。其均值为 0，相当于多元线性回归模型中的残差。

2.因子分析的重要概念

因子载荷：在因子不相关的前提下，因子载荷是第 i 个变量与第 j 个因子的相关系数。因子载荷越大说明因子与变量的相关性越强，因子载荷说明了因子对变量的重要作用程度。模型中载荷矩阵 A 中的元素 (a_{ij}) 就是因子载荷。因子载荷 a_{ij} 是 x_i 与 f_j 的协方差，也是 x_i 与 f_j 的相关系数，它表示 x_i 依赖 f_j 的程度。可将 a_{ij} 视为第 i 个变量在第 j 个公共因子上的权，a_{ij} 的绝对值越大，表明 x_i 与 f_j 的相依赖程度越大，或称公共因子 f_j 对于 x_i 的载荷量越大。为了得到因子分析结果的经济解释，因子载荷矩阵 A 中有两个统计量十分重要，即变量共同度和公共因子的方差贡献。

变量共同度：变量共同度也称为公共方差。第 i 个变量的共同度定义为因子载荷矩阵中第 i 行元素的平方和，即：$h_i^2 = a_{i1}^2 + a_{i2}^2 + \cdots + a_{ik}^2$。它是全部公共因子对 x_i 的方差所做出的贡献，反映了全部公共因子对变量 x_i 的影响。h_i^2 大表明 x 的第 i 个分量 x_i 对于 F 的每一分量 $f_1, f_2, \cdots, f_k$ 的共同依赖程度大。

因子的方差贡献：因子方差贡献是因子载荷矩阵中第 j 列元素的平方和 g_j^2，反映了第 j 个公共因子 f_j 对原有变量 x 的每一分量 $x_i(i = 1, 2, \cdots, p)$ 所提供方差总和的解释能力。$g_j^2 = a_{1j}^2 + a_{2j}^2 + \cdots + a_{pj}^2$ 数值越高，说明相应因子的重要性越高，表明公共因子 f_j 对 x 的贡献越大，或者说对 x 的影响和作用就越大。如果将因子载荷矩阵 A 的所有 g_j^2 （$j = 1, 2, \cdots, k$）都计算出来，使其按照大小排序，就可依此提炼出最有影响力的公共因子。

3.主成分分析法和因子分析法之间的区别

与主成分分析相类似，因子分析是指研究从变量群中提取共性因子的统计技术。它最早由英国心理学家 C·E·斯皮尔曼提出。他发现学生的各科成绩之间存在着一定的相关性，一科成绩好的学生，往往其他各科成绩也比较好，从而推想是否存在某些潜在的共性因子，或称某些一般智力条件影响着学生的学习成绩。因子分析可在许多变量中找出隐藏的具有代表性的因子。将相同本质的变量归入一个因子，可减少变量的数目，还可检验变量间关系的假设。与主成分分析类似，两种方法都是为了减少变量数目，然而它们还有很大的不同。

①因子分析中是把原变量表示成各因子的线性组合，而主成分分析中则是把主成分表示成原变量的线性组合。因子分析时从多个变量中提取公因子，主成分分析是将多变量综合成较少的变量。

②主成分分析中不需要有假设（assumptions），因子分析则需要一些假设。因子分析的假设包括：各个共同因子之间不相关，特殊因子（specific factor）之间不相关，共同因子和特殊因子之间也不相关。

③主成分分析中，当给定的协方差矩阵或者相关矩阵的特征值唯一的时候，其主成分一般是独特的；而因子分析中因子不是独特的，可以旋转得到不同的因子。

④在因子分析中，因子个数需要分析者指定，因指定的因子数量不同而结果不同。在主成分分析中，成分的数量是一定的，一般有几个变量就有几个主成分。

和主成分分析相比，由于因子分析可以使用旋转技术帮助解释因子，在解释方面更加有优势。所以，当需要寻找潜在的因子，并对这些因子进行解释的时候，更加倾向于使用因子分析，并且通过旋转技术帮助获得更好的解释。如果想把现有的变量变成少数几个新的变量（新的变量几乎带有原来所有变量的信息）来进入后续的分析，则可以使用主成分分析。当然，这种情况也可以使用因子得分做到。因而这种区分不是绝对的。

总的来说，主成分分析主要是作为一种探索性的技术，在分析者进行多元数据分析之前，用主成分分析来分析数据，让自己对数据有一个大致的了解是非常重要的。主成分分析一般很少单独使用，通常用于以下用途：a. 了解数据（screening the data）；b. 和 cluster analysis 一起使用；c. 和判别分析一起使用，比如当变量很多，个案数不多，直接使用判别分析可能无解，这时候可以使用主成分来对变量简化（reduce dimensionality）；d. 在多元回归中，主成分分析可以帮助判断是否存在共线性（条件指数），还可以用来处理共线性。

在算法上，主成分分析和因子分析很类似，不过，在因子分析中所采用的协方差矩阵的对角元素不是变量的方差，而是和变量对应的共同度（变量方差中被各因子所解释的部分）。

4. 因子分析的基本步骤

因子分析的前提条件是判断原始变量之间存在较强的相关关系。因子分析的基本步骤如下。

①因子提取和因子载荷矩阵的求解

因子载荷矩阵的求解方法有主成分分析法、最大似然法、主轴因子法、最小二乘法等。主成分分析法通过坐标变换的手段，将原有的 p 个变量标准化后进行线性组合，转换成另一组不相关的变量 $f = (f_1, f_2, \cdots, f_p)^T$，即

$$f = U \cdot x \quad 或 \quad \begin{aligned} f_1 &= u_{11}x_1 + u_{12}x_2 + \cdots + u_{1p}x_p, \\ f_2 &= u_{21}x_1 + u_{22}x_2 + \cdots + u_{2p}x_p, \\ &\cdots \\ f_p &= u_{p1}x_1 + u_{p2}x_2 + \cdots + u_{pp}x_p, \end{aligned} \tag{7-8}$$

其中：$u_{i1}^2 + u_{i2}^2 + \cdots + u_{ip}^2 = 1, (i = 1, 2, \cdots, p)$。式中$f_i$与$f_j$相互独立（$i \neq j, i, j = 1, 2, \cdots, p$）；$f_i$的顺序依次为原始变量的第1，第2…，第$p$个主成分（因子）。其中第一个主成分$f_1$在总方差中所占比例最大，其余主成分在总方差中所占比例依次递减，即主成分综合原始变量的能力依次减弱。在实际应用中，一般只选取前面几个主成分即可，这样既减少了变量的数目，又能够用较少的主成分反映原始变量的绝大部分信息。

主成分分析关键的步骤是如何求出上述方程中的系数。实际上上述方程中的系数向量是原始变量相关系数矩阵的特征值对应的特征向量。具体求解步骤为：第一步将原有变量样本数据进行标准化处理；第二步计算变量的相关系数矩阵；第三步求相关系数矩阵的特征根$\lambda_1 \geq \lambda_2 \geq \cdots \geq \lambda_p$及对应的特征向量$u_1$、$u_2$、$\cdots$、$u_p$。

因子分析利用主成分分析得到的p个特征根和对应的特征向量，在此基础上计算因子载荷矩阵：

$$A = \begin{pmatrix} a_{11} & a_{12} & \cdots & a_{1p} \\ a_{21} & a_{22} & \cdots & a_{2p} \\ \vdots & \vdots & \vdots & \vdots \\ a_{p1} & a_{p2} & \cdots & a_{pp} \end{pmatrix} = \begin{pmatrix} u_{11}\sqrt{\lambda_1} & u_{12}\sqrt{\lambda_2} & \cdots & u_{1p}\sqrt{\lambda_p} \\ u_{21}\sqrt{\lambda_1} & u_{22}\sqrt{\lambda_2} & \cdots & u_{2p}\sqrt{\lambda_p} \\ \vdots & \vdots & \vdots & \vdots \\ u_{p1}\sqrt{\lambda_1} & u_{p2}\sqrt{\lambda_2} & \cdots & u_{pp}\sqrt{\lambda_p} \end{pmatrix} \tag{7-9}$$

由于因子分析的目的是减少变量个数，因此在计算因子载荷矩阵时，一般不选取所有特征值，而只选取前k个特征值和特征向量，得到下面包含k个因子的因子载荷矩阵：

$$A = \begin{pmatrix} a_{11} & a_{12} & \cdots & a_{1k} \\ a_{21} & a_{22} & \cdots & a_{2k} \\ \vdots & \vdots & \vdots & \vdots \\ a_{p1} & a_{p2} & \cdots & a_{pk} \end{pmatrix} = \begin{pmatrix} u_{11}\sqrt{\lambda_1} & u_{12}\sqrt{\lambda_2} & \cdots & u_{1k}\sqrt{\lambda_k} \\ u_{21}\sqrt{\lambda_1} & u_{22}\sqrt{\lambda_2} & \cdots & u_{2k}\sqrt{\lambda_k} \\ \vdots & \vdots & \vdots & \vdots \\ u_{p1}\sqrt{\lambda_1} & u_{p2}\sqrt{\lambda_2} & \cdots & u_{pk}\sqrt{\lambda_k} \end{pmatrix} \tag{7-10}$$

一般选取相关系数矩阵特征根大于1的个数$k = |\{\lambda_i | \lambda_i \geq 1\}|$为因子个数；或根据因子的累计方差贡献率$\eta_k = \sum_{i=1}^{k} \lambda_i / \sum_{i=1}^{p} \lambda_i \geq 85\%$的特征根个数$k$为因子个数。

②因子的命名及可解释性

因子的名称应根据因子影响的作用来命名，使因子更具有命名可解释性。所以，一般各因子与原变量间的因子载荷是有所侧重的。

观察因子载荷矩阵，如果因子载荷的绝对值在第j列的多个行上都有较大的取值，则表明因子f_j能够同时解释许多变量的信息，起到了某种综合的作用；而当f_j只能揭示较少部分信息，不能代表任一个原有变量时，因子f_j的含义是模糊不清的。

③因子旋转

建立因子分析模型的目的不仅是通过建立因子分析模型找出主因子，更重要的是通过模型对公因子f_i与原变量$x_1, x_2, \cdots, x_p$中哪些关系密切做出较明确的解释，以便对实际问题进行分析。如果求出主因子解后，各个主因子的典型代表变量不很突出，则还需要进行因子旋转，通过适当的旋转得到比较满意的主因子。

旋转的方法有很多，正交旋转（orthogonal rotation）和斜交旋转（oblique rotation）是因子旋转的两类方法。最常用的方法是方差最大正交旋转法(varimax)。进行因子旋转，就是要使因子载荷矩阵中因子载荷的平方值按列向 0 和 1 两个方向分化，使大的载荷更大，小的载荷更小。

④计算因子得分

当因子确定以后，便可计算各因子在每个样本上的具体数值，这些数值称为因子得分，形成的变量称为因子变量。计算因子得分的途径是用原有变量描述因子，第 j 个因子在第 i 个样本上的值可表示为：

$$f_j = u_{j1}x_1 + u_{j2}x_2 + \cdots + u_{jp}x_p, j = 1, 2, \cdots, k \tag{7-11}$$

计算各样本的因子得分后，可以各因子的方差贡献率为权，由各因子的线性组合得到综合评价指标函数，进而计算样本的综合得分：

$$f = (w_1 f_1 + w_2 f_2 + \cdots + w_k f_k) \tag{7-12}$$

此处 $w_i = g_i^2 / \sum_{j=1}^{k} g_j^2$ 为因子的方差贡献率组成的权值。

5. 因子分析的 MATLAB 函数

因子分析的 MATLAB 函数是 factoran，调用格式为：

```
lambda = factoran(X, m)
[lambda,psi] = factoran(X, m)
[lambda,psi,T] = factoran(X, m)
[lambda,psi,T,stats] = factoran(X, m)
[lambda,psi,T,stats,F] = factoran(X, m)
```

其中，输入 X 为原始数据 $n \times p$ 矩阵，m 为公共因子的个数。输出 lambda 为因子载荷矩阵，psi 为特殊因子的估值，T 为因子载荷旋转矩阵，stats 为假设检验的结果信息，F 是公共因子的样本估值。观测变量 x 与公共因子 f 的关系为

$$x = \mu + Af + e$$

μ 为均值，A 是公共因子载荷 $p \times m$ 矩阵，f 为标准化的独立公共因子，e 为独立特殊因子。因子分析模型也可描述为 $\mathrm{Cov}(x) = AA^{\mathrm{T}} + \Psi = AA^{\mathrm{T}} + \mathrm{Cov}(e)$。

6. 男子田径项目成绩的主要影响因素案例分析

本案例根据 1984 年洛杉矶奥运会 55 个国家和地区的男子径赛成绩，采用因子分析的方法寻找影响男子田径项目成绩的主要影响因素。

①样本数据

1984 年洛杉矶奥运会 55 个国家和地区男子径赛成绩见表 7-2。

表 7-2　1984 年洛杉矶奥运会 55 个国家和地区男子径赛成绩表

单位：秒、分

序号	国家	100 米	200 米	400 米	800 米	1500 米	5000 米	10 000 米	马拉松
1	阿根廷	10.39	20.81	46.84	1.81	3.7	14.04	29.36	137.72
2	澳大利亚	10.31	20.06	44.84	1.74	3.57	13.28	27.66	128.3
3	奥地利	10.44	20.81	46.82	1.79	3.6	13.26	27.72	135.9

序号	国家	100 米	200 米	400 米	800 米	1500 米	5000 米	10 000 米	马拉松
4	比利时	10.34	20.68	45.04	1.73	3.6	13.22	27.45	129.95
5	百慕大	10.28	20.58	45.91	1.8	3.75	14.68	30.55	146.62
6	巴西	10.22	20.43	45.21	1.73	3.66	13.62	28.62	133.13
7	缅甸	10.64	21.52	48.3	1.8	3.85	14.45	30.28	139.95
8	加拿大	10.17	20.22	45.68	1.76	3.63	13.55	28.09	130.15
9	智利	10.34	20.8	46.2	1.79	3.71	13.61	29.3	134.03
10	中国	10.51	21.04	47.3	1.81	3.73	13.9	29.13	133.53
11	哥伦比亚	10.43	21.05	46.1	1.82	3.74	13.49	27.88	131.35
12	库克群岛	12.18	23.2	52.94	2.02	4.24	16.7	35.38	164.7
13	哥斯达黎加	10.94	21.9	48.66	1.87	3.84	14.03	28.81	136.58
14	捷克斯洛伐克	10.35	20.65	45.64	1.76	3.58	13.42	28.19	134.32
15	丹麦	10.56	20.52	45.89	1.78	3.61	13.5	28.11	130.78
16	多米尼加共和国	10.14	20.65	46.8	1.82	3.82	14.91	31.45	154.12
17	芬兰	10.43	20.69	45.49	1.74	3.61	13.27	27.52	130.87
18	法国	10.11	20.38	45.28	1.73	3.57	13.34	27.97	132.3
19	德意志民主共和国	10.12	20.33	44.87	1.73	3.56	13.17	27.42	129.92
20	德意志联邦共和国	10.16	20.37	44.5	1.73	3.53	13.21	27.61	132.23
21	大不列颠及北爱尔兰	10.11	20.21	44.93	1.7	3.51	13.01	27.51	129.13
22	希腊	10.22	20.71	46.56	1.78	3.64	14.59	28.45	134.6
23	危地马拉	10.98	21.82	48.4	1.89	3.8	14.16	30.11	139.33
24	匈牙利	10.26	20.62	46.02	1.77	3.62	13.49	28.44	132.58
25	印度	10.6	21.42	45.73	1.76	3.73	13.77	28.81	131.98
26	印度尼西亚	10.59	21.49	47.8	1.84	3.92	14.73	30.79	148.83
27	以色列	10.61	20.96	46.3	1.79	3.56	13.32	27.81	132.35
28	爱尔兰	10.71	21	47.8	1.77	3.72	13.66	28.93	137.55
29	意大利	10.01	19.72	45.26	1.73	3.6	13.23	27.52	131.08
30	日本	10.34	20.81	45.86	1.79	3.64	13.41	27.72	128.63
31	肯尼亚	10.46	20.66	44.92	1.73	3.55	13.1	27.38	129.75
32	韩国	10.34	20.89	46.9	1.79	3.77	13.96	29.23	136.25
33	朝鲜人民民主共和国	10.91	21.94	47.3	1.85	3.77	14.13	29.67	130.87
34	卢森堡	10.35	20.77	47.4	1.82	3.67	13.64	29.08	141.27
35	马来西亚	10.4	20.92	46.3	1.82	3.8	14.64	31.01	154.1
36	毛里求斯	11.19	22.45	47.7	1.88	3.83	15.06	31.77	152.23
37	墨西哥	10.42	21.3	46.1	1.8	3.65	13.46	27.95	129.2
38	荷兰	10.52	20.95	45.1	1.74	3.62	13.36	27.61	129.02
39	新西兰	10.51	20.88	46.1	1.74	3.54	13.21	27.7	128.98
40	挪威	10.55	21.16	46.71	1.76	3.62	13.34	27.69	131.48
41	巴布亚新几内亚	10.96	21.78	47.9	1.9	4.01	14.72	31.36	148.22
42	菲律宾	10.78	21.64	46.24	1.81	3.83	14.74	30.64	145.27
43	波兰	10.16	20.24	45.36	1.76	3.6	13.29	27.89	131.58
44	葡萄牙	10.53	21.17	46.7	1.79	3.62	13.13	27.38	128.65
45	罗马尼亚	10.41	20.98	45.87	1.76	3.64	13.25	27.67	132.5
46	新加坡	10.38	21.28	47.4	1.88	3.89	15.11	31.32	157.77

序号	国家	100 米	200 米	400 米	800 米	1500 米	5000 米	10 000 米	马拉松
47	西班牙	10.42	20.77	45.98	1.76	3.55	13.31	27.73	131.57
48	瑞士	10.25	20.61	45.63	1.77	3.61	13.29	27.94	130.63
49	瑞典	10.37	20.46	45.78	1.78	3.55	13.22	27.91	131.2
50	中国台湾	10.59	21.29	46.8	1.79	3.77	14.07	30.07	139.27
51	泰国	10.39	21.09	47.91	1.83	3.84	15.23	32.56	149.9
52	土耳其	10.71	21.43	47.6	1.79	3.67	13.56	28.58	131.5
53	美国	9.93	19.75	43.86	1.73	3.53	13.2	27.43	128.22
54	苏联	10.07	20	44.6	1.75	3.59	13.2	27.53	130.55
55	西萨摩亚	10.82	21.86	49	2.02	4.24	16.28	34.71	161.83

②计算程序

案例分析的程序如下。

```
% 因子分析
% 读取数据
[X,textdata] = xlsread('data.xls');    % 从 Excel 文件中读取数据
X = X(:,3:end);                         % 提取 X 的第 3 至最后一列,即要分析的数据
varname = textdata(3,3:end);           % 提取 textdata 的第 3 行,第 3 至最后一列,即变量名
obsname = textdata(4:end,2);           % 提取 textdata 的第 2 列,第 4 至最后一行,即国家或地区名

% 调用 factoran 函数根据原始观测数据作因子分析,进行因子旋转,公共因子数为 4
[lambda,psi,T,stats] = factoran(X,4)
p = size(lambda,1);
Contribut = 100 * sum(lambda.^2)/p     % 计算贡献率,因子载荷阵的列元素之和除以维数
CumCont = cumsum(Contribut)            % 计算累积贡献率

% 公共因子数为 2
[lambda,psi,T,stats,F] = factoran(X, 2)
Contribut = 100 * sum(lambda.^2)/p     % 计算贡献率,因子载荷阵的列元素之和除以维数
CumCont = cumsum(Contribut)            % 计算累积贡献率

[varname' num2cell(lambda)]

% 将因子得分 F 分别按耐力因子得分和速度因子得分进行排序
obsF = [obsname, num2cell(F)];         % 将国家和地区名与因子得分放在一个元胞数组中显示
f₁ = sortrows(obsF, 2);                % 按耐力因子得分排序
f₂ = sortrows(obsF, 3);                % 按速度因子得分排序
head = {'国家/地区','耐力因子','速度因子'};
result1 = [head;f₁];                   % 显示按耐力因子得分排序的结果
result2 = [head;f₂];                   % 显示按速度因子得分排序的结果

% 绘制因子得分负值的散点图
plot( -F(:,1), -F(:,2),'k.');          % 作因子得分负值的散点图
xlabel('耐力因子得分(负值)');         % 为 X 轴加标签
ylabel('速度因子得分(负值)');         % 为 Y 轴加标签
box off;                               % 去掉坐标系右上的边框
gname(obsname);                        % 交互式添加各散点的标注
```

③结果输出

计算结果如下，按 4 个因子计算可见前 2 个因子的贡献率达到 89.66%，因此再进行 2 个因子的计算，此时 2 个因子贡献率达到 91.7%。

```
lambda =                                          %  4 个因子载荷矩阵
   0.2786    0.9537    0.0229    -0.0115
   0.3857    0.8530    0.1155     0.0794
   0.5339    0.7211    0.2231     0.0133
   0.6679    0.5884    0.3984     0.0271
   0.7852    0.5020    0.2316     0.2177
   0.8963    0.3866    0.0919     0.0441
   0.9076    0.3966    0.0722     0.0276
   0.9132    0.2759    0.0889    -0.0473

Contribut =                                       %  4 个因子贡献率
   50.4392       39.2256       3.7195      0.7459

CumCont =                                         %  4 个因子累积贡献率
   50.4392       89.6648      93.3843     94.1303

lambda =                                          %  2 个因子载荷矩阵
   0.2876       0.9145
   0.3790       0.8835
   0.5405       0.7460
   0.6891       0.6244
   0.7967       0.5324
   0.8993       0.3968
   0.9058       0.4019
   0.9138       0.2809

Contribut =                                       %  2 个因子贡献率
   51.1556       40.5565

CumCont =                                         %  2 个因子累积贡献率
   51.1556       91.7121

ans =
   '100 米'       [0.2876]    [0.9145]
   '200 米'       [0.3790]    [0.8835]
   '400 米'       [0.5405]    [0.7460]
   '800 米'       [0.6891]    [0.6244]
   '1500 米'      [0.7967]    [0.5324]
   '5000 米'      [0.8993]    [0.3968]
   '10000 米'     [0.9058]    [0.4019]
   '马拉松'        [0.9138]    [0.2809]
```

根据两因子与原变量的相关系数，可定义两因子分别为耐力因子和速度因子。计算结果得到耐力因子和速度因子得分，见图 7-1。

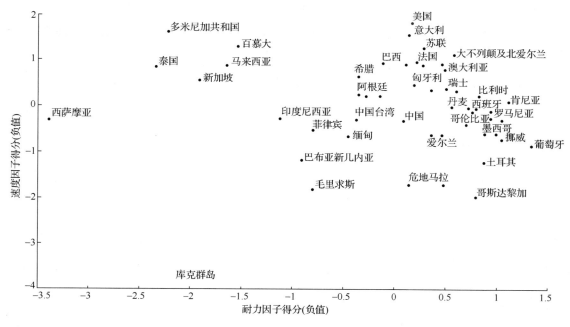

图 7-1　各国耐力因子和速度因子得分图示

7. 因子分析法在企业经济效益分析中的应用案例

这里以 1999 年四川省部分地区本地电话业务作为评价对象。根据数据来源情况，采用的反映经济效益的指标变量分别为资产利润率(x_1)、净资产利润率(x_2)、成本利润率(x_3)、成本费用利润率(x_4)、业务收入利润率(x_5)、人均利润率(x_6)。四川省 12 个地区样本在各指标下取值见表 7-3。

表 7-3　评价指标与数据

指标 \ 地名	资产利润率	名次	净资产利润率	名次	成本利润率	名次	成本费用利润率	名次	业务收入利润率	名次	人均利润率	名次
成都	3.66	2	7.31	4	17.27	3	13.69	3	16.18	2	5.17	1
自贡	2.97	4	7.76	3	15.42	4	12.36	4	13.54	4	2.88	4
泸州	− 0.67	7	− 1.48	7	− 3.49	8	− 2.93	8	− 3.28	8	− 0.64	8
德阳	3.54	3	9.15	1	18.82	2	13.78	2	15.41	3	2.94	3
绵阳	− 0.70	8	− 1.79	8	− 3.27	7	− 2.56	7	− 3.22	7	− 0.54	7
广元	− 3.58	12	− 8.14	11	− 11.87	11	− 10.26	11	− 13.79	11	− 1.62	11
内江	4.46	1	8.70	2	21.15	1	18.13	1	17.51	1	3.30	2
乐山	− 1.39	9	− 3.44	9	− 5.89	9	− 4.58	9	− 5.60	9	− 1.01	9
南充	− 3.07	11	− 11.07	12	− 15.80	12	− 12.36	12	− 15.50	12	− 2.34	12
宜宾	0.80	6	2.59	6	3.2	6	2.67	6	3.38	6	0.51	6

由表 7-3 可以看出，有些地方在不同指标下，评价的结果并非完全一致。如：成都在 x_1 指标下的名次是第 2 名，而在 x_2 指标下的名次为第 4 名，在 x_3、x_4、x_5、x_6 指标下的名次又

分别为第 3、3、2、1 名。德阳在 x_1 指标下比成都、内江经济效益差，名次为第 3 名；而在 x_2 指标下，又比成都、内江经济效益好，名列第 1 名，等等。怎样对样本企业做出合理的综合评价？首先，利用主成分分析法，求出相关矩阵及其特征值的贡献率。

相关系数矩阵：

1.0000	0.9800	0.9914	0.9943	0.9959	0.9510
0.9800	1.0000	0.9855	0.9817	0.9903	0.9286
0.9914	0.9855	1.0000	0.9983	0.9962	0.9578
0.9943	0.9817	0.9983	1.0000	0.9957	0.9544
0.9959	0.9903	0.9962	0.9957	1.0000	0.9617
0.9510	0.9286	0.9578	0.9544	0.9617	1.0000

特征向量：

0.3131	0.2357	0.6607	0.4717	0.1389	0.4100
0.3143	−0.0787	0.0659	−0.7395	0.4223	0.4068
−0.0502	0.6738	−0.5888	0.1357	0.0964	0.4111
0.1653	−0.6853	−0.3997	0.4008	0.1179	0.4108
−0.8688	−0.1174	0.2260	−0.0633	0.0818	0.4119
0.1363	−0.0295	0.0389	−0.2180	−0.8789	0.3988

特征根（由小到大）：

0.0001	0	0	0	0	0
0	0.0009	0	0	0	0
0	0	0.0093	0	0	0
0	0	0	0.0206	0	0
0	0	0	0	0.0809	0
0	0	0	0	0	5.8883

方差贡献率（由大到小）：

0.9814	0.0135	0.0034	0.0015	0.0002	0.0000

累计方差贡献率：

0.9814	0.9949	0.9983	0.9998	1.0000	1.0000

表 7-4 因子载荷阵 A

	公因子 1
资产利润率	0.9949
净资产利润率	0.9871
成本利润率	0.9976
成本费用利润率	0.9968
业务收入利润率	0.9994
人均利润率	0.9678

由相关系数矩阵可以看出，六个指标彼此之间存在很强的相关性，说明六个指标反映的经济信息有很大的重叠。并且，第一公因子方差占全部因子方差的 98.14%，这说明第一公因子综合各指标的信息达到 98.14%，用第一个公因子来反映企业经济效益所损失的信息不到 2%。于是，取第一公因子作为综合变量。

采用主成分分析法计算出因子载荷矩阵 A，见表 7-4。

观察 A 可以看出，每个评价指标都与第一公因子存在高度相关，相关程度都在 0.96 以上。这进一步说明第一公因子完全可以用来作为反映企业经济效益的综合指示。

为了考察每个样本，并对它们进行分析评价，采用回归方法将公因子表示为六个指标变量的线性组合，即因子得分函数：

$$f_1 = 0.1674x_1 + 0.1661x_2 + 0.1678x_3 + 0.1677x_4 + 0.1682x_5 + 0.1628x_6$$

上式就是本例的经济效益评价模型。将各个地区标准化后的原始数据代入上式，可得出各个地区的综合评价指标 f_1 的得分，以这个得分的大小进行排队，就可以排列出每个地区经济效益的名次。综合得分及排列结果见表7-5。

表7-5　各地区因子得分及排序

地区	成都	自贡	泸州	德阳	绵阳	广元	内江	乐山	南充	宜宾	达州	眉山
得分	1.1175	0.8618	−0.477	1.0187	−0.4701	−1.215	1.2078	−0.6727	−1.4026	0.0316	0.517	−0.856
名次	2	4	8	3	7	11	1	9	12	6	5	10

从表7-5可以看出，效益最好的前三名是内江、成都、德阳；相比最差的是南充和广元。这个评价结果是综合各指标信息而得到的，它与每个指标下的结果有可能不完全一致，用综合指标反映和概括了地区的综合情况。应说明一点的是，某些地区的综合评价指标 f_1 得分为负数，这是因为在进行因子分析时，对数据作了标准化处理，把各个评价指标的平均水平当成零来处理的缘故。因此，某个企业的综合得分为负数，只表示该地区综合经济效益在全体被考察地区的平均水平之下。还有一点要说明的是，用因子分析法对企业经济效益进行综合评价时，一定要弄清因子分析法的内在机理及其解决问题的出发点，对具体实际问题，要结合评价本身的目的来进行。任何方法都有它的适用范围，采用因子分析法来解决综合评价问题时，也要结合其他方法来进行。

通过以上的分析与评价，可以看出，应用因子分析法很好地解决了多指标下的综合评价问题，它通过分析事物的内在关系，抓住主要矛盾，找出主要因素，使多变量的复杂问题变得易于研究和分析。虽然只选择了六个指标，可能存在不完全的问题，但不影响方法和过程的一般性研究。在指标全面的条件下，按着同样的思路和方法，就可以得到更趋于满意的结果。

7.2　聚类分析

在自然科学、社会科学、工农业生产等各个领域中存在着大量分类问题，比如企业的决策者在指定营销计划时，首先要对客户进行分类，也就是进行客户细分。因为在消费同一种类的商品或服务时，不同的客户有不同的消费特点，通过研究这些特点，企业可以制定出不同的营销组合，从而获取最大的消费者剩余，这就是客户细分的主要目的。再比如股市投资者在进行板块分析时，必须从行业、产业、地域、时间等多种角度来对股市的板块进行划分，并客观、全面、准确地分析并选出各板块及板块内的绩优龙头股和潜力股。又在对某些大城市的物价指数进行考察时，物价指数有很多，有农用生产物价指数、服务项目物价指数、食品消费物价指数、建材零售价格指数等等。由于要考察的物价指数很多，通常先对这些物价指数进行分类。总之，需要分类的问题很多，而这正给了"聚类分析"以用武之地。事实上，聚类分析这个有用的数学工具越来越受到人们的重视，它在许多领域中都得到了应用。

7.2.1　聚类分析的含义

聚类分析又称群分析，它是研究(样品或指标)分类问题的一种多元统计方法。聚类分析起源于分类学，在考古的分类学中，人们主要依靠经验和专业知识来实现分类。随着生产技术和科学的发展，人类的认识不断加深，分类越来越细，要求也越来越高，有时光凭经验和专业知识是不能进行确切分类的，往往需要定性和定量分析结合起来去分类，于是数学工具逐渐被引进分类学中，形成了数值分类学。后来随着多元分析的引进，聚类分析又逐渐从数值分类学中分离出来而形成一个相对独立的分支。

所谓类，通俗地说，就是指相似元素的集合。严格的数学定义是较麻烦的，在不同问题中类的定义是不同的。聚类分析就是对一群不知道类别的观察对象按照彼此的相似程度进行分类，达到"物以类聚"的目的。聚类分析既可以对样品进行聚类，也可以对变量或者说指标进行聚类。从几何的角度来讲，聚类分析就是根据某种准则将空间中某些比较接近的点归为一类，而点之间的接近程度则通常用相似系数和距离两种量来表示。

在进行聚类分析时，通常将数据抽象为样本矩阵 $X = [x_{ij}]_{n \times p}$，$x_{ij}$ 表示第 i 个样本的第 j 个变量的值。聚类的目的，就是从数据出发，将样本和变量分成类。

7.2.2　相似系数和距离

为了将样品（或指标）进行分类，就需要研究样品之间的关系。目前用得最多的方法有两个：一种方法是用相似系数，一种方法是距离。

1. 相似系数

相似系数是表示样本之间相似程度的度量，其变化区间为 $[0,1]$。性质越接近的样品，它们的相似系数的值越接近 1，而越是彼此无关的样品，它们的相似系数的值越接近于 0。比较相似的样品归为一类，不怎么相似的样品归为不同的类。

常用的相似系数主要有以下几种。

①夹角余弦

这是受相似形的启发而来的，如图 7-2 中曲线 AB 和 CD 尽管长度不一，但形状相似。

当长度不是主要矛盾时，要定义一种相似系数，使 AB 和 CD 呈现出比较密切的关系，夹角余弦就适合这个要求。它的定义是：将任何两个样品 x_i 与 x_j 看成 p 维空间的两个向量，这两个向量的夹角余弦用 $\cos\theta_{ij}$ 表示。则

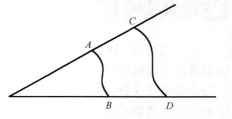

图 7-2　相似形状示意图

$$\cos\theta_{ij} = \frac{\sum_{a=1}^{p} x_{ia}x_{ja}}{\sqrt{\sum_{a=1}^{p} x_{ia}^2 \cdot \sum_{a=1}^{p} x_{ja}^2}} \qquad 1 \le \cos\theta_{ij} \le 1 \tag{7-13}$$

当 $\cos\theta_{ij} = 1$，说明两个样品 x_i 与 x_j 完全相似；$\cos\theta_{ij}$ 接近 1，说明 x_i 与 x_j 相似密切；$\cos\theta_{ij} = 0$，说明 x_i 与 x_j 完全不一样；$\cos\theta_{ij}$ 接近 0，说明 x_i 与 x_j 差别大。把所有两两样品的相似系数都算出，可排成相似系数矩阵

$$H = \begin{bmatrix} \cos\theta_{11} & \cos\theta_{12} & \cdots & \cos\theta_{1n} \\ \cos\theta_{21} & \cos\theta_{22} & \cdots & \cos\theta_{2n} \\ \vdots & \vdots & & \\ \cos\theta_{n1} & \cos\theta_{n2} & \cdots & \cos\theta_{nn} \end{bmatrix}$$

其中 $\cos\theta_{11} = \cos\theta_{22} = \cdots = \cos\theta_{nn} = 1$。$H$ 是一个实对称阵，所以只需计算上三角形部分或下三角形部分，根据 H 可对 n 个样品进行分类，把比较相似的样品归为一类，不怎么相似的样品归为不同的类。

②相关系数

通常所说的相关系数，一般指变量间的相关系数，作为刻画样品间的相似关系也可类似给出定义，即第 i 个样品与第 j 个样品之间的相关系数定义为

$$r_{ij} = \frac{\sum_{a=1}^{p} (x_{ia} - \bar{x}_i)(x_{ja} - \bar{x}_j)}{\sqrt{\sum_{a=1}^{p} (x_{ia} - \bar{x}_i)^2 \cdot \sum_{a=1}^{p} (x_{ja} - \bar{x}_j)^2}} \qquad -1 \leqslant r_{ij} \leqslant 1 \qquad (7\text{-}14)$$

其中

$$\bar{x}_i = \frac{1}{p} \sum_{a=1}^{p} x_{ia} \qquad \bar{x}_j = \frac{1}{p} \sum_{a=1}^{p} x_{ja}$$

得相关系数矩阵

$$R = (r_{ij}) = \begin{bmatrix} r_{11} & r_{12} & \cdots & r_{1n} \\ r_{21} & r_{22} & \cdots & r_{2n} \\ \vdots & \vdots & & \vdots \\ r_{n1} & r_{n2} & \cdots & r_{nn} \end{bmatrix}$$

实际上，r_{ij} 就是两个向量 $x_i - \bar{x}_i$ 与 $x_j - \bar{x}_j$ 的夹角余弦，其中 $\bar{x}_i = (\bar{x}_i, \bar{x}_i, \cdots, \bar{x}_i)$，$\bar{x}_j = (\bar{x}_j, \bar{x}_j, \cdots, \bar{x}_j)$。若将原始数据标准化，则 $\bar{x}_i = \bar{x}_j = 0$，这时 $r_{ij} = \cos\theta_{ij}$，$r_{11} = r_{22} = \cdots = r_{nn} = 1$。根据 R 对 n 个样品进行分类。

2. 距离

距离是从几何学角度出发形成的概念，将每一个样品视为 p 维空间的一个点，从而能够计算不同空间点之间的距离，距离越近表明样本之间越相似，即可归为一类，距离较远的点则归为不同的类。

令 d_{ij} 表示样品 x_i 与 x_j 的距离，常用的距离计算方法有以下几种。

①明氏（Minkowski）距离

$$d_{ij}(q) = \left(\sum_{a=1}^{p} |x_{ia} - x_{ja}|^q \right)^{1/q} \qquad (7\text{-}15)$$

当 $q = 1$ 时，得绝对距离

$$d_{ij}(1) = \sum_{a=1}^{p} |x_{ia} - x_{ja}| \qquad (7\text{-}16)$$

当 $q = 2$ 时，得欧氏距离

$$d_{ij}(2) = \left(\sum_{a=1}^{p} (x_{ia} - x_{ja})^2 \right)^{1/2} \tag{7-17}$$

当 $q = \infty$ 时，得切比雪夫距离

$$d_{ij}(\infty) = \max_{1 \leq a \leq p} |x_{ia} - x_{ja}| \tag{7-18}$$

明氏距离和欧氏距离是人们较为熟悉并且使用最多的距离。但明氏距离存在不足，主要表现在两个方面：第一，它与各指标的量纲有关；第二，它没有考虑指标之间的相关性，欧氏距离也不例外。除此之外，从统计的角度上看，使用欧氏距离要求一个向量的分量是不相关的且具有相同的方差，或者说各坐标对欧氏距离的贡献是同等的且变差大小也是相同的，这时使用欧氏距离才合适，效果也较好，否则就有可能不能如实反映情况，甚至导致错误结论。因此一个合理的做法，就是对坐标加权，这就产生了"统计距离"。比如设 $P = (x_1, x_2, \cdots, x_p)'$，$Q = (y_1, y_2, \cdots, y_p)'$，且 Q 的坐标是固定的，点 P 的坐标相互独立地变化。用 $s_{11}, s_{12}, \cdots, s_{pp}$ 表示 p 个变量 $x_1, x_2, \cdots, x_p$ 的 n 次观测的样本方差，则可定义 P 到 Q 的统计距离为：

$$d(P,Q) = \sqrt{\frac{(x_1 - y_1)^2}{s_{11}} + \frac{(x_2 - y_2)^2}{s_{22}} + \cdots + \frac{(x_p - y_p)^2}{s_{pp}}} \tag{7-19}$$

所加的权是 $k_1 = \dfrac{1}{s_{11}}, k_2 = \dfrac{1}{s_{22}}, \cdots, k_p = \dfrac{1}{s_{pp}}$，即用样本方差除相应坐标。当取 $y_1 = y_2 = \cdots = y_p = 0$ 时，就是点 P 到原点 O 的距离。若 $s_{11} = s_{22} = \cdots = s_{pp}$ 时，就是欧氏距离。

②马氏（Mahalanobis）距离

马氏距离是由印度统计学家马哈拉诺比斯于 1936 年引入的，故称为马氏距离。这一距离在多元统计分析中起着十分重要的作用。

设 Σ 表示指标的协差阵，即：

$$\Sigma = (\sigma_{ij})_{p \times p}$$

其中

$$\sigma_{ij} = \frac{1}{n-1} \sum_{a=1}^{n} (x_{ai} - \bar{x}_i)(x_{aj} - \bar{x}_j) \qquad i,j = 1, \cdots, p$$

$$\bar{x}_i = \frac{1}{n} \sum_{a=1}^{n} x_{ai} \qquad \bar{x}_j = \frac{1}{n} \sum_{a=1}^{n} x_{aj}$$

如果 Σ^{-1} 存在，则两个样品之间的马氏距离为

$$d_{ij}^2(M) = (x_i - x_j)^{\mathrm{T}} \Sigma^{-1} (x_i - x_j) \tag{7-20}$$

这里 x_i 为样品 i 的 p 个指标组成的向量，即原始资料阵的第 i 行向量。样品 x_j 类似。

顺便给出样品 X 到总体 G 的马氏距离定义为

$$d^2(X,G) = (X - \mu)^{\mathrm{T}} \Sigma^{-1} (X - \mu) \tag{7-21}$$

其中 μ 为总体的均值向量，Σ 为协方差阵。

马氏距离既排除了各指标之间相关性的干扰，而且还不受各指标量纲的影响。除此之外它还有一些优点，如可以证明，将原数据作一线性变换后，马氏距离仍不变，等等。

③兰氏(Canberra)距离

它是由 Lance 和 Williams 最早提出的,故称兰氏距离。兰氏距离的计算公式为

$$d_{ij}(L) = \frac{1}{p} \sum_{a=1}^{p} \frac{|x_{ia} - x_{ja}|}{x_{ia} + x_{ja}} \qquad i,j = 1, \cdots, n \qquad (7\text{-}22)$$

此距离仅适用于一切 $x_{ij} > 0$ 的情况,这个距离有助于克服各指标之间量纲的影响,但没有考虑指标之间的相关性。

计算任何两个样品 x_i 与 x_j 之间的距离 d_{ij},其值越小表示两个样品接近程度越大,d_{ij} 值越大表示两个样品接近程度越小。把任何两个样品的距离都算出来后,可排成距离阵 D:

$$D = \begin{bmatrix} d_{11} & d_{12} & \cdots & d_{1n} \\ d_{21} & d_{22} & \cdots & d_{2n} \\ \vdots & & & \\ d_{n1} & d_{n2} & \cdots & d_{nn} \end{bmatrix}$$

其中 $d_{11} = d_{22} = \cdots = d_{nn} = 0$。$D$ 是一个实对称阵,所以只须计算上三角形部分或下三角形部分即可。根据 D 可对 n 个点进行分类,距离近的点归为一类,距离远的点归为不同的类。

7.2.3 聚类分析的基本过程

聚类分析的方法有很多,如最常用的系统聚类法;可视为系统分类法逆过程的分解法;将 n 个样本粗糙地分成若干类,然后用某种最优准则进行调整,直至不能调整为止的动态聚类法;按照时间顺序进行分类的有序样本聚类法;将聚类问题化为线性规划、动态规划、整数规划模型的运筹学聚类法;将样本按自组织特征映射的方法进行聚类的神经网络聚类法;将模糊数学用于样本聚类的模糊聚类法;以及在预测中应用聚类,以弥补非稳定信号回顾的预测分析的预测中聚类法等。

以下主要介绍系统聚类分析方法,其基本思路是开始先将 n 个样本各自归为一类,即 n 类;然后取其中最相似者为一新类,此时总类数变为 $n-1$ 类,再计算新类与其他 $n-2$ 个类之间的相似性,选择最相近者并为又一新类,此时总类数变为 $n-2$。以此类推,直到所有样本都归为一类为止。该聚类过程可用聚类图谱表示出来,并在合理选择聚类距离或相似系数后,得到最终聚类类别。

1. 系统聚类分析的步骤

系统聚类分析的步骤主要包括以下几步。

①首先对数据进行标准化处理,消除量纲差别,使指标之间具有可比性;即

$$x'_{ij} = \frac{x_{ij} - \bar{x}_j}{s_j}, \ (i = 1, 2, \cdots, n; j = 1, 2, \cdots, p)$$

由此得到标准化的数据矩阵 $X_{n \times p}$。其中每一行表示一个样本的各项指标,每一列表示一项指标在各个样本中的标准数据值。

②计算不同行向量之间的距离 d_{ij} 或相似系数 r_{ij},可根据需要选用不同的计算方法,并形成距离矩阵 D 或相似矩阵 R。该矩阵是实对称矩阵,其主对角线元素为 0 或 1。

③根据需要选用不同的逐步归类方法进行聚类，主要有最短距离法和最长距离法等。以最短距离法为例，其具体过程如下。

第一步，设 d_{ij} 为向量 x_i 与 x_j 之间的距离，并以 d_{ij} 为元素形成初始距离矩阵 D_0；

第二步，选择 D_0 中非主对角线元素中的最小元素 d_{pq}，将第 G_p 与 G_q 类合并为一新类第 G_r 类。

第三步，计算新类 G_r 与其他类之间的距离 D_1，其中，新类 G_r 与其他类 G_k 之间的距离计算公式为 $d_{rk} = \min(d_{pk}, d_{qk})$，选择 D_1 中非主对角线元素中的最小元素，并归出新类；

第四步，重复上述过程，直到归为一类为止。

2. MATLAB 中聚类分析的主要函数

MATLAB 中有多个函数实现聚类分析计算功能，经常综合使用的聚类分析函数如下。

①计算样本之间的距离

样本之间的距离计算函数为

$$Y = \mathrm{pdist}(X)$$

式中，X 为 $n \times p$ 的矩阵，n 为样本数，p 为指标（变量）；返回的 Y 为有 $(n-1) \times n/2$ 个匹配距离的向量，这些距离按照 $(1,2),(1,3),\cdots,(1,n),(2,3),\cdots,(2,n),\cdots,\cdots,(n-1,n)$ 的顺序排列，Y 也称为相似矩阵。可用 squraeform( ) 将 Y 转变为方矩阵。

或者：

$$Y = \mathrm{pdist}(X, \mathrm{METRIC})$$

其中 METRIC 为计算距离时采用的方法，'euclid' 表示欧氏距离，'seuclid' 为标准化欧氏距离，'cityblock' 表示布洛克距离，'mahal' 表示马氏距离，'minkowski' 表示明科夫斯基距离。

或者：

$$Y = \mathrm{pdist}(X, \mathrm{'minkowski'}, p)$$

表示使用明科夫斯基距离计算 X 数据矩阵中样本之间的距离；p 表示计算明科夫斯基距离时取的幂次。

②距离矩阵函数：$Z = \mathrm{squraeform}(Y)$

squraeform( ) 函数将 $Y = \mathrm{pdist}( )$ 计算得到的 Y 转变为方矩阵 Z，这样矩阵中 (i,j) 位置的元素对应样本 i 和 j 之间的距离。

③创建系统聚类树函数：$Z = \mathrm{linkage}(Y)$

根据 pdist( ) 函数计算得到的 Y，linkage( ) 使用最短距离法快速创建一个系统聚类树。

或者：

$$Z = \mathrm{linkage}(Y, \mathrm{method})$$

式中 method 为聚类方法，'single' 表示最短距离法，'complete' 表示最长距离法，'average' 表示平均距离法，'centroid' 表示重心距离法，'ward' 表示平方和递增法。

④绘制聚类谱系图：$H = \mathrm{dendrogram}(Z)$

对于由 linkage( ) 函数得到的系统聚类树 Z，可用函数 dendrogram( ) 绘出聚类谱系图。

⑤计算 cophenetic 相关系数的函数：$C = \mathrm{cophenet}(Z, Y)$

函数 cophenet( ) 返回 cophenetic 相关系数 C，利用 linkage( ) 函数得到的 Z 和 pdist( ) 函数得到的 Y 计算 cophenetic 相关系数，该值越接近 1，表示拟合程度越好。

⑥聚类分析函数：$T = \mathrm{cluster}(Z, \mathrm{CUTOFF})$

根据 linkage( ) 函数得到的 Z 来创建分类。

⑦系统聚类分析函数：$T = \mathrm{clusterdata}(Z, \mathrm{CUTOFF})$

根据数据矩阵 X 创建分类，当 $0 < \mathrm{CUTOFF} < 2$，CUTOFF 可以解释为不连续系数的阈值，不连续系数为系统聚类树中对象的差异程度，若某连续的不连续系数大于阈值，则 clusterdata( ) 函数用该连接作为分类的界限，当 $\mathrm{CUTOFF} \geqslant 2$，CUTOFF 可以解释为系统聚类树中分类的最大个数。

3. 聚类分析实例

表 7-6 为 2006 年我国 31 个主要城市各月的平均气温，本节将利用表中的数据进行聚类分析。

表 7-6　2006 年我国主要城市的月平均气温（单位：℃）

城市	1 月	2 月	3 月	4 月	5 月	6 月	7 月	8 月	9 月	10 月	11 月	12 月
北京	-1.9	-0.9	8.0	13.5	20.4	25.9	25.9	26.4	21.8	16.1	6.7	-1.0
天津	-2.7	-1.4	7.5	13.2	20.3	26.4	25.9	26.4	21.3	16.2	6.5	-1.7
石家庄	-0.9	1.6	10.3	15.1	21.3	27.4	27.0	25.9	21.8	17.8	8.0	0.4
太原	-3.6	-0.4	6.8	14.5	19.1	23.2	25.7	23.1	17.4	13.4	4.4	-2.5
呼和浩特	-9.2	-7.0	2.2	10.3	17.4	21.8	24.5	22.0	16.3	11.5	1.3	-7.7
沈阳	-12.7	-8.1	0.5	8.0	18.3	21.6	24.2	24.3	17.5	11.6	0.8	-6.7
长春	-14.5	-10.6	-1.3	6.1	17.0	20.2	23.5	23.3	17.1	9.6	-2.3	-9.3
哈尔滨	-17.7	-12.6	-2.8	5.9	17.1	19.9	23.4	23.1	16.2	7.4	-4.5	-12.1
上海	5.7	5.6	11.1	16.6	20.8	25.6	29.4	30.2	23.9	22.1	15.7	8.2
南京	3.9	4.3	11.3	17.1	21.2	26.5	28.7	29.5	22.5	20.3	12.8	5.2
杭州	5.8	6.1	12.4	18.3	21.5	25.9	30.1	30.6	23.3	21.9	15.1	7.7
合肥	3.4	4.5	11.7	17.2	21.7	26.7	28.8	29.0	22.2	20.4	12.8	5.0
福州	12.5	12.5	14.0	19.4	22.3	26.5	29.4	29.0	25.9	24.4	19.8	14.1
南昌	6.6	6.5	12.7	19.3	22.7	26.0	30.0	30.0	24.3	22.1	15.0	8.1
济南	0.0	2.1	10.2	16.5	21.5	26.9	27.4	26.0	21.4	19.5	10.0	1.6
郑州	0.3	3.9	11.5	17.1	21.8	27.8	27.1	26.1	21.2	19.0	10.8	3.0
武汉	4.2	5.8	12.8	19.0	23.9	28.4	30.2	29.7	24.0	21.0	14.0	6.9
长沙	5.3	6.2	12.5	19.9	23.6	27.0	30.1	29.5	24.0	21.3	14.7	7.8
广州	15.8	17.3	17.9	23.6	25.3	27.8	29.8	29.4	27.0	26.4	21.9	16.0
南宁	14.3	14.3	17.5	23.9	25.2	27.6	28.0	27.2	25.7	25.5	20.4	14.0
海口	18.3	20.5	21.8	26.7	28.3	29.4	30.0	28.5	27.4	27.1	25.3	20.8
重庆	7.8	9.0	13.3	19.2	22.9	25.4	31.0	32.4	24.8	20.6	14.6	9.4
温州	5.8	7.5	12.1	17.9	21.6	24.0	26.9	26.6	20.9	19.0	13.3	6.9
贵阳	4.3	5.4	10.2	17.0	18.9	21.1	23.8	23.2	20.5	16.7	11.2	5.8
昆明	10.8	13.2	15.9	18.0	18.0	20.4	21.3	20.6	18.3	16.9	13.2	9.8
拉萨	2.7	5.0	6.2	8.3	12.8	17.8	18.3	17.1	14.7	8.6	3.7	1.2
西安	-0.2	4.3	10.8	16.8	21.4	26.5	28.2	26.0	19.5	16.8	9.4	2.3
兰州	-6.9	-2.6	3.2	10.3	15.6	20.0	22.2	21.9	13.8	10.2	1.5	-7.4
西宁	-6.5	-3.0	1.4	7.1	12.0	15.5	18.7	18.2	11.7	7.6	0.3	-6.4

城市	1月	2月	3月	4月	5月	6月	7月	8月	9月	10月	11月	12月
银川	−7.4	−2.2	4.9	13.6	18.8	23.7	24.8	23.8	16.5	13.7	4.4	−1.3
乌鲁木齐	−14.2	−6.7	1.2	12.0	16.8	23.2	24.5	24.1	17.6	11.4	1.9	−8.8

在用 MATLAB 软件进行聚类分析时，可以使用 clusterdata( ) 函数进行一步聚类，也可以综合使用上面介绍的各种聚类分析函数进行分步聚类，并得到直观的图形表示，下面将分别进行两种方法的实际操作。

①调用 clusterdata 函数进行一步聚类

```
[x,textdata]=xlsread('temperature.xls');% 从 Excel 文件 temperature.xls 中读取数据
X = zscore(x);                % 调用 zscore 函数将将平均气温数据矩阵 x 标准化
city = textdata(4:end,1);
                 % 提取元胞数组 textdata 第 1 列的第 4 行至最后一行，即城市名称数据

Taverage = clusterdata(x,'linkage','average','maxclust',3);
% 样品间距离采用欧氏距离，利用类平均法将原始样品聚为 3 类，Taverage 为各观测的类编号

C1 = city(Taverage = =1);   % 查看第 1 类所包含的城市
C2 = city(Taverage = =2);   % 查看第 2 类所包含的城市
C3 = city(Taverage = =3);   % 查看第 3 类所包含的城市
C1,C2,C3
```

得到输出结果

```
C1 =
     '福    州'
     '广    州'
     '南    宁'
     '海    口'


C2 =
     '北    京'
     '天    津'
     '石 家 庄'
     '太    原'
     '上    海'
     '南    京'
     '杭    州'
     '合    肥'
     '南    昌'
     '济    南'
     '郑    州'
     '武    汉'
     '长    沙'
     '重    庆'
```

```
        '温  州'
        '贵  阳'
        '昆  明'
        '西  安'
        '银  川'

    C3 =
        '呼和浩特'
        '沈  阳'
        '长  春'
        '哈 尔 滨'
        '拉  萨'
        '兰  州'
        '西  宁'
        '乌鲁木齐'
```

②分步聚类

```
y = pdist(X);                              % 计算样品间欧氏距离,y 为距离向量
Z = linkage(y,'average');                  % 利用类平均法创建系统聚类树

H = dendrogram(Z,0,'orientation','right','labels',city);   % 返回线条句柄 H
% 绘制聚类树,方向从右至左,用城市名作为叶节点标签,叶节点标签在左侧
xlabel('标准化距离(类平均法)')                           % 为 X 轴加标签

T = cluster(Z,3);
[N,M] = size(x);
NN = 1:N;
TT = [NN',T]
c = cophenet(Z,y)
```

得到聚类结果输出如下,并见图 7-3。

```
TT =
  1 2 3 4 5 6 7 8 9 10 11 12 13 14 15 16 17 18 19 20 21 22 23 24 25 26 27 28 29 30 31
  2 2 2 2 3 3 3 3 2 2  2  2  1  2  2  2  2  2  1  1  1  2  2  2  2  3  2  3  3  2  3

c =
0.7628
```

③分类结果

由运行结果可见,属于第一类的城市编号为:13、19、20、21;属于第二类的城市编号为:1、2、3、4、9、10、11、12、14、15、16、17、18、22、23、24、25、27、30;属于第三类的城市编号为:5、6、7、8、26、28、29、31。

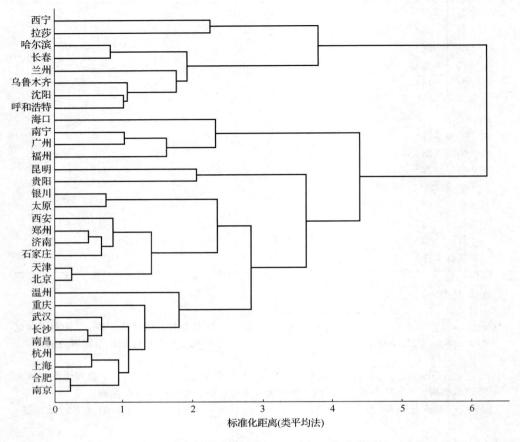

图 7-3　我国主要城市按月平均气温的分类图

7.2.4　模糊聚类分析

　　经济管理中常常需要按一定的标准(相似程度或亲疏关系)进行分类。对所研究的事物按一定标准进行分类的数学方法称为聚类分析。由于科学技术，经济管理中的分类往往具有模糊性，因此采用模糊聚类方法比较符合实际。模糊即不能明确地回答"是"或"否"，而只能作出"在某种程度上是"的回答。

　　模糊聚类是当前模糊数学应用最多的领域之一。它可根据样本的属性或特征，用模糊数学方法定量确定样本间的类同关系，从而客观地分型划类。在天气预报、地震预测、地质勘探、环境保护、图像及语言识别、故障诊断、数据评估等领域中已经越来越多地出现了它的身影。

1.模糊聚类分析的一般步骤

①建立原始数据矩阵

　　设待分类对象的集合为 $x = \{x_1, x_2, \cdots, x_n\}$，集合中的每个元素具有 m 个特征，第 i 个对象 x_i 的第 j($j = 1, 2, \cdots, m$) 个特征为 x_{ij}，则 x_i 就可以用这 m 个特征的取值来描述，

记 $x_i = (x_{i1}, x_{i2}, \cdots, x_{im})$ $(i = 1, 2, \cdots, n)$。于是,得到原始数据矩阵为:

$$x = (x_1, x_2, \cdots, x_n) = \begin{pmatrix} x_{11} & x_{12} & \cdots & x_{1m} \\ x_{21} & x_{22} & \cdots & x_{2m} \\ \cdots & \cdots & \cdots & \cdots \\ x_{n1} & x_{n2} & \cdots & x_{nm} \end{pmatrix}$$

②数据标准化处理

描述事物特征的量纲是各种各样的,为了便于分析和比较,因此要对原始数据矩阵进行标准化处理。以下介绍平移-标准差变换和平移-极差变换两种标准化方法。

第一,平移-标准差变换原始数据

$$x_{ij}' = \frac{x_{ij} - \bar{x}_j}{s_j} \qquad (i = 1, 2, \ldots, n, j = 1, 2, \ldots, m)$$

其中

$$\bar{x}_j = \frac{1}{n} \sum_{i=1}^{n} x_{ij}, \qquad s_j = \sqrt{\frac{1}{n} \sum_{i=1}^{n} (x_{ij} - \bar{x}_j)^2}$$

第二,平移-极差变换

$$x_{ij}' = \frac{x_{ij} - \min\{x_{ij} \mid 1 \leqslant i \leqslant n\}}{\max\{x_{ij} \mid 1 \leqslant i \leqslant n\} - \min\{x_{ij} \mid 1 \leqslant i \leqslant n\}}$$

③建立模糊相似矩阵

针对上述的标准化矩阵,计算各分类对象间的相似程度,从而建立模糊相似矩阵 $R = (r_{ij})_{n \times n}$,这个过程又称为标定。计算标定的方法是很多的,主要包括相似系数法、距离法、主观评分法等。不同的问题需要的方法不一样。相似系数法的相似系数矩阵可对应相似矩阵;距离法的相似矩阵的公式为:$r_{ij} = 1 - cd(x_i, x_j)$,其中 c 是为使 $r_{ij} \in [0, 1]$ 的一个常数,$d(x_i, x_j) = \sum_{k=1}^{m} |x_{ik} - x_{jk}|$;主观评分法是请有经验的人来分别对 x_i 与 x_j 的相似性打分,设有 s 个人参加评分,若第 k 个人($1 \leqslant k \leqslant s$)认为 x_i 与 x_j 相似的程度为 $a_{ij}^{(k)} \in [0, 1]$,对自己评分的自信度打分值是 $b_{ij}^{(k)}$,则可以用下式来计算相似系数:$r_{ij} = \frac{1}{s} \sum_{k=1}^{s} a_{ij}^{(k)} \cdot b_{ij}^{(k)}$。

④模糊聚类分析中的传递闭包法

对于上述的模糊相似矩阵 $R = (r_{ij})_{n \times n}$,可采用各种不同的方法来求解模糊等价矩阵,主要包括三类方法:(ⅰ)基于模糊等价矩阵的聚类方法,主要是传递闭包法和 Boole 矩阵法;(ⅱ)基于模糊相似关系的直接聚类法,主要包括最大树法和编网法;(ⅲ)基于模糊 C-划分的模糊聚类法。由标定所得的模糊相似阵 R 满足:

● 自反性:$I \leqslant R$($r_{ii} = 1$);

● 对称性:$R^{\mathrm{T}} = R$($r_{ij} = r_{ji}$)。

通常模糊关系不一定有传递性,因而不是模糊等价关系。为了能对所选对象进行分类,需要由相似矩阵 R 构造出新的模糊等价阵。模糊等价矩阵满足:

● 自反性:$r_{ii} = 1$,$i = 1, 2, \cdots, n$;

● 对称性:$r_{ij} = r_{ji}$,$i, j = 1, 2, \cdots, n$;

● 传递性：$R \circ R \subset R$，即 $\bigvee\limits_{k=1}^{n} (r_{ik} \wedge r_{kj}) \leqslant r_{ij}$，$i, j = 1, 2, \cdots, n$。

定理：设 $R \in F(x \times x)$ 是相似关系（即 R 是自反、对称模糊关系），则 $e(R) = t(R)$，即模糊相似关系的传递闭包就是它的等价闭包。

在当论域为有限集时，传递闭包法很简便。为求得包含 R 的最小的模糊等价矩阵，需对相似矩阵 R，求 R^2，R^4，$\cdots$，当 $R^k \circ R^k = R^k$ 时，便有 $e(R) = t(R) = R^k$。

用平方法求出其传递闭包 $t(R)$，它是包含 R 的最小模糊等价阵。再根据不同 λ 的置信水平，得到不同的 λ-截矩阵。设 $R = (r_{ij})_{m \times n}$，对任意的 $\lambda \in [0,1]$，称 $R_\lambda = (r_{ij}^{(\lambda)})_{m \times n}$ 为模糊矩阵 R 的 λ-截矩阵，其中当 $r_{ij} \geqslant \lambda$ 时，$r_{ij}^{(\lambda)} = 1$；当 $r_{ij} < \lambda$ 时，$r_{ij}^{(\lambda)} = 0$。显然，R_λ 为布尔矩阵，表示经典等价关系，它诱导出 x 上的一个划分 x/R，将 x 分成一些等价类。当 λ 从 1 下降到 0 时，就得到一个划分族，而且由于 $\alpha > \beta$ 时，$R_\alpha \subset R_\beta$，即 R_α 给出的分类结果中的每类，是 R_β 给出的分类结果的子类，所以 R_α 给出的分类结果比 R_β 给出的分类结果更细。随着 λ 的下降，R_λ 给出的分类越来越粗，这样一个过程即为由传递闭包法计算的模糊动态聚类，进而可以建立模糊动态聚类图。

2. 基于 MATLAB 的传递闭包法在模糊聚类中的应用

在中国城市的可持续发展进程中，除了城市的 GDP 是一个重要的考核指标外，还有环境质量的评价体系。如果以环境为代价，片面追求经济发展 GDP 高指标是不可取的，也是难以持续发展的。人们对周边生存环境越来越关注；自然资源的不断消耗，资源量不断减少；环境的不断恶化也对政府部门敲响了警钟。因此，在评价城市的可持续发展能力上，环境质量的评价是一个重要因素。

据国家环保总局及各地环保资料，对 2009 年西南 5 个城市进行环境质量评价，每个城市的环境质量指标有全年空气质量优良天数、出境断面水质、饮用水源地水质、城市道路交通噪声 4 项指标。其中全年空气质量优良天数指标按实际优良天数计，出境断面水质、饮用水源地水质分为 5 个级别：1 级优；2 级良；3 级一般；4 级轻微污染；5 级严重污染。5 个城市的道路交通噪声：贵阳、拉萨小于 68dB，定为 1 级；其他 3 个城市均处于 68~70dB，定为 2 级。

①原始数据标准化

"城市"论域为 $x = \{$成都，重庆，贵阳，昆明，拉萨$\}$；"环境"质量指标集合为 $Y = \{$全年空气质量优良天数，出境断面水质，饮用水源地水质，城市道路交通噪声$\}$，构成如表 7-7 所示的环境质量数据。

表 7-7　2009 年 5 个城市的环境质量指标数据

城　　市	全年空气质量 优良天数	出境断面水质 （类别）	饮用水源地水质 （类别）	城市道路交通噪声 （级别）
成都 A	301	4	1	2
重庆 B	287	2	2	2
贵阳 C	342	5	1	1
昆明 D	363	5	1	2
拉萨 E	363	2	1	1

原始数据标准化的程序算法如下。

```
function Y = standard_maxmin(X)
% 输入——X 为样本数据矩阵；      输出——Y 为标准化数据矩阵。
[n,m] = size(X);
maxX = max(X);
minX = min(X);
Y = zeros(n,m);
for i = 1:n
    for j = 1:m
        Y(i,j) = (X(i,j) - minX(j))/(maxX(j) - minX(j));% 平移极差变化进行数据标准化
    end
end
fprintf('标准化矩阵如下：Y = \n');
disp(Y)
end
```

数据准备及标准化程序调用的主程序如下。

```
X = [301  4  1  2;287  2  2  2;342  5  1  1;363  5  1  2;363  2  1  1];
Y = standard_maxmin(X);
```

得到如下结果。

```
标准化矩阵如下：Y =
          0.1842    0.6667         0    1.0000
               0         0    1.0000    1.0000
          0.7237    1.0000         0         0
          1.0000    1.0000         0    1.0000
          1.0000         0         0         0
```

②计算模糊相似度矩阵

按绝对值减数法进行标定，确定模糊矩阵中元素的相似度的程序算法如下。

```
function R = fuzzy_resemble(Y,c)
% 输入——Y 为标准化数据矩阵，c 为转换系数；      输出——R 为模糊相似度矩阵。
[a,b] = size(Y);
Z = zeros(a);
R = zeros(a);
for i = 1:a
    for j = 1:a
        for k = 1:b
            Z(i,j) = abs(Y(i,k) - Y(j,k)) + Z(i,j);
            R(i,j) = 1 - c * Z(i,j);          % 绝对值减数法—海明距离求模糊相似矩阵
        end
    end
end
fprintf('模糊相似矩阵如下：R = \n');
disp(R)
end
```

取 $c = 0.1$，调用模糊相似度矩阵计算程序。

```
C = 0.1;
R = fuzzy_resemble(Y,0.1);
```

得到模糊相似矩阵 R 如下：

```
R =
    1.0000    0.8149    0.8127    0.8851    0.7518
    0.8149    1.0000    0.6276    0.7000    0.7000
    0.8127    0.6276    1.0000    0.8724    0.8724
    0.8851    0.7000    0.8724    1.0000    0.8000
    0.7518    0.7000    0.8724    0.8000    1.0000
```

按定义检验模糊等价矩阵的 3 条性质：R 满足自反性，对称性，但不满足传递性，即 $R \circ R \not\subset R$。故该矩阵 R 为非模糊等价矩阵，需采用传递闭包法进行改进。

③传递闭包法改进

传递闭包计算程序如下。

```
function B = transfer_Boole(R)
% 输入——R 为模糊相似度矩阵；        输出——B 为 R 的传递闭包矩阵。
s = size(R);
B = zeros(s);
flag = 0;
while flag = = 0
    for i =1: a
        for j =1: a
            for k =1:a                 % R 与 R 内积，先取小再取大
                B( i , j ) = max(min( R( i , k) , R( k, j ) ) , B( i , j ) );
            end
        end
    end
    if B = = R
        flag =1;
    else
        R = B;                          % 循环计算 R 传递闭包
    end
end
```

调用传递闭包计算程序。

```
B = transfer_Boole(R)
```

经过计算得到模糊相似矩阵 R 的传递闭包 t(R) 如下。

```
B =
    1.0000    0.8149    0.8724    0.8851    0.8724
    0.8149    1.0000    0.8149    0.8149    0.8149
    0.8724    0.8149    1.0000    0.8724    0.8724
    0.8851    0.8149    0.8724    1.0000    0.8724
    0.8724    0.8149    0.8724    0.8724    1.0000
```

④求传递闭包的 λ 截矩阵

依次取 $\lambda \in [0, 1]$，截关系 R_λ，R_λ 是经典等价关系，它诱导出 x 上的一个划分 x/R_λ，将 x 分成一些等价类。确定相应的 λ 截矩阵，则可以将其分类。

程序算法如下。

```
function [D] = lamda_cut(B)
% 输入——B 为传递闭包矩阵；       输出——D 为λ截距阵。
   L = unique(B)';
   a = size(B);
   D = zeros(a);
   for m = length(L): -1:1
     k = L(m);
     for i = 1:a                  % 求λ截距阵
       for j = 1:a
         if B(i,j) >= k
           D(i,j) = 1;            % 当 b_{ij} ≥ λ时，b_{ij}^{(λ)} = 1;
         else
           D(i,j) = 0;            % 当 b_{ij} < λ时，b_{ij}^{(λ)} = 0
         end
       end
     end
   end
   fprintf('当分类系数 k = : \n');
   disp(L(m));
   fprintf('所得截距阵为: \n');
   disp(D);
 end
```

得到结果如下。

取 $\lambda = 0.8851$ 时，得到 截矩阵 $t(R)_\lambda$ 为：

```
D =
   1    0    0    1    0
   0    1    0    0    0
   0    0    1    0    0
   1    0    0    1    0
   0    0    0    0    1
```

从而得到 5 城市的环境分类为 {A, D}，{B}，{C}，{E}。即 {成都, 昆明} 为一类，{重庆}，{贵阳}，{拉萨} 各为一类。

如果取 $\lambda = 0.8724$ 时，得到截矩阵 $t(R)_\lambda$ 为：

```
D =
   1    0    1    1    1
   0    1    0    0    0
   1    0    1    1    1
   1    0    1    1    1
   1    0    1    1    1
```

从而得到 5 城市的环境分类为｛A，C，D，E｝，｛B｝，即｛成都，贵阳，昆明，拉萨｝为一类，｛重庆｝为一类。如果取 $\lambda = 0.8149$，则全部城市均为一类｛A，C，D，B，E｝，即｛成都，贵阳，昆明，重庆，拉萨｝。

⑤聚类结果

由上述分析得到聚类结果：当 $\lambda = 0.8851$ 时，成都、昆明环境质量相似，即成都、昆明的综合城市环境质量评价最为接近，两个城市都是比较有名的旅游城市；当 $\lambda = 0.8724$ 时，成都、贵阳、昆明、拉萨环境质量相似。重庆的环境质量比较差，主要是全年空气优良天数指标比较低。重庆、拉萨出境断面水质(类别)为 2，是比较好的，成都、贵阳、昆明出境断面水质(类别)为 4 或 5，是相当差的。

由表 7-7 可见，5 个城市的环境质量中空气质量和饮用水环境的质量较好，但出境断面水质和噪声水平有待改进。特别是贵阳、昆明，出境断面水质是劣 5 类。昆明地处云贵高原，日照强烈，日蒸发量大，加上水资源短缺，造成滇池的水质严重污染。

7.3 灰色关联分析

7.3.1 灰色关联分析概述

社会系统、经济系统、农业系统、生态系统等抽象系统包含有多种因素。在这些因素中，哪些是主要的，哪些是次要的，哪些影响大，哪些影响小，哪些需要抑制，哪些需要发展，哪些是潜在的，哪些是明显的，这些都是因素分析的内容。

例如在社会系统中，人口是一个重要的子系统。影响人口发展变化的有社会因素，如计划生育、社会治安、社会道德风尚、社会的生活方式等。影响人口发展变化的因素还有经济的，如社会福利、社会保险；还有医疗保险、医疗条件、医疗水平等。总之，人口是多种因素互相关联、互相制约的子系统。这些因素的分析对于控制人口、发展生产是必要的。

对于这样的问题，传统的分析法有回归分析、主成分分析等，但这些方法都要求有大量数据，数据量少就难以找出统计规律；要求样本服从某个典型的概率分布，要求各因素数据与系统特征数据之间呈线性关系且各因素之间彼此无关等。当不能满足某些条件时，可采用灰色关联分析。

灰色关联分析方法，是根据因素之间发展趋势的相似或相异程度，亦即"灰色关联度"，作为衡量因素间关联程度的一种方法。关联度分析是动态过程发展态势的量化比较分析。

灰色关联分析是灰色系统理论的重要组成部分，它根据因素间发展趋势的相似或相异程度，来确定因素间的关联程度的大小。其突出优点是不需要太多的样本数据，不要求数据具有典型的分布，因此被广泛地应用于多个领域，并且收到了良好的效果。

7.3.2 灰色关联分析的计算步骤

1.确定分析数列(特征序列和因素序列)

特征序列是反映系统行为特征的数据序列，称为参考数列；因素序列是影响系统行为的因素所组成的数据序列，称为比较数列。进行灰色关联分析，首先要有作为参照的特征序列和被比较的因素序列，记特征序列为 $X_0(t)$，采集 m 个数据：$X_0(t) = \{x_0(1), x_0(2), \cdots, x_0(m)\}$；记因素序列为 $X_i(t)$，其中有 n 个子序列，每个子序列采集 m 个数据：$X_i(t) = \{x_i(1), x_i(2), \ldots, x_i(m)\}$，$i = 1, 2, \cdots, n$。

2. 无量纲化处理

常用的无量纲化方法有初值化算子、均值化算子和区间值化算子。如果是初值化，是指所有数据均用第 1 个数据除，然后得到一个新的数列，这个新的数列即是各个不同时刻的值相对于第一个时刻的值的百分比 $x_i'(t) = x_i(t)/x_i(1)$。经济序列中常用此法处理。如果是均值化，$X_i = \{x_i(1), x_i(2), \ldots, x_i(m)\}$ 为因素 X_i 的行为序列，D 为均值化序列算子，$X_iD = \{x_i(1)d, x_i(2)d, \ldots, x_i(m)d\}$，则均值化的数据值为：

$$x_i(k)d = \frac{x_i(k)}{\overline{X_i}}, \quad \overline{X_i} = \frac{1}{m}\sum_{k=1}^{m} x_i(k), \quad i = 1, 2, \ldots, n \tag{7-23}$$

3. 关联度计算

特征序列与因素序列在第 t 点的关联系数为：

$$\xi_{0i}(t) = \frac{\Delta_{\min} + \rho\Delta_{\max}}{\Delta_{0i(t)} + \rho\Delta_{\max}} \tag{7-24}$$

式中，$\Delta_{\max}$ 为 $|x_0(t) - x_i(t)|$ 的最大值；$\Delta_{\min}$ 为 $|x_0(t) - x_i(t)|$ 的最小值；$\Delta_{0i(t)} = |x_0(t) - x_i(t)|$ 为 t 时刻的值；$\rho \in (0, \infty)$ 为分辨系数，ρ 越小，分辨力越大。一般 ρ 的取值区间为 $(0, 1)$，具体取值可视情况而定。当 $\rho \leqslant 0.5463$ 时，分辨力最好，通常取 $\rho = 0.5$。

特征序列与因素序列间的关联度为：

$$\gamma_{0i} = \frac{1}{m}\sum_{t=1}^{m} \xi_{0i}(t) \tag{7-25}$$

4. 关联度排序

将求得的 n 个关联度 γ_{0i} 自大到小顺序排列，得到关联度序集，依此序集判定前者对 x_0 的影响较后者要大。若特征序列有 p 个，因素序列有 q 个，就可构成关联矩阵。

$$\Gamma = \begin{vmatrix} \gamma_{11} & \gamma_{12} & \cdots & \gamma_{1q} \\ \gamma_{21} & \gamma_{22} & \cdots & \gamma_{2q} \\ \cdots & \cdots & \cdots & \cdots \\ \gamma_{p1} & \gamma_{p2} & \cdots & \gamma_{pq} \end{vmatrix} \tag{7-26}$$

在灰色关联度矩阵中，每一行表示不同因素对同一特征指标影响的关联程度。若存在 $h, l \in \{1, 2, \cdots, q\}$，满足 $\gamma_{jh} \geqslant \gamma_{jl}(j = 1, 2, \cdots, p)$，则称系统因素 x_h 优于系统因素 x_l，记为 $x_h > x_l$。若 $\forall h, l \in \{1, 2, \cdots, q\}, h \neq l$，恒有 $x_h > x_l$，则称 x_h 为最优因素。若存在 $\forall h, l \in \{1, 2, \cdots, q\}$，满足 $\sum_{j=1}^{p} \gamma_{jh} \geqslant \sum_{j=1}^{p} \gamma_{jl}$，则称系统因素 x_h 准优于系统因素 x_l。根据此分析，可以判断影响因素与特征因素间的作用。分析哪些因素起主要影响，哪些因素起次要影响，这就是"灰色优势分析"。

7.3.3 灰色关联分析示例

某住宅小区建筑面积 1450 平方米，地上 12 层，地下 2 层，建筑高度 33.6m，地下 9.2m。供暖系统冬季热负荷为 965kW，供应期为 120d/a。该工程可能采用的供暖方案有燃煤锅炉、燃油锅炉和燃气锅炉，需从中选择一个最优供暖方案。其中燃煤锅炉燃用燃煤（热值为 20.9MJ/kg），燃油锅炉以 0 号柴油为燃料（热值为 42MJ/kg），燃气锅炉以天然气为燃料（热值为 49.5MJ/kg）。其他运行经济性指标见表 7-8 。

表 7-8　备选方案的运行经济性指标比较表

指标	燃煤锅炉（1）	燃油锅炉（2）	燃气锅炉（3）	参考方案
能源价格/元·kg^{-1}	0.35	5.7	1.91	0.35
燃料耗量/kg·$(m^2 \cdot a)^{-1}$	16	5.3	4.46	4.46
冬季供暖费用/元·m^{-2}	3.53	14.84	8.68	3.53
CO_2 排放量/kg·m^{-2}	59.2	16.54	12.27	12.27
锅炉效率	0.58	0.88	0.88	0.88

根据以上计算步骤，写出 MATLAB 程序。

```
clear;      clc;                              % 清除屏幕
sample = [0.35 4.46 3.53 12.27 0.88];         % 本次案例的样本数据
data = [0.35  16    3.53   59.2    0.58
    5.7   5.3   14.84  16.54   0.88
    1.91  4.46  8.68   12.27   0.88];         % 这个问题的待判数据
[rows,cols] = size(data);                     % rows = 3,cols = 5;
p = 0.5;                                       % 设置分辨系数
data2 = [];
sample2 = sample/sample(1);                    % 将样本数据初值化
for irow = 1:rows
    line = data(irow,:);                       % 分别截取每一行，并将待判数据初值化
    data2 = [data2;line/line(1)];
end
data2
sample2
for i = 1:rows
    for j = 1:cols
       sample3(i,j) = abs(sample2(j) - data2(i,j));     % 求差值
    end
end
sample3
Smax = max(max(sample3));                      % 求最大最小极差
Smin = min(min(sample3));
[m,n] = size(sample3)
for i = 1:m
    for j = 1:n
       R(i,j) = (Smin + p * Smax)/(sample3(i,j) + p * Smax); % 根据公式计算关联矩阵
    end
end
end
```

```
R
M =[];
for i =1:m
  a = 0;
  for j =1:n
    a = a + R( i,j);
  end
  a = a ∕n;
  M =[M;a];
end
M                                        % 计算出关联度
```

计算输出如下。

```
R =
    1.0000    0.6703    1.0000    0.3333    0.9874
    1.0000    0.8502    0.8996    0.6758    0.9660
    1.0000    0.8656    0.9237    0.7007    0.9703

M =
    0.7982
    0.8783
    0.8921
```

根据关联度序列可知采用燃气锅炉为最优方案，燃油锅炉次之，燃煤锅炉最差。从运行经济性指标中可以看出对于相同质量的燃料，燃气的发热量最大，燃油、燃煤的排放量比较高，尤其是燃煤的污染最大，不符合当前环保的要求。从当前国内油价渐涨可判断采用燃油供暖不是明智之举，因此确定燃气为最优供暖方案。

7.4 层次分析方法

层次分析法是一种解决多目标的复杂问题的定性与定量相结合的决策评价方法。层次分析法用决策者的经验判断各衡量目标能否实现的标准之间的相对重要程度，并合理地给出了每个决策方案的每个标准的权数，利用权数求出各方案的优劣次序。

7.4.1 层次分析方法简介

在解决实际问题中含有大量的主、客观因素。许多要求与期望是模糊的，相互之间还会存在一些矛盾。美国运筹学家 T. L. Saaty 教授在 20 世纪 70 年代提出的层次分析法（Analytic Hierarchy Process，AHP）是处理这类问题最有效的方法之一。以 T. L. Saaty 为首的小组曾成功把层次分析法用于电力计划、苏丹运输研究、美国高等教育事业 1985—2000 展望、1985 年世界石油价格预测等重大研究项目上。

运用层次分析法进行决策时主要分四个步骤：①建立系统的递阶层次结构模型；②构造两两比较的判断矩阵；③针对某一标准（准则），计算各被支配因素的权重；④计算当前一层因素关于总目标的排序权重。

层次分析法的主要特征是，合理地把定性与定量的决策结合起来，按照思维心理的规律把决策过程层次化、数量化。

层次分析法是将决策问题按目标层（最高层）、准则层（中间层）和方案层（最低层）的顺序分解为不同的层次结构，然后得用求解判断矩阵特征向量的办法，求得每一层次的各因素对上一层次某因素的优先权重，最后再以加权和的方法递阶归并各备择方案对总目标的最终权重，此最终权重最大者即为最优方案。

层次分析的模型结构如图 7-4 所示。目标层是指问题的预定目标；准则层是指影响目标实现的准则，一般考虑社会效益、经济效益、技术效益等方面及其细化指标；方案层是指促使目标实现的措施或途径。

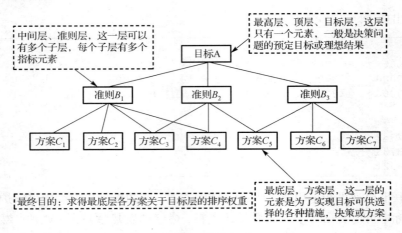

图 7-4　层次分析法的模型结构图

利用层次分析法分析问题时，首先将所要分析的问题层次化，根据问题的性质和所要达到的总目标，将问题分解为不同的组成因素，并按照这些因素间的相互关联影响以及隶属关系将因素按不同层次聚集组合，形成一个多层次分析结构模型，最后将该问题归结为最底层相对最高层（总目标）的比较优劣的排序问题，借助这些排序，最终可以对所分析的问题做出评价或决策。

7.4.2　层次分析方法的计算

层次分析方法的量化过程是逐层展开。首先进行单因素比较，每一层要素或方案的单因素度量都是依据上一层相关联的单一指标进行本层因素的比较而得到；得到所有因素的各个指标的单一度量后，即可进行相关指标的综合度量。

1. 构造两两比较判断矩阵及其标度

两两比较判断矩阵指的是用两两重要性程度之比的形式表示出两个方案的相应重要性程度等级。层次分析法采用的标度准则为 T. L Saaty 提出的比例标度表，如表 7-9 所示。

表7-9　层次分析法中两两比较相对重要性的比例标度表

标度 a_{ij}	定　义
1	i因素与j因素相同重要
3	i因素比j因素略重要
5	i因素比j因素较重要
7	i因素比j因素非常重要
9	i因素比j因素绝对重要
2，4，6，8	为以上两判断之间的中间状态对应的标度值
倒　数	若j因素与i因素比较，得到的判断值为$a_{ji} = 1/a_{ij}$

表中的两个因素i和j分别表示两个进行比较的标准或在某一标准下比较的两个方案。由标度a_{ij}为因素构成的矩阵称之为两两比较矩阵。

设某层有n个因素$x = (x_1, x_2, \cdots, x_n)$，要比较它们对上一层某一准则的影响程度，按照表7-9的标度通过两两比较，得到两两比较矩阵A。

$$A = (a_{ij}) = \begin{bmatrix} a_{11} & a_{12} & \cdots & a_{1n} \\ a_{21} & a_{22} & \cdots & a_{2n} \\ \vdots & \vdots & \ddots & \vdots \\ a_{n1} & a_{n2} & \cdots & a_{nn} \end{bmatrix}$$

其中，$a_{ij} > 0, a_{ij} = 1/a_{ji}, a_{ii} = 1$。因此，$A$也被称为正互反矩阵。

2. 单层单指标的因素或方案权重的计算

为了确定单层因素或方案相对于某一准则的重要性程度，依据两两比较矩阵，可以计算出本层要素或方案的单因素度量权重，计算方法有：和法、根法、特征根法等。

①规范列平均法（和法），是将比较判断矩阵A的每一列先归一化，再计算每一行的平均值，近似作为权重向量。

$$w_i = \frac{1}{n}\sum_{j=1}^{n}\left(a_{ij} \Big/ \sum_{k=1}^{n} a_{ij}\right), \qquad i = 1, 2, \cdots, n \tag{7-27}$$

②几何平均法（根法），是将比较判断矩阵A的每一行进行集合平均，再归一化，得到近似权重向量。

$$w_i = \left(\prod_{j=1}^{n} a_{ij}\right)^{\frac{1}{n}} \Big/ \sum_{k=1}^{n}\left(\prod_{j=1}^{n} a_{ij}\right)^{\frac{1}{n}}, i = 1, 2, \cdots, n \tag{7-28}$$

③特征根法，是将比较判断矩阵A最大特征根对应的归一化特征向量为权重向量。

求解

$$A \cdot W = \lambda \cdot W$$

可得到最大特征根λ_{max}及相应的特征向量W_{max}，经归一化后得到权重向量。

$$w_i = W_{max}(i) \Big/ \sum_{k=1}^{n} W_{max}(k), i = 1, 2, \cdots, n \tag{7-29}$$

3. 比较矩阵一致性检验

比较矩阵是通过两个因素两两比较得到的，而在很多这样的比较中，往往可能得到一些不一致的结论。例如当因素 i,j,k 的重要性很接近时，在两两比较时，可能得出 i 比 j 重要，j 比 k 重要，而 k 又比 i 重要等矛盾的结论，这在因素数目多的时候更容易发生。为此，我们引入检验一致性的指标和介绍检验一致性的方法。

一般 n 阶互反阵 A 的最大特征根 $\lambda_{\max} \geqslant n$，当且仅当 $\lambda_{\max} = n$ 时，A 为一致矩阵。

由于 $\lambda_{\max}$ 连续地依赖于 a_{ij}，则 $\lambda_{\max}$ 比 n 大得越多，A 的不一致性越严重。用最大特征值对应的特征向量作为被比较因素对上层某因素影响程度的权向量，其不一致程度越大，引起的判断误差越大。因而可以用 $\lambda_{\max} - n$ 数值的大小来衡量 A 的不一致程度。

定义一致性指标 CI：
$$CI = (\lambda_{\max} - n)/(n - 1) \tag{7-30}$$

计算一致性率 CR：
$$CR = CI/RI \tag{7-31}$$

其中，RI 是平均随机一致性指标，上面已经指出当比较的因素越多也就是两两比较矩阵维越大时，判断的一致性就越差，故应放宽对高维两两比较矩阵一致性的要求，于是就引进修正值 RI，见表 7-10。

表 7-10　平均随机一致性指标 RI

维数 n	1	2	3	4	5	6	7	8	9	10	11
RI	0	0	0.58	0.96	1.12	1.24	1.32	1.41	1.45	1.49	1.51

当一致性率 CR < 0.1 时，接受一致性检验；当 CR > 0.1 时，则认为判断矩阵 A 不满足一致性要求，应考虑修正判断矩阵。

4. 层次总排序及其一致性检验

确定某层所有因素对于总目标相对重要性的排序权值过程，称为层次总排序。

各层因素对目标层的合成权重计算是从最高层到最低层逐层进行。

设：第 $k-1$ 层 n_{k-1} 个因素对于目标合成权重为
$$w^{(k-1)} = (w_1^{(k-1)}, w_2^{(k-1)}, \cdots, w_{n_{k-1}}^{(k-1)})^{\mathrm{T}}$$

第 k 层 n_k 个因素对于第 $k-1$ 层第 j 个因素的单一准则排序权重向量为
$$u_j^{(k)} = (u_{1j}^{(k)}, u_{2j}^{(k)}, \cdots, u_{nj}^{(k)})^{\mathrm{T}}, j = 1, 2, \cdots, n_{k-1}$$

得到 $n_k \times n_{k-1}$ 矩阵
$$U^{(k)} = \begin{pmatrix} u_{11}^{(k)} & u_{12}^{(k)} & \cdots & u_{1n_{k-1}}^{(k)} \\ u_{21}^{(k)} & u_{22}^{(k)} & \cdots & u_{2n_{k-1}}^{(k)} \\ \vdots & \vdots & \ddots & \vdots \\ u_{n_k1}^{(k)} & u_{n_k2}^{(k)} & \cdots & u_{n_kn_{k-1}}^{(k)} \end{pmatrix}$$

最后，计算第 k 层 n_k 个因素对于目标的合成权重为
$$w^{(k)} = U^{(k)} \cdot w^{(k-1)} = U^{(k)} \cdot U^{(k-1)} \cdots U^{(3)} \cdot w^{(2)} \tag{7-32}$$

例如，对于具有（目标层 G，准则层 A，方案层 B）的层次分析问题，设：A 层 n 个因素 $A = (A_1, A_2, \cdots, A_n)$ 对于总目标的权重为
$$w^{(A)} = (w_1^{(A)}, w_2^{(A)}, \cdots, w_n^{(A)})^{\mathrm{T}}$$

B 层 m 个因素 $B = (B_1, B_2, \cdots, B_m)$，对于 A 层 A_j 因素的单一准则的层次排序权重向量为

$$u_j^{(B)} = (u_{1j}^{(B)}, u_{2j}^{(B)}, \cdots, u_{mj}^{(B)})^T, j = 1, 2, \cdots, n$$

得到 B 层次单排序 $m \times n$ 矩阵

$$U^{(B)} = \begin{pmatrix} u_{11}^{(B)} & u_{12}^{(B)} & \cdots & u_{1n}^{(B)} \\ u_{21}^{(B)} & u_{22}^{(B)} & \cdots & u_{2n}^{(B)} \\ \vdots & \vdots & \ddots & \vdots \\ u_{m1}^{(B)} & u_{m2}^{(B)} & \cdots & u_{mn}^{(B)} \end{pmatrix}$$

则 B 层 m 个因素的总排序权重为

$$w^{(B)} = U^{(B)} \cdot (w^{(A)}) = \left(\sum_{j=1}^{n} u_{1j}^{(B)} \cdot w_j^{(A)}, \sum_{j=1}^{n} u_{2j}^{(B)} \cdot w_j^{(A)}, \cdots, \sum_{j=1}^{n} u_{mj}^{(B)} \cdot w_j^{(A)} \right)^T$$

层次总排序的一致性检验：设 B 层 $(B_1, B_2, \cdots, B_m)$ 对 A 层的 $A_j(j = 1, 2, \cdots, n)$ 层次单排序一致性指标为 $\text{CI}_j^{(A)}(j = 1, 2, \cdots, n)$，随机一致性指标为 $\text{RI}_j^{(A)}(j = 1, 2, \cdots, n)$，则层次总排序的一致性率为：

$$\text{CR} = \sum_{j=1}^{n} w_j^{(A)} \cdot \text{CI}_j^{(A)} \Big/ \sum_{j=1}^{n} w_j^{(A)} \cdot \text{RI}_j^{(A)} \tag{7-33}$$

当一致性率 $\text{CR} < 0.1$ 时，接受层次总排序一致性检验。根据最底层（决策层）的层次总排序权值进行最后决策。

7.4.3　层次分析法的优点和局限性

层次分析法的优点有：（1）系统性。层次分析法把研究对象作为一个系统，按照分解、比较判断、综合的思维方式进行决策，成为继机理分析、统计分析之后发展起来的系统分析的重要工具。（2）实用性。层次分析法把定性和定量方法结合起来，能处理许多用传统的最优化技术无法着手的实际问题，应用范围很广；同时，这种方法使得决策者与决策分析者能够相互沟通，决策者甚至可以直接应用它，这就增加了决策的有效性。（3）简洁性。具有中等文化程度的人即可以了解层次分析法的基本原理并掌握该法的基本步骤，计算也非常简便，并且所得结果简单明确，容易被决策者了解和掌握。

层次分析法局限性主要表现在：①该法中的比较、判断以及结果的计算过程都是粗糙的，不适用于精度较高的问题。②从建立层次结构模型到给出成对比较矩阵，人主观因素对整个过程的影响很大，这就使得结果难以让所有的决策者接受。当然采取专家群体判断的办法是克服这个缺点的一种途径。

7.4.4　层次分析法的 MATLAB 程序

层次分析法的基本步骤归纳如下：①建立层次结构模型，包括目标层，准则层，方案层；②从第二层开始用 1 – 9 标度构造两两比较矩阵；③计算单排序权向量并做一致性检验，对每个比较矩阵计算最大特征值及其对应的特征向量，利用一致性指标、随机一致性指标和一致性比率做一致性检验。若检验通过，将特征向量归一化后即为权向量；若不通过，需要重新构造成对比较矩阵；④计算总排序权向量并做一致性检验。

层次分析法的单排序权向量计算及一致性检验 MATLAB 程序如下。

```
%    AHPWeightVector 函数：根据判断矩阵计算权重向量
function [WeightVector,lamdaMax,CR,CI,RI] = AHPWeightVector(DecMatrix)
%    输入：  DecMatrix      —— 判断矩阵(正互反矩阵)
%    输出：
%        WeightVector      ——权重向量
%        lamdaMax          ——最大特征根
%        CR                ——一致性比率
%        CI                ——一致性指标
%        RI                ——随机一致性指标

n = size(DecMatrix,1);                     % 判断矩阵 DecMatrix 的阶数

[Eigenvector, Eigenvalues] = eig(DecMatrix); % 计算特征向量与特征值矩阵的 eig 函数
Evalues = diag(Eigenvalues);    % 从特征值矩阵中提取特征值，即 Eigenvector 的对角元
[maxEvalue, point] = max(Evalues);         % 最大特征值，及其对应的特征向量
lamdaMax = maxEvalue;                      % 最大特征值，及其对应的特征向量
WeightVector = Eigenvector(:,point)/sum(Eigenvector(:,point));
                                           % 最大特征值，及其对应的特征向量

RID = [0.58,0.90,1.12,1.24,1.32,1.41,1.45,1.49,1.51,1.54,1.56];
                                           % 随机一致性指标阶数从 3 ~ 13
if n > 2
    CI = (maxEvalue - n)/(n - 1);          % 当阶数大于 2 时候计算 CI、CR
    RI = RID(n - 2);
    CR = CI/RI;
else
    CR = 0.0;                              % 如果判断矩阵阶数小于 3，返回 0.0
End
```

层次分析法的比较矩阵输入及一致性检验 MATLAB 程序如下。

```
function AHPSolver
HierarchyNum = input('请输入该 AHP 问题的层数：\n');
  AHPc = cell(HierarchyNum - 1,1);
NumOfElem = input('请输入 AHP 每层元素个数([a,b,c,…])：\n');
for i = 1:HierarchyNum - 1
    AHPc{i} = cell(NumOfElem(i),1);
end
for i = 1:HierarchyNum - 1
    for k = 1:NumOfElem(i)
        t = sprintf('--请输入第% d 层的第% d 个判断矩阵 --',i,k);
        disp(t);
        t = sprintf('\n第% d 层中被第% d 层因素% d 支配的元素序号向量：', i + 1,i,k);
        disp(t);
        AHPc{i}{k}.Ele = input('');
        AHPc{i}{k}.Matrix = input('判断矩阵：\n');
        [m,n] = size(AHPc{i}{k}.Matrix);
        mn = length(AHPc{i}{k}.Ele);
        if (mn ~ =m) && (mn ~ =n)
```

```
                sprintf('输入错误! 重新计算');
                return
            end
            [Weight,LamdaMax,CR,CI,RI] = AHPWeightVector( AHPc{i}{k}.Matrix);
            AHPc{i}{k}.Weight = Weight;
            AHPc{i}{k}.LamdaMax = LamdaMax;
            AHPc{i}{k}.CR = CR;
            AHPc{i}{k}.CI = CI;
            AHPc{i}{k}.RI = RI;
            disp(['该判断矩阵的权重向量为: ', mat2str(AHPc{i}{k}.Weight,4)]);
            disp(['该判断矩阵的最大特征值为: ', num2str(AHPc{i}{k}.LamdaMax)]);
            disp(['该判断矩阵的一致性比率为: ', num2str(AHPc{i}{k}.CR)]);
        end
        if i = =1
            weightKtoTop = AHPc{1}{1}.Weight;
            CR = AHPc{1}{1}.CR;
        else
            CI = 0.0;
            RI = 0.0;
            for k =1:NumOfElem(i)
                CI = CI + weightKtoTop(k) * AHPc{i}{k}.CI;
                RI = RI + weightKtoTop(k) * AHPc{i}{k}.RI;
            end
            CR = CI/RI;
            U = [];
            for k =1:NumOfElem(i)
                U = [U  AHPc{i}{k}.Weight];
            end
            weightKtoTop = U * weightKtoTop;
        end
        t = sprintf('\n第% d 层对目标层的权重及一致性比率: ', i +1);
        disp(t);
        disp(weightKtoTop);
        disp('weightKtoTop = ');
        disp(weightKtoTop');
        disp('CR = ');
        AHPcResult{i}.Weight = weightKtoTop;
        AHPcResult{i}.CR = CR;
    end
end
```

7.4.5 层次分析法案例

下面用例子来说明如何用层次分析法来解决多目标复杂问题。

1.问题的提出

假期旅游是去风光秀丽的苏州，还是去迷人的北戴河，或者山水甲天下的桂林，一般依据景色、费用、食宿条件、旅途等因素来选择。

2. 构建层次结构图

旅游地选择的层次分析有三层结构：目标层、标准层、决策方案层，如图 7-5 所示。目标是选择满意的旅游地，标准有景色、费用、居住条件、饮食条件、旅途五个方面的考虑，方案有苏杭、北戴河、桂林。

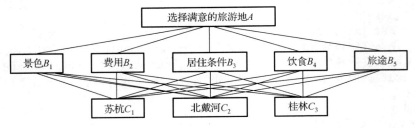

图 7-5　旅游地的选择层次结构图

3. 两两比较矩阵

各单层两两比较矩阵如下。

$$A = \begin{pmatrix} 1 & 1/2 & 4 & 3 & 3 \\ 2 & 1 & 7 & 5 & 5 \\ 1/4 & 1/7 & 1 & 1/2 & 1/3 \\ 1/3 & 1/5 & 2 & 1 & 1 \\ 1/3 & 1/5 & 3 & 1 & 1 \end{pmatrix}, B_1 = \begin{pmatrix} 1 & 2 & 5 \\ 1/2 & 1 & 2 \\ 1/5 & 1/2 & 1 \end{pmatrix}, B_2 = \begin{pmatrix} 1 & 3 & 8 \\ 1/3 & 1 & 3 \\ 1/8 & 1/3 & 1 \end{pmatrix},$$

$$B_3 = \begin{pmatrix} 1 & 1 & 3 \\ 1 & 1 & 3 \\ 1/3 & 1/3 & 1 \end{pmatrix}, B_4 = \begin{pmatrix} 1 & 3 & 4 \\ 1/3 & 1 & 1 \\ 1/4 & 1 & 1 \end{pmatrix}, B_5 = \begin{pmatrix} 1 & 1 & 1/4 \\ 1 & 1 & 1/4 \\ 4 & 4 & 1 \end{pmatrix}$$

4. 调用函数的计算过程

调用函数 AHPcellSolver 进行计算的过程如下。

```
≫ AHPSolver                              % 调用函数
请输入该 AHP 问题的层数：                 % 输出的提示信息
3                                        % 输入
请输入 AHP 每层元素个数([a,b,c,…])：     % 输出的提示信息
[1 5 3]                                  % 输入

－－请输入第 1－2 层的第 1 个判断矩阵－－% 输出的提示信息
第 2 层中被第 1 层因素 1 支配的元素序号向量：
[1 2 3 4 5]                              % 输入
判断矩阵：                               % 输出的提示信息
[1 0.5 4 3 3;2 1 7 5 5;0.25 0.143 1 0.5 0.333;0.333 0.2 2 1 1;0.333 0.2 3 1 1]
                                         % 输入
该判断矩阵的权重向量为：[0.2636;0.4758;0.05382;0.09805;0.1087]   % 输出的结果信息
```

该判断矩阵的最大特征值为：5.0719
该判断矩阵的一致性比率为：0.016042

第 2 层对目标层的权重及一致性比率：
weightKtoTop =
    0.2636   0.4758   0.0538   0.0981   0.1087

CR =
    0.0160

－－请输入第 2－3 层的第 1 个判断矩阵－－   % 输出的提示信息
第 3 层中被第 2 层因素 1 支配的元素序号向量：
[1 2 3]   % 输入
判断矩阵：
[1 2 5 ; 0.5 1 2 ; 0.2 0.5 1]   % 输入
该判断矩阵的权重向量为：[0.5954 ; 0.2764 ; 0.1283]   % 输出的结果信息
该判断矩阵的最大特征值为：3.0055
该判断矩阵的一致性比率为：0.0047716

－－请输入第 2－3 层的第 2 个判断矩阵－－   % 输出的提示信息
第 3 层中被第 2 层因素 2 支配的元素序号向量：
[1 2 3]   % 输入
判断矩阵：   % 输出的提示信息
[1 3.333 8 ; 0.3333 1 3 ; 0.125 0.3333 1]   % 输入
该判断矩阵的权重向量为：[0.6817 ; 0.2363 ; 0.08193]   % 输出的结果信息
该判断矩阵的最大特征值为：3.0015
该判断矩阵的一致性比率为：0.0012737

－－请输入第 2－3 层的第 3 个判断矩阵－－   % 输出的提示信息
第 3 层中被第 2 层因素 3 支配的元素序号向量：
[1 2 3]   % 输入
判断矩阵：   % 输出的提示信息
[1 1 3 ; 1 1 3 ; 0.333 0.333 1]   % 输入
该判断矩阵的权重向量为：[0.4286 ; 0.4286 ; 0.1428]   % 输出的结果信息
该判断矩阵的最大特征值为：2.9993
该判断矩阵的一致性比率为：－0.00057484

－－请输入第 2－3 层的第 4 个判断矩阵－－   % 输出的提示信息
第 3 层中被第 2 层因素 4 支配的元素序号向量：
[1 2 3]   % 输入
判断矩阵：   % 输出的提示信息
[1 3 4 ; 0.333 1 1 ; 0.25 1 1]   % 输入
该判断矩阵的权重向量为：[0.6338 ; 0.1919 ; 0.1744]   % 输出的结果信息
该判断矩阵的最大特征值为：3.0088
该判断矩阵的一致性比率为：0.0076171
－－请输入第 2－3 层的第 5 个判断矩阵－－   % 输出的提示信息
第 3 层中被第 2 层因素 5 支配的元素序号向量：
[1 2 3]   % 输入
判断矩阵：   % 输出的提示信息

```
[1 1 0.25;1 1 0.25;4 4 1]                              % 输入
该判断矩阵的权重向量为:[0.1667;0.1667;0.6667]           % 输出的结果信息
该判断矩阵的最大特征值为:3
该判断矩阵的一致性比率为:0

第 3 层对目标层的权重及一致性比率:
weightKtoTop =
    0.5847      0.2453      0.1700


CR =
    0.0026
  ≫
```

各个比较矩阵通过了一致性检验,[0.5847　0.2453　0.1700]可作为决策的依据,故应选择苏杭为最后选择的旅游地点。

7.5　数据包络分析

7.5.1　DEA 的概念与方法

1. DEA 的概念

DEA 是著名的运筹学家 A. Charnes 和 W. W. Cooper 等人于 1978 年提出的被称为数据包络分析的英文缩写(Data Envelopment Analysis,简称 DEA),它是以相对效率概念为基础发展起来的一种效率评价方法。DEA 方法是研究具有相同类型的部门或单位间的相对有效性的一种十分有效的方法;也是处理多目标决策问题的理论和手段;更是经济理论中估计具有多个输入和多个输出的"生产前沿面"的有力工具。DEA 的本质是利用统计数据确定相对有效的生产前沿面,利用生产前沿面的理论和方法,可以研究部门和企业的技术进步状况;建立非参数的最优化模型等。其基本思路是将每个被评价单位作为一个决策单元(DMU, Decision Making Unit),再由众多 DMU 构成被评价群体,通过对投入和产出比率的综合分析,确定有效生产前沿面,并根据各 DMU 与有效生产前沿面的距离,确定各 DMU 是否 DEA 有效。通过对输入数据的综合分析,DEA 可以得出每个 DMU 的综合数量指标,据此将各 DMU 定级排队,确定有效的(即相对效率最高的)DMU,并指出其他 DMU 非有效的原因和程度,给决策单元管理者提供管理信息。DEA 还能判断各 DMU 的投入规模是否适当,并给出了各 DMU 调整投入规模的正确方向和程度,应扩大还是缩小,改变多少为好。

DEA 方法是以相对效率概念为基础,以凸分析和线形规划为工具的一种评价方法,其应用数学规划模型计算比较决策单元之间的相对效率,对评价对象做出评价。它能充分考虑对于决策单元本身最优的投入产出方案,因而能够更理想地反映评价对象自身的信息和特点;同时对于评价复杂系统的多投入多产出分析具有独到之处。

数据包络分析(即 DEA)可以视为一种统计分析的新方法。DEA 方法处理多输入,特别是多输出的问题的能力是具有绝对优势的。DEA 方法不仅可以用线性规划来判断决策单元对应的点是否位于有效生产前沿面上,同时又可获得许多有用的管理信息。

DEA 方法应用的领域正在不断地扩大,可以用来研究多种方案之间的相对有效性;研究在做决策之前去预测一旦做出决策后它的相对效果如何;DEA 方法甚至可以用来进行政策评价;"窗口分析"方法使 DEA 的应用范围拓广到动态情形。另外,DEA 方法是纯技术性的,与市场价格无关。由于 DEA 方法不需要预先估计参数,把单输入单输出的简单效率概念推广到多输入多输出的生产有效性分析上,极大地丰富了微观经济学中生产函数理论及其应用技术,同时在避免主观因素和简化运算、减少误差等方面有着不可低估的优越性。

2. DEA 方法基本原理和模型

设有 n 个决策单元(DMU),每个决策单元都有 m 种"输入"(表示该决策单元对"资源"的耗费),以及 s 种"输出"(表示该决策单元消耗了"资源"之后,表明"成效"的数量),如图 7-6 所示。

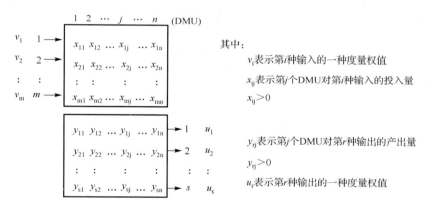

图 7-6   DEA 输入输出数据结构示意图

这里,$X_j = (x_{1j}, x_{2j}, \cdots, x_{mj})^{\mathrm{T}}$, $Y_j = (y_{1j}, y_{2j}, \cdots, y_{sj})^{\mathrm{T}}$, $j = 1, 2 \cdots, n$ 为已知历史资料数据。$V = (v_1, v_2, \cdots, v_m)^{\mathrm{T}}$, $U = (u_1, u_2, \cdots, u_s)^{\mathrm{T}}$ 为输入输出权重变量,则第 j 个决策单元的效率为

$$h_j = (U^{\mathrm{T}} Y_j) / (V^{\mathrm{T}} X_j) = \sum_{r=1}^{s} u_r y_{rj} / \sum_{i=1}^{m} v_i x_{ij} \leqslant 1$$

以 U、V 为变量,以 $h_j \leqslant 1, j = 1, 2, \cdots, n$ 为约束,以追求第 j_0 个决策单元的效率最大为目标,则第 j_0 个决策单元的相对效率优化模型为如下分式规划模型(C^2R)[1]

$$\max \quad h_{j_0} = (U^{\mathrm{T}} Y_{j_0}) / (V^{\mathrm{T}} X_{j_0})$$

$$\mathrm{s.t.} \begin{cases} (U^{\mathrm{T}} Y_j) / (V^{\mathrm{T}} X_j) \leqslant 1, j = 1, 2, \cdots, n \\ U \geqslant 0, V \geqslant 0 \end{cases}$$

做变换，令 $t = 1/(V^{\mathrm{T}} X_{j_0})$，$\mu = tU$，$\omega = tV$，$Y_0 = Y_{j_0}$，$X_0 = X_{j_0}$，上述模型转化为 $P^l_{\mathrm{C}^2\mathrm{R}}$ 模型

$$P^l_{\mathrm{C}^2\mathrm{R}} \begin{cases} \max \quad h_0 = \mu^{\mathrm{T}} Y_0 \\ s.\,t. \begin{cases} \mu^{\mathrm{T}} Y_j - \omega^{\mathrm{T}} X_j \leqslant 0, j = 1, 2, \cdots, n \\ \omega^{\mathrm{T}} X_0 = 1 \\ \mu \geqslant 0, \omega \geqslant 0 \end{cases} \end{cases}$$

利用上述线性规划的最优解来定义决策单元 j_0 的有效性，该决策单元 j_0 的有效性是相对其他所有决策单元而言的。线性规划一个重要的有效理论是对偶理论，通过建立对偶模型更容易从理论和经济意义上作深入分析。

线性规划（$P^l_{\mathrm{C}^2\mathrm{R}}$）的对偶规划为 $D_{\mathrm{C}^2\mathrm{R}}$ 模型

$$D_{\mathrm{C}^2\mathrm{R}} \begin{cases} \min \quad \theta \\ s.\,t. \begin{cases} \displaystyle\sum_{j=1}^{n} X_j \lambda_j \leqslant X_0 \theta; \\ \displaystyle\sum_{j=1}^{n} Y_j \lambda_j \geqslant Y_0; \\ \lambda = (\lambda_1, \lambda_2, \cdots, \lambda_n) \geqslant 0 \end{cases} \end{cases}$$

为了对决策单元进行相关分析以及计算需要，引入松弛变量，$S^- = (s_1^-, s_2^-, \cdots, s_m^-)^{\mathrm{T}}$ 和 $S^+ = (s_1^+, s_2^+, \cdots, s_m^+)^{\mathrm{T}}$，则以上 $\mathrm{C}^2\mathrm{R}$ 模型变为：

$$(\bar{D}_{\mathrm{C}^2\mathrm{R}}) \begin{cases} \min \theta \\ \displaystyle\sum_{j=1}^{n} X_j \lambda_j + S^- = \theta X_0; \\ \displaystyle\sum_{j=1}^{n} Y_j \lambda_j - S^+ = Y_0; \\ \lambda_j \geqslant 0, j = 1, 2, \cdots, n; \\ S^- \geqslant 0, \ S^+ \geqslant 0. \end{cases} \tag{7-34}$$

关于 $\mathrm{C}^2\mathrm{R}$ 模型的几个定理和定义如下。

定理 1 线性规划（$P^l_{\mathrm{C}^2\mathrm{R}}$）和对偶规划（$D_{\mathrm{C}^2\mathrm{R}}$）均存在可行解，所以都存在最优值。假设它们的最优值分别为 h_0^* 与 θ^*，则有 $h_0^* = \theta^*$。

定义 1 若线性规划（$P^l_{\mathrm{C}^2\mathrm{R}}$）的最优值 $h_{j_0}^* = 1$，则称决策单元 DMU_{j_0} 为弱 DEA 有效；

定义 2 若线性规划（$P^l_{\mathrm{C}^2\mathrm{R}}$）的解中存在 $w^* > 0$，$\mu^* > 0$，并且最优值 $h_{j_0}^* = 1$，则称决策单元 DMU_{j_0} 为 DEA 有效的；

定理 2 DMU_{j_0} 为弱 DEA 有效的充要条件是线性规划（$D_{\mathrm{C}^2\mathrm{R}}$）的最优值 $\theta^* = 1$；DMU_{j_0} 为 DEA 有效的充要条件是线性规划（$D_{\mathrm{C}^2\mathrm{R}}$）的最优值 $\theta^* = 1$，并且对于每个最优解 λ^*，都有 $s^{+*} = 0$，$s^{-*} = 0$。

用 $\mathrm{C}^2\mathrm{R}$ 模型判定 DEA 是否同时技术有效和规模有效：① $\theta^* = 1$，且 $s^{+*} = 0$，$s^{-*} = 0$。则决策单元 j_0 为 DEA 有效，决策单元的经济活动同时为技术有效和规模有效；② $\theta^* = 1$，

但至少某个输入或者输出大于 0，则决策单元 j_0 为弱 DEA 有效，决策单元的经济活动不是同时为技术效率最佳和规模最佳；③ $\theta^* < 1$，决策单元 j_0 不是 DEA 有效，经济活动既不是技术效率最佳，也不是规模最佳。

还可以用 C^2R 模型中的 λ_j 判断 DMU 的规模收益情况：①如果存在 λ_j^*（$j = 1, 2, \cdots,$ n）使得 $\sum \lambda_j^* = 1$，则 DMU 为规模收益不变；②如果不存在 λ_j^*（$j = 1, 2, \cdots, n$）使得 $\sum \lambda_j^* = 1$，若 $\sum \lambda_j^* < 1$，则 DMU 为规模收益递增；③如果不存在 λ_j^*（$j = 1, 2, \cdots, n$）使得 $\sum \lambda_j^* = 1$，若 $\sum \lambda_j^* > 1$，则 DMU 为规模收益递减。

DEA 方法是利用包络线代替微观经济学中的生产函数，通过数学规划来确定经济上的最优点，以折线将最优点连接起来，形成一条效率前沿的包络线。将所有决策单元的投入产出投射于空间之中，落在边界点上的决策单元被认为最有效率，将其绩效指标定为 1，否则被认为无效率，并算出小于 1 的相对绩效指标。

7.5.2　模型的经济含义分析

需要根据决策单元生产活动的投入和产出数据 (X_j, Y_j)，$j = 1, 2, \cdots, n$，构造生产可能集 T，进而研究决策单元的有效性的经济含义。

设决策单元生产的投入量和产出分别为 $X \in E^m$ 和 $Y \in E^s$，其中 $X = (x_1, x_2, \cdots, x_n)^T$ 和 $Y = (y_1, y_2, \cdots, y_n)^T$，则由投入量 X 和产出量 Y 构成的向量对 (X, Y) 组成生产可能集 T，即生产可能集 $T = \{(X, Y) \mid$ 投入为 $X \in E^m$，可能产出为 $Y \in E^s\}$，这里约定 $X \geqslant 0, Y \geqslant 0$。

设生产函数为：$y = f(x)$，$x \in E$，$x \geqslant 0$，表示生产要素的投入量 x 与总产出量（例如总产值）y 之间的一种技术关系。这种技术关系的含义是：在当前所具有的生产水平和管理水平下，如果生产处于最好的理想状态时，投入量为 x 所能达到的最大的产出为 y。这种投入 x 与产出 y 之间的函数关系，可表示为 $y = f(x)$，对应的曲线上的点 $(x, f(x))$ 都处于"技术有效"状态。

如图 7-7 所示，为便于讨论，设生产函数 $y = f(x)$ 为严格增函数，即一阶导数 $y' = f'(x) > 0$。由微分学中值定理有 $f(x + 1) - f(x) = f'(\xi)$，$\xi \in (x, x + 1)$，当量纲取得足够小的时候，$f'(\xi) \approx f'(x)$，则有 $f(x + 1) - f(x) = f'(x) > 0$。这意味着当投入由 x 增加到 $x + 1$ 时，产量增加 $f'(x)$，在微观经济学中称 $f'(x)$ 为边际产量。

图 7-7 给出了一种简化了的生产函数 $y = f(x)$ 的曲线，其中 $f(x)$ 的二阶导数满足：

$$f''(x) \begin{cases} > 0, & \text{当 } x \in [0, x^*) \\ < 0, & \text{当 } x \in (x^*, +\infty) \end{cases}$$

$f''(x) = (f'(x))'$ 表示边际产量 $f'(x)$ 的变化率。当 $x \in [0, x^*)$ 时，意味着每增加一个单位投入量时，不但总产量增加，而且产量增加的速度也是增加的，这表明生产处于"规模收益递增"状态；当 $x \in (x^*, +\infty)$ 时，$f''(x) < 0$ 意味着每增加一个单

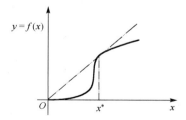

图 7-7　简化的生产函数 $y = f(x)$ 曲线

位投入量，尽管总产量增加，但是增加的速度是下降的，这表明生产处于"规模收益递减"状态；当投入规模为 x^* 时，生产处于最佳的状态，称其为"规模有效"。

7.5.3 DEA 模型

除了 C^2R 模型，DEA 方法的常用模型还有：BC^2 模型，C^2GS^2 模型，C^2W 模型，C^2WH 模型等。从生产函数角度看，C^2R 模型是用来研究具有多个输入、多个输出的"生产部门"同时为"规模有效"与"技术有效"的十分理想且卓有成效的方法。BC^2 模型和 C^2GS^2 模型是用来研究生产部门间的"技术有效"性的。C^2W 模型是用来估计"有效生产前沿面"的。C^2WH 模型用来处理具有过多的输入及输出的情况，可以将 C^2R 模型中确定出的 DEA 有效决策单元进行分类或排队等。这些模型以及其他一些新的模型正在不断完善和进一步发展的过程中。

1. BC^2 模型（C^2GS^2 模型）

BC^2 模型是 1984 年由 R. D. Banker，A. Charnes 和 W. W. Cooper 给出的 DEA 模型（$P^I_{BC^2}$）。

$$P^I_{BC^2} \begin{cases} \max \quad h_0 = \mu^T Y_0 - \mu_0 \\ s.t. \begin{cases} \mu^T Y_j - \omega^T X_j + \mu_0 \leq 0, j = 1,2,\cdots,n; \\ \omega^T X_0 = 1; \\ \mu \geq 0, \omega \geq 0, \mu_0 \in E^1 \end{cases} \end{cases}$$

线性规划（$P^I_{BC^2}$）的对偶规划为 D_{BC^2} 模型：

$$D_{BC^2} \begin{cases} \min \quad \sigma \\ s.t. \begin{cases} \displaystyle\sum_{j=1}^n X_j \lambda_j \leq X_0 \sigma; \\ \displaystyle\sum_{j=1}^n Y_j \lambda_j \geq Y_0; \\ \displaystyle\sum_{j=1}^n \lambda_j = 1; \\ \lambda = (\lambda_1, \lambda_2, \cdots, \lambda_n) \geq 0. \end{cases} \end{cases} \tag{7-35}$$

为了对决策单元进行相关分析以及计算需要，引入松弛变量，$S^- = (s_1^-, s_2^-, \cdots, s_m^-)^T$ 和 $S^+ = (s_1^+, s_2^+, \cdots, s_m^+)^T$，则以上 BC^2 模型变为：

$$D_{BC^2} \begin{cases} \min \quad \sigma \\ s.t. \begin{cases} \displaystyle\sum_{j=1}^n X_j \lambda_j + S^- = X_0 \sigma; \\ \displaystyle\sum_{j=1}^n Y_j \lambda_j - S^+ = Y_0; \\ \displaystyle\sum_{j=1}^n \lambda_j = 1; \\ \lambda = (\lambda_1, \lambda_2, \cdots, \lambda_n) \geq 0, S^- \geq 0, S^+ \geq 0. \end{cases} \end{cases} \tag{7-36}$$

该模型计算的 DMU 效率是纯技术效率，根据模型的解可得到如下结论：①若 $\sigma^* = 1$，

则 DMU_0 为纯技术弱 DEA 有效；②若 $\sigma^* = 1$，且 $S^{-*} = 0$，$S^{+*} = 0$，则 DMU_0 为纯技术 DEA 有效。由 BC^2 模型得到纯技术效率 σ^*，C^2R 模型得到总效率 θ^*，则 DMU_0 的纯规模 DEA 有效值为 $\kappa^* = \theta^*/\sigma^*$。

2. 极效率 DEA 模型

DEA 模型可对决策单元的相对效率值进行排序。但当决策单元都为 DEA 有效时，在 C^2R 模型与 BC^2 模型下无法对其进行排序，需要利用极效率 DEA 模型来解决这个问题。在 DEA 模型中，如果被考察的决策单元不在参考集中，此时的 DEA 模型称为极效率(super-efficiency) DEA 模型，见式(7-37)。

$$(D_s) \begin{cases} \min \theta_0^{\ s} \\ \sum_n \lambda_j y_{rj} \geq \theta_0^{\ s} x_{i0}, \ i = 1, 2, \cdots, m; \\ \sum_n \lambda_j y_{rj} \geq y_{r0}, \ r = 1, 2, \cdots, s; \\ \lambda_j \geq 0, j \neq 0. \end{cases} \tag{7-37}$$

同样，引入松弛变量 $S^- = (s_1^-, s_2^-, \cdots, s_m^-)^T$ 和 $S^+ = (s_1^+, s_2^+, \cdots, s_m^+)^T$，可得：

$$(\overline{D_s}) \begin{cases} \min \theta_0^{\ s} \\ \sum_n \lambda_j x_{ij} + s_i^{\ -} = \theta_0^{\ s} x_{i0}, \ i = 1, 2, \cdots, m; \\ \sum_n \lambda_j x_{ij} - s_r^{\ +} = y_{r0}, \ r = 1, 2, \cdots, s; \\ \lambda_j \geq 0, j \neq 0; \\ s_i^{\ -} \geq 0, s_r^{\ +} \geq 0, i = 1, 2, \cdots, m; \ r = 1, 2, \cdots, s. \end{cases} \tag{7-38}$$

7.5.4 DEA 模型方法适用综合绩效评价的分析

1. DEA 的特点

DEA 方法作为一种新的效率评价方法，与以前的传统方法相比有着很多的优点，主要表现在以下几点。

①DEA 方法适用于多投入多产出的复杂系统的有效性综合评价问题。由于它在分析时不必计算综合投入量和综合产出量，因此避免了在使用传统方法时，由于各指标量纲等方面的不一致而寻求相同度量因素时所带来的诸多困难。

②具有很强的客观性。由于该方法是以投入产出指标的权重为变量，从最有利于被评价单元的角度进行评价，无须事先确定各指标的权重，从而避免了在权重的分配时评价者的主观意愿对评价结果的影响。

③投入产出的隐表示使得计算简化。当一个多投入多产出的复杂系统各种量之间，存在着交错复杂的数量关系时，对这些数量关系的具体函数形式的估计就是一个十分复杂而

困难的事；而使用 DEA 方法，可以在不给出这种函数的显性表达式的前提下，仍然能正确测定各种投入产出量的数量关系。

④可用来估计多投入多产出系统的"生产函数"。对一个多投入多产出的复杂系统来说，当每一种投入量影响到一种或多种产出时，以各产出量为因变量的向量函数的估计，对传统的方法几乎是不可能的，而 DEA 方法则利用其自身的优势，给出了这种函数的隐表达。

⑤应用广泛，实用性强。这种方法不仅可以用来对生产单位的各种效率进行评价，而且对企事业单位、公共服务部门的工作效率也可以进行评价。在应用的深度上，DEA 方法也表现出很大的潜力，即它在指出某个评价单元处于非有效状态(无论是规模非有效、技术非有效)时都指明了非有效的原因，并给出了具体的改善方法。

⑥计算方便。DEA 方法是将各比较单元的评价问题转换成一系列线性规划模型的求解问题，而线性规划模型的求解已经得到许多软件的支持，为 DEA 方法的应用带来方便。

7.5.5 带有偏好约束锥的 DEA 模型

DEA 方法自第一个模型出现以来，众多学者就意识到：其最大的特点就是在不需要其他假设的条件下，就可以通过自评的方式，确定拟评价 DMU_j 的最有利的权重，对决策单元进行相对效率评价。但这种评价方法也有其不足之处。第一，在应用 C^2R 模型进行评价时，有时会出现某一 DMU 为相对有效的，但是某一指标却具有极大权系数，这样就可能将一个具有不现实权系数的 DMU 判断为有效的；第二，在运用一般的 C^2R 模型对决策单元综合绩效进行评价时，所有指标项的地位都是平等的，虽然这样可以避免主观性对指标权重的影响，但是也可能无法体现决策单元的某些特点，比如决策单元对成本、人员等输入输出指标的侧重程度可能就是不一样。因此，在选用一般 DEA 模型对决策单元综合绩效评价的基础上，可进一步根据决策者偏好引进表明不同的输入和输出指标重要性程度的偏好约束锥，对决策单元综合绩效进行评价。

1. 群组偏好信息集结

①偏好信息一致化。设参与竞争的决策单元共有 n 个，其评价指标中有 m 个输入和 s 个输出指标，分别记为 $I = (X_1, X_2, \cdots, X_m)$ 和 $R = (Y_1, Y_2, \cdots, Y_s)$。针对决策单元 $DMU_j(j = 1, 2, \cdots, n)$，决策者对各指标的偏好信息可采用多种形式表示，以输入指标为例如下。

a. 偏好次序：决策者按各指标的重视程度进行排序 $O^{(k)} = (O_1^{(k)}, O_2^{(k)}, \cdots, O_m^{(k)})$，其中 $O_i^{(k)}$ 表示决策者 $d_k(k = 1, 2, \cdots, N)$ 认为的指标 X_i 的重要地位次序。

b. 互反判断矩阵：决策者对各指标进行两两比较，$a_{ij}^{(k)}$ 表示决策者 d_k 认为指标 X_i 相对指标 X_j 的相对重要性程度，若用 9 标度法表示，互反判断矩阵 $A^{(k)} = (a_{ij}^{(k)})_{m \times m}$。

c. 互补判断矩阵：决策者对各指标进行两两比较，$b_{ij}^{(k)}$ 表示决策者 d_k 认为指标 X_i 相比 X_j 的重要程度，满足 $0 \leq b_{ij}^{(k)} \leq 1, b_{ij}^{(k)} + b_{ji}^{(k)} = 1, b_{ii}^{(k)} = 0.5$，互补判断矩阵 $B^{(k)} = (b_{ij}^{(k)})_{m \times m}$。

考虑到基于判断矩阵的排序理论已有丰富的成果，可将其他形式的偏好关系转化为互反判断矩阵。

a. 互补判断矩阵与互反判断矩阵的转换关系为：

$$a_{ij}^{(k)} = 9^{2b_{ij}^{(k)}-1}$$

b. 偏好次序与互反判断矩阵的转换关系：

$$a_{ij}^{(k)} = 9 \frac{(m+1)O_j^{(k)} - O_i^{(k)}}{(m-1)O_j^{(k)} + O_i^{(k)}}$$

利用上述公式实现决策者 d_k 偏好信息的一致化，构造出 N 个互反判断矩阵 $A^{(k)} = (a_{ij}^{(k)})_{m \times m}$。

②群组判断矩阵

为了将 N 个决策者的偏好信息集结，运用群决策几何综合判断矩阵（GMJ）法，将 N 个判断矩阵 $A^{(k)}$ 综合成群判断矩阵 $C = (c_{ij})_{m \times m}$，其中，$c_{ij} = \prod_{k=1}^{N} \left[a_{ij}^{(k)} \right]^{1/N}$。

③偏好约束锥的构造

按上述方法分别针对决策单元的输入、输出指标 I 和 R 构造 DEA 模型偏好约束锥，具体步骤为：

a. 将 N 个决策者的偏好信息一致化，分别针对输入、输出指标建立 $2N$ 个判断矩阵 $A^{(k)}$ 和 $D^{(k)}$；

b. 将 $A^{(k)}$ 和 $D^{(k)}$ 分别集结成群组判断矩阵 $\bar{C} = (c_{ij})_{m \times m}$ 和 $\bar{B} = (b_{ij})_{s \times s}$，满足 $c_{ij} = 1/c_{ji}$，$c_{ij} > 0$，$c_{ii} = 1$，以及 $b_{ij} = 1/b_{ji}$，$b_{ij} > 0$，$b_{ii} = 1$。

c. 根据 AHP 方法对判断矩阵 $\bar{C}$ 和 $\bar{B}$ 进行一致性检验，一般认为 C.R < 0.1 时，判断矩阵的一致性可以接受。设 λ_c 和 λ_b 分别为矩阵 $\bar{C}$ 和 $\bar{B}$ 的最大特征值，令：$C = \bar{C} - \lambda_c E_m$，$B = \bar{B} - \lambda_b E_s$，其中 E_m 和 E_s 分别为 m 阶和 s 阶单位矩阵。进一步构成多面闭凸锥：$CV \geq 0$，$V = (v_1, v_2, \cdots, v_m)^{\mathrm{T}} \geq 0$，$BU \geq 0$，$U = (u_1, u_2, \cdots, u_s)^{\mathrm{T}} \geq 0$，称为偏好约束锥。

2. 带有约束偏好锥的决策单元评价 DEA 模型

对于决策单元 j_0，其 DEA 有效性评价偏好约束锥模型 C^2WH 为：

$$\begin{cases} \max \dfrac{U^{\mathrm{T}}Y_{j_o}}{V^{\mathrm{T}}X_{j_o}} \\[2mm] \dfrac{U^{\mathrm{T}}Y_j}{V^{\mathrm{T}}X_j} \leq 1, j = 1, 2, \cdots, n \\[2mm] V_{ahp} = \{ V \mid CV \geq 0, \ V \geq 0 \} \\[2mm] U_{ahp} = \{ U \mid BU \geq 0, \ U \geq 0 \} \\[2mm] V \in V_{aph}, U \in U_{aph} \\[2mm] \text{其中 } int V_{ahp} \neq \emptyset, int U_{aph} \neq \emptyset \end{cases} \qquad (7\text{-}39)$$

对上式分式规划模型进行 Charnes-Cooper 变换得到 $(p)_{C^2WH}$ 模型：

$$\max u^{\mathrm{T}} Y_{j_o}$$

$$(p)_{C^2WH} \text{s.t.} \begin{cases} V^{\mathrm{T}} X_j - u^{\mathrm{T}} Y_j \geqslant 0, \ j = 1, 2, \cdots, n \\ V^{\mathrm{T}} X_{j_o} = 1 \\ V = (V_1, V_2, \cdots, V_m)^{\mathrm{T}} \geqslant 0, \\ U = (u_1, u_2, \cdots, u_s)^{\mathrm{T}} \geqslant 0, \\ V \in U_{ahp} = \{V \mid CV \geqslant 0, V \geqslant 0\}, \\ U \in U_{ahp} = \{U \mid BU \geqslant 0, U \geqslant 0\} \end{cases} \tag{7-40}$$

3. 决策单元 DEA 有效性分析及模型讨论

定义 1：若模型 $(p)_{C^2WH}$ 存在最优解 V^*, U^* 满足 $(U^*)^{\mathrm{T}} Y_{j_0} = 1$，则称决策单元 j_0 是弱 DEA 有效的；若最优解满足 $(U^*)^{\mathrm{T}} Y_{j_0} = 1$，且 $V^* \in \text{int} V_{ahp}, U^* \in \text{int} U_{ahp}$，则称决策单元 j_0 是 DEA 有效的。

可以证明，当 AHP 判断矩阵 $\bar{C}$ 和 $\bar{B}$ 满足完全一致性条件时，则由 $(p)_{C^2WH}$ 评价模型所得的各个决策单元的相对效率 $p_{j_0}^* = (U^*)^{\mathrm{T}} Y_{j_0}$，与 AHP 方法得到的各决策单元加权平均投入产出比值相同。但在实际中判断矩阵 $\bar{C}$ 和 $\bar{B}$ 往往是不完全一致的，此时 $CV \geqslant 0$，$BU \geqslant 0$ 解域包含 $CV > 0, BU > 0$ 的解域。C.R 越小时，$\bar{C}$ 和 $\bar{B}$ 越接近于完全一致性，模型的解域就越小，对输入、输出指标的权重的限定范围也就越小，在此限制范围内利用 DEA 方法求出最有利于被评价决策单元 j_0 的权值 V^* 和 U^*，使评价结果更能反映决策者的主观偏好；反之，C.R 越大时，评价结果更侧重于客观数据的特点。因此通过适当地调控一致性检验指标 C.R 的接受范围，可以实现决策单元评价结果中主、客观因素重要性的调节与平衡。

4. 基于相对效率指数的决策单元排序 DEA 模型

根据 $(p)_{C^2WH}$ 模型的结果，可以将非 DEA 有效和弱 DEA 有效的决策单元的次序排出来，当出现多个 DEA 有效的决策单元时，有必要进一步比较其相对效率，实现决策单元的优选。本节将通过引入理想决策单元求出一组比较公平合理的公共权重，并构造相对效率指数完成对 DEA 有效决策单元的排序与优选。

①理想决策单元 DMU_I

理想决策单元 DMU_I 由所有 DEA 有效决策单元各项输入指标的最小值 $X_{\min}$ 和各项输出指标的最大值 $Y_{\max}$ 组成。以理想决策单元 DMU_I 作为参照，求出对所有 DEA 有效决策单元 DMU_j 都公平合理的公共权重。

②DEA 有效决策单元相对效率排序模型

定义 2：$h' = (U^{\mathrm{T}} Y_{\max}) / (V^{\mathrm{T}} X_{\min})$ 为理想决策单元 DMU_I 的效率指数。

以其效率最大为目标构造模型 C^2WH：

$$\max \quad h' = (U^{\mathrm{T}} Y_{\max})/(V^{\mathrm{T}} X_{\min})$$

$$(p)\, C^2 WH\, s.\,t. \begin{cases} (U^{\mathrm{T}} Y_j)/(V^{\mathrm{T}} X_j) \leqslant 1, j = 1, 2, \cdots, n \\ (U^{\mathrm{T}} Y_{\max})/(V^{\mathrm{T}} X_{\min}) \leqslant 1, \\ U_{ahp} = \{ U \mid BU \geqslant 0, U \geqslant 0 \}, \\ V_{ahp} = \{ V \mid CV \geqslant 0, V \geqslant 0 \}, \\ U \in U_{ahp}, V \in V_{ahp} \end{cases} \tag{7-41}$$

其中，$U = (u_1, u_2, \cdots, u_s)^{\mathrm{T}}$，$V = (v_1, v_2, \cdots, v_m)^{\mathrm{T}}$。该模型中的最优解为 U^* 和 V^*，将 U^* 和 V^* 作为计算所有 DEA 有效决策单元的相对效率的公共权重。

定义 3：$h_j^* = \dfrac{(U^*)^{\mathrm{T}} Y_j}{(V^*)^{\mathrm{T}} X_j}$, $(j = 1, 2, \cdots, n)$ 称为第 j 决策单元的相对效率指数。

计算所有 DEA 有效决策单元的相对效率指数并将其排序，完成决策单元的评价。

7.5.6　基于 DEA 模型综合绩效评价程序

MATLAB 所解的线性规划的标准形式是极小化问题：

$$\begin{cases} \min f * w \\ s.\,t. \ A * w \leqslant b, \ Aeq * w = beq. \qquad LB \leqslant w \leqslant UB \end{cases}$$

其中，w 是变量，f 是目标函数的系数向量，A 是不等式约束的系数矩阵，Aeq 是等式约束的系数矩阵，LB 和 UB 分别是变量的下界和上界。

MATLAB 解此线性规划的语句为：

$$w = \mathrm{linprog}(f, A, b, Aeq, beq, LB, UB)$$

如果要解极大化问题 $\max f * w$，只须解极小化问题 $\min (-f) * w$。

下面给出 DEA 模型 (P) 和 (D) 的 MATLAB 程序。

程序 I（模型 (P) 的 MATLAB 程序）

```
Clear
X = [···];                              % 用户输入多指标输入矩阵 X
Y = [···];                              % 用户输入多指标输出矩阵 Y
[m, n] = size(X);        s = size(Y,1);
A = [ -X' Y'];
b = zeros(n,1);
LB = zeros(m + s,1);     UB = [ ];
for i = 1:n;
    f = [zeros(1,m)  -Y(:,i)'];
    Aeq = [X(:,i)' zeros(1,s)];beq = 1;
    w(:,i) = LINPROG(f,A,b,Aeq,beq,LB,UB);   % 解线性规划，得 DMUi 的最佳权向量 wi
    E(i, i) = Y(:,i)' * w(m + 1:m + s,i);     % 求出 DMUi 的相对效率值 Eii
end
w                                       % 输出最佳权向量
E                                       % 输出相对效率值 Eii
omega = w(1:m,:)                        % 输出投入权向量
mu = w(m + 1:m + s,:)                   % 输出产出权向量
```

程序 II（模型 (D) 的 MATLAB 程序）

```
clear
X = [···];                          % 用户输入多指标输入矩阵 X
Y = [···];                          % 用户输入多指标输出矩阵 Y
[m, n] = size(X);        s = size(Y,1);
epsilon = 10^ -10;                  % 定义非阿基米德无穷小   . = 10 -10
f = [zeros(1,n) -epsilon * ones(1,m + s) 1];
A = zeros(1,n + m + s + 1);          b = 0;
LB = zeros(n + m + s + 1,1);         UB = [];
LB(n + m + s + 1) = -Inf;
for i = 1:n;
    Aeq = [X eye(m) zeros(m,s) -X(:,i)
        Y zeros(s,m) -eye(s) zeros(s,1)];
    beq = [zeros(m,1)
    Y(:,i)];
    w(:,i) = LINPROG (f,A,b,Aeq,beq,LB,UB);% 解线性规划，得 DMUi 的最佳权向量 wi
end
w                                    % 输出最佳权向量
lambda = w(1:n,:)                    % 输出
s_minus = w(n + 1:n + m,:)           % 输出 s* -
s_plus = w(n + m + 1:n + m + s,:)    % 输出 s* +
theta = w(n + m + s + 1,:)           % 输出
```

以上两个程序十分便于使用。用户只须输入多指标输入矩阵 X 和输出矩阵 Y，即可得到所需的结果。

7.5.7 基于 DEA 模型综合绩效评价的案例计算

1. 类似部门的绩效比较示例

设有某大学的同类型的五个系 DMU_i（$i = 1 \sim 5$）在一学年内的投入和产出的数据见表 7-11。

表 7-11　某大学的五个系 DMU_i（$i = 1 \sim 5$）的投入和产出数据表

		DMU$_1$	DMU$_2$	DMU$_3$	DMU$_4$	DMU$_5$
投入	教职工（人）	60	70	85	106	35
	教职工工资（万元）	156	200	157	263	105
	运转经费（万元）	50	180	100	86	30
产出	毕业的本科生（人）	80	60	90	96	30
	毕业的研究生（人）	12	13	20	17	8
	发表的论文（篇）	27	25	15	28	3
	完成的科研项目（项）	4	2	5	5	1

其中，运转经费指一学年内维持该系正常运转的各种费用，如行政办公费、图书资料费、差旅费，等等。

由程序 I，得到各系的相对效率值：

E11 = 1.0000 E22 = 0.8982 E33 = 1.0000 E44 = 0.8206 E55 = 1.0000

以及各项投入和产出的权向量：

	DMU_1	DMU_2	DMU_3	DMU_4	DMU_5
θ	0.0003	0.0143	0.0001	0.0000	0.0019
	0.0002	0.0000	0.0063	0.0014	0.0015
	0.0191	0.0000	0.0001	0.0073	0.0257
μ	0.0027	0.0000	0.0007	0.0000	0.0012
	0.0116	0.0554	0.0203	0.0442	0.1177
	0.0155	0.0071	0.0079	0.0000	0.0011
	0.0563	0.0000	0.0819	0.0138	0.0186

由定义，DMU_1，DMU_3 和 DMU_5 至少是弱有效的；DMU_2 和 DMU_4 是非弱有效的。为了确认 DMU_1，DMU_3 和 DMU_5 的有效性并分析 DMU_2 和 DMU_4 非有效的原因，须利用模型（D^*）。

由程序 II，得本问题的解：

	DMU_1	DMU_2	DMU_3	DMU_4	DMU_5
λ^*	1.0000	0.8472	0.0000	1.0964	0.0000
	0.0000	0.0000	0.0000	0.0000	0.0000
	0.0000	0.1417	1.0000	0.0536	0.0000
	0.0000	0.0000	0.0000	0.0000	0.0000
	0.0000	0.0000	0.0000	0.3464	1.0000
s^*	0.0000	0.0000	0.0000	4.5215	0.0000
	0.0000	25.2345	0.0000	0.0000	0.0000
	0.0000	105.1508	0.0000	0.0000	0.0000
s^*	0.0000	20.5278	0.0000	6.9272	0.0000
	0.0000	0.0000	0.0000	0.0000	0.0000
	0.0000	0.0000	0.0000	3.4454	0.0000
	0.0000	2.0972	0.0000	0.0000	0.0000
θ^*	1.0000	0.8982	1.0000	0.8206	1.0000

由以上解可看出：DMU_1，DMU_3 和 DMU_5 的解中 $\lambda = 1$ 且松弛变量 $s^{*-} = 0$，$s^{*+} = 0$，故由定理知，这几个系数的运转是相对有效的。DMU_2 和 DMU_4 的非有效性也可以在以上解中看得一清二楚。以 DMU_2 为例，根据有效性的经济意义，在不减少各项输出的前提下，构造一个新的 DMU_2：

$$DMU_2 = 0.8472 * DMU_1 + 0.1417 * DMU_3$$
$$= [\underbrace{62.8750, 154.4083, 56.5278,}_{投入} \underbrace{80.5278, 13.0000, 25.0000, 4.0972}_{产出}]^T$$

可使 DMU_2 的投入按比例减少到原投入的 0.8982（$= \theta$）倍，并且（由非零的松弛变量可知)还可以进一步减少教职工工资 25.2345 万元、减少运转费用 105.1508 万元、多培养本科生 20 人、多完成 2 项科研项目。对 DMU_4 的非有效性可作类似的经济解释。

2. 基于偏好约束锥的 DEA 综合评价

①偏好约束锥的构造

本例以建筑供应链的评价为背景，其投入产出的指标见表 7-12。

表 7-12　建筑供应链整体评价指标

评 价 角 度		评 价 指 标
消耗	成本	成本 (X_1) = 物资采购成本 + 施工建造成本 + MRO 成本
	人力	人员数 (X_2) = 物资采购人员数 + 施工建造人员数 + 移交服务人员数
产出	财务状况	净利润 (Y_3)
		投资报酬率 (Y_5)
	服务水平	准时交货率 (Y_1)
		业主满意度 (Y_2)
		售后服务质量 (Y_4)

在咨询专家并集结对各评价指标的偏好信息后，分别针对输入、输出指标构造群组判断矩阵 $\overline{C}_2$ 和 $\overline{B}_5$。其中

$$\overline{C}_2 = \begin{pmatrix} 1 & 3 \\ 1/3 & 1 \end{pmatrix}, \qquad \overline{B}_5 = \begin{pmatrix} 1 & 1/3 & 1/7 & 1/5 & 1/6 \\ 3 & 1 & 1/4 & 1/2 & 1/2 \\ 7 & 4 & 1 & 7 & 5 \\ 5 & 2 & 1/7 & 1 & 1/5 \\ 6 & 2 & 1/5 & 5 & 1 \end{pmatrix}$$

对上述两个判断矩阵进行一致性检验。矩阵 $\overline{C}_2$ 的最大特征值 $\lambda_{max} = 2$，对应的标准化的特征向量为 $X_c = (0.9487, 0.3162)^T$，$C.R = 0 < 0.1$；矩阵 $\overline{B}_5$ 的最大特征值 $\lambda_{max} = 5.439$，对应的标准化的特征向量为 $Y_c = (0.04, 0.09, 0.53, 0.11, 0.23)^T$，$C.R = 0.098 < 0.1$，判断矩阵认为在可以接受的水平上，两个判断矩阵均可以接受。令：$C = \overline{C}_2 - \lambda_c E_2$，$B = \overline{B}_5 - \lambda_s E_5$，由 $Cw \geq 0, B\mu \geq 0$，构造偏好约束锥。

②基于偏好约束锥的供应链 DEA 综合评价结果

12 条供应链的输入输出指标及采用模型 $(P)_{C^2WH}$ 解出的 DEA 综合评价结果见表 7-13。

根据 $(P)_{C^2WH}$ 模型的结果，可以将非 DEA 有效和弱 DEA 有效的供应链的次序排出来，因为没有出现多个带偏好约束锥的 DEA 有效的供应链，所以没有必要进一步比较其相对效率来实现供应链的优选。对于用带偏好的 DEA 模型对核心子过程的整体评价，由于原理和方法基本相同，在此不一一列明。

③计算结果比较

以下采用普通 DEA 模型和带偏好的 DEA 模型对供应链的运作效率进行了评价，并得出了相关的排序。从方法上而言，带偏好约束锥的 DEA 模型得出的评价结果具有更符合现

实的经济意义，但由于偏好确定的主观性较强，受到人们的质疑，所以有必要对两种方法所得到的评价结果进行比较，结果如表 7-14 所示。

表 7-13 带偏好 DEA 评价供应链综合绩效结果

DMU	X_1	X_2	Y_1	Y_2	Y_3	Y_4	Y_5	整体值	排序
A	3193	325	92.6	93.7	145	45.6	9.6	0.2571	10
B	2613	255	92.6	95.6	78	39.6	9.5	0.1956	12
C	1709	375	98.0	98.9	350	56.6	9.9	1.0000	1
D	3706	321	91.0	92.0	158	40.3	9.5	0.2369	11
E	2569	400	89.0	99.0	302	53.0	9.9	0.5925	3
F	2807	366	95.3	94.6	145	43.6	9.6	0.2897	7
G	1964	293	98.0	97.0	78	39.8	9.5	0.2575	9
H	2308	332	94.0	96.0	214	45.6	9.7	0.5091	5
I	2244	311	97.0	97.8	326	49.7	9.8	0.7296	2
J	1929	414	93.8	88.0	201	39.0	9.4	0.5334	4
K	3489	308	94.2	90.0	170	43.2	9.4	0.2678	8
L	2203	296	92.8	91.7	126	39.8	9.3	0.3265	6

表 7-14 一般 DEA 模型和带偏好的 DEA 模型评价结果对比

决策单元	A	B	C	D	E	F	G	H	I	J	K	L
一般 DEA	0.886	1.000	1.000	0.843	0.843	0.794	1.000	0.919	1.000	0.857	0.895	0.950
偏好 DEA	0.257	0.196	1.000	0.237	0.593	0.290	0.258	0.509	0.730	0.533	0.268	0.327

从表 7-14 可以看出，在评价结果中，带有偏好约束锥的 DEA 模型比传统的 DEA 模型的有效决策单元少，B、G、H 三条供应链在传统 DEA 模型评价中是有效的决策单元，而在带偏好锥的 DEA 模型中则作为伪有效单元予以剔除，带偏好锥的 DEA 模型相比普通 DEA 模型在评价结果上剔除了伪有效的决策单元，反映了评价主体一定程度的主观偏好，评价结果更符合现实意义，是对传统 DEA 模型的一种改进。

7.6 模糊综合评价方法

7.6.1 模糊决策的概念

决策是人们为了达到一定的目标，从若干个可能的策略（例如行动、方案等）中选取效果最好的策略过程。现代管理科学中定义决策是一个提出问题、分析问题、拟订方案、选择方案、实施并修正方案的全过程。西方现代管理学派中以 Herbert A. Simon 和 James G. March 为代表的决策理论学派认为，决策贯穿于管理的全过程。诺贝尔奖获得者西蒙有一句名言"管理就是决策"，即管理的核心是决策。总之，决策作为发现问题、研究问题并解决问题的过程，有决策者、决策目标、决策方案和自然状态等构成要素。按决策时所掌握信息的完备程度划分，决策问题包括确定型决策、不确定型决策、风险型决策和模糊决策。模糊决策即将决策者不能精确定义的参数、概念和事件等，都处理成某种适当的模糊集合，它蕴含着一系列具有不同置信水平的可能选择。

众所周知，一种状态发生的可能性大小受多种因素影响，是一个"一果多因"的问题。例如，一种产品的销售状态可能是"畅销"、"平销"、"滞销"，而产品销售的好坏取决于该产品在顾客心目中受欢迎的程度，这种受欢迎的程度又是由产品的潜在功能因素、售后服务、价格等综合效应来决定的，上述问题具有较强的模糊不确定性。由于许多社会经济及企业经营活动的决策问题不允许反复试验取得大量客观资料来确定所谓的客观概率，因而只能凭着决策者个人的智慧、经验、灵感和胆识来主观确定。因此，不同的决策者估算未来状态发生的概率可能存在差异，这样就可能直接影响到决策的效果。为了较客观地估算各自然状态发生的概率，人们运用模糊数学理论对影响产品销售的诸多因素进行模糊综合定量评估，以此数据作为该产品销路好坏的定量依据，从而确定该产品销售状态的概率，然后按照决策论中的"最优期望益损值决策准则"对可供选择的行动方案做出最优决策，为模糊决策提供了一种新的定量分析方法。

7.6.2 自然状态概率的模糊估算模型

决策问题中影响自然状态的诸因素为：$u_1, u_2, \cdots, u_n$，则自然状态概率确定的模糊数学模型（单层次模糊估算模型）分析如下。

设①因素集 $U = \{u_1, u_2, \cdots, u_n\}$；②评语集 $V = \{v_1, v_2, \cdots, v_m\}$；③单因素决断 $f: U \to F(V)$，$u_i \mid^{\to} f(u_i) = (r_{i1}, r_{i2}, \cdots, r_{im}) \in F(V)$，由 f 可诱导出模糊关系 $R_f \in F(U \times V)$，它可

用一个模糊关系矩阵：$R = (r_{ij})_{n \times m} = \begin{bmatrix} r_{11} & r_{12} & \cdots & r_{1m} \\ r_{21} & r_{22} & \cdots & r_{2m} \\ \vdots & \vdots & \ddots & \vdots \\ r_{n1} & r_{n2} & \cdots & r_{nm} \end{bmatrix}_{n \times m}$ 来表示。R 又可看成是 $U \to V$

的一个模糊变换。

(U, V, R) 就构成了一个自然状态概率估算的模糊数学模型。给定实际问题中因素的

权重 $A = (a_1, a_2, \cdots, a_n)$ 满足 $\sum_{i=1}^{n} a_i = 1$，由 $B = A \cdot R$ 得 V 上模糊子集 $B = \{b_1, b_2, \cdots, b_m\}$

$\in F(V)$，再做归一化处理，得 $B' = (b_1', b_2', \cdots b_m')$，其中，$b_i' = b_i / \sum_{i=1}^{m} b_i, i = 1, 2, \cdots, m$。以

$b_1', b_2', \cdots b_m'$ 为决策问题 m 种自然状态发生的概率模糊估算值。$\xrightarrow{\text{输入}A} R \xrightarrow{\text{输出}B}$，$R$："模糊变换器"。

对于模糊决策问题，需要考虑很多因素，且这些因素之间还有不同的类别和层次，这时就需要建立多层次模糊估算模型。因为在 Zadeh 的"∧－∨"算子下，会出现"泯灭"现象，即分辨率不高，难以得到有意义的结果，为了不让有价值的信息白白丧失，可以采用多层次模糊估算模型。该模型实际上起到了层次的细分代替因素（或权重）细分的作用。

定义：给定集合 U，设 P 是将 U 分成 k 个子集的一种方法，且满足：① $\bigcup_{i=1}^{k} U_i = U$；② $\forall i \neq j \in [1, k]$，有 $U_i \cap U_j = \emptyset$，则称 P 是对 U 的一个划分，记为：$U/P = \{U_1, U_2, \cdots, U_k\}$。

多层次模糊估算模型可按下述步骤进行。

(1)对因素集 $U = \{u_1, u_2, \cdots, u_k\}$ 作划分 P 得：$U/P = \{U_1, U_2, \cdots, U_k\} = \{U_i \mid i = 1, 2, \cdots, k\}$，其中 U_i 包含 n_i 个因素，记为：$U_i = \{u_{i1}, u_{i2}, \cdots, u_{in_i}\}$。显然有 $\sum_{i=1}^{k} n_i = n$。

(2)对每个 U_i，即每组用单层次模糊估算模型 $B_i = A_i \cdot R_i (i = 1, 2, \cdots, k)$。

(3)由 $B_i (i = 1, 2, \cdots, k)$ 建立高一层次的模糊矩阵 $R = [B_1 \quad B_2 \quad \cdots \quad B_k]^T$。设 $U_1, U_2, \cdots, U_k$ 的权向量为 $A = (a_1, a_2, \cdots, a_k)$，满足 $\sum_{i=1}^{k} a_i = 1$，则二层模糊估算模型为 $B = A \cdot R = A \cdot [A_1 \cdot R_1 \quad A_2 \cdot R_2 \quad \cdots \quad A_k \cdot R_k]^T = (b_1 \quad b_2 \quad \cdots \quad b_m)$，再作归一化处理，得 $B' = (b_1', b_2', \cdots b_m')$，其中，$b_i' = b_i / \sum_{i=1}^{m} b_i, i = 1, 2, \cdots, m$。以 $b_1', b_2', \cdots, b_m'$ 为决策问题 m 种自然状态发生的概率模糊估算值。

由于 $B = A \cdot R$ 中 "$\wedge - \vee$"（取小–取大）算子有一定的局限性，为此将 "$\wedge - \vee$" 算子推广到更为一般的合成运算。常有四种类型：① $M(\wedge, \vee)$ "主因素决定型算子"；② $M(\cdot, \vee)$ "主因素突出型算子"；③ $M(\wedge, \oplus)$ "不均衡平均型算子"，其中 $\alpha \oplus \beta = \min(1, \alpha + \beta)$（有界和）；④ $M(\cdot, +)$ "加权平均型算子"，即普通矩阵乘法意义，该种算子能让每个因素都对综合评判有所贡献。$b_j = \sum_{i=1}^{k} a_i \cdot r_{ij}, j = 1, 2, \cdots, m$，其中要求：$\sum_{i=1}^{k} a_i = 1$，权重归一化。

总之，在以上算子的应用中，应该根据具体问题，选择合适的算子，要能够描述实际问题的本质，才能得到满意的效果。

7.6.3 最优期望益损值决策准则

设某一风险型决策问题有 n 个决策方案：$d_1, d_2, \cdots, d_n$，该决策问题存在 m 种可能的自然状态：$s_1, s_2, \cdots, s_m$，设其自然状态出现概率分别为：$p(s_1) = p_1, p(s_2) = p_2, \cdots, p(s_m) = p_m$。由上述自然状态概率的模糊估算模型可知，$p_1 = b_1', p_2 = b_2', \cdots, p_m = b_m'$。已知 n 个决策方案在 m 种可能的自然状态下的益损值矩阵为 $\begin{bmatrix} a_{11} & a_{12} & \cdots & a_{1m} \\ a_{21} & a_{22} & \cdots & a_{2m} \\ \vdots & \vdots & \ddots & \vdots \\ a_{n1} & a_{n2} & \cdots & a_{nm} \end{bmatrix}_{n \times m}$，由此可计

算出每一个决策方案的期望益损值如下：$E(d_i) = \sum_{j=1}^{m} a_{ij} p_j = \sum_{j=1}^{m} a_{ij} b_j', (i = 1, 2, \cdots, n)$，其中 a_{ij} 为决策方案 d_i 在自然状态 s_j 发生情况下的益损值 $(i = 1, 2, \cdots, n; j = 1, 2, \cdots, m)$。比较各决策方案的期望益损值：$E(d_i), i = 1, 2, \cdots, n$，基于最优期望益损值决策准则，以最大期望收益值或最小期望损失值所对应的决策方案为最优方案，即，$d^* = \{d / \max(E(d_i)), i = 1, 2, \cdots, n\}$ 或 $d^* = \{d / \min(E(d_i)), i = 1, 2, \cdots, n\}$。

7.6.4　模型应用

某服装企业根据市场需求拟开发 A、B、C 三种款式的服装。当产品畅销(s_1)、平销(s_2)、滞销(s_3)时,其年度收益情况如表 7-15。

表 7-15　服装企业收益表

效益值 a_{ij}(万元) 策略 d_i	自然状态 s_j 及概率 $p(s_j)$		
	s_1(畅销)	s_2(平销)	s_3(滞销)
d_1(生产 A 产品)	40	26	15
d_2(生产 B 产品)	35	30	20
d_3(生产 C 产品)	30	24	20

消费者对服装的评价(喜欢的程度)是受"花色"、"式样"、"质量"和"价格"等因素影响,且往往又受到人的主观因素影响,即"萝卜白菜,各有所爱"。因此,选取如下的因素集和评判集:

(1)因素集 $U = \{u_1, u_2, u_3, u_4\} = \{$花色,式样,质量,价格$\}$;

(2)评判集 $V = \{v_1, v_2, v_3, v_4\} = \{$非常欢迎,较欢迎,不太欢迎,不欢迎$\}$;

(3)运用单层次模糊估算模型,可以邀请若干专门人员与顾客,对于 A 种服装,单就花色进行评价:假设有 20% 的人非常欢迎,50% 的人较欢迎,20% 的人不太欢迎,10% 的人不欢迎,则 $u_1 = (0.2, 0.5, 0.2, 0.1)$。类似的对 A 种服装的其他因素进行单因素评价,便得到一个从 U 到 V 的模糊影射,即:

$$f : U \to F(V)$$
$$u_1 \mapsto (0.2, 0.5, 0.2, 0.1)$$
$$u_2 \mapsto (0.7, 0.2, 0.1, 0.0)$$
$$u_3 \mapsto (0.0, 0.4, 0.5, 0.1)$$
$$u_4 \mapsto (0.2, 0.3, 0.5, 0.0)$$

由上述单因素评价,可诱导出模糊关系 $R_f = R$,即得到单层次评价的模糊关系矩阵:

$$R = \left\{ \begin{array}{cccc} 0.2 & 0.5 & 0.2 & 0.1 \\ 0.7 & 0.2 & 0.1 & 0 \\ 0 & 0.4 & 0.5 & 0.1 \\ 0.2 & 0.3 & 0.5 & 0 \end{array} \right. \begin{array}{l} \text{花色} \\ \text{式样} \\ \text{质量} \\ \text{价格} \end{array}$$

不同的顾客由于职业、性别、年龄、爱好、经济状况等因素的不同,他们对服装"花色"、"式样"、"质量"和"价格"等因素的要求不一,因此所给予的权重也是不同的。假设有一类顾客给予的权重为:$A = (0.4, 0.35, 0.15, 0.1)$。根据该问题的性质,运用算子 $M(\wedge, \vee)$ "主因素决定型算子"计算,可求得这类顾客对服装的综合评价为

$$B_1 = A \circ R = \begin{bmatrix} 0.4 & 0.35 & 0.15 & 0.1 \end{bmatrix} \circ \begin{bmatrix} 0.2 & 0.5 & 0.2 & 0.1 \\ 0.7 & 0.2 & 0.1 & 0 \\ 0 & 0.4 & 0.5 & 0.1 \\ 0.2 & 0.3 & 0.5 & 0 \end{bmatrix}$$

$$= \begin{bmatrix} 0.35 & 0.4 & 0.2 & 0.1 \end{bmatrix}$$

对其进行归一化,得

$$B_1' = \begin{bmatrix} b_1' & b_2' & b_3' & b_4' \end{bmatrix} = \begin{bmatrix} \dfrac{0.35}{1.05} & \dfrac{0.4}{1.05} & \dfrac{0.2}{1.05} & \dfrac{0.1}{1.05} \end{bmatrix}$$

$$= \begin{bmatrix} 0.33 & 0.38 & 0.19 & 0.1 \end{bmatrix}$$

同理,对 B、C 两种款式的服装的综合评价为

$$B_2' = \begin{bmatrix} 0.17 & 0.25 & 0.33 & 0.25 \end{bmatrix}; \qquad B_3' = \begin{bmatrix} 0.4 & 0.3 & 0.2 & 0.1 \end{bmatrix}$$

上述结果表明,顾客对 A 种款式的服装受欢迎的比重为 0.71,不太欢迎的比重为 0.19,不欢迎的比重为 0.1;对 B 种款式的服装受欢迎的比重为 0.42,不太欢迎的比重为 0.33,不欢迎的比重为 0.25;对 C 种款式的服装受欢迎的比重为 0.7,不太欢迎的比重为 0.2,不欢迎的比重为 0.1。于是得到对 A 种款式的服装"畅销"、"平销"、"滞销"概率的估算值分别为 0.71、0.19 和 0.1;B 种款式的服装"畅销"、"平销"、"滞销"概率的估算值分别为 0.42、0.33 和 0.25;C 种款式的服装"畅销"、"平销"、"滞销"概率的估算值分别为 0.7、0.2 和 0.1。见表 7-16。

表 7-16　模糊决策表

自然状态		产品销路状态			期望益损值 $E(d)$
		畅销(s_1)	平销(s_2)	滞销(s_3)	
自然状态概率	d_1	0.71	0.19	0.1	
	d_2	0.42	0.33	0.25	
	d_3	0.7	0.2	0.1	
益损值	d_1	40	26	15	34.84
	d_2	35	30	20	29.6
	d_3	30	24	20	27.8
决策		$d^* = \{d / \max\{E \cdot d_i\}, i = 1, 2, \cdots, n\}$			d_1

基于"最优期望益损值决策准则"可知,最优决策方案为 $d^* = d_1$。

7.6.5　模糊综合评价模型计算的 MATLAB 程序

1. 自然状态概率的模糊估算

模糊估算的 MATLAB 程序如下:

```
% 模糊估算主程序 fuzzy_decision1
A = input('请输入权重:')                    % [0.4 0.35 0.15 0.1]
B = input('请输入模糊关系矩阵:')
                      % [0.2 0.5 0.2 0.1;0.7 0.2 0.1 0;0 0.4 0.5 0.1;0.2 0.3 0.5 0]
[m,n] = size(A);                            % 矩阵 A 的行数和列数
```

```
    [m1,n1] = size(B);                          % 矩阵 B 的行数和列数
    if n ~ = m1
        error('矩阵 A 的列数必须与矩阵 B 的行数相同')
    else
        for i = 1:m                             % 矩阵 A 的行循环
            for j = 1:n1                        % 矩阵 B 的列循环
                for t = 1:m1                    % 矩阵 B 的行循环
                    if A(i,t) < B(t,j)
                        B(t,j) = A(i,t);        % 比较 B(t,j) 和 A(i,t) 的大小，保留最小值
                    end
                end
            end
            C(i,:) = max(B);                    % 矩阵 C 的第 i 行元素分别为 B 矩阵每个列中的最大值
        end
    end

    [p,q] = size(C);                            % 矩阵 C 的行数和列数
    sum = 0;
    for i = 1:p                                 % 矩阵 C 的行循环
        for j = 1:q                             % 矩阵 C 的列循环
            sum = sum + C(i,j);
        end
    end
    for i = 1:p                                 % 矩阵 C 的行循环
        for j = 1:q                             % 矩阵 C 的列循环
            C(i,j) = C(i,j) /sum;
        end
    end
    disp('综合评价: ');
    C
```

模糊估算程序的执行过程如下:

```
>> fuzzy_decision1
请输入权重:[0.4  0.35  0.15  0.1]

A =
    0.4000    0.3500    0.1500    0.1000
```

请输入模糊关系矩阵:[0.2 0.5 0.2 0.1;0.7 0.2 0.1 0;0 0.4 0.5 0.1;0.2 0.3 0.5 0]

```
B =
    0.2000    0.5000    0.2000    0.1000
    0.7000    0.2000    0.1000         0
         0    0.4000    0.5000    0.1000
    0.2000    0.3000    0.5000         0

综合评价:
```

```
C =
    0.3333      0.3810      0.1905      0.0952

≫
```

2. 最优期望益损值决策

```
A = input('请输入自然状态概率矩阵：')   % [0.71 0.19 0.1;0.42 0.33 0.25;0.7 0.2 0.
1]
B = input('请输入益损值矩阵：')          % [40 26 15;35 30 20;30 24 20]
[m,n] = size(A);                          % 矩阵 A 的行数和列数
[m1,n1] = size(B);                        % 矩阵 B 的行数和列数

if n ~ = n1 | m ~ = m1
    error('矩阵 A 的列数必须与矩阵 B 的行数相同')
    else
    nflag = input('最大期望收益值输入 1，最小期望损失值输入 2：')
    e1 = 0;
    switch nflag
        case 1
e = 0;
            for i = 1:m
                for j = 1:n
                    e1 = e1 + A(i,j) * B(i,j);
                end
                if e1 > e
                    e = e1;
                    ie = i;
                end
                e1 = 0;
            end
            disp('最大期望收益值及最优方案：');
            [e  ie]
        case 2
e = + inf;
            for i = 1:m
                for j = 1:n
                    e1 = e1 + A(i,j) * B(i,j);
                end
                if e1 < e
                    e = e1;
                    ie = i;
                end
                e1 = 0;
            end
            disp('最小期望损失值及最优方案：');
            [e  ie]
    end
end
```

模糊估算程序的执行过程如下：

```
>> fuzzy_decision2
请输入自然状态概率矩阵：[0.71 0.19 0.1; 0.42 0.33 0.25; 0.7 0.2 0.1]

A =
    0.7100    0.1900    0.1000
    0.4200    0.3300    0.2500
    0.7000    0.2000    0.1000

请输入益损值矩阵：[40 26 15; 35 30 20; 30 24 20]

B =
    40    26    15
    35    30    20
    30    24    20

最大期望收益值输入1，最小期望损失值输入2：1
nflag =
    1

最大期望收益值及最优方案：
ans =
    34.8400          1
>>
```

决策问题模糊不确定性的模糊数学模型在一定程度上拓宽了决策科学的研究视角。然而，由于决策问题的复杂性和人们认识能力的有限性，决策问题往往不是一次性完成的过程，而是一个连续的基于原型、非线性、迭代的动态过程。无论是在理论上还是在方法技术方面仍需要开展系统的研究与探讨，如影响决策因素的选取要具有科学合理性和可操作性，参与评价的人员要具有代表性和具有丰富的专业知识与实践经验。

7.6.6　物流园区层次分析模糊综合评价

随着经济发展和社会进步，物流的专业化、社会化已经成为社会分工的必然趋势，物流园区的产生正是适应了这种社会分工的需求。物流园区是指运输公司、配送中心、货物中转站、仓库、批发中心及流通加工厂等多个物流企业在空间上集中布局的场所，或物流企业共同使用的物流空间场所。由于物流园区的建设一般耗资巨大，建设周期长，涉及社会效益、经济效益、技术效益等多方面因素，所以构建一个合理的评价指标体系，并进一步建立物流园区的绩效评价模型，利用科学的评价方法对物流园区的绩效进行评价，对物流园区的快速发展具有重要意义。

本节结合物流园区的基本特征，建立模糊综合评价模型，利用层次分析法确定各种指标权重，对物流园区的绩效进行综合评价。

1.物流园区评价指标体系

由于物流园区的复杂性，必须进行多角度、多透视点的评价，因而需要建立分层次的指标体系。考察社会效益、经济效益、技术效益三个方面，选取 10 个指标，建立 2 层评价结构。具体指标及层次如表 7-17 所示。

表 7-17　物流园区评价指标表

第一层指标（A）	第二层指标（B）
社会效益	（1）基础设施
	（2）物流发展规划
	（3）环境状况
经济效益	（1）规模适应性
	（2）工业适应性
	（3）劳动力成本
	（4）投资收益
技术效益	（1）功能完备度
	（2）联运状况
	（3）配送协调性

2.层次分析法的层次分析

①建立层次结构。物流园区的综合评价的准则层包括社会效益、经济效益、技术效益三个方面及其细化指标体系。方案层是指促使目标实现的措施或途径。

②构造判断矩阵并赋值。判断矩阵指的是用两两重要性程度之比的形式表示出两个方案的相应重要性程度等级。

本例中的判断矩阵如下：

$$A = \begin{bmatrix} 1 & 1/4 & 1/3 \\ 4 & 1 & 2 \\ 3 & 1/2 & 1 \end{bmatrix} \qquad B_1 = \begin{bmatrix} 1 & 1/4 & 1/5 \\ 4 & 1 & 1/2 \\ 5 & 2 & 1 \end{bmatrix}$$

$$B_2 = \begin{bmatrix} 1 & 2 & 3 & 4 \\ 1/2 & 1 & 3 & 4 \\ 1/3 & 1/3 & 1 & 2 \\ 1/4 & 1/4 & 1/2 & 1 \end{bmatrix} \qquad B_3 = \begin{bmatrix} 1 & 1/3 & 1/2 \\ 3 & 1 & 2 \\ 2 & 1/2 & 1 \end{bmatrix}$$

③计算判断矩阵。计算判断矩阵的最大特征根 λ_{max} 及其对应的特征向量，此时特征向量就是各评价因素的重要性排序，即权重。

④一致性检验。计算一致性指标 $CI = \dfrac{\lambda_{max} - m}{m - 1}$ 和一致性率 $CR = \dfrac{CI}{RI}$，检验判断矩阵是否满足一致性。式中 m 为判断矩阵的阶数，RI 是平均随机一致性指标。可查表获得平均随机一致性指标 RI。当一致性率 CR < 0.1 时，接受一致性检验。

3.模糊综合评价步骤

在物流园区的评价中，由于考虑的因素多，而且各因素之间有层次之分，因此采用多层次模糊综合评价方法。其具体步骤如下。

①确定评价对象因素集。设反映被评价对象的主要因素有 m 个，评价因素集记为：$x = \{x_1, x_2, \cdots, x_m\}$。

本例中 x 表示物流园区的综合评价等级，x_1，x_2，x_3 表示 3 个一级评价因素集，由 10 个具体二级指标构成。

②确定评语集。对每个因素，确定若干个等级。设划分的等级有 n 个，评语集记为：$Y = \{y_1, y_2, \cdots, y_n\}$。本例中采用五级量表的形式，建立评语集 $Y = [$ 很好，较好，一般，较差，差 $]$。

③建立评价矩阵。对评价因素集中的每个因素 x_i，分析其对于评价等级 y_j 的隶属度 r_{ij}，得出第 i 个因素的因素评价结果 r_i。对 m 个因素进行单因素评价，将 r_i 作为第 i 行，就形成一个综合了 m 个因素 n 个评价等级的模糊矩阵 R。

$$R = \begin{bmatrix} r_{11} & \cdots & r_{1n} \\ \vdots & \ddots & \vdots \\ r_{m1} & \cdots & r_{mn} \end{bmatrix}$$

根据专家打分法，本例中的物流园区评价矩阵如表 7-18 所示。

表 7-18　物流园区评价矩阵

指标＼评价等级	很好	较好	一般	较差	差
基础设施	0.1	0.4	0.3	0.1	0.1
物流发展规划	0.2	0.5	0.2	0.1	0
环境状况	0.2	0.4	0.3	0.1	0
规模适应性	0.1	0.3	0.2	0.1	0.3
工业适应性	0.1	0.3	0.3	0.2	0.1
劳动力成本	0	0.3	0.4	0.2	0.1
投资收益状况	0.1	0.4	0.2	0.2	0.1
功能完备度	0.2	0.4	0.2	0.2	0
联运状况	0.1	0.4	0.2	0.2	0.1
配送协调性	0.1	0.4	0.3	0.1	0.1

本例中的评价矩阵如下：

$$R_1 = \begin{bmatrix} 0.1 & 0.4 & 0.3 & 0.1 \\ 0.2 & 0.5 & 0.2 & 0.1 \\ 0.2 & 0.4 & 0.3 & 0.1 \end{bmatrix}$$

$$R_2 = \begin{bmatrix} 0.1 & 0.3 & 0.2 & 0.1 \\ 0.1 & 0.3 & 0.3 & 0.2 \\ 0 & 0.3 & 0.4 & 0.1 \\ 0.1 & 0.4 & 0.2 & 0.2 \end{bmatrix}$$

$$R_3 = \begin{bmatrix} 0.2 & 0.4 & 0.2 & 0.2 \\ 0.1 & 0.4 & 0.2 & 0.2 \\ 0.1 & 0.4 & 0.3 & 0.1 \end{bmatrix}$$

④确定评价因素的权向量。利用上述的层次分析法确定各指标的权重，全面考虑影响物流园区综合评价的各种因素，将定性和定量的分析有机地结合起来，既能够充分体现评价因素和评价过程的模糊性，又可以尽量减少个人主观臆断所带来的弊端，比一般的评比打分等方法更符合客观实际，因此评价结果更可信、可靠。

⑤进行模糊合成。模糊合成即用权重向量 A 对矩阵 R 进行合成，得到总体的被评价对象对各评价等级的隶属程度。

$$A \circ R = (a_1, a_2, \cdots, a_m) \begin{bmatrix} r_{11} & \cdots & r_{1n} \\ \vdots & \ddots & \vdots \\ r_{m1} & \cdots & r_{mn} \end{bmatrix} = (b_1, b_2, \cdots, b_n) = B$$

$$b_j = V_{i=1}^m (a_i \wedge r_{ij}) \quad (j = 1, 2, \cdots, n)$$

⑥做出决策。根据模糊综合评价结果向量 $B = (b_1, b_2, \cdots, b_n)$，其中 b_j 表示被评价对象隶属于评价等级 y_j 的程度。B 中最大的 b_j 表示被评价对象最适合的等级，可作为该等级的评价结果。

4. MATLAB 实现

本案例的评价计算可由以下 MATLAB 程序来完成。

```
% 层次分析模糊综合评价 fuzzy_AHP

RI = [0 0 0.58 0.96 1.12 1.24 1.32 1.41 1.45];
% (1)确定层次分析法判断矩阵的权重。
A = [1  0.25  0.333 ; 4  1  2 ; 3  0.5  1];      % 一级指标的判断矩阵 A
[V, D] = eig(A);                                 % 计算 A 的特征值与特征向量
V = V(:, 1);                                     % 取出对应于最大特征值的特征向量
CRa = (D(1, 1) - 3)./2./RI(3);
if  CRa > 0.1
    error('判断矩阵 A 不满足一致性要求，需重新判断！')
end
Wa = V'/sum(V)                                   % 归一化得到的权重 Wa
% 运行得到判断矩阵 A 的权重 Wa = [0.1220 0.5584 0.3196]。

B1 = [1  0.25  0.2 ; 4  1  0.5 ; 5  2  1];        % 二级指标的判断矩阵 B1
[V, D] = eig(B1);                                % 计算 B1 的特征值与特征向量
V = V(:, 1);                                     % 取出对应于最大特征值的特征向量
CRb1 = (D(1, 1) - 3)./2./RI(3);                  % CR = 0.0212 < 0.1，满足一致性。
if CRb1 > 0.1
    error('判断矩阵 B1 不满足一致性要求，需重新判断！')
end
Wb1 = V'/sum(V)                                  % 归一化得到的权重 Wb1
% 运行得到判断矩阵 B1 的权重 Wb1 = [0.0974 0.3331 0.5695]

B2 = [1  2  3  4 ; 0.5  1  3  4 ; 0.333  0.333  1  2 ; 0.25  0.25  0.5  1];
[V, D] = eig(B2);                                % 计算 B2 的特征值与特征向量
V = V(:, 1);                                     % 取出对应于最大特征值的特征向量
CRb2 = (D(1, 1) - 4)./3./RI(4);                  % CR = 0.0300 < 0.1，满足一致性。
if  CRb2 > 0.1
    error('判断矩阵 B2 不满足一致性要求，需重新判断！')
end
Wb2 = V'/sum(V)                                  % 归一化得到的权重 Wb2
% 运行得到判断矩阵 B2 的权重 W2 = [0.4547 0.3205 0.1394 0.0855]

B3 = [1  0.333  0.5 ; 3  1  2 ; 2  0.5  1];
[V, D] = eig(B3);                                % 计算 B3 的特征值与特征向量
V = V(:, 1);                                     % 取出对应于最大特征值的特征向量
CRb3 = (D(1, 1) - 3)./2./RI(3);                  % CR = 0.0079 < 0.1，满足一致性。
if  CRb3 > 0.1
    error('判断矩阵 B3 不满足一致性要求，需重新判断！')
end
```

```
    Wb3 = V'/sum(V)                           % 归一化得到的权重 Wb3

% (2)模糊合成。
R1 = [0.1  0.4  0.3  0.1  0.1 ; 0.2  0.5  0.2  0.1  0 ; 0.2  0.4  0.3  0.1  0];
                                             % 输入评价矩阵 R1
S1 = Wb1 * R1                                % 模糊合成

R2 = [0.1 0.3 0.2 0.1 0.3 ; 0.1 0.3 0.3 0.2 0.1 ; 0 0.3 0.4 0.1 0.2 ; 0.1 0.4 0.2 0.2 0.1]
;                                            % 输入评价矩阵 R2
S2 = Wb2 * R2                                % 模糊合成

R3 = [0.2  0.4  0.2  0.2  0 ; 0.1  0.4  0.2  0.2  0.1 ; 0.1  0.4  0.3  0.1  0.1];
                                             % 输入评价矩阵 R3
S3 = Wb3 * R3                                % 模糊合成

S = [S1 ; S2 ; S3];                          % 由此得到第二层评价矩阵
B = Wa * S                                   % 模糊合成
```

计算结果如下。

```
 >> fuzzy_AHP
Wa =
    0.1219    0.5584    0.3196

Wb1 =
    0.0974    0.3331    0.5695

Wb2 =
0.4547    0.3205    0.1393    0.0855

Wb3 =
    0.1634    0.5397    0.2970

S1 =
    0.1903    0.4333    0.2667    0.1000    0.0097

S2 =
    0.0861    0.3086    0.2599    0.1406    0.2049

S3 =
    0.1163    0.4000    0.2297    0.1703    0.0837

B =
    0.1084    0.3530    0.2511    0.1451    0.1423

 >>
```

按照最大隶属度原则，上述结果表明该物流园区的评价等级为良好。

根据具体的业务和经营管理目标设立相应的指标体系，利用层次分析法得到各指标的权重，将定性和定量方法相结合，使得模型具有一定的灵活性和适应性。

参 考 文 献

[1] 赵静等主编. 数学建模与数学实验(第 4 版)[M]. 北京：高等教育出版社，2014.

[2] 薛定宇，陈阳泉著. 高等应用数学问题的 MATLAB 求解(第 3 版)[M]. 北京：清华大学出版社，2013.

[3] 韩伯棠编著. 管理运筹学(第 3 版)[M]. 北京：高等教育出版社，2010.

[4] 苏金明，王永利. MATLAB 7.0 实用指南[M]. 北京：电子工业出版社，2004.

[5] 徐昕. MATLAB 工具箱应用指南——控制工程篇[M]. 北京：人民邮电出版社，2000.

[6] 吴敏，陈涛. MATLAB 数据库开发设计[J]. 工业控制计算机，2006 年 19 卷第 4 期.

[7] 张善文. MATLAB 在时间序列分析中的应用[M]. 西安电子科技大学出版社. 2007.

[8] 吉培荣，黄巍松，胡翔勇. 无偏灰色预测模型[J]. 系统工程与电子技术，2000，22(6):6

[9] 吉培荣，黄巍松，胡翔勇. 灰色预测模型特性的研究[J]. 系统工程理论与实践，2001，9(9):105~108.

[10] 罗茹晏，罗景文. 浅谈马尔可夫预测法及其在企业人员规划中的应用[J]. 科技管理研究，2011(8):102-104.

[11] 王亚芬. 市场占有率预测的好方法——马尔可夫预测法的实证分析[J]. 技术管理与经济研究，2002(5):33-34.

[12] 刘耀彬等. 基于可拓物元马尔可夫模型的省域生态环境质量动态评价与预测[J]. 中国生态农业学报，2009 年 3 月第 17 卷 第 2 期:364-368

[13] 李雄，徐肖豪，李东冰. 基于传递闭包法的航班分类模型及在航班排序中的应用[J]. 南京航空航天大学学报，2007，(24):33-35.

[14] 飞思科技产品研发中心编著. 精通 MATLAB 最优化计算[M]. 北京：电子工业出版社，2009.

[15] 龚纯，王正林 著. 精通 MATLAB 最优化计算(第 3 版)[M]. 北京：电子工业出版社，2014.

[16] 曹桂文，张英. 基于蚁群算法的 TSP 求解[J]. 改革与开放月刊，2010. 08:110-111.

[17] 叶志伟，郑肇葆. 蚁群算法中参数设置的研究-以 TSP 问题为例[J]. 武汉大学学报信息科版，2004. 07:597-602.

[18] 李士勇等. 蚁群算法及其运用[M]. 哈尔滨：哈尔滨工业大学出版社，2004. 09.

[19] 吴斌，史忠植. 一种基于蚁群算技的 TSP 问题分段求解算技[J]. 计算机学报，2001. 4(12):1-6.

[20] 黎锁平，张秀媛，拐海波. 人工蚁群算法理论及其在经典 TSP 问题中的实现[J]. 交通运输系统工程与信息，2002. 2(1):54-57.

[21] 马良，项培军. 蚂蚁算法在组合优化中的应用[J]. 管理科学学报，2001. 4(2):32-36.

[22] 王伟. 混合粒子群算法及其优化效率评价[J]. 中国水运，2007，7(6):100-101.

[23] 屈稳太，丁伟. 一种改进的蚁群算法及其在 TSP 中的应用[J]. 系统工程与实践，2006，5:93-98.

[24] 任春涛，李畅游，彭芳等. 基于模糊 ISODATA 技术和模糊模式识别方法的水环境分区研究[J]. 中国农村水利水电，2007，(3):10-15.

[25] 亢海伟，杨庆芬，王硕禾. 基于 MATLAB 模糊逻辑工具箱的模糊控制系统仿真 [J]. 电子技术应用，2000(2)：43-44.

[26] 裴道武. 关于模糊逻辑与模糊推理逻辑基础问题的十年研究综述 [J]. 工程数学学报，2004，21(2)：249-258.

[27] 万召侗. 应用模糊工具箱进行藏书损坏定量评估的探讨研究 [J]. 图书情报知识，2006(113)：46-48.

[28] 钟飞，廖冬初，杨光友，周国柱. 利用 MATLAB 进行合成模糊推理 [J]. 湖北工学院学报，2002，17(1)：20-22.

[29] 飞思科技产品研发中心编著. 神经网络理论与 MATLAB7 实现 [M]. 北京：电子工业出版社，2005.

[30] 马莉，易伟. 四川省地区经济效益评价 [J]. 四川职业技术学院学报，2011，Val. 21，No. 4：37-38.

[31] 赵裕亮，尹海东. 主成分分析及 MATLAB 实现 [J]. 佳木斯大学学报，2012，30(3)：474-477.

[32] 聂勇. 因子分析在我国工业企业经济效益分析中的应用 [J]. 重庆文理学院学报，2009，Val. 28，No. 1：35-38.

[33] 林海明. 初始因子在奥运会径赛数据分析中的应用 [J]. 数学的实践与认识，2008，Val. 38，No. 23：166-170.

[34] 何逢标. 综合评价方法 MATLAB 实现 [M]. 北京：中国社会科学出版社，2010.

[35] 韩利，梅强，陆玉梅，季敏. AHP-模糊综合评价方法的分析与研究 [J]. 中国安全科学学报，2004(7)：86-89.

[36] 温东琰，于光. AHP 及模糊综合评价法在电子资源评价中的应用 [J]. 现代情报，2006(8)：166-170.

[37] 杨茂盛，李涛，白庶. 基于数据包络分析的供应链绩效评价 [J]. 西安工程科技学院学报，2005，Vol. 19，No. 2：180-182.

[38] 干能强，杜宏明. 一种用于解决 TSP 问题的 Hopfield 网络[J]. 重庆工学院学报（自然科学），Vol. 22，No. 3，2008 年 3 月：32-34

[39] 王增民. 因子分析法在企业经济效益的综合分析与评价中的应用[J]. 数理统计与管理，Vol. 21，No. 1，2002 年 1 月：10-13